Hubert Ch. Ehalt (Hg.)
Zwischen Natur und Kultur

KULTURSTUDIEN

Herausgegeben von
Hubert Ch. Ehalt und Helmut Konrad

Band 4

Hubert Ch. Ehalt (Hg.)

Zwischen Natur und Kultur

Zur Kritik biologistischer Ansätze

1985

HERMANN BÖHLAUS NACHF. WIEN · KÖLN · GRAZ

Gedruckt mit Unterstützung
des Bundesministeriums für Wissenschaft und Forschung
des Bundesministeriums für Unterricht, Kunst und Sport
des Kulturamtes der Stadt Wien

CIP-Kurztitelaufnahme der Deutschen Bibliothek

Zwischen Natur und Kultur: Zur Kritik biologist. Ansätze / Hubert Ch. Ehalt (Hg.). – Wien ; Köln ; Graz : Böhlau, 1985.
(Kulturstudien ; Bd. 4)
ISBN 3-205-08855-7
NE: Ehalt, Hubert Ch. [Hrsg.] ; GT

Die Abbildungen sind folgenden Publikationen entnommen:
Heimatschutz in Brandenburg, Berlin 1910; Fritz Wächter, Die neue Heimat, München 1940; Schwäbisches Heimatbuch 1939.

ISBN 3-205-08855-7
Alle Rechte vorbehalten
Copyright © 1985 by Hermann Böhlaus Nachf. Gesellschaft m.b.H.,
Graz · Wien
Druck: Buch- und Offsetdruckerei Karl Werner, 1070 Wien, Lerchenfelder Straße 37

Das Buch ist allen Wissenschaftern gewidmet, die sich um eine Erfassung des menschlichen Verhaltens in seiner Totalität — seinen biotischen, sozialen und individuellen Komponenten — bemühen, die im Zuge dieser Anstrengung tradierte Vorurteile und Ressentiments überwinden und die bereit sind, sich mit den Ergebnissen anderer Disziplinen mit der dabei notwendigen Sorgfalt, Genauigkeit und Intensität auseinanderzusetzen.

Inhalt

Hubert Ch. Ehalt, Zum Spannungsfeld biologischer und sozialer Bedingungen und zur Kritik biologistischer Ansätze 9

ZWISCHEN NATUR UND KULTUR

Anton Bammer, Gibt es eine Autonomie der Kultur? 17
Robert Kaspar, Methodologische Überlegungen zum Problem der „Natur" des Menschen 27
Eike-Meinrad Winkler, „We are just modelling". Zur Bedeutung der Soziobiologie für die Anthropologie 43
Michael Mitterauer, Diktat der Hormone? Zu den Bedingungen geschlechtstypischen Verhaltens aus historischer Sicht...................... 63
Hubert Ch. Ehalt, Über den Wandel des Termins der Geschlechtsreife in Europa und dessen Ursachen 93
Max A. Höfer, Aggression und Verhaltensforschung 169

EVOLUTION, NATUR, GESCHICHTE

Konrad Liessmann, Selektionen. Zum Verhältnis von Evolutionstheorie und Geschichtsphilosophie . . 195
Roland Girtler, Die Eigenständigkeit der „Geisteswissenschaften" gegenüber den Naturwissenschaften...................... 223
Herta Nagl-Docekal, Evolutionäre Erkenntnistheorie? 247
Johann Dvorak, Naturerkenntnis und Gesellschaft . . 265
Doris Byer, „Nation" und „Evolution" – Aspekte einer „politischen Anthropologie" im Austromarxismus........................ 285

BIOLOGISTISCHE ANSÄTZE IN GESCHICHTE
UND GEGENWART

Horst Seidler, Rassistische Ansätze in Geschichte und
   Gegenwart. Aspekte des Problemfeldes 315
Birgit Bolognese-Leuchtenmüller, Wissenschaft und
   Vorurteil. Am Beispiel der Bevölkerungsstatistik
   und Bevölkerungswissenschaft von der zweiten
   Hälfte des 19. Jahrhunderts bis zum National-
   sozialismus 349
Gero Fischer, Sprache und Biologismus. Vom Um-
   gang mit biologistischen Metaphern und Mo-
   dellen 383
Géza Hajós, Heimatschutz und Umweltschutz —
   Kritik an einer biologistischen Ästhetik 397

HUBERT CH. EHALT

ZUM SPANNUNGSFELD BIOLOGISCHER UND SOZIALER BEDINGUNGEN UND ZUR KRITIK BIOLOGISTISCHER ANSÄTZE

Biologische Disziplinen haben in den letzten Jahren ihr thematisches Bezugsfeld und den Bereich beanspruchter Erklärungskompetenz auf Kultur, Geschichte und Gesellschaft ausgeweitet. Humanethologie, Evolutionstheorie und in jüngster Zeit die Soziobiologie bieten stammesgeschichtliche Erklärungen gesellschaftlicher Verhaltensweisen wie Sexualität, Geschlechterrollen, Familienformen, Konflikt- und Aggressionsaustragung, Fremdenhaß, Intelligenz usw. Die Analyse menschlichen Verhaltens aus der Sicht dieser biologischen Forschung erfolgte bisher fast durchwegs nicht in einer interdisziplinären Anstrengung unter Einbeziehung gesellschafts- und kulturwissenschaftlicher Forschung, sondern im Alleingang. Ähnlich wie die Sozialwissenschaften in den Sechziger- und Siebzigerjahren die „Doppelnatur" des Menschen als biologisches und als gesellschaftliches Wesen ignoriert und die kulturelle Prägung als einzig wirksamen Faktor untersucht haben, tendieren die oben genannten Forschungen häufig in die Richtung eines biologischen Reduktionismus. Komplexe soziale, historische, kulturelle und sozialpsychologische Phänomene werden dabei ausschließlich aus biologischen Voraussetzungen, die sich nach den Gesetzmäßigkeiten evolutionärer Entwicklung verändern, erklärt. Die Gründe für diese Forschungsorientierung, die auch innerhalb der biologischen Wissenschaften ihre expliziten Gegner hat, deren Ergebnisse jedoch von den Medien und der Öffentlichkeit bereitwillig rezipiert werden, sind vielfältig:

o   die Suche nach einfachen Erklärungen, dort wo der gesellschaftliche Prozeß ständig komplexer und undurchschaubarer wird;

o der Rekurs auf die „Natur des Menschen", dort wo die gesellschaftliche und zivilisatorisch-technische Entwicklung eine fortschreitende Bedrohung der Umwelt und der Menschheit selbst durch einen atomaren Suizid gebracht hat;
o in einer Zeit wirtschaftlicher Rezession werden Demokratisierungs- und Umverteilungsprozesse mit dem Hinweis auf die „Machbarkeit von Geschichte" in zunehmendem Maß schwieriger und auch schwerer finanzierbar und durchführbar; gleichzeitig damit kommen in den Wissenschaften in verstärktem Maß jene Tendenzen zum Zug, die an die Stelle des Bildes von der Gestaltbarkeit der kulturellen Verhältnisse jenes von stammesgeschichtlicher Vorprogrammierung setzen.

Anliegen des vorliegenden Buches ist daher
o die Auseinandersetzung mit reduktionistischen Interpretationen des menschlichen Sozialverhaltens und deren Rezeption und Verwertung im öffentlich-politischen Raum;
o die Analyse der tatsächlichen Ausformung des Spannungsfeldes von Kultur und Natur im menschlichen Verhalten, auf deren Basis erst die Aufklärung reduktionistischer Verzerrungen möglich wird;
o und in Zusammenhang damit die Klärung der Frage nach dem Verhältnis von Evolution – dem Bereich einer Gesetzlichkeit, die man sich bewußt machen kann, die jedoch nur innerhalb sehr enger Grenzen gestaltbar ist – und Geschichte – dem Bereich, den sich der Mensch „als Freigelassener der Natur" (Herder) reflektierend formt.

Aus dieser im Hinblick auf die aktuellen Forschungsstände überaus anspruchsvollen Problemstellung ergibt sich als zentrale Frage die nach der Möglichkeit einer integralen Anthropologie. Lassen sich naturwissenschaftliche und sozialwissenschaftliche Erkenntnisse überhaupt zu einem einheitlichen Menschenbild fassen? Oder werden unter dem schillernden Sammelbegriff einer umfassenden Anthropologie nur einzelwissenschaftliche Befunde aus ihrem genuinen Theorie- und Methodenkontext herausgerissen und zu einer bunten inhomogenen Reihe verbunden?

Was geleistet werden kann und in verstärktem Maß geschehen sollte, ist eine kritische Auseinandersetzung der Sozialwissenschaften mit den Ergebnissen der Kulturethologie, der Soziobiologie und der Evolutionstheorie und umgekehrt der biologisch orientierten Disziplinen mit den Ergebnissen der traditionellen Kulturwissenschaften. Es wäre wünschenswert, wenn aus dieser Auseinandersetzung konstruktive interdisziplinäre Arbeit, wie sie bisher nur in wenigen Bereichen geleistet wird (z.B. in dem der Psychosomatik), auf einem weiteren Feld entstehen könnte.

Die Kritik reduktionistischer Ansätze in Geschichte und Gegenwart geht im wesentlichen davon aus, daß den Regelmäßigkeiten im menschlichen Handeln, den Normen, Ritualen und Mentalitäten keine Gesetze im naturwissenschaftlichen Sinn zugrunde liegen. Familienformen, Geschlechterrollen, Hierarchien, Konfliktrituale realisierten sich unter sich verändernden gesellschaftlichen Bedingungen (ökonomischen, kulturellen, religiösen) in der Geschichte in unterschiedlichen Formen, deren gemeinsamer Nenner die Formulierung von biologischen Gesetzen des menschlichen Sozialverhaltens nicht zuläßt. Demographische Phänomene wie Bevölkerungsvermehrung, Heiratsalter, Lebenszäsuren, Familiengröße sind, wie aktuelle sozialgeschichtliche Untersuchungen zeigen, vorrangig keine biologischen Tatsachen; männliches Dominanzverhalten hat vor allem gesellschaftliche Ursachen, und Hierarchien und Machtdifferentiale zwischen gesellschaftlichen Gruppen haben sich in der europäischen Geschichte der letzten 2000 Jahre (mit Phasenverschiebungen und gegenläufigen Bewegungen) ständig verringert – als Ausdruck gesellschaftlicher Veränderungen, aber nicht einer Modifizierung des genetischen Potentials. Soziale Unterschiede – zwischen Männern und Frauen, zwischen ethnischen Gruppen, zwischen Minderheiten und Mehrheiten, zwischen Interessengruppen usw. – werden, wenn man sie ausschließlich aus biologischen Ursachen ableitet, aus der Sphäre des Gestaltbaren herausgeholt.

Die Auseinandersetzung mit reduktionistischen Interpretationen menschlichen Verhaltens in der Geschichte macht auch deutlich, wie zur Legitimation gesellschaftspolitischer Wunsch- und Zielvorstellungen und bestehender sozialer Realitäten mit der „menschlichen Natur", der biologischen Vorprogrammierung sozialer Beziehungen und Rollenbilder argumentiert wurde und wird. Problematisch sind in diesem Zusammenhang nicht nur Ergebnisse biologischer Forschungen – dort wo diese ihre Grenzen ohne Beachtung der Arbeit der Sozialwissenschaften überschreiten –, sondern auch jene historiographischer Arbeit, die häufig gerade die strukturellen Momente menschlicher Geschichte (Familie, Sexualität, generatives Verhalten usw.) als naturgegeben und unveränderbar interpretiert. Aussagen und Ergebnisse dieser Art verdecken jedoch die tatsächlichen Strukturen und Bewegungsfaktoren gesellschaftlicher Verhältnisse, was die Gefahr einer mißbräuchlichen Verwendung in sich birgt. Ein Beispiel: Gerade im Hinblick auf die Geschlechterrollen, insbesondere auf die Stellung der Frau, wurde immer wieder ausschließlich auf die biologischen Unterschiede rekurriert; demgegenüber kann der Kulturwissenschafter die historischen Bedingungen sich verändernden geschlechtstypischen Verhaltens aufzeigen. Die Geschichte hat als Prozeß fortschreitender Naturbewältigung Voraussetzungen geschaffen, die die sozialen Auswirkungen des biologischen Unterschieds zwischen Mann und Frau in wachsendem Maß beschränken. Eine fächerübergreifende wissenschaftliche Forschungsarbeit in diesem Zusammenhang kann thematisieren, ob soziale Auswirkungen biologischer Unterschiede notwendig sind, was die Kosten und was der Nutzen von Emanzipationsprozessen „von der Natur" sind. Das Beispiel der Geschlechterrollen, aber auch die Universalität von „Familie", „Hierarchie", „Krieg" etc. – in wie unterschiedlichen Formen diese Phänomene in der Geschichte auch auftraten – zeigen, wie notwendig Interdisziplinarität für eine adäquate Analyse menschlichen Verhaltens ist.

Ein weiterer Problemkreis, der in diesem Buch andiskutiert wird, ist das Wechselwirkungsverhältnis zwischen Biologischem und Gesellschaftlichem, das als zentrale Fragestellung die gesamte neuere Sozialanthropologie beherrscht. Der Mensch ist in der Phase der Hominisation zu einem gesellschaftlichen Wesen geworden, und diese Gesellschaftlichkeit hat ihn zunehmend geprägt. Die immer komplexeren sozialen Verhältnisse wurden damit zu einem Faktor, der gegenüber dem biologischen Erbe ein wachsendes Maß an Autonomie gewinnt. Der Mensch paßt sich dabei nicht mehr nur in passiver biologischer Evolution der Umwelt, sondern in einem aktiven gesellschaftlichen Prozeß die Umwelt an (vgl. M. Steenbek und W. Scheler, Essay über den Einfluß von genetischem und gesellschaftlichem Erbe auf das Verhältnis Mensch – Gesellschaft. In: Deutsche Zeitschrift für Philosophie 21, 1973, S. 791).

Die skizzierten Problembereiche werden in dem vorliegenden Band mit den Anspruch behandelt, einem größeren Leserkreis die Problematik des sich verändernden Spannungsfeldes von Kultur und Natur und seiner Interpretationen zu vermitteln. Damit sollen aber auch die Voraussetzungen für eine konstruktive Zusammenarbeit zwischen biologischen und sozialwissenschaftlichen Disziplinen jenseits von Vorurteil und wissenschaftlichem Renommiergehaben geschaffen werden.

ZWISCHEN NATUR UND KULTUR

ANTON BAMMER

GIBT ES EINE AUTONOMIE DER KULTUR?

Es besteht ein Unterschied zwischen dem Begriff von Autonomie wie ihn die Kunstgeschichte versteht und der Vorstellung von Autonomie, von der hier ausgegangen werden soll, nämlich von einer Unabhängigkeit der Kultur von biologischen Faktoren. Es geht aber in diesem Beitrag nicht um die Frage, ob der Mensch als Lebewesen der Natur unterworfen ist oder nicht, denn es wird niemand leugnen, daß er essen muß, daß er sterben muß und daß es Verhaltenskongruenzen mit Tieren gibt. Hier geht es um die Frage, ob das, was als spezifisch menschlich gilt, nämlich die Kultur, biologisch erklärt werden kann oder nicht. Ist etwa der Begriff der Kultur auch auf höher entwickelte Tiere auszudehnen und muß das spezifisch Menschliche innerhalb einer allgemeinen Wirbeltiersoziologie betrachtet werden?

Evolutionismuskonzepte

Es gibt bei wissenschaftlichen Konzepten eine Reihe von scheinbaren und echten Berührungspunkten zwischen der Natur und der Kultur, an Hand derer wir das Problem vielleicht präzisieren können. Einen scheinbaren Berührungspunkt stellt der Entwicklungsgedanke dar, der unter dem Namen Evolutionismus aktueller ist. Der biologische Evolutionismus ist dabei aber eine der jüngsten Varianten des allgemeinen Entwicklungsgedankens und sogar jünger als die spezielle Theorie des kulturellen Evolutionismus von Spencer und Tyler.[1]

Diesem Entwicklungsgedanken können eine Reihe von Auffassungen zugrunde liegen, wie etwa ein ‚inneres' Ziel, ein Telos oder ein Sinn, oder der Fortschritt oder die Wirklichkeit.[2] Der Entwicklungsgedanke war schon in der Antike mit der Idee des menschlichen Fortschritts oder seiner Umkehrung als Rückschritt verknüpft. Das Modell des Fortschrittes, bei dem sich der Mensch durch Lernen zum Besseren entwickle, vertraten Vorsokratiker und Sophisten, das des Rückschrittes von einem goldenen zu einem silbernen und bronzenen Zeitalter Hesiod und Platon.[3] Besonderen Auftrieb erhielt der Entwicklungsgedanke seit der 2. Hälfte des 18. Jahrhunderts, als die Menschen wie nie zuvor in der Geschichte eine Veränderung in ihrer Umwelt erlebten. So entdeckte Winckelmann[4] die Veränderung der Kunstwerke durch die Abfolge der Stile, und in der prähistorischen Archäologie fand man die Aufeinanderfolge der Stein-, Bronze- und Eisenzeit.[5] Nicht immer war der Entwicklungsgedanke kontinuierlich, sondern wie bei Winckelmann von normativen Vorstellungen beeinflußt. Partikularisierende und antirevolutionistische Konzepte wie bei dem Ethnologen Franz Boas[6] und dem Kunsthistoriker Alois Riegl,[7] oder regionalistische bei den Anhängern der Kulturkreislehre[8] differenzieren das Bild. In der ersten Hälfte des 20. Jahrhunderts gewannen auch zyklische Entwicklungskonzepte Popularität, wie bei Oswald Spengler, dem Archäologen Ernst Buschor[9] und dem Historiker Arnold Toynbee,[10] welche den biologischen Vergleich von Wachstum und Verfall wörtlich nahmen. Dem kulturellen Evolutionismus unterliegt der Glaube, daß gegenwärtige kulturelle Formen in einem langen Entwicklungsprozeß entstanden sind und neue Formen sich durch Anpassung mit einer Tendenz von zunehmender Komplexität herausbildeten.[11]

Wenn auch vermutlich der biologische Evolutionismus nach seinem Bekanntwerden stimulierend auf den kulturellen Evolutionismus eingewirkt hat, so können die konkreten Beziehungen zwischen beiden nicht mehr als metaphorischer Natur sein. Es besteht zwischen beiden nämlich ein wesentlicher Unterschied: während die biologische Entwicklung vom Urpferd zum heutigen Pferd in der Evolutionskette immer ein Pferd zur Erzeugung einer neuen Pferderasse notwendig machte, ist dies bei der *kulturellen Entwicklung von der Steinaxt zu einer Eisenaxt* nicht der Fall. Eine Axt setzt nicht wie ein Tier physisch eine andere Axt in die Welt.[12] So augenscheinlich auch die stilistische Entwicklung einer griechischen

Keramikgattung ist, so können keine *Gene kultureller Art* dafür verantwortlich *gemacht* werden, es gibt keine *geheime innere Natur*, welche die künstlerische Veränderung bewirkt. Die Herstellungsprozesse, wie immer man sie deuten mag, liegen in den kulturbildenden Fähigkeiten der Menschen selbst, den Herstellern und Auftraggebern.

Die Argumente der Soziobiologie

Nicht nur einen scheinbaren Berührungspunkt zwischen Kultur und Biologie glaubt die sog. Soziobiologie anbieten zu können. Der Großteil der Kultur- und Sozialwissenschaftler ist zwar der Meinung, daß die Biologie eine absolut notwendige Bedingung für die Kultur sei, aber gleichzeitig völlig ungeeignet sei, die kulturellen Eigenschaften menschlichen Verhaltens und dessen Veränderung zu erklären. Dieser neue Zweig der Biologie versucht dagegen die Integrität der Kultur als einer rein menschlichen und symbolischen Schöpfung in Frage zu stellen und bietet eine biologische Determinierung des menschlichen Handelns anstelle der sozialen Konstituierung *der menschlichen Symbole und Bedeutung an. Die Determinierung sei dadurch gegeben, daß die individuellen Genotypen entwicklungsmäßig in der Weise orientiert seien,* daß sie einen maximalen Erfolg ihrer Reproduktion erreichen. Die Soziobiologie ist eine teleologische Variante des Utilitarismus, der aber jetzt auf dem biologischen Kalkül der sozialen Nützlichkeit beruht, wie M. Sahlins[13] festgestellt hat. Daher ist ein besonderes Anliegen des Soziobiologen E. O. Wilson[14] die Verwandtschaftsauslese oder Sippenselektion. Nach ihr soll das menschliche Sozialverhalten durch ein der menschlichen Natur innewohnendes Kalkül zum individuellen Reproduktionserfolg bestimmt sein. Damit können alle Arten von Sozialisierung so erklärt werden, daß sich im Laufe der Zeit das genetische Material optimiere. Die Kette der biologischen Kausalität wird nämlich verlängert: von den Genen durch phänotypische Dispositionen zu charakteristischen sozialen Aktionen. Angeborene menschliche Triebe und Dispositionen werden verwirklicht in sozialen Institutionen.

Daher bestünde eine direkte Parallele zwischen biologischen Dispositionen und Eigenschaften sozialer Systeme. Entsprechend der *menschlichen Aggressivität* fänden sich bei allen Menschen Gewalt- und Kriegslust, Gebietsansprüche, soziale Ranggefüge *sowie Herrschaft*. Hier hakt Sahlings[15] ein und erklärt die These „Aggression sei die biologische Grundlage des Kriegsführens" für widersinnig. Denn Aggressivität reguliere soziale Konflikte nicht, dagegen regulieren die sozialen Konflikte die Aggressivität. Kriege werden aus Angst, Heimatliebe usw. geführt, nicht aber auf Grund individueller Aggressivität. Man könne nicht ein gegebenes soziales Gebiet mit einem charakteristischen menschlichen Motiv definieren. Genausowenig seien die Systeme menschlicher Verwandtschaft in Übereinstimmung mit genetischen Koeffizienten organisiert. Jede Verwandtschaft entstehe aus willkürlichen Regeln von Heirat, Wohnsitz und Abstammung. Unter genetisch Fremden können sich die eigenen Kinder befinden. Der Grund, warum menschliches Sozialverhalten nicht durch individuelle Maximierung des genetischen Interesses organisiert sei, liege darin, daß menschliche Wesen nicht durch organische Qualitäten, sondern durch symbolische Attribute sozial definiert werden. Die symbolische Blutsbruderschaft ist genauso viel wert wie die physische. C. Geertz[16] meint, daß Ideen und Gefühle kulturelle Artefakte seien, und was heute als biologische ‚Basis' des menschlichen Verhaltens gelte, könne vielleicht später zum Teil als kulturell vermittelt gelten.

Nach Sahlins Meinung stellt ein biologisches Faktum zu einem der Kultur ein Problem von Begrenzung und Inhalt dar, von Patrix zu Matrix. Die Biologie des Menschen stellt dem Bereich der Kultur einen Topf von Bedeutungen zur Konstruktion einer symbolischen Ordnung zur Verfügung. Das hervorragenste Mittel zum Aufbau dieser symbolischen Ordnung ist die Sprache. Zur Sprache fähig sind zwar auch Tiere, aber abgesehen davon, daß etwa Schimpansen aus anatomischen Gründen nicht dazu in der Lage sind, die akustische Ausdrucksfähigkeit des Menschen zu erreichen, *unterscheiden sich Tiersprachen von der des Menschen* in der Fähigkeit des letzteren, damit eine eigene symbolische Welt aufzubauen.

Die Bedeutung der menschlichen Sprache liegt nämlich nicht nur in ihrer Kommunikationsfunktion, sondern in ihrer kreativen Fähigkeit, eine eigene Welt mitzugestalten. Schon E. Cassirer[17] und später B. J. Worff[18] haben die Theorie aufgestellt, daß durch Worte Inhalte nicht nur ausgedrückt, sondern auch geschaffen werden. Sprachen beschreiben nicht nur Ereignisse, sondern gestalten sie auch mit.

Ein sprechendes Beispiel ist die Farbwahrnehmung. Das Auge nimmt zwar die Farben des Lichtes entsprechend der jeweiligen Wellenlänge wahr, welche aber als Rot und welche als Gelb empfunden oder bezeichnet werden, ist allein kulturell definiert.

Verhalten bei Mensch und Tier

Eine weitere interessante Frage ist, ob bestimmte menschliche Denk- und Verhaltensmuster deshalb biologisch determiniert sind, weil es Verhaltenskongruenzen mit höheren Tieren gibt. Konkret gefragt, ist die soziale und politische Gleichheit oder Ungleichheit des Menschen biologisch verankert? Religiös und magisch verankerte Rituale des Menschen dienen auch dazu, Lernvorgänge zu aktivieren. So wird etwa beim griechischen Opferritual in sich wiederholenden Handlungen an frühe Zivilisationserfahrungen erinnert.[19] Die Opfertiere waren Haustiere, nicht wilde Tiere, weil gezeigt werden sollte, daß ein Zivilisationsprozeß vorausgegangen ist, nämlich die Zähmung des Tieres. Ebenso werden nicht wilde Gräser geopfert, sondern Gerste und Brot, weil damit ausgedrückt werden kann, daß die Menschen dazu fähig sind, diese Dinge zu züchten und sich nutzbar zu machen. Die Bedeutung des Rituals beim Opfer ist speziell die Vergegenwärtigung von Lernprozessen. In den archaischen Kulturen, in denen die Schrift eine vergleichsweise bescheidene Rolle spielte, waren gerade diese rituellen Demonstrationen von Bedeutung, die dafür sorgten, daß den nachfolgenden Generationen das einmal Gelernte in Erinnerung blieb (in der Kulturtheorie versteht man bekanntlich unter Ritual etwas anderes als in der biologischen Verhaltensforschung).

Auch in der rituellen Verteilung des Opferfleisches werden Erfahrungen und Vorbilder für Gleichheit und Ungleichheit in der Gesellschaft vermittelt. Gesellschaftliche Schemata von Gleichheit und Ungleichheit werden also zuerst nicht gedacht, sondern als rituelle Handlungen erlebt. Dies scheint mir insofern eine sehr wichtige Feststellung zu sein. Wenn nämlich Eßhierarchien auf Grund biologischer Abhängigkeit entstehen könnten, müßte dies letzten Endes ein Beleg dafür sein, daß Demokratie, Monarchie und Oligarchie biologisch determiniert wären. Dies würde bedeuten, daß es keine Autonomie der Kultur gäbe.

Gleichwertiges und ungleichwertiges Essen, Rangordnungen oder Gleichrangigkeit beim gemeinsamen Essen bestimmen auch soziale Strukturen mit. Dies erkannte schon Ludwig Feuerbach.[20]

Genauso weiß man aber, daß Tiere nicht nur Rangordnungen, sondern auch Freßhierarchien ausbilden. Gewiß teilt der Mensch mit bestimmten Tieren die Notwendigkeit, kollektiv zu jagen sowie die daran anschließende gemeinsame Verzehrung des Beutetieres. G. J. Baudy[21] hat versucht, den ethologischen und ethnologischen Hintergründen der Tischsitten nachzugehen.

Es besteht kein Zweifel daran, daß die Wirbeltiere im Gegensatz zu den Insekten, etwa den Bienen, die Fähigkeit entwickeln können, Hierarchien auszubilden, und zwar in der Weise, daß sie ihren Status in der innerartlichen Auseinandersetzung erwerben und nicht durch die Einnahme eines ‚Sozialhormons', das die Geschlechtsreife unterbindet. Diese Fähigkeit, Dominanz-Subordinationsbeziehungen auszubilden, teilt der Mensch mit den Wirbeltieren, allerdings bestehen bei jenen sowohl innerhalb der Tierwelt als auch zwischen bestimmten Tiergattungen und den Menschen die vielfältigsten Ursachen und Unterschiede im Detail. So können sich Hierarchien ausbilden, die nur im Bereich der Sexualität entstanden sind, wie etwa bei den Wildpferden, oder andere Hierarchien, die sich bei der Nahrungsbeschaffung ausdrücken. Letzteres spielt sowohl bei Raubtierrudeln als auch bei Schimpansen und beim Menschen eine Rolle.

Während aber bei den Raubtierhorden die hochrangigen Tiere auf jeden Fall zuerst fressen, ob sie das Tier geschlagen haben oder nicht, kann bei Schimpansen ein niederrangiger Jäger kurzfristig in die Alphastellung aufrücken, wobei ihn die hochrangigen um Nahrung anbetteln. Allerdings bleibt dieser Akt beim Schimpansen eine Episode. Den menschlichen Jäger unterscheidet von den Tieren die Verfügungsgewalt, die er über seine Beute behält, sowie der symbolische Mehrwert [22] der Fleischnahrung.

Aus der ethnologischen Forschung geht hervor, in welch großer Bandbreite diese Verteilungs- und Eßhierarchie sich äußern kann. Aber auch die antiken literarischen und archäologischen Quellen liefern hier Belege: So wissen wir von Homer relativ genau, auf welche Weise ein gebratenes Tier verteilt wurde und welche soziale Bedeutung dieser Verteilung zukam. Ähnliches berichten uns andere antike Autoren, und aus den Tierknochenfunden sowie Darstellungen in der Vasenmalerei und Opferplätzen kennen wir die Art und Weise, wie in der Antike das Fleisch geopfert, geteilt und verzehrt wurde.[23] Es zeigt sich hier sehr wohl, daß die Verteilung und der Genuß des Fleisches nicht nur vorhandene soziale Wertigkeiten ausdrücken, sondern sie auch konstituieren können. So bestimmt in der Ilias die Größe des Fleischstückes den Erwartungshorizont des Handelns. Der Held muß seinem ihm zugesprochenen Fleischstück (moira) entsprechend leben. So tadelt Agamemnon den Odysseus und den Menelaos dafür, daß sie nicht an vorderer Front stünden, obwohl er sie als erste zum Essen rufe, und er ehrt den Aias mit einem Filetstück, weil er sich besonders hervorgetan hat.[24] Von der ursprünglichen Eßsituation wird der Begriff der moira dann auf andere Lebensbereiche, wie Kriegsbeute und Landaufteilung übertragen und wird zum allgemeinen Begriff für Sitte.[25] So wie die Bevorzugung bei der Fleischverteilung eine hervorragende gesellschaftliche Stellung betonen konnte, wie das Ehrenstück für den König, so konnte das Pochen auf die gleichwertige Verteilung des Bratens die soziale Gleichheit der Essensteilnehmer ausdrücken und begründen.[26] Eine wesentliche Eigenschaft einer Einladung zum Essen war (und ist es noch heute), daß alle Eingeladenen das gleiche essen und, falls sie ihre Gleichrangigkeit betonen wollen, gleichviel. Ein wichtiges Symbol für die Gleichheit der Essensteilnehmer war der gleiche Bratspieß, der Obolos, auf dem gleichviele Fleischstücke Platz hatten. Dieser Spieß war von einer derartigen symbolischen Aussagekraft, daß er die Bedeutung von Geld erhielt, d.h. von gleichen Werteinheiten.[27] Aus den Tischgesprächen bei Plutarch weiß man, wie sehr man sich der sozialen Konsequenzen einer gleichmäßigen oder ungleichmäßigen Verteilung des Fleisches bei Festbanketten bewußt war. Eine Schwierigkeit bot die Anatomie des Tierkörpers selbst, die einer Teilung in gleichwertige Fleischstücke Grenzen setzte.[28]

Die Art und Weise also, nach der die Nahrung verteilt wurde, war in der Antike genau kalkuliert und nahm Bezug auf die jeweilige gesellschaftliche Situation. Da der Verteilung des Fleisches bereits ein Opfer, ein Ritual vorausging, erhielt die Verteilung selbst symbolische Bedeutung. Das Opfer ritualisiert zwar die Verneinung des materiellen Wertes, in diesem Fall des Tieres, aber durch den symbolischen Mehrwert des verteilten Fleisches wird symbolisches Kapital im Sinne von P. Bourdieu[29] angesammelt. Zu opfern und zu verteilen bedeutet zwar in der archaischen Gesellschaft Verzicht, also Entsagung, gleichzeitig damit aber auch Gewinn an Bedeutungen.[30] Die Tötungs- und Kommunionsrituale[31] spiegeln also nicht nur einen gesellschaftlichen Zustand wider, sondern gestalten diesen auch analog der Sprache mit. Wenn wir also oben der menschlichen Sprache allein die Fähigkeit zugebilligt haben, eine eigene menschliche Welt mitzugestalten, so müssen wir es mit den jetzt angesprochenen Bedeutungen auch tun. Somit werden Tendenzen zur Gleichheit oder Ungleichheit, Demokratie oder Oligarchie nicht durch biologisch determinierte Eßhierarchien angelegt, sondern allein durch kulturelle Vorgänge im Menschen. Das biologische Faktum, das Bedürfnis, Nahrung zu sich zu nehmen, bildet also auch hier nur den Rahmen, die Grenze, innerhalb der sich kulturelle Vorgänge bewegen müssen. Die Fähigkeit der Menschen, eigene Opfer- und Eßrituale zu entwickeln und zu verändern, belegt die vom biologischen Rahmen unabhängige menschliche

Welt und damit die Autonomie der Kultur.

Dieser Beitrag hat versucht, die Grenzen zwischen Biologie und Kultur aufzuzeigen und daran anknüpfend erklärt, inwieweit man von einer Autonomie der Kultur sprechen kann. Dieser Anspruch an den Begriff der Autonomie darf aber nicht mit jenem verwechselt werden, den etwa die kritische Kunstgeschichte[32] für die Kunst verneint, nämlich den Glauben an die Unabhängigkeit der Kunst von gesellschaftlichen Bedingungen.

Anmerkungen

1 T. Munro, Evolution and the Arts and other Theories of Culture History, 1963.
2 N. Himmelmann, Der Entwicklungsbegriff in der modernen Archäologie, Marburger Winckelmannsprogramme, 1960, S. 13 ff.
3 G. R. Dodds, The Ancient Concept of Progress, 1973; L. Edelstein, The Idea of Progress in Classical Antiquity, 1967.
4 R. Bianchi-Bandinelli, Klassische Archäologie, 1978, S. 34 ff.
5 G. Daniel, A Short History of Archaeology, 1981, S. 55 ff.
6 M. Harris, The Rise of Anthropological Theory, 1968.
7 Bianchi-Bandinelli (wie Anm. 4), S. 128 ff.
8 G. Hajos, Beiträge zur historischen Sozialkunde 13, 1983, S. 100.
9 Bianchi-Bandinelli (wie Anm. 4), S. 148 f.
10 A. Toynbee, A Study of History, 12 Bde.
11 Munro (wie Anm. 1).
12 C. Levi-Strauss, Rasse und Geschichte, 1972, S. 21 f.
13 M. Sahlins, The Use and Abuse of Biology, 1977.
14 E. O. Wilson, Sociobiology: The New Synthesis, 1975.
15 Sahlins (wie Anm. 13), S. 7 ff.
16 C. Geertz, The Interpretation of Cultures, 1975, S. 38 ff.
17 E. Cassirer, Le langage et la construction du monde des objets. In: Journal de Psychologie normale et pathologique 30, 1933, S. 18 ff.
18 B. J. Worff, Sprache, Denken und Wirklichkeit, 1963; P. Feyerabend, Wider den Methodenzwang, 1979, S. 310 ff.; Sahlins (wie Anm. 13), S. 62 f.
19 A. Bammer, Das Heiligtum der Artemis von Ephesos, 1984.
20 L. Feuerbach, Gesammelte Werke, hg. von W. Schuffenhauer, Kleine Schriften IV (1851 – 1866), Berlin 1972, S. 26 ff.
21 G. J. Baudy, Hierarchie oder: Die Verteilung des Fleisches. In: B. Gladigow, H. G. Kippenberg, Neue Ansätze in der Religionswissenschaft, 1983, S. 131 ff.
22 Baudy (wie Anm. 21).
23 Bammer (wie Anm. 19).
24 Ilias 4, S. 340; 7, S. 321.

25 Baudy (wie Anm. 21), S. 163 f.
26 J. Svenbro, A Megara Hyblaia: Le corps géométrique, AnnESC 37, 1982, S. 953 ff.
27 A. Furtwängler, Zur Deutung der Oboloi im Lichte samischer Neufunde, Tainia, Festschrift R. Hampe, 1980, S. 81 ff.
28 G. Berhiaume, Les Rôles du Mageiros, 1982, S. 50 f.
29 Entwurf einer Theorie der Praxis auf der ethnologischen Grundlage der kabylischen Gesellschaft, 1979, S. 335 ff.
30 M. Horkheimer, T. Adorno, Dialektik der Aufklärung, 1971, S. 42 ff.
31 W. Burkert, Homo necans, 1972, S. 45 ff.
32 Z. B. Autonomie der Kunst, Zur Genese und Kritik einer bürgerlichen Kategorie, mit Beiträgen von M. Müller, H. Bredekamp, F. J. Verspohl, J. Fredel, U. Apitzsch, 1972.

ROBERT KASPAR

METHODOLOGISCHE ÜBERLEGUNGEN ZUM PROBLEM DER „NATUR" DES MENSCHEN

Einleitung

Die für den Biologen aufgrund einer umfangreichen empirischen Erfahrung selbstverständliche Tatsache, daß es allem organischen Werden gemeinsame Entwicklungsgesetze gibt und daß der Mensch auch in seinen Geistesschöpfungen, also der Kultur, in keiner Weise den Voraussetzungen dieses organischen Werdens ungestraft zuwiderhandeln kann, hat merkwürdigerweise in die sozial- und kulturtheoretische Forschung bisher kaum Eingang gefunden. Dieser Umstand verdient methodologisch deshalb große Beachtung, weil gerade die Sozialwissenschaften, obwohl sie durch die Verwendung bestimmter objektiver, z.B. statistischer, Methoden formal gleichsam den Status einer Naturwissenschaft anstreben, die Biologie des Menschen in einer nachweislich völlig unreflektierten Art und Weise aus ihren Betrachtungen auszuschließen pflegen. Die Folge dieser Vorgangsweise ist eine bedauerliche Unkenntnis selbst der einfachsten Grundlagen biologischen Wissens, eine Unkenntnis, die ohne Mühe bei fast allen soziologisch-psychologisch-anthropologischen Arbeiten festgestellt werden kann. Bedauerlich ist dieser Umstand deshalb, weil man eben vom anthropologisch argumentierenden Soziologen erwarten sollte, daß er nicht, wie es in der Regel geschieht, nach der Festlegung einer anthropologischen Ideologie nach Beispielen sucht, welche diese unterstützen sollen, sondern daß er sich vorher der Mühe unterzieht, jene biologischen Grundlagen über die Natur des Menschen zu lernen, ohne die eine qualifizierte Aussage über den Menschen nicht möglich ist. Die Soziologie wird erst dann eine Naturwissenschaft sein können, wenn sie jene große Lernarbeit auf sich nimmt, die den *Inhalt* ihrer Disziplin betrifft.

Aus diesen Gründen muß das hier zu erörternde Thema, nämlich die vielfältigen Beziehungen zwischen der biologischen und der kulturgeschichtlichen Evolution des Menschen, neben sachlichen Aspekten auch als methodologisches Problem angesehen werden, wobei für den Biologen das primäre Interesse darin besteht, dem Soziologen jene Gesichtspunkte verständlich zu machen, die es ihm tatsächlich ermöglichen, seinen Blickwinkel um die entscheidende Dimension zu ergänzen, daß der Mensch, über den er Aussagen machen möchte, in erster Linie ein *Lebewesen* ist und erst danach das Produkt einer historisch kontingenten Ideologie. So trivial aber diese Feststellung auch erscheinen mag: die Erfahrung zeigt, daß die Mißachtung gerade der scheinbar trivialsten Tatsachen stets die unangenehmsten Konsequenzen zur Folge hat.

Das Problem des Reduktionismus

Der Hinweis auf die Relevanz der biologisch-psychologischen Konstitution des Menschen im Zusammenhang mit der Erörterung sozialer und kulturgeschichtlicher Phänomene steht vor dem grundsätzlichen Problem, die allgemeine Frage beantworten zu müssen, wie weit und in welcher Weise die Gesetzlichkeiten einer bestimmten System-Ebene auf „darüberliegende" Ebenen Einfluß nehmen. Diese Frage beinhaltet, wie man sich klarmachen muß, zwei verschiedene Gesichtspunkte: erstens sollte es möglich sein zu klären, worin im konkreten Fall jene hierarchisch „hinaufwirkenden" Einflüsse tatsächlich bestehen, und zweitens sollte Klarheit darüber herrschen, unter welchen Voraussetzungen man davon ausgehen kann, ein Phänomen als *erklärt* zu betrachten. Zu den Grundsätzen jeder empirischen Forschung gehört es, zunächst die Eigenschaften des zu untersuchenden Phänomenes als Konsequenz bereits bekannter Eigenschaften der dieses Phänomen bewirkenden Elemente darzustellen. Wer beispielsweise verstehen und erklären möchte, warum die Applikation eines Faktor-XIII-Präparates die Blutgerinnung (etwa beim Hämophilen) fördert oder ermöglicht, wird das Phänomen der Blutgerinnung aus dem Wirkungsmechanismus der daran elementar beteiligten Stoffe abzuleiten trachten, um die Kausalität dieser Erscheinung herauszufinden. Obwohl kein einziger der zahlreichen daran beteiligten Reaktionsvorgänge irgend eine Ähnlichkeit mit dem von uns beobachtbaren Phänomen „Blutgerinnung" hat, ist dieses Phänomen (trotz seiner qualitativen oder kategorialen Unterschiede zu den Prozeßabläufen seiner Elemente) vollständig als Konsequenz seiner Elementarvorgänge erklärbar. Dies in dem Sinne, als die Eigenschaften jener Elementarvorgänge in ihrer Wechselwirkung schließlich die Eigenschaften des beobachteten Phänomenes verursachen.

Ein Phänomen erklären bedeutet daher in der empirischen Naturwissenschaft, seine Eigenschaften aus den Wechselwirkungen seiner Elemente ableiten zu können; und die Methode, die dies ermöglicht, nennt man *Reduktionismus*: man „reduziert" also das Phänomen schrittweise, bis man das Netz jener hinreichenden Bedingungen gefunden hat, die seine Existenz ursächlich begründen. Obwohl aber die Notwendigkeit und nicht zuletzt auch der konkrete Erfolg dieser methodisch-reduktionistischen Vorgangsweise von keinem Naturwissenschaftler prinzipiell angezweifelt werden, muß man sich des Umstandes gewiß sein, daß dann, wenn dieses Procedere *ontologisch* interpretiert wird, es zu schwerwiegenden sachlichen Mißverständnissen kommen kann. Ein solcher ontologischer Reduktionismus liegt vor, wenn die kategorialspezifische Qualität des zu untersuchenden Phänomens gleichsam realiter in die Eigenschaften seiner Elemente projiziert wird. Um diese Ausführungen aber nicht übergebührlich zu dehnen, zumal die Grundlagen jener Problematik einer inzwischen umfangreichen Literatur entnommen werden können,[1] seien die Unterschiede zwischen dem methodischen und dem ontologischen Reduktionismus (MR und OR) hier lediglich beispielhaft demonstriert, ohne die theoretische Problematik im einzelnen zu erläutern.

1. Beispiel:

Es soll die Frage geklärt werden, was naturwissenschaftlich unter dem Begriff „Leben" zu verstehen ist.

MR: Man untersucht Dinge, die wir zunächst im common sense als lebendig bezeichnen und bemüht sich, die ihnen gemeinsamen Merkmale zu eruieren; dies ist nur insoferne eine „Vorwegnahme" des zu bestimmenden Phänomenes, als bislang auch der Nicht-Biologe in der Lage ist, etwa den Unterschied zwischen einem lebendigen und einem toten Hasen zu erkennen, sodaß die Entscheidung, ob etwas lebt oder nicht, keine apriorischen Schwierigkeiten macht. Im MR wird man nun die chemischen, physikalischen und physiologischen Prozesse untersuchen, welche für die Klasse der Dinge mit dem Merkmal „lebendig" differentialdiagnostisch charakteristisch sind. Erklärt ist das Phänomen Leben erst dann, wenn alle notwendigen und hinreichenden Bedingungen seiner spezifischen Qualität darstellbar sind. Dies ist bekanntlich heute noch nicht möglich, weil das gegenwärtige Rüstzeug der Physik und der Chemie nicht ausreicht, um alle Vorgänge in lebendigen Systemen kausal verständlich zu machen. Daher besteht für den MR nach wie vor die Aufgabe, weitere Mechanismen ausfindig zu machen, die „Leben" in typischer Weise charakterisieren, d.h. ohne die die *Systemeigenschaft* „lebendig" nicht zustandekommt. Dabei wird für den MR niemals die Frage entstehen, ob die Qualität „Leben" in irgend einem der Elementarprozesse auffindbar ist; man wird jedoch versuchen, das „darunterliegende" Netz von Ursachen aufzudecken, aus dessen systemischer Wechselwirkung auf der nächsthöheren Ebene „Leben" als Phänomen hervortritt.

OR: Der seine Methode ontologisch deutende Reduktionist beendet stets vorschnell den Verlauf seiner Forschung, weil er von der irrigen Annahme ausgeht, er würde das von ihm zu erklärende Phänomen im nächstbesten Elementarmechanismus, der ihm zufällig bekannt wird, entdeckt haben. Leben wäre dann „nichts anderes als" DNA-Replikation, der Transaminase-Stoffwechsel, die neurale Reizleitung usw. Im OR wird der wesentliche, schon erwähnte

Umstand nicht erkannt, daß weder (um in unserem Beispiel zu bleiben), die Wasserstoff-Brücken-Bindung zwischen Adenin und Thymin „lebt", noch die enzymatischen Umwandlungen der Glutamat-Pyruvat-Transaminase (GPT), noch die Kalium-Natrium-Pumpe in einem Neuron. Diese Art von Reduktion, die Julian Huxley so streffend als „Nothing-elsebutism" bezeichnete, ist nicht nur aus methodischen, sondern auch aus sachlichen Gründen wertlos, ja gefährlich, wo sie zur Erläuterung des Menschen angewendet wird.

2. Beispiel:

Wie können das menschliche Verhalten und das menschliche Erkennen ursächlich verstanden werden?

MR: Diese besonders für den anthropologisch interessierten Soziologen entscheidende Frage wird dann eine empirisch haltbare Antwort finden, wenn auch hier methodisch der Umstand erkannt und berücksichtigt wird, daß ein nicht unerheblicher Teil der Ursachenzusammenhänge *allen* menschlichen Erkennens und (daraus folgend) Verhaltens in der Biologie des Menschen zu finden ist. In gleicher Weise, wie man z.B. von der klassischen Mechanik und der Thermodynamik etwas verstehen sollte, wenn man sich anschickt, die Funktion eines Automotors zu erklären, sollte der sachlich argumentieren wollende Soziologe und Anthropologe um die biologischen Vorbedingungen und Gesetze des menschlichen Verhaltens Bescheid wissen. Um die alte, wertvolle und aus der Struktur der realen Welt selbst folgende Grundregel, daß nämlich der Forscher stets jene Gesetze kennen muß, die hierarchisch „unter" seinem eigenen Untersuchungsgegenstand liegen, ohne besondere Ausführlichkeit zu verdeutlichen, vergegenwärtige man sich beispielsweise die Situation, daß der Konstrukteur des Automotors die dazu erforderliche Physik beherrschen sollte, daß aber *nicht* etwa der in der Thermodynamik tätige Grundlagenforscher imstande sein muß, einen Motor zu konstruieren. So müßte der Soziologe auch die *Biologie* des Verhaltens verstehen, der Neurophysiologe aber braucht nicht Soziologie zu „können".[2]

Es ist daher nur konsequent, wenn im methodischen Reduktionismus trotz verschiedener wissenschaftshistorisch zu verstehender Vorurteile der Versuch unternommen wird, die natürlichen Voraussetzungen, Grundlagen und Gesetze des Phänomens „Erkennen" zu erforschen, zuletzt nämlich mit dem Zweck, diesen entscheidenden Paramenter der *Kausalität* menschlichen Verhaltens (von der Neurose in der Massensiedlung bis zur Einstellung gegenüber dem Ausländer) aufzudecken. Denn weder eine noch so umfangreiche Statistik z. B. über den Fremden-Haß, noch die Bemerkung, dies sei ein „faschistisches Verhalten", nützen jemandem oder erfüllen die Kriterien einer qualifizierten Diagnose, solange man den Umstand ignoriert, daß Toleranz die Konsequenz eines sehr frühen *Lernprozesses* ist, der infolge unserer biologischen Ausstattung zu bestimmten Zeiten und unter bestimmten Umständen zu erfolgen hat. Es ist schließlich kein einziger Fall bekannt, in dem, wo auch immer, eine erfolgreiche Therapie ohne vorherige methodisch-reduktionistische Diagnose möglich gewesen ist. Die Alternative zu einem solchen Lernprozeß ist bekanntlich stets die pure Gewalt.

OR: Die ontologische Interpretation der reduktionistischen Untersuchung von Erkennen und Verhalten führt zu dem gravierenden Irrtum zu meinen, alles, was Menschen tun, könne ausschließlich von der Biologie erklärt werden; diese Haltung wäre nur dann vertretbar, wenn man den Begriff „Biologie" in jener unsinnigen Weise überdehnte, daß er alles, von der organischen Chemie bis zur Sozial- und Kulturgeschichte abdeckt. Dann freilich hätte die Biologie den alleinigen Anspruch, über den Menschen Aussagen zu machen, andererseits aber müßte sie sich von einer wissenschaftlichen Disziplin auf das

Niveau einer Heilslehre begeben.

Dieses sachliche und methodische Problem läßt sich durch zwei einfache Beispiele sofort verständlich machen. Es gilt etwa das von der Quantenphysik ermittelte Pauli-Prinzip zweifellos auch in der Kulturgeschichte Venedigs. Niemand würde aber ernsthaft versuchen, die Erklärung der Architektur von San Marco mit dem Hinweis auf die Gültigkeit der Quantentheorie zu beginnen bzw. zu behaupten, „eigentlich" stehe die Basilika nur deshalb, weil die Quantengesetze ihren Zusammenhalt garantieren. Oder: Obwohl unser Verhalten und unsere Vernunft ohne Zweifel stammesgeschichtliche Grundlagen haben und aus Funktionen des Nervensystems resultieren, ist der ontologische Reduktionist im Irrtum, wenn er meint, diese Phänomene im Nervensystem *finden* zu können. Ein Neuron hat noch niemals einen Begriff gebildet, und ein System verschalteter Aktionspotentiale hat noch niemals ein zweites solches System z.B. geliebt.

Diese Erläuterungen, welche sich aus Platzgründen mehr oder weniger auf eine Art Kasuistik beschränken mußten, sollen den Umstand verdeutlichen, daß einerseits die Reduktion komplexer Phänomene auf ihre Elemente für das *kausale* Verständnis von größter Wichtigkeit ist, daß diese Vorgangsweise aber nur unter der Voraussetzung irgend einen Sinn haben kann, daß man sich darüber im klaren ist, was es bedeutet, ein Phänomen zu erklären. Eine Erklärung liegt dann vor, wenn alle notwendigen und hinreichenden Bedingungen des zu Erklärenden bekannt sind. Der naive Reduktionist meint stets, die Erklärung alleine in den notwendigen Bedingungen zu finden, während der naive Generalist glaubt, mit der Kenntnis einiger hinreichender Bedingungen ein Phänomen bereits zu verstehen, und nicht berücksichtigt, daß die meist weniger auffälligen notwendigen Bedingungen zumindest dann bekannt sein müssen, wenn die *Störung* eines Systems kuriert werden soll.[3] Und welchen anderen Sinn könnte die Soziologie heute haben, als uns die Hilfsmittel dafür in die Hand zu geben, das in einem so hohen

Ausmaß pathologisch gewordene Sozialverhalten des Menschen einer Therapie zuzuführen?

Der emotionale Widerstand gegen eine naturwissenschaftliche Erklärung menschlicher Verhaltensweisen

Obwohl die Probleme der reduktionistischen Methode jede empirische Disziplin betreffen, besitzen sie in der Physik und Chemie so gut wie keine praktische Relevanz; die Zurückführung einer chemischen Bindung auf die Physik der daran beteiligten Atome erregt bekanntlich kein großes Aufsehen, ebensowenig wie z.B. die Erklärung der Herztätigkeit aus der Anatomie, Mechanik und Physiologie. Erst dann, wenn der Mensch selbst (insbesondere sein Verhalten) mit dieser Methode untersucht werden soll, treten in der Regel schwere und grundsätzliche Bedenken auf, besonders dort, wo menschliches Verhalten bisher nicht erklärt, sondern gedeutet und interpretiert wurde. Diese nicht gegenständlich begründbare, sondern emotionale Abneigung etwa gegen die Berücksichtigung der Ergebnisse aus der Humanethologie udgl. scheint selbst nur anthropologisch-psychologisch erklärbar zu sein. Die Ursache dieser Behinderung oder Verzögerung einer Einbeziehung auch der biologischen Aspekte in die Analyse menschlichen Verhaltens liegt in dem außerordentlich weitverbreiteten *Werturteil*, die Kenntnis kausaler Wirkungszusammenhänge würde, die ethische Validität einer Handlung stark herabsetzen. Nur dasjenige, was der Mensch frei von ,,Ursachen" — also äußeren oder inneren Notwendigkeiten — tut, so meint man, könne moralisch beurteilt werden. Eine kausale Erklärung etwa der Mutterliebe wird unbewußt als abstoßend empfunden, und zwar aus der berechtigten Angst, sie könne eine ontologische Reduktion zur Folge haben, indem das Phänomen Mutterliebe im Sinne eines ,,Nichts-Anderes-Als" in der Darstellung der Wechselwirkung zwischen ihrem Hormonhaushalt und ihrem Nervensystem verlorengeht.

Schon die wenigen Bemerkungen über den Reduktionismus sollten aber verdeutlichen, daß die einzige Möglichkeit, dieses antikausale Werturteil abzubauen, darin besteht zu lernen, daß die Methode von ihrer ontologischen Interpretation klar zu trennen ist. Darüberhinaus zeigen auch die Grundlagen der Systemtheorie, daß in Systemen aus verknüpfbaren funktionellen Elementen Vorgänge programmiert werden können, deren Funktionsregeln von denen der Elemente abweichen, ja ihnen sogar widersprechen können. Beispielsweise sind die Schachregeln nicht mit den elektrischen Vorgängen in den Bausteinen eines Schachcomputers zu vergleichen. Es muß an dieser Stelle genügen, nochmals den Umstand in Erinnerung zu rufen, daß jegliches Phänomen nur auf seiner kategorialen Ebene existiert, d.h. weder „darunter", noch „darüber". Die das Phänomen bedingenden Ursachen sind jedoch unter anderem auch in seinen Elementen zu finden. Und die unreflektierte Mißachtung jener Art von Ursachen führt nicht nur zum Verlust des Anspruches, auf empirischer Grundlage zu argumentieren, sie ist auch unnötig, weil diese methodischen Zusammenhänge nicht erst seit kurzem bekannt sind.

Die Distanzierung der Sozialwissenschaften von der Biologie

Zu den Folgen der eben besprochenen Umstände gehört es, daß unter den Sozialwissenschaftlern im allgemeinen und hier unter den Politologen im besonderen die Meinung vorherrscht, zur Erklärung menschlichen Sozialverhaltens sollte die Biologie nichts beitragen. Hier muß der Ausdruck „sollte" insoferne verwendet werden, als dieser Ausschluß der Biologie nicht auf einer sachlich begründeten Entscheidung beruht, sondern Teil des *Paradigmas* dieser Disziplinen ist. Der Strukturkern eines Paradigmas hat per definitionem außerhalb jeder Diskussion zu stehen, weshalb auch hier diese inhaltliche Verkürzung der Sozialwissenschaften keine argumentative Begründung erfährt. Wird von anderer Seite aber dennoch der Versuch unternommen, in das Kausalitätsgefüge menschlichen Verhaltens auch seine biologischen Bedingungen aufzunehmen, dann wird dem entgegengehalten, daß bereits frühe sozialwissenschaftliche Konzeptionen mit tragischen politischen Konsequenzen der Gefahr eines Mißbrauchs der Biologie erlegen seien, deren Einbeziehung daher grundsätzlich abzulehnen sei.

Dabei entsteht allerdings der noch nicht entkräftete Verdacht, daß solche gescheiterten Versuche der Sozialwissenschaft, eine ideologisch kontaminierte Art von Biologie aufzugreifen, als *Vorwand* dafür verwendet werden, sich jener zweifellos gewaltigen Lernarbeit zu entziehen, die zum Verständnis des gegenwärtigen biologischen Wissensstandes erforderlich ist. Bedauerlicherweise tragen jedoch neuerdings auch viele Biologen selbst in populärwissenschaftlichen Schriften dazu bei, daß beim Fachfremden die Erkenntnis der Ernsthaftigkeit und Relevanz der Biologie nicht eben gefördert wird. Dennoch sollte aber auch der anthropologisch interessierte Sozialwissenschaftler den Umstand nicht übersehen, daß die Gefahr des politischen Mißbrauches einer Disziplin keinesfalls durch Ignoranz gebannt werden kann, sondern lediglich durch profunde politische Kenntnisse. Es gibt kein Instrument, dessen Nützlichkeit durch die Möglichkeit geschmälert würde, es zu mißbrauchen.

Die geisteswissenschaftliche Tradition, unter deren Einfluß fast alle Sozialwissenschaftler im deutschsprachigen Raum stehen, verbunden mit einer allgemein völlig unzureichenden biowissenschaftlichen Bildung, erschweren den interdisziplinären Kontakt im gleichen Ausmaß, in dem er notwendig wäre. Wie kürzlich die beiden Sozialwissenschaftler H. Flohr und W. Tönnesmann[4] betonten, ist seitens der Sozialwissenschaft vor allem das Vorurteil abzubauen, daß die Hinweise auf biologische Faktoren menschlichen Verhaltens das Kriterium für eine politisch konservative bis „reaktionäre" Gesinnung seien, während politische Fortschrittlichkeit darin bestünde, die Wirkung des Milieus zu überschätzen. Aber wenn auch die Ignoranz der Biologie des Menschen aus leidvoller historischer Erfahrung verständlich ist, so kann dennoch selbst diese Erfahrung keinen für alle Zeit gültigen Persilschein dafür bedeuten, einerseits den biologischen Aspekt auszuklammern, andererseits aber den Anspruch zu erheben, ein bestimmtes Phänomen menschlichen Sozialverhaltens lückenlos zu erklären.

Auch innerhalb der Biologie wurde beispielsweise der Evolutionsgedanke nicht deshalb a priori verworfen, weil sich zeigte, daß die Theorie Lamarcks nur die eine Hälfte der Wahrheit enthält; und wir verwerfen ihn auch heute nicht, obwohl immer deutlicher wird, daß auch das darwinistische Paradigma nicht der Weisheit letzter Schluß ist, auch wenn es mit verschiedenen Zusatzhypothesen derzeit „gerettet" wird.

Die Konstruktion eines (schließlich nicht mehr reflektierten) Klimas, welches jede soziologisch ausgerichtete Befassung mit der Biologie des Menschen a priori als „reaktionär" brandmarkt, sollte in einer so bedeutenden Sache nicht als Ersatz dafür herangezogen werden, sich selbst mit jener Biologie auseinanderzusetzen, die noch nicht von philosophierenden Ideologen „interpretiert" wurde. Der Weg des freiwilligen *Wissensverzichtes* wäre der schwerste Insult, den eine Disziplin gegenüber dem wissenschaftlichen Ethos begehen kann.

Zum Phänomen der anthropologischen Konstanten

Die Existenz basaler Gesetzlichkeiten und ihre ursächliche Beeinflussung komplexer Phänomene werden in der empirischen Forschung meist erst dann entdeckt, wenn solche komplexe Phänomene *Störungen* aufweisen; besonders die Geschichte der Medizin bietet dafür zahlreiche Belege (z.B. die Aufklärung der Schilddrüsenfunktion). Auch im Bereich des Sozialverhaltens tritt der ihm zugrundeliegende „Kausalfilz" so lange nicht direkt in Erscheinung, als gewissermaßen „alles funktioniert". In dieser Situation ist es auch nur für den Grundlagenforscher von Interesse, etwa herauszufinden, auf welchen angeborenen Dispositionen die Mutter-Kind-Beziehung beruht, das Rangstreben, die Unterwürfigkeit und vieles mehr. Die über das akademische Interesse hinausgehende, gleichsam therapeutische *Verpflichtung*, jenen Kausalfilz zu erforschen, erwächst aus der Tatsache und ihrer wachsenden empirischen Erkenntnis, daß sowohl individuelle wie auch kollektive soziale Verhaltensweisen ganz ebenso *krank* werden können wie jedes lebendige System auch. Die Einsicht in den Umstand, daß es auch eine *Pathologie* des Sozialverhaltens gibt, was besonders Konrad Lorenz wiederholt dargelegt hat,[5] könnte der erste Schritt zur Erkenntnis der Notwendigkeit einer die Biologie berücksichtigenden Soziolgie sein.

Auch für das Verhalten des Menschen gilt der von der Systemtheorie erkannte Umstand, daß die Eigenschaften eines bestimmten Systemes von den Gesetzen seiner elementaren Systemebenen zwar nicht vollständig determiniert werden, daß jene basalen Prinzipien aber die *Rahmenbedingungen* der nicht pathologischen Funktionen festlegen. Krank nennen wir ein lebendiges System dann, wenn die Funktion der nächst tiefer liegenden Ebenen in einer solchen Weise geändert wird, daß der Weiterbestand des Gesamtsystems zumindest gefährdet ist. Diese darunterliegenden Systeme selbst sind dabei *nicht* krank; eine Zelle eines bösartig neoplastischen Gewebes ist durchaus nicht „krank", sehr wohl aber der Gesamtorganismus, der infolge dieser „bloßen Veränderung" z.B. an einem Funktionsverlust der Leber zugrundegeht. Solange aber die Zelle die Information besitzt, welche sie als Leberparenchymzelle charakterisiert, ist sie (gemeinsam mit dem gesamten Gewebe) die Ursache jener Konstanten, jenseits derer die Pathologie des Systems „Leber" liegt.

In analoger Weise existieren auch für das System „Mensch" solche aus phylogenetisch entstandenen Elementarmechanismen resultierende „Konstanten", welche die Grenzen zur Pathologie festlegen.[6] Im anatomischen und physiologischen Bereich ist die Existenz solcher Konstanten längst kein Gegenstand der Diskussion mehr; es gilt daher, jene emotionale Barriere zu überwinden, von der schon gesprochen wurde, die den Menschen und sein Verhalten aus diesen allgemein bekannten Zusammenhängen eliminieren möchte. Ohne in dem hier vorgesehenen Rahmen eine detaillierte Fallstudie vorlegen zu können, soll an einem einzigen Beispiel kurz angedeutet werden, was unter solchen anthropologischen Konstanten verstanden werden kann und welche außerordentliche (nicht zuletzt konkret-praktische) Bedeutung ihnen für das Verständnis des Menschen zukommt: die angeborenen Dispositionen der

Mutter-Kind-Bindung.

Obwohl das Phänomen der Prägung in der Ethologie seit langem bekannt ist[7] und obwohl eine Fülle an empirischen Befunden über Prägungsvorgänge bei Säugetieren existieren,[8] haben erst die Psychoanalytiker auf den Umstand hingewiesen, daß auch in der Frühentwicklung des Menschen sensible Perioden auftreten, in denen nicht oder kaum reversible Lerninhalte aufgenommen werden.[9] Inzwischen liegen zahlreiche weitere Untersuchungen vor, die die Existenz der Prägung beim Menschen nachweisen.[10]

So zeigte sich, daß das Gedeihen des Säuglings nicht alleine von der Ernährung und der Hygiene abhängig ist, sondern daß der *persönliche Kontakt* zu einer Bezugsperson, welche im Normalfall die Mutter ist, eine fundamentale Rolle als Entwicklungsanreiz darstellt. Im ersten Lebensjahr führt bereits eine kurzfristige Trennung von der Mutter zu einem rapiden Absinken des Entwicklungsquotienten, eine mehrmonatige Trennung hat irreparable Schäden zur Folge, die sich nicht zuletzt in einer erheblichen Steigerung der Kindersterblichkeit äußern.[11] Wie besonders E. H. Erikson betonte,[12] ist die persönliche Bindung an die Mutter die Voraussetzung für die Entwicklung des sogenannten Urvertrauens, welches die Tragsäule für eine spätere gesunde Persönlichkeitsentfaltung darstellt. Die Deprivation dieser Bindung führt nicht nur zum „Urmißtrauen", sondern darüber hinaus zu jenen schweren Formen der Persönlichkeitsstörung, die unter dem Begriff Hospitalismus bekannt sind.[13] Das in seiner angeborenen Disposition der Erwartung sozialer Anteilnahme wiederholt frustrierte Kind verfällt nach einer kurzen Phase der Rebellion in schließlich vollständige Apathie. Bereits eine 3- bis 4monatige Trennung von der Mutter hat irreparable Schäden zur Folge: das Kind bleibt in seiner Entwicklung zurück, es kommt zu lebensgefährlichem Gewichtsverlust und zu einer unaufholbaren allgemeinen geistigen Retardierung. Rene Spitz untersuchte 91 Kinder, die keine ständige Bezugsperson hatten; 34 von ihnen starben bis zum Ende des 2. Lebensjahres, der Entwicklungsquotient der Überlebenden sank auf 45 % des Normalwertes. „Die Kinder standen praktisch auf dem Niveau von Idioten."[14]

Neben all diesen bedauerlichen unfreiwilligen Experimenten am Menschen sollten zumindest die Rhesus-Affen-Versuche von H. und M. Harlow [15] auch den größten Skeptiker davon überzeugen können, daß die Forderung nach *persönlicher* Betreuung des Kindes durch die Mutter nicht den Ausdruck einer „bürgerlich-reaktionären" Ideologie darstellt, sondern inzwischen leider eine therapeutische Maßnahme geworden ist, zum Wohle einer kommenden Generation, soll diese sich nicht aus gefühlskalten, apathischen Neurotikern zusammensetzen. Es ist daher weder eine intellektuelle Errungenschaft noch ein Fortschritt, wenn sozialwissenschaftliche Konzepte eine Praxis empfehlen, die jene anthropologische Konstante verbal aus dem Bewußtsein eliminiert, um sie durch kurzfristige ökonomische und ideologische Vorteile zu ersetzen: es ist, wie leider immer wieder betont werden muß, die Konsequenz der Unwissenheit bzw. eines bewußten Wissensverzichtes.

Dieses eine, nur skizzenhaft angedeutete Beispiel (weitere konkrete Fälle wird jeder Autor aus seiner Sicht schildern) kann auf jene ungeheure empirische Arbeit nur hinweisen, die vor uns liegt, wenn wir das Verhältnis zwischen der Natur und der Kultur des Menschen unvoreingenommen erforschen wollen. Eine Voraussetzung dafür, daß dieses interdisziplinäre Unternehmen Früchte tragen kann, wird zweifellos darin bestehen, daß wir uns über die methodische Problematik einer kausalen Erklärung menschlichen Verhaltens Klarheit verschaffen und daß wir von zwei in der Wissenschaft aufgetretenen Erscheinungen Abstand nehmen: erstens von jenen „populären" biologischen Schriften, deren Autoren es keineswegs um die Weiterentwicklung der Biologie, sondern um ihren persönlichen Status in einer verwirrten Öffentlichkeit geht (welchen Status sie nur unter jener Verwirrnis einnehmen können), zweitens von jener unter den Sozialwissenschaftlern vorherrschenden Meinung, die Beschäftigung mit der Biologie des Menschen sei a priori abzulehnen. Sollten beide Seiten sich dazu durchringen, nicht die Journalisten des jeweils anderen Faches besonders ernst zu nehmen, sondern dessen empirisch belegbaren *Inhalt*, dann müßte die interdisziplinäre Zusammenarbeit zum Thema „Natur und Kultur des Menschen" für uns alle von größtem Nutzen sein.

Nachdem die menschliche Gesellschaft jahrhundertelang mit den Augen der Philosophen, der Ideologen und der Politologen betrachtet und behandelt wurde, haben wir ein Stadium erreicht, in dem sie vorläufig nur mit den Augen des Arztes und Therapeuten betrachtet werden kann. Und dafür benötigen wir eine empirisch-naturwissenschaftliche Soziologie ebenso wie eine empirische Anthropologie und nicht zuletzt eine ideologisch unberührte Biologie.

Anmerkungen

1 Vgl. z.B. Robert Kaspar, Naturgesetz, Kausalität und Induktion. Ein Beitrag zur theoretischen Biologie. In: Acta biotheoretica 29, 1980, S. 129 – 145; Konrad Lorenz, Vergleichende Verhaltensforschung. Grundlagen der Ethologie. Wien - New York 1978; Karl Popper, Scientific Reduction and the Essential Incompleteness of all Science. In: Francisco Ayala und Theodosius Dobzhansky (Hg.), Studies in the Philosophy of Biology, London 1974, S. 259 – 284.
2 Vgl. Konrad Lorenz, Induktive und teleologische Psychologie. In: Naturwissenschaften 30, 1942, Nr. 9/10.
3 Vgl. Kaspar (wie Anm. 1).
4 Heiner Flohr, Wolfgang Tönnesmann (Hg.), Politik und Biologie. Beiträge zur Life-Science-Orientierung der Sozialwissenschaften, Berlin - Hamburg 1983.
5 Z.B. Konrad Lorenz, Die acht Todsünden der zivilisierten Menschheit, München 1974; ders., Der Abbau des Menschlichen, München 1983.
6 Vgl. Robert Kaspar, Der Aufbau des Menschlichen. Über die Grundlagen anthropologischer Konstanten. In: Gerd-Klaus Kaltenbrunner (Hg.), Am Ende der Weisheit? Herderbücherei Initiative 58, 1984, 157 – 171.
7 Zuerst Konrad Lorenz, Der Kumpan in der Umwelt des Vogels. In: Journal für Ornithologie 83, 1935, S. 137 – 413.
8 Z.B. U. Grabowski, Prägung eines Jungschafes auf den Menschen. In: Zeitschrift für Tierpsychologie 4, 1941, S. 326 – 329; Bernhard Grzimek, Ein Fohlen, das kein Pferd kannte. In: Zeitschrift für Tierpsychologie 6, 1949, S. 391 – 405; H. H. Sambraus, Das Sexualverhalten der domestizierten einheimischen Wiederkäuer. Beiheft zur Zeitschrift für Tierpsychologie 12, Berlin - Hamburg 1973.
9 Vgl. Maria Montessori, Kinder sind anders, Stuttgart 1952, S. 61.
10 Vgl. Bernhard Hassenstein, Verhaltensbiologie des Kindes, München 1973.
11 Hierzu René Spitz, Hospitalism. In: The Psychoanalytical Study of the

Child 1, 1945, S. 53 – 74; ders., Anaclitic Depression. In: The Psychoanalytical Study of the Child 2, 1946, S. 313 – 342; ders., Psychogenic Diseases in Infancy. In: The Psychoanalytical Study of the Child 6, 1951, S. 255 – 275; W. Goldfarb, The Effects of Early Institutional Care on Adolescent Personality. In: Journal of Experimental Education 12, 1943, S. 106 – 129; J. Bowlby, Maternal Care and Mental Health. World Health Organization Monograph Series 2, 1952; A. Dührssen, Psychogene Erkrankungen bei Kindern und Jugendlichen, Göttingen 1960.
12 Erich H. Erikson, Wachstum und Krisen der gesunden Persönlichkeit, Stuttgart 1953.
13 Rene Spitz, The First Year of Life, New York 1965; ders. (wie Anm. 11), 1945.
14 Irenäus Eibl-Eibesfeldt, Grundriß der vergleichenden Verhaltensforschung, München 1980, S. 332.
15 Harry F. und Mary K. Harlow, Social Deprivation in Monkeys. In: Scientific American 207, 1962, S. 137 – 146.

EIKE-MEINRAD WINKLER

„WE ARE JUST MODELLING"
ZUR BEDEUTUNG DER SOZIOBIOLGIE FÜR DIE
ANTHROPOLOGIE

„Gesellschaften, die, aufgrund der genetischen Neigung ihrer Mitglieder, eine im Konkurrenzkampf schwächere Kultur hervorzubringen, einen Niedergang erleben, werden durch andere Gesellschaften verdrängt, deren Mitglieder eine angemessenere genetische Ausstattung besitzen."
O.E. Wilson, 1980, zum Thema „Höherentwicklung" [1]

„Wenn sich die Konformität zu sehr abschwächt, nehmen die Gruppen ab oder sterben sogar aus. In dieser hypothetischen Version ist es dennoch möglich, daß egoistische, individualistische Mitglieder die Oberhand gewinnen und sich auf Kosten anderer vermehren. Doch der wachsende Einfluß ihrer abweichenden Prädispositionen steigert die Verletzlichkeit der Gesellschaft und beschleunigt ihren Niedergang. Gesellschaften die solche Individuen und damit auch die Gene, die zu ihrer Entstehung prädisponieren, in größerer Häufigkeit aufweisen, werden jenen weichen, deren „genetische Entschlossenheit" nicht so geschwächt ist, und damit wird der Anteil von konformen Individuen an der Gesamtpopulation steigen."
O.E. Wilson, 1980, zum Thema „Religiosität" [2]

„Menschen führen Kriege, wenn sie und ihre engsten Verwandten die sichere Aussicht haben, in Konkurrenz sowohl zu anderen Stämmen als auch zu anderen Mitgliedern des eigenen Stammes langfristigen Fortpflanzungserfolg zu erringen."
O.E. Wilson, 1980, zum Thema „Krieg" [3]

„Theoretisch ist es für Weibchen vorteilhafter, wenn sie spröde sind und sich zurückhalten, bis sie die Männchen mit den besten Genen herausgefunden haben."
O.E. Wilson, 1980, zum Thema „Sex" [4]

„Es gibt eine Anlage zur Bisexualität im Gehirn, und sie kommt zuweilen voll zum Ausdruck bei Personen, die in ihrer sexuellen Präferenz hin und her schwanken."
O.E. Wilson, 1980, zum Thema „Homosexualität" [5]

„Der Marxismus ist Soziobiologie ohne Biologie"
O.E. Wilson, 1980, zum Thema „Ideologie" [6]

„Nachdem das gesagt ist, möchte ich eine exakte Definition eines genetisch bestimmten Merkmals geben. Ein solches Merkmal unterscheidet sich von anderen Merkmalen zumindest teilweise infolge des Vorhandenseins eines oder mehrerer bestimmter Gene."
O.E. Wilson, 1980, zur genetischen Bestimmtheit menschlichen Sozialverhaltens [7]

",, . . . Weibchen, die sich vorzugsweise mit Männchen paaren, welche im Kampf gewinnen, erweisen ihren Genen damit einen Gefallen."
R. Dawkins, 1978, zum Thema ,,Partnerwahl" [8]

,,Wenn es einen Interessenkonflikt zwischen Eltern und Kindern gibt, die 50 Prozent ihrer Gene gemeinsam haben, wie sehr viel ernster muß der Konflikt zwischen Gatten sein, die ja nicht miteinander verwandt sind?"
R. Dawkins, 1978, zum ,,Krieg der Geschlechter" [9]

,,Selbst beim Menschen, wo das Ei mikroskopisch klein ist, ist es noch viele Male größer als das Sperma. Wie wir sehen werden, lassen sich alle anderen Unterschiede zwischen den Geschlechtern aus diesem einen grundlegenden Unterschied ableiten."
R. Dawkins, 1978, zum Thema ,,Geschlechtsunterschiede" [10]

,,Ein Körper ist in Wirklichkeit eine von ihren eigennützigen Genen blind programmierte Maschine."
R. Dawkins, 1978, zum Begriff des ,,Individuums" [11]

,,We are just modelling."
J. Seger, 1981,[12] Göttingen, zur ,,Methode" der Soziobiologie

Definition

Über den genauen Inhalt des Begriffes ,,Soziobiologie" (SB) bestehen viele unterschiedliche Meinungen. Aus den im folgenden genannten Definitionen wird jedoch, so glaube ich, das gemeinsame Anliegen der Soziobiologen deutlich: O.E. Wilson in ,,Biologie als Schicksal".[13] ,,Soziobiologie ist . . . die systematische Erforschung der biologischen Grundlage jeglicher Formen des Sozialverhaltens bei allen Arten von sozialen Organismen einschließlich des Menschen". Weiter unten behauptet er dann: ,,Zum ersten Mal wurde die Biologie in einer Weise formuliert, welche die menschliche Natur und die Grundlage der menschlichen Sozialorganisation zu erklären beabsichtigt."[14] Darüber hinaus stellt die SB für ihn die ,,objektive" wissenschaftliche Grundlage für Anthropologie und eine naturalistische Ethik dar. Für G.W. Barlow (1980) ist SB ,,a strict application of evolutionary theory to the social behavior of animals" [15] für D.G. Freedman (1980) die ,,Anwendung der Prinzipien der gegenwärtigen Biologie auf das Verhalten".[16] A. Manning (1979) meint: ,,Der aufregende Impuls dieses neuen Ansatzes ist die Verbindung mit quantitativer Ökologie, Genetik und Evolution".[17] Abschließend sei noch D.P. Barash (1980) zitiert, der wie Manning das „Neue" dieser Richtung betont:

„Mit der Soziobiologie eröffnet sich ein ganz neuer Zugang zum Verhalten, indem das Sozialverhalten unter evolutionsbiologischen Gesichtspunkten betrachtet wird . . . Die Soziobiologie ist ein neuer und hochinteressanter Wissenschaftszweig; ihre klassischen Thesen und Enthüllungen werden buchstäblich in diesem Augenblick aus der Taufe gehoben, und ihre Paten sind fast ausschließlich Biologen. Alte Vorstellungen erhalten einen frischen Anstrich und die Stunde für einen zukunftsträchtigen Ansatz, der uns die Grundlagen des Sozialverhaltens bei Mensch und Tier näherbringen soll, scheint günstiger als jemals zuvor . . ."[18]

Historisches

„Alte Vorstellungen erhalten einen frischen Anstrich . . ." Barash (1980) hat mit dieser Formulierung höchst unfreiwillig den Nagel auf den Kopf getroffen. Wie schon die einleitenden Zitate andeuten, ähneln so manche Aussagen von Soziobiologen über gesellschaftliche Verhältnisse beim Menschen vertrackt den moralpolitischen Utopien der von Galton begründeten „Erbgesundheits"-Bewegung (Eugenik) zu Beginn dieses Jahrhunderts. Die aufsehenerregenden Resultate der noch jungen Genetik hatten damals einen blinden Glauben an den allmächtigen Einfluß der Erbanlagen auf die Persönlichkeitsstruktur und das Verhalten des Menschen zur Folge. Ein, nur wenig gemäßigter, Vertreter dieses „Erbdeterminismus" in der jüngeren Vergangenheit war etwa der Genetiker C. Darlington (1959).[19]

Zu den heftigsten Gegnern des Erbdeterminismus in Amerika gehörte um die Jahrhundertwende der „Vater" der amerikanischen Kulturanthropologie, der Deutsche Franz Boas, ein Schüler des lamarkistischen Ethnologen Theodor Waitz und des prominenten Evolutionsgegners Rudolf Virchow. Boas stellte dem Erbdeterminismus einen ebenso simplen Kulturdeterminismus gegenüber, nach der Formel: Der Mensch ist, was das Geistige anlangt, nicht Geschöpf seiner Erbanlagen, sondern seiner Kultur. Etwa gleichzeitig entwickelte J.B. Watson seine behavioristische Tabula-rasa-Theorie der Psyche, die eine

Vererbung von Begabung, Temperament und anderen Persönlichkeitseigenschaften ausschloß. Hatte der naive Erbdeterminismus gegen Ende der Zwanziger-Jahre kaum noch Anhänger, so hält der Siegeszug der Kulturdeterministen in Ethnologie, Soziologie und Politologie in Amerika bis heute nahezu unvermindert an. Die Frage nach biologischen Determinanten des menschlichen Verhaltens ist — sicher auch bedingt durch den nationalsozialistischen Rassenwahn — in den Sozialwissenschaften meist tabu bzw. Anlaß zu unsachlicher Polemik.

Wissenschaftsgeschichtlich kann die Entstehung der Soziobiologie Mitte der Siebziger-Jahre als Extrem-Reaktion auf die Diktatur des damals in den USA herrschenden Behaviorismus und Kulturdeterminismus verstanden werden. Auch die europäische Ethologie Lorenz-Tinbergen'scher Prägung hatte sich ja in ihren Anfängen mit den Thesen der Milieutheorie auseinanderzusetzen. Als „Vater" der SB wird oft W.D. Hamilton genannt, der 1964 aufgrund von Beobachtungen an Insekten die Begriffe der „indirekten Selektion" und der „Gesamt-Fitness" („Inclusive fitness") im Gegensatz zur „direkten Selektion" und zur „Darwin-Fitness" propagierte[20] (siehe unten). Nach Barlow (1980)[21] ist die SB aus der Vereinigung

1. der Darwin'schen Evolutionstheorie (vor allem der später hinzugekommenen Populations- bzw. Evolutionsgenetik von R. A. Fisher, S. Wright und B. Haldane)
2. der modernen Ökologie sowie
3. der Ethologie

entstanden. Wie die europäische Ethologie interessieren sich die Soziobiologen für die angeborenen Komponenten des Verhaltens. Um ihren Anspruch auf Originalität aufrecht erhalten zu können, haben die Soziobiologen die europäische Ethologie vehement, aber nicht sehr konkret kritisiert: Barash (1980)[22] etwa wirft ihr vor ohne theoretisches Fundament im Sinne eines Paradigmas zu arbeiten, d.h. nicht wirklich auf dem Boden der Evolutionstheorie zu stehen. Erst die SB habe die Ethologie durch den evolutionären Aspekt bereichert. Ein weiterer Mangel sei die Annahme, daß Verhaltensweisen durch Erfahrung modifiziert werden können(!). Hier und im folgenden zeigt sich, daß Barash Ethologie und Psychologie völlig ungerechtfertigt zusammenwirft. So haben seiner Meinung nach unnatürliche Versuchssituationen und die Beschränkung auf Ratten als Versuchstiere (!) verhindert, daß die „Psychologie und die anderen Verhaltenswissenschaften wirklich einen Schlüssel zur Erkenntnis finden". Die Ethologie sei „nur quasi evolutionär", weil sie bei einer „statischen Anschauung des Evolutionsprozesses" (!) stehengeblieben sei, Begriffe wie „Erbkoordination", „angeborener Auslösemechanismus" etc. erklärten daher auch nichts. Die Ethologie gehe vor wie Rumpelstielzchen im Märchen, [23] das Macht über die Dinge gewinnen konnte, indem es sie beim Namen nannte. Diese Kritik kommt von dem Vertreter einer Theorie, die Moleküle „egoistisch" nennt, der Natur „Eigennützigkeit" unterschiebt oder den grundlegenden Antrieb allen Lebens „im Trieb der Gene sich zu reproduzieren"[24] sieht . . .

Erst vor kurzem (1983) hat der deutsche Anthropologe Ch. Vogel (Göttingen) auf das bekannte „Theoriedefizit" der deutschen(österreichischen) Anthropologie hingewiesen. Seit Darwin's Selektionstheorie seien zwar an die Stelle der alten teleologischen Evolutionskonzepte in weiten Bereichen der Biologie teleonome, d.h. auf die Zweckmäßigkeit und funktionelle Adaptivität eines Merkmals bezogene Modelle getreten. Statt einer reduktionistischen „Physik des Menschen", wie sie noch Haeckel anstrebte, sei eine systemorientierte Sichtweise des spezifischen Organismus in seinem jeweiligen Umfeld möglich geworden. Leider habe die deutsche Anthropologie das neue Paradigma nur zögernd übernommen. „Teleologisch" gefärbte Konzepte von „art-, rassen- oder gruppenerhaltenden Adaptations- und Selektionszielen"[25] seien lange wirksam gewesen und hätten sozialdarwinistischen und rassenhygienischen Verirrungen Vorschub geleistet. Heute herrscht nach Vogel in der Anthropologie weitgehend eine gefährliche theoretische Unverbindlichkeit. Dies aber begünstige oft ideologisch motivierte Spekulationen, die nicht verifiziert oder falsifiziert werden können. Vogel verschreibt der Anthropologie bedauerlicherweise gerade die Soziobiologie als Allheilmittel. Ihr Hauptverdienst besteht seiner Ansicht nach „nicht in ihrem allseitig empirisch überprüfbaren faktischen Erklärungswert, sondern in ihrer Funktion als empfindlicher Maßstab für die Unterscheidung der im Rahmen der ‚synthetischen Theorie der Evolution' überhaupt denkmöglichen von im vornherein falschen Erklärungsansätzen."[26] Vogel gehört damit *nicht* zu den Soziobiologen, die für die SB den Rang einer eigenständigen Theorie beanspruchen, sondern zu jenen, die Darwin bzw. die Synthetische Theorie „einfach wieder ernst nehmen" wollen. Für sie steht weniger die Originalität als die Kriteriumsfunktion der SB im Vordergrund.

Eine wichtige Rolle scheint in diesem Zusammenhang der „quantitative" Charakter soziobiologischer Modelle zu spielen. Im Sinne einer falsch verstandenen Naturwissenschaftlichkeit glaubt man nämlich auch beim menschlichen Verhalten dann einem reduktionistischen (an der Physik orientierten) Wissenschaftsideal näher zu sein, wenn komplexe Qualitäten zu letztlich inhaltsleeren, aber dafür rechnerisch manipulierbaren Zahlengrößen eingeschmolzen werden. Der Begriff der Falsifizierbarkeit verliert gerade angesichts solcher Simplifikation seinen Sinn.

Heute ist die Soziobiologie zumindest in den angloamerikanischen Ländern wissenschaftlich etabliert und wird auch auf menschliche Gesellschaften in unterschiedlichen Spielarten angewendet. Vor allem die Frage nach der Einheit der Selektion und die Erklärung komplexer sozio-kultureller Phänomene werden von den einzelnen Autoren verschieden behandelt. Die vorliegende Darstellung bezieht sich im wesentlichen auf „prominente" Soziobiologen wie Wilson, Dawkins, Barash und Trivers. Im folgenden soll nicht so sehr versucht werden, die Soziolobiologen von ihren sozialpolitischen Konsequenzen her zu kritisieren, sondern vielmehr ihre theoretischen Voraussetzungen mit den Mitteln der Biologie zu überprüfen.

Das Genom und seine Maschine

Eine Grundvorstellung der SB betrifft die Beziehung zwischen Genotypus und Phänotypus. Die SB behauptet, daß der lebende Organismus eigentlich nur eine „Maschine" sei, deren Zweck ausschließlich im Schutz sowie der Vervielfältigung und Weitergabe der Gene besteht. Diese „Maschinen" seien phylogenetisch zunächst als passive Gefäße für die Gene entstanden und erst später zu einer selbständigen Existenz als Pflanzen oder Tiere gelangt.[27] Die Morphologie und das Verhalten von Lebenswesen sei daher nur als Konsequenz ihrer „egoistischen Gene" zu verstehen, die auf diese Weise ihr Überleben sichern.[28]

Die ontogenetische Entwicklung der organischen Muster aus der Erbinformation gehört zu den noch wenig erforschten Phänomenen der Biologie. Wir wissen jedoch bereits, daß die individuelle Ausprägung eines Merkmals durch eine komplizierte Interaktion zwischen dem Genom und dem Milieu zustande kommt. Aus diesem Grunde unterscheiden wir auch Genotypus und Phänotypus. Zwischen der Ebene der Gene und jener der Phäne besteht in der Evolution eine enge Wechselbeziehung, und zwar eine biochemische Wirkung von den Genen zu den Phänen (siehe Weismann-Doktrin) sowie von den Phänen zu den Genen über die Erfolgswahrscheinlichkeiten der Merkmale im Milieu. Der Organismus als formale und funktionelle Einheit entwickelt im Laufe seines Lebens Eigengesetzlichkeiten, die die in der DNS enthaltene Information nicht analog, sondern transformiert enthalten. Diese Wechselbeziehung zwischen den Kernsäuren und Proteinen ist schon für den Beginn des Lebens auf diesem Planeten charakteristisch (siehe „Hyperzyklus" von Eigen u. Schuster).[29] Nur durch Kreisprozesse kann Information aus der Umwelt aufgenommen werden, also Evolution stattfinden. Das „Genmaschinen-Modell" der SB erweist sich unter diesem Gesichtspunkt als Denk-Atavismus, der die Vernetzung der Ursachenbeziehungen in der Natur nicht beachtet. Daß das logische Interpretieren von Kausalketten auch sonst nicht gerade die Stärke der SB ist, zeigt auch Wilson's Ausspruch, daß das Gehirn deshalb existiere, „weil es das Überleben und die Vermehrung jener Gene fördert, die seinen Aufbau steuern".[30] Ein weiteres Beispiel ist die Behauptung, daß die Gene „primärer" als die Individuen seien, und diese wieder „primärer" als die Familie etc.[31] Besondere Vorsicht scheint mir angebracht, wenn Soziobiologen von „genetisch", „Genen" oder „angeboren" sprechen (zur „exakten" Definition eines genetisch bestimmten Merkmals siehe Zitate). Einerseits geben sie sich vorsichtig und formulieren mit der unserem Wissensstand angemessenen Bescheidenheit: So meint Wilson[32] es gäbe Anhaltspunkte dafür, „daß ein beträchtlicher Teil der menschlichen Verhaltensvariation auf genetischen Unterschieden zwischen den Individuen beruht". Und etwas später: [33] „Es ist nicht damit zu rechnen, daß diese Gene bestimmte Verhaltensmuster festlegen... Die Verhaltensgene beeinflussen eher den Spielraum von Form und Intensität emotionaler Reaktionen, die Erregungsschwellen, die Bereitschaft, eher auf diese als auf andere Stimuli zu reagieren..." Andererseits schreibt derselbe Autor,[34] daß Hypergamie und Töchtertötung (!) als „ererbte Dispositionen" zu erklären sind, „die Zahl der Nachkommen in Konkurrenz zu anderen Mitgliedern der Gesellschaft zu maximieren". Monogen bedingt sind in der SB auch so komplexe Merkmale wie Inzesttabu, Heldentum (!), Alarmieren, Sexualität, Kulturfähigkeit, ja es gibt sogar ein Gen für Ideologie! [35] Seger (1981)[36] hat dann in Göttingen darauf hingewiesen, daß in der SB der Begriff „Gen" anders definiert wird: Unter einem „Gen" könne man sich sowohl ein Basenpar (!), als auch das gesamte Genom vorstellen. Wozu dann aber noch Begriffe der traditionellen Genetik verwenden?

Dazu kommt, daß es nicht gleichgültig ist, von welcher Ebene des hierarchisch organisierten Interaktionssystems der Gene („epigenetisches System" nach Riedl 1975)[37] man ausgeht, da jede Ebene *qualitativ* andere Eigenschaften des Organismus codiert. Sowohl im Bereich der Kategorien, die menschliches Verhalten beschreiben sollen, als auch im Bereich der „Gene", die dieses Verhalten bestimmen, ist die SB daher zu kritisieren.

Ein Phänomen gilt üblicherweise dann als wissenschaftlich erklärt, wenn seine einfachsten Bestandteile und seine Struktur gefunden sind. Diese pragmatisch-methodische Reduktion ist die Methode der Wahl für jeden Naturwissenschaftler. Läßt man aber außer Acht, daß es sich nur um eine bestimmte *Methode* handelt, so glaubt man schließlich, daß das untersuchte Phänomen „in Wirklichkeit" (s. Zitate) nichts anderes als seine kleinsten Quantitäten sei. Dieser „ontologische Reduktionismus" – im Fall der SB die Erklärung komplexer Verhaltensweisen durch ein Gen („Gen"?) – führt aber nicht nur zu einem deterministischen Weltbild. So wird völlig naiv in der „Sprache des Unmenschen" z.B. über die Vorteile der „genetisch bedingten Fähigkeit zum blinden Konformismus" für eine Gruppe gesprochen:

„Auch das Potential für Selbstaufopferung kann auf diese Weise gestärkt werden, da die Bereitschaft von Individuen, auf Belohnungen zu verzichten oder sogar das eigene Leben hinzugeben, das Überleben der Gruppe fördern wird. Der Verlust an Genen, der durch den Tod von disziplinierten Individuen eintritt, kann mehr als ausgeglichen werden durch einen Gewinn an Genen, der durch die Expansion der begünstigten Gruppe erreicht wird . . ."[38]

Man könnte Wilson zugute halten, daß er im Fall der „disziplinierten Individuen" seinem eigentlichen Metier entsprechend Soldatenameisen vor Augen hatte. Wie klein aber ist der verallgemeinernde Schritt zum menschlichen Soldaten, wie leicht könnten solche Formulierungen als Argumentationshilfe für „Kamikaze" – bzw. „Volk ohne Raum" – Ideologien mißbraucht werden.

Neben der ontologischen Reduktion biologischer und kultureller Phänomene (Biologismus) auf unbestimmt bleibende „genetische" Wirkeinheiten findet auch eine Anthropomorphisierung dieser Einheiten statt. Gene sind in der Soziobiologie die eigentlichen „Akteure des Evolutionsgeschehens",[39] sie „steuern" den Aufbau des Geistes, sie sind „Meisterprogrammierer und sie programmieren um ihr Leben".[40] Schließlich kämpfen sie sogar miteinander: „. . . genes and even parts of genes compete so that they, and not a rival, will survive".[41] „Sie sind in dir und in mir, sie schufen uns, Körper und Geist; und ihr Fortbestehen ist der letzte Grund unserer Existenz. Sie haben einen weiten Weg hinter sich, diese Replikatoren. Heute tragen sie den Namen Gene, und wir sind ihre Überlebensmaschinen".[42] Als dämonische, egoistische Eminenzen bedrohen sie unsere Gesellschaft durch uns. Was Wunder, daß uns Altner (1981) in Göttingen dazu aufgerufen hat, unseren eigenen Genen zu „trotzen", indem wir ihnen den Sozialstaat mit seinen Verhaltensnormen entgegensetzen. „Wir allein – einzig und allein wir auf der Erde – können uns gegen die Tyrannei der egoistischen Replikatoren auflehnen."[43]

Das „Dogma" von der Arterhaltung

Ein Fundament der Synthetischen Theorie der Evolution ist die Aussage, daß die natürliche Selektion auf die Erhaltung der Art hinwirkt. Die Selektion (= Milieuselektion) greift dabei an den um Umweltressourcen konkurrierenden Individuen an, d.h. es erfolgt durch Selektion über die Funktionsträgereigenschaften (phänotypischen Merkmale) von Individuen eine Bewertung der individuellen genetischen Information. Die Erhaltung der Art kommt dadurch zustande, daß die Individuen als Elemente eines Systems betrachtet werden müssen, das in seinen Eigenschaften über die Summe der individuellen Eigenschaften hinausgeht (siehe unten).

Im Gegensatz dazu sind die Soziobiologen der Meinung, daß nicht die Art (Population), sondern einzelne Gene als Einheit der Selektion zu betrachten sind. Eine vorteilhafte Mutation fördere nämlich nur die Ausbreitung des mutierten Gens, das Weiterbestehen der Art wäre gleichsam nur ein unbeabsichtigter Nebeneffekt.[44] Außerdem meinen sie, daß, wenn alle Verhaltensweisen der Arterhaltung dienten, diese Arten unsterblich sein müßten. Sie weisen darauf hin, daß die überwiegende Anzahl aller jemals existierenden Arten bereits ausgestorben sind. Die natürliche Selektion bewerte zwar auf der Ebene individueller Phänotypen, da aber Evolution an ein die Individuen überdauerndes Substrat für eine lange konstante Selektion gebunden ist, sind kurzlebige Individuen ungeeignet (Soma-Keimbahn Theorie von Weismann). Auch Rassen und Populationen seien keine geeigneten Selektionseinheiten, da sie zwar länger als Individuen leben, sich aber durch Vermischung verändern. Nur die Gene haben die erforderliche Stetigkeit. Nur sie replizieren sich über lange Zeiträume mit der erforderlichen Genauigkeit. Die evolutiv wirksame Selektion spiele sich daher auf der Genebene ab. Vogel (1983)[45] wörtlich:

> „Da das Prinzip der natürlichen Selektion auf der strikten Grundlage der interindividuellen Konkurrenz der Phänotypen im ‚Kampf ums Dasein' und um erfolgreiche Fortpflanzung aufbaut, können die Gene nur über ihre unmittelbaren ‚Träger', also die Individuen, nicht aber über soziale Gruppen, Populationen, Rassen usw. selektioniert werden; d.h. es werden *die* Gene (bzw. Allele) Reproduktions- und damit Ausbreitungsvorteile haben, die ihren ‚Trägern' (den Individuen) zu möglichst günstigen Fortpflanzungschancen ‚verhelfen'. Damit fallen aber zugleich ‚theoriekonform' alle Erklärungsansätze aus, die *primär* ‚gruppendienliche', ‚populationsdienliche' oder ‚rassendienliche' Selektionsmechanismen zur Voraussetzung haben. Für die Postulation solcher Mechanismen liefert das ‚synthetische' Evolutionskonzept keine theoretische Grundlage. . . ."[46]

Die Soziobiologen unterstellen also der europäischen Ethologie, die ja unter anderem die Art als Selektionseinheit betrachtet, ein finales Prinzip.

Die Kritik der Soziobiologie fußt unserer Meinung nach auf mindestens 2 irrigen Annahmen:
1. Die Soziobiologen nehmen an, daß es so etwas wie „unabhängige" Gene gäbe
2. Selektion greift nur auf der Gen- oder Individuenebene an

Dazu ist zu sagen, daß die Existenz von unabhängigen Genen für den gebildeten Biologen heute nicht mehr annehmbar ist. Der Irrtum der SB dürfte auf die „Bohnenschotengenetik" (Mayr 1959)[47] von R.A. Fischer zurückgehen, der seine mathematischen Kalkulationen auf die Annahme von unabhängigen genetischen Einheiten stützen mußte. Vorteilhafte Gene („superior genes") breiteten sich seiner Meinung nach in der Population als Resultat der Konkurrenz von Individuen aus. Damit stand er ganz in der Denktradition Darwins und seiner Nachfolger (einschließlich Soziobiologie), die noch nicht verstehen konnten bzw. können, daß die natürliche Auslese auf größere Einheiten als das Individuum wirkt. In Fragen, die die Evolution von Gesellschaft betrafen, erwies sich dies als verhängnisvoll. Spencers „Überleben des Tauglichsten" und der von Malthus übernommene Begriff des „Kampfes ums Dasein" verhinderten es, Stamm, Gruppe, Rasse etc. als Ganzheiten im Sinne von eigenen Selektionsniveaus zu erkennen.

Im Gegensatz dazu hat bereits S. Wright 1940[48] festgestellt, daß ein Gen in seiner Aktivität und Wirkung von anderen Genen (dem „genetic background") abhängt und als Element in einem komplexen System zu betrachten ist. Abgesehen davon kann ohne eine Systemisierung der Gene die Stetigkeit von Merkmalen in der Evolution und damit Homologie und Typus nicht erklärt werden.

Hinsichtlich des „Kampfes ums Dasein" vertrat Wright die „shifting balance Theorie" der Evolution: Er demonstrierte rechnerisch, daß die Konkurrenz zwischen Individuen verglichen mit der zwischen Populationen unwichtig ist. Nicht Individuen ändern sich genetisch als Resultat ihrer Lebenserfahrungen, sondern der Genpool der Population ändert sich in der Zeit. Die Konkurrenz der Individuen, die Tennyson in seinem berühmten Vers „Natur, Zähne und Klauen, blutigrot" beschreibt, faßt nach Dawkins (1978)[49] „unser modernes Verständnis der natürlichen Auslese vortrefflich" zusammen. Dies mag für Amerika gelten, in Europa hat man verstanden, daß der „Kampf ums Dasein" nicht durch Zähne und Klauen entschieden wird. Arten überleben nicht dadurch, daß Individuen einander töten, sondern durch den Anpassungswert, den sie als *Ganzes* bezogen auf ein bestimmtes Milieu besitzen.[50] Diese *Ganzheit* kommt trotz des „egoistischen Handelns" der Einzelnen zustande, da die Individuen als Elemente eines *Systems* (Art) betrachtet werden müssen, das in seinen Eigenschaften über die Summe der individuellen Eigenschaften (Egoismen) hinausgeht (siehe „List der Vernunft" bei Hegel). Es konkurrieren also auch Arten, die Selektion setzt an allen Ebenen über dem Individuum an.

Altruismus

Ohne altruistisches Handeln ist Sozialverhalten, Gesellschaft nicht möglich.[51] Schon für Darwin war es ein Paradoxon. Er nahm ja an, daß die natürliche Selektion auf interindividuelle Konkurrenz hinwirkt. Kooperative Systeme konnten mit seiner Selektionstheorie scheinbar nicht erklärt werden, ohne ihre Annahmen zu überschreiten. Darwin selbst sah in diesem Phänomen einen Prüfstein seiner Theorie. Nach Wilson ist es das „zentrale theoretische Problem der Soziobiologie".[52]

Nimmt man jedoch wie die Soziobiologen an, daß Selektion an einzelnen Genen ansetzt und damit ja nur die Fitneß des Individuums vergrößert, dann ergibt sich zunächst ein Widerspruch zwischen dem „Egoismus" seiner Gene und altruistischem Handeln. Diese Schwierigkeit konnte nur durch Konzepte überwunden werden, die die Population als Selektionseinheit miteinbezogen: Wynne-Edwards hatte schon 1962 eine Selektionsform vorgeschlagen, die auf dem Niveau von Gruppen Verhaltensweisen, die ihrem Träger keinen Vorteil bringen oder sogar nachteilig sind, dennoch begünstigt, weil sie den Gesamterfolg der Population vergrößern (group selection).[53] Individuen handeln ja nicht nur altruistisch, sondern profitieren auch vom Altruismus anderer. Phänomene wie Sichelzellenanämie, Schizophrenie und Homosexualität könnten, nach Ansicht der SB, sonst nicht erklärt werden. Lewontin (1970)[54] hat diesen Mechanismus anhand des Myxoma Virus bei australischen Kaninchenpopulationen wahrscheinlich gemacht.

Hamilton (1964)[55] hat das Modell der „Verwandtschafts-Bevorzugung" („Kin selection" nach Maynard Smith 1964)[56] eingeführt: Er wies darauf hin, daß abgesehen von der Darwin'schen „direkten Selektion", die sich auf die Anzahl der direkten Nachkommen eines Individuums (dessen sog. „Darwin-Fitness") bezieht, auch eine „indirekte Selektion" wirksam ist. Bei dieser breiten sich bestimmte Allele dadurch aus, daß ihre Träger anderen Individuen, die gleichartige Allele besitzen, aktive Hilfe leisten. Letztere d.h. ihre Allele erfahren durch diese Hilfe eine Steigerung ihrer sog. „Gesamtfitness" („inclusive fitness" nach Hamilton) über indirekte Abstammungslinien. Hamilton entwickelte auch quantitative Modelle und konnte rechnerisch zeigen, daß der Selektionsvorteil eines Verhaltensmerkmals umso größer wird, je mehr mit dem Merkmalsträger verwandten Individuen es zugute kommt und je enger diese mit ihm verwandt sind. „Inclusive fitness" bedeutet also eine Abwägung der Kosten und Nutzen, die bei einer bestimmten Art von Kooperation auftreten werden. Altruismus wäre „in Wirklichkeit" nur der Egoismus der Gene des Merkmalsträgers, die sich damit in der Sippe schneller verbreiten können.

Die meisten Beispiele für altruistisches Verhalten finden sich zwar unter staatenbildenden Insekten, es gibt aber auch unter höher evoluierten Tieren Kooperation und sogar Selbstaufopferung, z.B. die Bruthelfer beim Rotschnabel-Baumhopf oder das Alarmieren bei Präriehunden, wo das warnende Individuum schon ein erhebliches Risiko auf sich nimmt um die Sippe zu schützen. Das Modell der Verwandtschafts-Selektion impliziert auch für komplexe Verhaltensweisen eine monogene Bedingtheit, abgesehen davon, daß altruistisches Verhalten gleichsam als Mittel einer eigenen Verbreitung angesehen wird. Sozialverhalten ist aber doch wohl nur in bezug auf die Artgenossen verständlich und nicht auf die eigenen Gene. So bleibt vom „Modell" der Verwandtschafts-Selektion nur die nicht gerade neue Einsicht, daß Altruismus selektiv begünstigt ist, weil er zur Arterhaltung beiträgt.

Eine dritte Erklärung des Altruismus stammt von Trivers (1971)[57] und betrifft Individuen, die nicht miteinander verwandt sind. Sie lautet auf eine kurze Formel gebracht: Altruistisches Verhalten tritt nur dann auf, wenn der Gewinn für den Altruisten größer ist als seine Investition. Daß sich „Verlustgeschäfte" (für die Art) auch in der biologischen Evolution nicht auszahlen, wußten wir bereits (z.B. Symbiosen), die „Theorie der Gegenseitigkeit" (auch „reziproker Altruismus") ist eigentlich eine Binsenweisheit. Als verkleideter Egoismus fügt sich der soziobiologische „Altruismus" widerspruchslos in eine Natur, die vom „Prinzip Eigennutz" (Wickler & Seibt 1977)[58] regiert wird. Dawkins (1978) hat dieser Vorstellung mit seiner Lehre vom „egoistischen Gen" („transzendentaler Mendelismus" nach Stent 1978)[59] den bisher prominentesten Ausdruck verliehen: Mit Staunen vernimmt man etwa, daß Eltern und Kinder sowie auch Geschwister „die Hälfte ihrer Gene gemeinsam" hätten (Dawkins, Freedman, Barlow, Immelmann[60] etc.), was ja letztlich die Ursache ihrer gegenseitigen Zuneigung sei. Nun wissen weniger fortschrittliche Biologen, daß die Angehörigen einer Art fast alle Gene gemeinsam haben, nur wenige Prozent der Allele unterscheiden sich zwischen den Individuen. Diese wenigen Allele werden zu maximal 50 % auf die Kinder verteilt. Altruismus sollte also theoretisch der ganzen Menschheit zugute kommen.[61]

Aggression

Auch die Aggression gehört zu den zentralen Themen der SB, an ihr wird auch die Kritik an der Lorenz'schen Ethologie besonders deutlich. Lorenz (1963)[62] hat die arterhaltende Funktion der intraspezifischen Aggression betont. Sie hat die Ausbildung von Rangordnungen, von Territorien und damit zusammenhängend eine bessere Ausnützung der Ressourcen etc. zur Folge. Ob eine Art ritualisiert (Kommentkampf) oder beschädigend kämpft, hängt von ihren Waffen sowie der Art ihres Zusammenlebens ab (geschlossene Verbände oder lose Aggregationen). Dawkins faßt die Kritik der SB zusammen: Lorenz' Aggressionstheorie sei deshalb unbrauchbar, weil er und andere Autoren ,,ganz und gar falsch lagen. Sie irrten sich, weil sie nicht richtig verstanden haben, wie die Evolution funktioniert".[63] Die Art des aggressiven Verhaltens werde nicht durch die Art des Zusammenlebens, sondern vielmehr durch die Selektion einer ,,evolutionär stabilen Strategie" bestimmt, bei der ,,Falken" (Beschädigungskämpfer) und ,,Tauben" (Kommentkämpfer) ein solches Verhältnis aufweisen, das jedem Individuum den größten Nutzen bringt.

Das rechnerische Modell von Maynard Smith (1974)[64] kann aus Platzgründen hier nicht beschrieben werden. Erwähnt sei nur, daß nach diesem Modell in einer Population, die zunächst nur aus ,,Tauben" besteht, durch eine einzige Mutation plötzlich ein ,,Falke" auftreten kann, also aus einem Komment- ein Beschädigungskämpfer wird(!). Nach der Lehre von den ,,egoistischen Genen" würde die Selektion Individuen, die im Kampf ohne Hemmung verletzen oder töten, sogenannte ,,Falken", besonders begünstigen — eine solche Population würde sich jedoch bald selbst auslöschen. Ein optimales Verhältnis zwischen ,,Falken" und ,,Tauben" (Individuen mit ritualisierter Kampfweise) kann nur mit Hilfe einer ,,evolutionär stabilen Strategie" erreicht werden.

Den Beweis, daß es Arten gibt, in denen Individuen mit einander entgegengesetzten Verhaltensstrategien vorkommen, sind uns die Soziobiologen bisher schuldig geblieben. Wohl aber ist z.B. von Beobachtungen an Fischen bekannt (mündl. Mitteilung K. Lorenz), daß es von der räumlichen Situation und von der Stärke des Gegners abhängen kann, ob ein Individuum als Komment- oder Beschädigungskämpfer agiert. Damit erweist sich aber das Konzept der ESS für die Erklärung von aggressivem Verhalten als zu einfach.

Abschließend sei noch die Erklärung der SB für den „Krieg der Geschlechter" (Dawkins) erwähnt, ein Terminus, der die Beziehung zwischen Frau und Mann charakterisieren soll: Irgendwann in der Phylogenese ist, nach Dawkins (1978), ein „Gen für sexuelle Fortpflanzung" aufgetaucht, das „alle übrigen Gene ... manipulierte." Als Folge davon ist die sexuelle Partnerschaft eine Situation „gegenseitigen Mißtrauens und wechselseitiger Ausbeutung".[65] Die letzte Ursache der Unterdrückung der Frau ist, nach Dawkins (1978), darin zu sehen, daß die „ehrliche" Eizelle der Frau in ihrer Anzahl begrenzt, relativ groß, energieaufwendig und ortsgebunden ist, die kleine, flinke, „unehrliche" Samenzelle des Mannes hingegen in großen Mengen immer wieder produziert wird. Ein einziger Mann könnte theoretisch unser Sonnensystem bevölkern, er neigt daher zum Ehebruch und läßt die Frau häufig im Stich – schließlich wollen möglichst viele seiner „egoistischen Gene" den Sprung in die nächste Generation schaffen!

Rückblick

Resümiert man nun das über die zitierten Soziobiologen in Erfahrung Gebrachte, so ist zunächst zweifellos als positiv hervorzuheben, daß auch dem genetisch bedingten Anteil der menschlichen Verhaltensvariation nach der Alleinherrschaft der Milieutheoretiker wieder mehr Aufmerksamkeit geschenkt wird. Dies gilt allerdings nur für Amerika, in Europa war durch die Arbeit der Lorenz-Tinbergen-Schule der Ethologie auf diesem Gebiet seit jeher ein Forschungsschwerpunkt gegeben. Der Beitrag der Humanethologie bzw. Anthropologie zur

Erklärung soziokulturellen Verhaltens wird stets von der Art des untersuchten Phänomens abhängen: Im Bereich der sozialen Signale, von Mimik und Gestik etwa wird die Biologie zur Zeit mehr vorweisen können, als bei komplexen, stark variablen Erscheinungen auf dem Niveau von Gruppen. Dies schließt jedoch Erfolge für die Zukunft nicht prinzipiell aus. An dieser Stelle sei auf das bei Meyer (1982)[66] skizzierte Modell der menschlichen Verhaltensintegration hingewiesen, das mit seinen drei Ebenen (triebhaft-personale, bio-soziale und psycho-kulturelle Ebene) auch die Notwendigkeit der Zusammenarbeit aller am Menschen interessierten Wissenschaften deutlich macht. Die theoretischen Annahmen der Soziobiologie (z. B. Selektion auf der „Gen"-Ebene, der Phänotypus als „Überlebensmaschine" der Gene, monogene Bedingtheit kompliziertester Verhaltensweisen etc.) sind biologisch nicht zu halten, ihre reduktionistische Methode auf dem Evolutionsniveau des Menschen nicht zielführend.

„Sociobiology is an exciting discipline when evolutionary hypothesis are subject to falsification. This method is incredibly difficult when applied to most animals, and nearly impossible when applied to humans." (Sargent)

Die SB nur als „Kunst Geschichten zu erzählen" bzw. als „Karikatur des Darwinismus"[67] abzutun, ist jedoch verfehlt. Jede, noch so obskure, Theorie bringt auch brauchbare Ergebnisse; die leidenschaftliche Diskussion um die SB hat viel dazu beigetragen unsere eigenen Modelle in Frage zu stellen und damit weiterzuentwickeln.

Anmerkungen

1 E.O. Wilson, Biologie als Schicksal, Ullstein 1980, S. 79.
2 Wilson (wie Anm. 1), S. 176
3 Wilson (wie Anm. 1), S. 108.
4 Wilson (wie Anm. 1), S. 119.
5 Wilson (wie Anm. 1), S. 137.
6 Wilson (wie Anm. 1), S. 180.
7 Wilson (wie Anm. 1), S. 24.
8 R. Dawkins, The Selfisch Gene, (Oxford University Press) 1976. Deutsche Übersetzung, Das egoistische Gen, Berlin, Springer 1978.
9 Dawkins (wie Anm. 8), S. 165.
10 Dawkins (wie Anm. 8), S. 166.

11 Dawkins (wie Anm. 8), S. 172.
12 J. Seger, Diskussionsbeitrag im Rahmen der 17. Tagung der Ges. f. Anthropologie u. Humangenetik, Göttingen 1981.
13 Wilson (wie Anm. 1), S. 26.
14 Wilson (wie Anm. 1), S. 7.
15 G.W. Barlow, J. Silverberg (Hg.), Sociobiology: Beyond Nature/Nuture? (AAAS Selected Symposium 35) Westview Press, Colorado 1980.
16 D.G. Freedman, Human Sociobiology. The Free Press, Macmillan Publishing Co., Inc., New York 1979.
17 A. Manning, Verhaltensforschung. Springer, Berlin 1979.
18 D.P. Barash, Soziobiologie und Verhalten. Parey, Hamburg 1980.
19 C.D. Darlington, Die Gesetze des Lebens. Aberglaube, Irrtümer und Tatsachen über Vererbung, Rasse, Geschlecht und Entwicklung. 2. Aufl. Brockhaus, Wiesbaden.
20 W.D. Hamilton, The genetical evolution of social behavior. J. Theor. Biol. 7, 1 – 52, 1964.
21 Barlow (wie Anm. 15).
22 Barash (wie Anm. 18), S. 18 ff.
23 A. Smith, Powers of mind. New York: Random House 1975.
24 Freedman (wie Anm. 16).
25 Ch. Vogel, Biologische Perspektiven der Anthropologie: Gedanken zum sogenannten Theorie-Defizit der biologischen Anthropologie in Deutschland. Z. Morph. Anthrop. 73, 3, 225 – 236, 1983.
26 Vogel (wie Anm. 25)
27 Dawkins (wie Anm. 8).
28 Ebenda.
29 M. Eigen, P. Schuster, The hypercycle. Springer, Berlin 1979.
30 Wilson (wie Anm. 1), S. 10.
31 Freedman (wie Anm. 16).
32 Wilson (wie Anm. 1), S 47.
33 Ebenda, S. 51.
34 Ebenda, S. 44.
35 Dawkins (wie Anm. 8).
36 J. Seger, Is Sociobiology a „Genetic" Theory of Behavior? 17. Tagung der Gesellschaft für Anthropologie und Humangenetik, Göttingen 1981.
37 R. Riedl, Die Ordnung des Lebendigen. Parey, Hamburg 1975.
38 Wilson (wie Anm. 1), S. 176.
39 G. Altner, Sozialdarwinismus und Soziobiologie. 17. Tagung der Gesellschaft für Anthropologie und Humangenetik, Göttingen 1981.
40 Dawkins (wie Anm. 8), S. 74.
41 Freedman (wie Anm. 16), S. 4.
42 Dawkins (wie Anm. 8), S. 24.
43 Ebenda, S. 237.
44 Barash (wie Anm. 18).
45 Vogel (wie Anm. 25).
46 s. hierzu u.a. J. Maynard-Smith, Group Selection. Quart. Rev. Biol. 51, 277 – 283, 1976.
47 E. Mayr, Where are we? Cold Spring Harbour Symposium on Quantitative Biology 24, 1 – 14, 1959.

48 S. Wright, The statistical consequences of Mendelian heredity in relation to speciation. In J. Huxley (Hg.), The New Systematics. New York, Oxford University Press 1940.
49 Dawkins (wie Anm. 8).
50 R. Kaspar, Soziobiologie – die neue Synthese? Unveröff. Vortragsmanuskript 1982.
51 M. Ruse, Sociobiology: Sense or Nonsense? Reidel, Dordrecht 1979.
52 Wilson (wie Anm. 1).
53 V.C. Wynne-Edwards, Animal Dispersion in Relation to Social Behavior. Edinburgh, Oliver & Boyd 1962.
54 R.C. Lewontin, The units of selection. Ann. Rev. Ecol. and System. 1, 1 – 18. 1970.
55 Hamilton (wie Anm. 20).
56 J. Maynard-Smith, Group selection and kin selection. Nature 201, 1145 – 1147, 1964.
57 R.L. Trivers, The evolution of reciprocal altruism. Quart. Rev. Biol. 46, 35 – 57, 1971.
58 W. Wickler, U. Seibt, Das Prinzip Eigennutz. Hoffman und Campe, Hamburg 1977.
59 G.S. Stent, Altruismus ohne Ethik? Spektrum der Wissenschaft, Erstedition, 6 – 8, 1978.
60 K Immelmann, P. Hammerstein, Was ist Soziobiologie und was möchte sie erklären? 17. Tagung der Gesellschaft für Anthropologie und Humangenetik, Göttingen 1981.
61 C. Bresch, Das sadistische Kohlenstoffatom, (Rezension von Dawkins 1978) Biol. in uns. Zeit 1, 30 – 32, 1979.
62 K. Lorenz, Das sogenannte Böse. Schoeler, Wien 1963.
63 Dawkins (wie Anm. 8).
64 J. Maynard-Smith, The Theory of games and the evolution of animal conflicts. J. of Theoret. Biol. 47, 209 – 221, 1974.
65 Trivers (wie Anm. 57).
66 P. Meyer, Soziobiologie und Soziologie. Soziologische Texte 125, Luchterhand 1982.
57 R.C. Lewontin, Sociobiology. A caricature on Darwinism. In: F. Suppe and P. Asgnith (Hg.), PSA 1976, Vol. 2, Lansing, Michigan 1977.

MICHAEL MITTERAUER

DIKTAT DER HORMONE?

Zu den Bedingungen geschlechtstypischen Verhaltens aus historischer Sicht

Die gesellschaftliche Situation von Menschen ist in entscheidendem Maß von ihrer Geschlechtszugehörigkeit bestimmt. Die Verwirklichung von Lebenschancen im öffentlichen wie im privaten Bereich hängt ganz wesentlich davon ab, ob man als Mädchen oder als Knabe zur Welt kommt. Der Geschlechtsunterschied ist in unserer Gesellschaft ein grundlegender Faktor sozialer Ungleichheit. Will man mehr Gleichheit zwischen Frau und Mann erreichen, so ist die Frage nach Möglichkeiten und Grenzen der Veränderbarkeit zentral. Erkenntnisse der Wissenschaften werden damit zu einer wesentlichen Voraussetzung politischen Handelns. Sozial- und Naturwissenschaften erscheinen dabei in gleicher Weise angesprochen. Sind die für Ungleichheiten in unserer Gesellschaft so maßgeblichen Geschlechtsrollen ein Produkt historisch-sozialer Entwicklungen, so eröffnen sich Perspektiven der Veränderung. Ist geschlechtstypisches Verhalten primär eine Folge von Chromosomen und Hormonproduktion, dann sind Emanzipationsbestrebungen der Gegenwart sicher engere Grenzen gesetzt.

Der Zusammenhang mit der Emanzipationsproblematik bewirkt, daß wissenschaftliche Forschungen über Geschlechtsunterschiede hohe Populariät genießen. Kaum ein anderes Forschungsthema findet ein ähnlich starkes Echo in der Tagespresse. Die existenzielle Betroffenheit sichert eine breite Leserschaft. Was hier unter Berufung auf die Wissenschaft vermittelt wird, erscheint freilich mitunter recht fragwürdig. Die Wiener Tageszeitung „Kurier" etwa eröffnete kürzlich eine einschlägige Artikelserie mit der Schlagzeile: „Der kleine Unterschied zwischen Mann und Frau ist gewaltig" (Sonntag, 12.

Februar 1983, S. 5). „Was neue Studien über altbekannte biologische Tatsachen alles aufdecken", wird dann etwa so formuliert: „Weitere News aus der Wunderwelt der Wissenschaft, die sie hier erstmals lesen: Männer ändern ihre Meinung öfter als Frauen. Sie schnarchen mehr. Sie kämpfen mehr. Ihr Blut ist röter. Sie sehen bei Tageslicht besser, bekommen später Falten und nehmen leichter ab. Sie sprechen weniger über sich selbst und sie haben bei weitem nicht das Gespür für andere wie Frauen. Einfach ausgedrückt: Männer sind anders als Frauen, und sind immer schon anders gewesen. Denn schon in Zeiten der Sammler und Jäger galt, was die Stockholmer Psychologie-Professorin Marianne Frankenhäuser 1982 entdeckte: Daß in vergleichbaren Konfliktsituationen der Adrenalinspiegel im Blut bei Männern viel mehr in die Höhe geht als bei Frauen. Für den Laien verständlich: Hier liegt die Wurzel des Übels, der weitaus größeren Aggressivität des Mannes schlechthin . . ."

Die Botschaft einer solchen Aussage ist klar: Geschlechtstypisches Verhalten ist von der Natur bedingt. Da hat es keinen Sinn, etwas ändern zu wollen. Die Aussage ist keine Einzelerscheinung. Ihre ideologische Tendenz paßt gut in einen allgemeinen Trend des Neobiologismus in der öffentlichen Meinung. Gesellschaftliche Verhältnisse werden als naturhaft erklärt und damit im Bewußtsein der Bevölkerung der Veränderungsmöglichkeit entzogen. Es wäre sicher zu einfach, solche Tendenzen nur einer simplifizierenden und verkürzenden Berichterstattung von Journalisten zuzuschreiben. Nicht mit der gleichen Oberflächlichkeit, durchaus aber mit ähnlichen Grundgedanken äußern sich auch Wissenschaftler in Massenmedien. Es stellt sich die Frage, in welchem Maße neobiologistische Tendenzen in der öffentlichen Meinung Ausdruck und Folge solcher Strömungen innerhalb der Wissenschaftsentwicklung sind.

Auch in einer anderen Hinsicht steht das gebrachte Zitat mit der Wissenschaftssituation in Zusammenhang. Biologistische Aussagen haben immer etwas mit unzulässiger Verallgemeinerung zu tun. Wenn die zitierte Stockholmer Psychologie-Professorin wirklich aufgrund ihrer Experimente Aussagen über aggressives Verhalten in Kulturen der Vergangenheit gemacht haben sollte, so hätte sie sicher aus ihren Ergebnissen zu weitreichende Schlüsse gezogen, die in dieser Form nicht haltbar sind. Nicht die Fachgrenzen überschreitende Feststellung wäre zu kritisieren, sondern die mangelnde Kompetenz auf jenem Fachgebiet, das durch die Äußerung betroffen ist – in diesem Fall die Geschichte. Wissenschaftliche Aussagen über geschlechtstypisches Verhalten bedürfen der Interdisziplinarität in ganz besonderem Maße. Die verschiedensten Wissenschaften sind von dieser Thematik betroffen: die Humanbiologie, die Verhaltensforschung, die Psychologie, die Soziologie, die Ethnologie – auch die Geschichte, insoweit sie sich als eine historische Anthropologie versteht. Erst im Zusammenwirken dieser Disziplinen sind fundierte Aussagen möglich. Arbeiten sie für sich isoliert, so ist die Gefahr groß, daß mangelndes Wissen um Ergebnisse im benachbarten Fach zu unhaltbaren Generalisierungen führt.[1] Im Bereich des Themas Geschlechtsunterschiede gibt es solche unzulässige Verallgemeinerungen nicht nur im Sinne von Biologismen von Seite der Naturwissenschaften, sondern durchaus auch von Seite sozialwissenschaftlicher Disziplinen. Letztere sind aber wohl seltener und in geringerem Maße öffentlichkeitswirksam.

Geschlechtsrollen als Forschungs- und Unterrichtsthema

Von einem interdisziplinären Gespräch über Fragen des geschlechtstypischen Verhaltens sind die betroffenen Wissenschaften derzeit wohl ziemlich weit entfernt. Insbesondere zwischen Sozial- und Naturwissenschaften wird darüber viel zu wenig diskutiert.[2] Die Geschichtswissenschaft steht völlig abseits. Nicht nur, daß sie diesbezüglich keinen interdisziplinären Dialog führt – sie beschäftigt sich auch innerfachlich viel zu wenig mit diesem Problemkreis. Ansätze zu einer historischen Behandlung der Geschlechtsrollenproblematik finden sich fast nur in der englisch- und französischsprachigen Literatur.[3] Auch hier handelt es sich eher um punktuelle Studien. Umfassende

Überblicksdarstellungen fehlen. Das ist nicht gerade eine ermutigende Ausgangsbasis. Trotzdem werden sich Historiker dem Problem stellen müssen. Auch im Geschichtsunterricht in der Schule wird das Thema nicht vermieden werden dürfen. Man muß sich diesbezüglich vor Augen halten, daß indirekt die Frage der Historizität von Geschlechtsrollen hier sehr wohl angesprochen ist. In Schulbüchern werden bei der Darstellung der Urgeschichte häufig weibliche und männliche Arbeitsbereiche behandelt. In vermittelter Weise bedeutet das eine Aussage über Bedingungen von geschlechtstypischem Verhalten. Wenn nur in der Urgeschichte davon gesprochen wird, und dort in einer Weise, wie es modernen Geschlechtsrollenstereotypen entspricht, dann erhalten diese den Anschein anthropologischer Konstanten. Gerade die Verbindung mit der Urgeschichte verstärkt zudem den Eindruck des Naturhaften. Seit der Zeit der Aufklärung sind wir es ja gewohnt, einerseits bei den ,,Naturvölkern", andererseits bei den ihnen ähnlich gesehenen Gesellschaften der Urzeit die ,,natürlichen" Verhaltensweisen des Menschen zu suchen und zu finden. So wirkt die – von Lehrplänen vorgesehene – Behandlung geschlechtsspezifischer Arbeitsteilung in der Urgeschichte implizit im Sinne einer biologistischen Betrachtungsweise. Bei aller Dürftigkeit dessen, was die Geschichtswissenschaft zur Geschlechtsrollenproblematik aufgearbeitet hat, erscheint es daher wohl wünschenswert, diese bescheidenen Ansätze aufzugreifen. Nur so kann vermieden werden, daß gerade der Unterricht in Geschichte und Sozialkunde eine ahistorische und biologistische Sicht von geschlechtstypischem Verhalten noch zusätzlich verstärkt.

Wenn hier von impliziten Biologismen in Darstellungen von Historikern die Rede ist, so verweist dies auf einen Sachverhalt, der für ein interdisziplinäres Gespräch über Bedingungen geschlechtsspezifischen Verhaltens sehr wesentlich erscheint: Es sind keineswegs nur Biologen die die Bedeutung physiologischer Unterschiede überbetonen. Mitunter wird der Einfluß naturhaft-somatischer Faktoren auf psychosexuelle Differenzierungen gerade von Sozialwissenschaftlern besonders hervorgehoben.[4] Umgekehrt legen wiederum naturwissenschaftliche Forscher

Wert auf die Feststellung, daß es beim Menschen kein Diktat der Hormone gibt.[5] Die Fronten der Auseinandersetzung gehen somit quer durch die Disziplinen.

Beiträge von Historikern zu einem interdisziplinären Gespräch über die Bedingungen geschlechtstypischen Verhaltens sind auf verschiedenen Ebenen möglich. Hier sollen in zweierlei Hinsicht Überlegungen dazu angestellt werden. Die eine Perspektive ist stärker wissenschaftsgeschichtlich orientiert. Der Historiker kann fragen, wann wissenschaftliche Reflexionen über geschlechtstypisches Verhalten einsetzen, welche älteren Ideen dabei fortwirken, welche gesellschaftlichen Hintergründe zu bestimmten wissenschaftlichen Fragestellungen geführt haben und vielleicht auch die Antworten beeinflußt haben könnten. Eine solche Beschäftigung mit der Entstehung und Entwicklung wissenschaftlicher Vorstellungen kann in mehrfacher Hinsicht aufschlußreich sein. Sie vermag die gesellschaftliche Relativität und Bezogenheit wissenschaftlicher Ergebnisse aufzeigen. Gerade in der Behandlung geschlechtstypischer Verhaltensweisen haben Reaktionen auf politische Strömungen, insbesondere die Frauenbewegung, eine sehr große Rolle gespielt. Auch die Frage des Einflusses von Gruppeninteressen auf die Wissenschaft wäre zu stellen. Ältere wissenschaftliche Meinungen über Geschlechtsunterschiede sind aber auch noch in anderer Hinsicht interessant. Selbst wenn sie durch die Fachentwicklung längst überholt sind, so können sie in der Öffentlichkeit noch stark nachwirken. Unter diesem Aspekt geht es auch gar nicht in erster Linie darum, sozusagen den „main-stream" der Wissenschaftsentwicklung zu verfolgen. Viel wichtiger können wissenschaftlich wenig bedeutende Fachvertreter sein, von denen jedoch ein starker Einfluß auf die öffentliche Meinung ausgegangen ist. Ein gutes Beispiel dafür stellt jener berüchtigte Nervenarzt Paul Möbius dar, dessen Schrift „Über den physiologischen Schwachsinn des Weibes" von 1900 bis 1907 in acht Auflagen erschienen ist. Eine Wissenschaftsgeschichte der Vorstellungen über geschlechtstypisches Verhalten müßte in diesem Sinn vor allem als Wirkungsgeschichte geschrieben werden. Aus diesem wichtigen Aufgabengebiet historischer Forschung soll hier ein Thema exemplarisch herausgegriffen werden, weil dazu eine ausgezeichnete Spezialstudie vorliegt, nämlich die Polarisierung der sogenannten „Geschlechtscharaktere".[6]

Ein zweiter Problemkreis, der hier andiskutiert werden soll, betrifft historische Ausprägungen von Geschlechtsrollen sowie deren Entstehungsbedingungen. Geschlechtsrollen sind gesellschaftliche Normen bzw. Erwartungen bezüglich des Verhaltens von Frauen und Männern, deren Einhaltung mehr oder minder stark unter Sanktion gestellt wird. Geschlechtstypisches Verhalten erscheint durch solche Normen entscheidend beeinflußt. Geschlechtsrollen sind ex definitione ein soziales und kein biologisches Phänomen. Strittig ist jedoch die Frage, welchen Spielraum biotische Faktoren einer Varianz männlicher und weiblicher Geschlechtsrollen einräumen. Vertreter einer stark endogenen Bedingtheit geschlechtstypischen Verhaltens neigen dazu, diesen Spielraum sehr eng anzusetzen. Die Polarität traditioneller Geschlechtsrollenstereotype ist für sie eher eine anthropologische Konstante. Demgegenüber kann der Historiker die Variabilität von Geschlechtsrollen und damit die Bedeutung exogener Faktoren des geschlechtstypischen Verhaltens aufzeigen. Die Sozialgeschichte läßt selbst bei einer Beschränkung auf den europäischen Raum eine bunte Vielfalt verschiedener Bilder von Weiblichkeit und Männlichkeit erkennen. Noch bunter wird die Palette, wenn man über den europäischen Raum hinausgeht. Dementsprechend ist die Ethnologie sicher noch besser geeignet, die Variabilität von Geschlechtsrollen im interkulturellen Vergleich aufzuzeigen. Die überzeugendsten Argumente gegen eine biologistische Deutung von geschlechtstypischem Verhalten sind daher bisher auch von dieser Disziplin gekommen.[7] Eine als historische Anthropologie verstandene Sozialgeschichtsforschung wird hier ohne besondere Abgrenzungsprobleme anknüpfen können. Im Rahmen der sozialwissenschaftlichen Disziplinen, die zu Geschlechtsrollenfragen eine Aussage machen können, hat die sozialgeschichtliche Zugangsweise eine spezifische Eigenart: Sie kann Langzeitentwicklungen untersuchen. Damit hat sie die Möglichkeit, auf Entstehungsbedingungen und Faktoren des Wandels in besonderer Weise einzugehen. Erkenntnisse über Prozesse des Wandels von Geschlechtsrollen in der Vergangenheit sind sicher für das Bewußtsein der Veränderbarkeit in der Gegenwart von Bedeutung. Eine Analyse gesellschaftlicher Rahmenbedingungen erweitert das Wissen um mögliche soziale Voraussetzungen geschlechtstypischen Verhaltens. Das führt über das bloße Beschreiben der Variabilität von Geschlechtsrollen hinaus. Die Sozialgeschichte könnte so in besonderer Weise dazu beitragen, umfassende Erklärungsmodelle für solche Rollenmuster zu erstellen. Damit sind freilich primär wissenschaftliche Zukunftsaufgaben angedeutet. Die Ergebnisse bereits geleisteter Arbeit sind vergleichsweise bescheiden. Was hier über historische Ausprägungen von Geschlechtsrollen referiert werden kann, beschränkt sich daher auf Skizzen. Die ausgewählten Beispiele greifen einen besonders wichtig erscheinenden Zusammenhang heraus, nämlich die Beziehung von Aggressivität und Männlichkeit. Mit Absicht wird damit ein Problem der Männerrolle herausgegriffen, weil die Möglichkeit von deren Veränderung viel zu wenig diskutiert erscheint.

Das Konzept der „Geschlechtscharaktere"

Eine wissenschaftsgeschichtliche Betrachtung über die jeweilige Sicht geschlechtstypischer Verhaltensunterschiede ist von der Analyse historischer Geschlechtsrollenmuster nicht zu trennen. Einerseits sind ältere Rollenvorstellungen in wissenschaftliche Aussagen eingegangen. Andererseits haben wissenschaftliche Aussagen im 19. und 20. Jahrhundert die gesellschaftlichen Normvorstellungen von Weiblichkeit und Männlichkeit in immer weiteren Bevölkerungskreisen beeinflußt. Gerade die in Frühphasen der Wissenschaftsentwicklung entstandenen Auffassungen über die sogenannten „Geschlechtscharaktere" stehen in besonderem Maße in dieser Wechselbeziehung.

Der Begriff „Geschlechtscharaktere" ist heute nicht mehr geläufig. Er entstand im ausgehenden 18. Jahrhundert und wurde dazu verwendet, psychische Geschlechtsunterschiede zu kennzeichnen.[8] Diese psychischen Geschlechtsunterschiede galten als Entsprechung zu physiologischen. Das Konzept der „Geschlechtscharaktere" ist eine Mischung von Wesensaussagen und Normen. Es macht zugleich Aussagen, wie Frau und Mann „von Natur aus" sind und wie sie sein sollen. Bestimmte Eigenschaften der Geschlechter gelten einerseits als naturgegeben, sollen aber andererseits durch Bildung vervollkommnet werden. Letztlich wurden geschlechtsspezifische Verhaltensweisen aber stets in der Natur verankert gedacht. Damit erscheint das Konzept der „Geschlechtscharaktere" als eine maßgebliche Grundlage für alle späteren biologistischen Interpretationen der Geschlechtsrollen.

Die Entstehung und Entwicklung des Konzepts der „Geschlechtscharaktere" wird in den einschlägigen Artikeln historischen Konversationslexika besonders deutlich faßbar. Hier fließen die Meinungen verschiedenster Wissenschaften ein, die zu der Ausbildung dieses Konzepts beigetragen haben, der Philosophen, Staatswissenschaftler, Pädagogen, Psychologen, Mediziner etc. (s. die Zusammenstellung auf S. 71). Der entscheidende Wandel läßt sich in der Zeitspanne zwischen 1780 und 1810 feststellen. In den älteren Lexika dominieren Standesdefinitionen. Die Frau wird durch den Ehestand bzw. ihre Stellung in der Hausgemeinschaft definiert. Ihre Rechte und Pflichten als Hausfrau stehen im Vordergrund. Der sozialen Position erscheinen bestimmte Tugenden als Verhaltenserwartungen zugeordnet. Hier ist die Verbindungslinie zur älteren Hausväterliteratur mit ihren Standesnormen gegeben. Allgemeine Aussagen über das weibliche Geschlecht fehlen in der Regel. Wo doch darauf Bezug genommen wird finden sich Aussagen wie „Ihr Humeur, Geist, Eigenschafft, Inclination und Wesen scheinet nach jeder Landes-Art und Beschaffenheit voneinander unterschieden zu seyn".[9] Von einem universal einheitlichen Wesen der Geschlechter ist hier also noch keinesfalls die Rede. Im ausgehenden 18. Jahrhundert ändern sich nun die Aussagen der Lexika. An die Stelle von Standesdefinitionen treten Charakterdefinitionen. Die Aussagen über das Wesen von Frau und Mann beanspruchen standesübergreifend generelle und universale Gültigkeit.

"Geschlechtscharaktere" von Mann und Frau nach Darstellungen in Lexika sowie wissenschaftlichem Schrifttum des ausgehenden 18. und des 19. Jahrhunderts
(aus Karin Hausen, Die Polarisierung der "Geschlechtscharaktere", S. 368)

Mann	Frau
Bestimmung für	
Außen	Innen
Weite	Nähe
Öffentliches Leben	Häusliches Leben
Aktivität	**Passivität**
Energie, Kraft, Willenskraft	Schwäche, Ergebung, Hingebung
Festigkeit	Wankelmut
Tapferkeit, Kühnheit	Bescheidenheit
Tun	**Sein**
selbständig	abhängig
strebend, zielgerichtet, wirksam	betriebsam, emsig
erwerbend	bewahrend
gebend	empfangend
Durchsetzungsvermögen	Selbstverleugnung, Anpassung
Gewalt	Liebe, Güte
Antagonismus	Sympathie
Rationalität	**Emotionalität**
Geist	Gefühl, Gemüt
Vernunft	Empfindung
Verstand	Empfänglichkeit
Denken	Rezeptivität
Wissen	Religiosität
Abstrahieren, Urteilen	Verstehen
Tugend	**Tugenden**
	Schamhaftigkeit, Keuschheit
	Schicklichkeit
	Liebenswürdigkeit
	Taktgefühl
	Verschönerungsgabe
Würde	Anmut, Schönheit

Im frühen 19. Jahrhundert ist das Konzept der Geschlechtscharaktere" schon weitgehend ausgebildet. Als Beispiel für die neue Form der Beschreibung des Wesens von Mann und Frau sei aus dem Brockhaus von 1815 zitiert:[10]

„Daher offenbart sich in der Form des Mannes mehr die Idee der Kraft, in der Form des Weibes mehr die Idee der Schönheit . . . Der Geist des Mannes ist mehr schaffend, aus sich heraus in das Weite hinwirkend, zu Anstrengungen zur Verarbeitung abstracter Gegenstände, zu weitaussehenden Plänen geneigter; unter den Leidenschaften und Affecten gehören die raschen, ausbrechenden dem Manne, die langsamen, heimlich in sich selbst gekehrten dem Weibe an. Aus dem Manne stürmt die laute Begierde; in dem Weibe siedelt sich die stille Sehnsucht an. Das Weib ist auf einen kleinen Kreis beschränkt, den es aber klarer überschaut; es hat mehr Geduld und Ausdauer in kleinen Arbeiten. Der Mann muß erwerben, das Weib sucht zu erhalten; der Mann mit Gewalt, das Weib mit Güte oder List. Jener gehört dem geräuschvollen öffentlichen Leben, dieses dem stillen häuslichen Cirkel. Der Mann arbeitet im Schweiße seines Angesichtes und bedarf erschöpft der tiefen Ruhe; das Weib ist geschäftig immerdar, in nimmer ruhender Betriebsamkeit. Der Mann stemmt sich dem Schicksal selbst entgegen, und trotzt schon zu Boden liegend noch der Gewalt; willig beugt das Weib sein Haupt und findet Trost und Hilfe noch in seinen Thränen."

Die Ausbildung des Konzepts der „Geschlechtscharaktere", das in Deutschland ziemlich rasch im ausgehenden 18. und frühen 19. Jahrhundert erfolgte, hat sicher mit den tiefgreifenden politischen, geistigen und sozialen Umwälzungen dieser Zeit zu tun. Ohne Anspruch auf Vollständigkeit bzw. Rangigkeit der Bewirkungszusammenhänge sei auf einige bedingende Faktoren hingewiesen.

Es fällt auf, daß sich in der Behandlung der „Geschlechtscharaktere" nie eine theologische Begründung findet. Ältere Aussagen über das Wesen von Frau und Mann berufen sich häufig auf die Schöpfungsordnung. In nicht wissenschaftlich reflektierten Rollenvorstellungen christlicher Gesellschaften spielten generell Adam und Eva als Leitbilder der beiden Geschlechter eine zentrale Rolle.[11] Man wird daher nicht fehlgehen, wenn man die nicht religiös fundierten Aussagen im Konzept der „Geschlechtscharaktere" als Ergebnis eines Säkularisierungsprozesses interpretiert. An die Stelle der Schöpfungsordnung tritt die Natur. Aus ihr wird nun die Bestimmung und das Wesen der Geschlechter abgeleitet.

Ein Zusammenhang ist sicher auch mit der Krise der altständischen Ordnung gegeben. Das als Menschenrecht begründete Prinzip der Gleichheit machte notwendig auch die Gleichheit zwischen Frau und Mann zum Thema der Auseinandersetzung. Olympe de Gouges hatte hier mit ihrer Formulierung der Frauenrechte von 1791 konsequent angeschlossen. Für Rechtstheoretiker, die vom Grundsatz der Rechtsgleichheit ausgingen, stellte sich damit ein fundamentales Problem, das sie nur mit dem Rekurs auf natürliche Unterschiede zu lösen in der Lage waren.[12] Besonders deutlich erweist sich hier das Konzept der ,,Geschlechtscharaktere" als männerrechtliche Herrschaftsideologie.

Als Absicherung gegen emanzipatorische Ansätze ist das Konzept der ,,Geschlechtscharaktere" auch in anderer Hinsicht zu verstehen. In der höfischen Gesellschaft des 18. Jahrhunderts hatte die Frau ein relativ hohes Maß an Gleichberechtigung erlangt. Das kam auch in einer Angleichung der Geschlechtsrollenbilder zum Ausdruck. Bildung und Aktivität von Frauen waren hier durchaus positive Werte. In der Salonöffentlichkeit fand dieses höfischfeudale Rollenbild seine Fortsetzung. Das Konzept der ,,Geschlechtscharaktere" ist demgegenüber ein bürgerliches Kontrastprogramm. Die ,,galante Dame" der höfischen Gesellschaft wird als der Natur der Frau widersprechend gesehen. In der Literatur der deutschen Klassik treten diese beiden konträren Leitbilder anschaulich in Erscheinung. Es sei hier nur an das Gegensatzpaar der Orsina und der Emilia Galotti bei Lessing erinnert. Der Widerstand gegen die höfische Frauenrolle wurde nicht nur in Deutschland laut. Er findet sich genauso in Frankreich, wo dieses spezifische Leitbild stärker ausgeprägt war. Früher als in Deutschland wird hier gegen die Frauenbildung biologisch argumentiert. Die Besonderheit des Nervensystems mache die Frau für intellektuelle Tätigkeit ungeeignet. Allgemein findet sich hier schon im 18. Jahrhundert eine stark physiologisch begründete Deutung psychischer Geschlechtsunterschiede.[13]

Auf das Bürgertum als Entstehungsmilieu des Konzepts der „Geschlechtscharaktere" verweisen auch sonst verschiedene Momente.[14] Die Zuordnung geschlechtstypischer Eigenschaften und Verhaltensweisen zu Frau und Mann erfolgt sehr stark in einer Polarisierung häuslich und außerhäuslich. Der Kontrast von Öffentlichkeit und Familie, von Erwerbsarbeit und Hausarbeit ist damals aber vor allem für bestimmte Kreise des Bürgertums, insbesondere das Bildungsbürgertum, erlebte soziale Realität. Ebenso deutet das charakteristische Gegensatzpaar weiblich-emotional und männlich-rational auf diese gesellschaftliche Gruppierung.

Jene Emotionalisierung, die für die Atmosphäre des Familienlebens im 19. Jahrhundert so entscheidend wurde, ist ja eine Erscheinung die vom Bürgertum ausgeht.[15] Die Aufgabe, für ein emotionales Klima in der Familie Sorge zu tragen, erscheint dabei der Frau zugeordnet. Spezifisch bürgerliche Geschlechtsrollenmuster werden also im Konzept der „Geschlechtscharaktere" an der Wende zum 19. Jahrhundert verallgemeinert und nicht nur zu einer gesamtgesellschaftlich verbindlichen Norm, sondern auch zum naturhaft gedachten Wesen von Weiblichkeit und Männlichkeit erklärt.

Mit der Durchsetzung bürgerlicher Ideen und Wertvorstellungen hat auch das Konzept der polaren „Geschlechtscharaktere" im 19. Jahrhundert weite Verbreitung gefunden.[16] Seine vermeintliche wissenschaftliche Absicherung war für seine Wirksamkeit sehr wesentlich. Auch in der Wissenschaftsentwicklung hat es stark fortgewirkt. Die physiologische Determination von Eigenschaften und Verhaltensweisen wurde dabei vor allem von Medizinern betont. Die Ableitung von somatischen Gegebenheiten nahm dabei zum Teil skurrile Formen an. Den Höhepunkt dieses Argumentationstyps stellt wohl Paul Möbius' „Über den physiologischen Schwachsinn des Weibes" dar.

Als gesellschaftlicher Hintergrund für die intensivierte Propagierung der „Geschlechtscharaktere" als naturhaft bedingtes Wesen von Frau und Mann ist im letzten Drittel des 19. Jahrhunderts die Aktivität der organisierten Frauenbewegung zu sehen. Den Forderungen nach Zugang zu Gymnasial- und Universitätsbildung stellte man die Argumentation entgegen, daß die Frau von Natur aus für das Studium nicht geeignet sei bzw. daß geistige Betätigung ihre „natürliche" Weiblichkeit beeinträchtigen müsse. Als Abwehrstrategie gegen die Forderungen der Frauenbewegung erweist sich das fortentwickelte Konzept der „Geschlechtscharaktere" in besonderer Weise als Herrschaftsideologie.

Es hieße sich freilich die Sache zu einfach machen, wollte man alle Versuche des 19. Jahrhunderts, Unterschiede im geschlechtstypischen Verhalten biologisch zu erklären, als rein interessenbedingte Herrschaftsideologie abtun. Manches, was aus heutiger Sicht als plumper Biologismus anmutet, wird im Kontext der Erklärungsmöglichkeiten der betreffenden Zeit anders zu bewerten sein. Der geringe Entwicklungsstand der sozialwissenschaftlichen Beschäftigung mit solchen Fragen macht es wohl verständlich, daß man auch dort naturhafte Erklärungsmuster herangezogen hat, wo wir heute in der Lage sind, Interpretationen aus gesellschaftlichen Zusammenhängen zu geben. Die Geschichte der wissenschaftlichen Beschäftigung mit Fragen des geschlechtstypischen Verhaltens läßt wohl insgesamt eine Tendenz erkennen, daß naturhaft Geglaubtes in zunehmendem Maße als sozial bedingt erkennbar gemacht werden kann.

Ist männliche Aggressivität hormonal oder sozial bedingt?

Ein Bereich, innerhalb dessen die Bedeutung physiologischer Faktoren vielfach auch heute ziemlich hoch veranschlagt wird, ist der Problemkreis des Zusammenhangs zwischen männlichem Geschlechtsrollenstereotyp und hormonal bedingter Aggressivität. Daß Männer von Natur aus aggressiver seien als Frauen wird nicht nur von Biologen oder Psychologen vertreten. Auch unter Ethnologen gibt es etwa den Standpunkt, daß ein durch Sexualhormone bedingter stärkerer Aggreß im Mittelpunkt eines umfassenden männlichen Verhaltenssyndroms stünde.[17] Kulturell angeblich nicht erklärbare Komponenten männlicher Geschlechtsrollen seien aus diesem Wirkungszusammenhang zu verstehen. Die Annahme eines männlichen Aggreß-Syndroms stammt aus der Verhaltensforschung. Ethologische Untersuchungen bei Altweltaffen haben gezeigt, daß hier ein Zusammenhang zwischen der durch Androgene bedingten Aggressivität und verschiedenen anderen Verhaltensweisen bestehen.[18] Es sind dies Verhaltensweisen, die auch beim Menschen als typisch männlich gelten wie z.B. Führungsinitiative, Dominanz, Erkundung oder Fernkommunikation. Andererseits gibt es naturwissenschaftliche Forschungen, die gegen eine hormonale Bedingtheit von Aggressivität als geschlechtstypischem Verhalten sprechen. So zeigten sich etwa bei Mädchen, die vor der Geburt dem Einfluß erhöhter Androgenproduktion ausgesetzt waren, im Vergleich zu einer Gruppe von nicht androgenisierten Mädchen zwar deutliche Verhaltensunterschiede (sogenannte „Tomboy"-Aktivitäten) — eine verstärkte Aggressivität konnte jedoch bei ihnen nicht festgestellt werden.[19] Von psychologischer Seite wird insgesamt in Hinblick auf Geschlechtsunterschiede im aggressiven Verhalten der Standpunkt vertreten: „Die Ansicht, daß Aggression ein Trieb sei, das Resultat eines angeborenen Mechanismus, . . . gehört der Geschichte an."[20] Gegenüber der Annahme eines einheitlichen Aggreß-Syndroms wird betont, daß es sehr verschiedene Verhaltensarten sein können, die unter dem Begriff Aggressivität zusammengefaßt werden.

Für den Historiker sind Hinweise, wie sie hier exemplarisch herausgegriffen wurden, sicher sehr wesentlich. Daß Aggressivität ein sehr facettenreiches Phänomen ist, wird zu beachten sein, ebenso aber auch die Möglichkeit eines syndromhaften Zusammenhangs von aggressivem Verhalten und anderen Verhaltensweisen. Zur Frage der hormonalen Steuerung wird der Historiker keine unmittelbare Aussage machen können. Vermittelt ist es für diese Frage aber sicher von Bedeutung, wenn sich feststellen läßt, daß von Männern in der Vergangenheit ganz unterschiedliche Geschlechtsrollen anerkannt und realisiert wurden, in denen Aggressivität einen sehr hohen oder einen sehr geringen Stellenwert einnahm.

Historische Männlichkeitsleitbilder

In Hinblick auf die weit verbreitete Annahme, Männer wären „von Natur aus" aggressiv, soll zunächst auf historische Geschlechtsrollenstereotype hingewiesen werden, in denen der Aggressivität überhaupt keine Bedeutung zukommt, bzw. gerade nichtaggressives Verhalten als Leitbild anerkannt erscheint. In der abendländischen Tradition sind in diesem Zusammenhang vor allem die Rollenvorstellungen interessant, die für Männer des geistlichen Standes Geltung hatten. In unserem vom Konzept der „Geschlechtscharaktere" des 19. Jahrhunderts so stark geprägten Denken sind wir es gewohnt, ein einheitliches, gesamtgesellschaftlich verbindliches Bild von Männlichkeit bzw. Weiblichkeit anzunehmen. Den Verhältnissen der alteuropäischen Gesellschaft wird man mit solchen Vorstellungen aber sicher nicht gerecht. Die Rollenerwartungen in Frauen und Männer waren damals viel stärker standesspezifisch differenziert. Was für den Adeligen als angemessenes Verhalten galt, hatte keineswegs in gleicher Weise für den Bauern Geltung. Insbesondere zwischen weltlichem und geistlichem Stand gab es wesentliche Unterschiede der geschlechtstypischen Verhaltensnormen.

Das betont nichtaggressive Männerleitbild des geistlichen Standes dürfte vor allem dadurch bedingt gewesen sein, daß Kleriker vom Kriegsdienst ausgeschlossen waren. Sicher gab es Durchbrechungen dieses Prinzips. In der Lehensverfassung des Früh- und Hochmittelalters finden sich Phasen, in denen Bischöfe und Prälaten an der Spitze einer kriegerischen Gefolgschaft ins Feld zogen. In der Renaissancezeit haben gelegentlich Päpste selbst ein militärisches Aufgebot befehligt. Das sind freilich Ausnahmen, die im Gegensatz zu kirchenrechtlichen Bestimmungen stehen. Sie erklären sich aus der engen Verflechtung von Kirche und Herrschaftssystem. Zu bedenken ist in diesem Zusammenhang auch, daß der hohe Klerus zu einem großen Teil gerade aus jener gesellschaftlichen Gruppierung stammte, deren Stellung durch die Ausübung kriegerischer Funktionen definiert war, nämlich dem Adel. Umso erstaunlicher erscheint es, daß bei Herkunft aus dem gleichen Milieu zwei so unterschiedliche Männerrollen erfüllt werden konnten wie die des Kriegers und die des Geistlichen.

Dem Fehlen jeglichen aggressiven Elements korrespondiert im traditionellen Männerleitbild des geistlichen Standes, die positive Bewertung von Eigenschaften und Verhaltensweisen, die nach dem im 19. Jahrhundert generalisierten Konzept der „Geschlechtscharaktere" als typisch weiblich angesehen werden. Der Geistliche soll gütig, liebevoll und sorgend sein. In der Bezeichnung „Seelsorger" kommen diese später dann als „naturhaft mütterlich" gedachten Züge deutlich zum Ausdruck. In den Idealen der Ordensgeistlichkeit erscheinen solche Komponenten besonders ausgeprägt. Demut, Gehorsam, Unterordnung, In-sich-Gekehrtsein sind hier für Männer angestrebte Leitbilder der Lebensführung. Auch die spezifischen Arbeitsaufgaben geistlicher Orden lassen die Besonderheit des Rollenbildes erkennen. Arbeitsleistungen, die sonst als weiblich gelten, sind nicht nur zulässig sondern sogar vorgeschrieben z.B. Krankenpflege, karitative Tätigkeit oder Kindererziehung.

Generell läßt sich sagen, daß dem geistlichen Stand in der europäischen Tradition eine Polarisierung männlicher und weiblicher Rollenstereotype fehlt. Die Rollenerwartungen an beide Geschlechter sind hier ziemlich ausgeglichen. Deutlich kommt dieser Ausgleich in der Ähnlichkeit der Ordenskleidung zum Ausdruck. Die jeweilige Form von Frauen- und Männerkleidung steht ja grundsätzlich mit Geschlechtsrollenvorstellungen in einem engen Zusammenhang.[21] Geschlechtsspezifische Kleidung wird in Kulturen der Vergangenheit wie der Gegenwart als eine äußere Fortsetzung des biologischen Geschlechtsdimorphismus angesehen. Sie ist freilich zugleich auch eine Interpretation, welche Bedeutung in einer Kultur, einem

Stand, einer Altersgruppe dem Geschlechtsunterschied beigemessen wird. Als eine solche kulturelle Überformung ist sie ein guter Indikator für die jeweiligen Vorstellungen von Nähe oder Distanz der Geschlechtsrollen. Ähnlichkeit der Frauen- und Männerkleidung deutet in diesem Sinne auf ein relativ ausgeglichenes Verhältnis in den Erwartungen an geschlechtstypisches Verhalten. Nirgendwo in der alteuropäischen Gesellschaft ist Frauen- und Männerkleidung einander so ähnlich wie in der Ordenstracht. Diese geringe Differenzierung findet in der weitgehenden Übereinstimmung von Leitbildern ihre Entsprechung.

Eine Besonderheit des geistlichen Standes ist in der abendländischen Tradition die Zölibatsverpflichtung. Manche Züge der Ordenstracht wird man mit dem Gebot der Ehelosigkeit in Zusammenhang bringen dürfen, etwa den betonten Verzicht auf sexuelle Attraktivität und das Zurücktretenlassen körperlicher Unterschiede. Die weitgehende Übereinstimmung weiblicher und männlicher Rollenerwartungen im geistlichen Stand läßt sich jedoch mit der Zölibatsverpflichtung in keinen ursächlichen Zusammenhang bringen. Es handelt sich vielmehr um allgemeine christliche Wertvorstellungen, zu deren Realisierung der geistliche Stand in besonderer Weise verpflichtet. Der bewußte Verzicht auf Aggressivität gehört in diesen Kontext.

Religiöse Faktoren sind auch für ein anderes Männlichkeitsbild der europäischen Geschichte bestimmend, dem die Komponente der Aggressivität fehlt. Im Ostjudentum haben sich Stereotype der Geschlechtsrollen ausgebildet, die in verschiedener Hinsicht besonders bemerkenswerte Züge zeigen. Auffallend sind bereits die spezifischen Vorstellungen von männlicher und weiblicher Schönheit. Die „sheynen Yidn" sollten ein blasses Gesicht und zarte Hände haben. Auf eine kräftige Erscheinung wurde kein Wert gelegt. Kräftig und gesund auszusehen, war viel mehr die wesentliche Komponente des weiblichen Schönheitsideals. Körperliche Gebrechen, die ihre Arbeitsfähigkeit beeinträchtigen konnten, fielen bei ihr viel stärker negativ ins Gewicht als beim Mann. Diese ungewöhnlichen Leitbilder der äußeren Erscheinung sind Ausdruck spezifischer Rollenvorstellungen. Als höchstes Ziel des jüdischen Mannes galt die Gelehrsamkeit auf dem Gebiet der religiösen Überlieferung. Das Studium der heiligen Schriften war lebenslange Aufgabe. Dafür sollte der Mann möglichst weitgehend von anderen Tätigkeiten freigestellt werden. Schon früh begann die Ausbildung dafür. So bald als möglich wurden Knaben in die Schule geschickt, wo sie oft täglich zehn bis zwölf Stunden verbrachten. Körperliche Betätigung hingegen spielte in der Erziehung eine geringe Rolle. Die Eltern ermutigten ihre Söhne nicht zum Spielen im Freien; die Knaben sollten weder auf Bäume klettern noch raufen. So wurde von klein auf ein Männlichkeitsbild angestrebt, für das nicht körperliche Stärke und Aktivität sondern Intellektualität, Zurückhaltung und in sich gekehrtes Wesen charakteristisch war. Der blasse Gelehrte ohne Anzeichen körperlicher Arbeit war der Ausdruck dieses Ideals im äußeren Erscheinungsbild. [22]

Die Tendenz, den Mann möglichst weitgehend für das Studium der heiligen Schriften von anderen Tätigkeiten freizustellen, erklärt auch spezifische Züge der ostjüdischen Frauenrolle. Über die häuslichen Arbeiten hinaus mußte die Frau in hohem Maß zum Lebensunterhalt der Familie beitragen. Die stärkere körperliche Belastung, der sie ausgesetzt war, ließ eine kräftige und gesunde Konstitution als besonders wünschenswert erscheinen. Durch ihre Stellung im Erwerbsleben hatte sie mitunter mehr außerhäusliche Beziehungen als der Mann.[23] Eine passive, zurückgezogene, auf die häusliche Sphäre zurückgezogene Rolle wäre damit unvereinbar gewesen.

Aus religiösen Faktoren allein lassen sich freilich die spezifischen Geschlechtsrollenbilder des Ostjudentums nicht erklären. Man muß dabei auch Bedingungen der gesellschaftlichen Arbeitsteilung bedenken. Die jüdische Bevölkerung war hauptsächlich im Handel, im Geldgeschäft und im Gewerbe tätig. In der Landwirtschaft spielte sie keine Rolle. Diese Spezialisierung der Erwerbstätigkeit hat freilich auch mit religiösen Bedingungen zu tun, allerdings nicht mit solchen der jüdischen Religion, sondern der ihrer christlichen Umwelt. Zum Unterschied vom primären Erwerbssektor ist im sekundären und vor allem im tertiären die körperliche Kraft weit weniger wichtig. Für einen Bauern hat physische Stärke eine ganz andere existenzielle Bedeutung als für den Händler. Der Beweis der körperlichen Stärke ist in Bauernkulturen stets sehr wesentlich. Auseinandersetzungen, in denen dieses Moment zum Tragen kommt, spielen in solchen Gesellschaften häufig eine große Rolle, vor allem unter den Heranwachsenden, die sich gegenseitig ihre Männlichkeit beweisen wollen. Zwischen Männlichkeit und aggressivem Verhalten scheint hier ein funktionaler Zusammenhang zu bestehen. In einer Bevölkerungsgruppe, die primär vom Handel lebt, sind solche Voraussetzungen nicht gegeben. Viel wichtiger für das Fehlen einer aggressiven Komponente im jüdischen Männlichkeitsbild erscheint jedoch noch ein anderes Moment. Den Juden wurde von ihrer Umwelt prinzipiell nicht die Waffenfähigkeit zugestanden. Der Umgang mit der Waffe aber erweist sich im interkulturellen Vergleich als ein Faktor, der in besonderer Weise zu aggressiven Zügen der Männerrolle beiträgt.

Das Leitbild des „Machismo"

Den skizzierten Beispielen von Männerrollen ohne kämpferisch-militante Züge sei das Exempel eines Männlichkeitsideals mit extremer Betonung der aggressiven Komponente gegenübergestellt. Gemeint ist der „Machismo" – ein Leitbild geschlechtstypischen Verhaltens, das in europäischen Traditionen wurzelt, seine stärkste Ausprägung freilich in Lateinamerika erhalten hat. Der Machismo ist sicher ein facettenreiches Phänomen, das sicherlich nicht in allen Regionen des lateinamerikanischen Großraums in gleicher Form auftritt. Auch innerhalb der Regionen ergeben sich schichtspezifische Differenzierungen, wobei die schärfsten Ausformungen in der Regel im Mittelstand anzutreffen sind. Solche Differenzierungen können hier nicht im einzelnen berücksichtigt werden. Der Versuch, charakteristische Züge des Idealtypus zu fassen, muß notwendig vereinfachen.[24]

Eine prägnante Definition, die das Wesen des Machismo in knapper Form zusammenfaßt, formuliert folgendermaßen „Machismo ist aggressive Maskulinität, die die

Demonstration von Männlichkeit durch Gewalt und Furchtlosigkeit beinhaltet, insbesondere aber durch Erfolge sexueller Eroberung." (Evalyn Jacobson und Walter Goldschmidt).[25] Was Machismo bedeutet, kommt in sehr bezeichnender Weise auch im Wort „chingon" und seinen vielfältigen Ableitungen zum Ausdruck, das in ganz Lateinamerika, vor allem aber in Mexiko verbreitet ist. Octavio Paz beschreibt die Konnotationen des Begriffs: „Das Wort bedeutet sowohl Gewalt anwenden, außer sich geraten, gewaltsam in den anderen eindringen, als auch verwunden, zerfetzen, schänden – Gegenstände, Körper und Seelen –, einfach zunichte machen . . . Es ist ein Verb, das Männlichkeit, Aktivität, Grausamkeit ausdrückt . . . Es ist ein Wort, das man nur unter Männern oder bei den großen Fiestas hört".[26] Das Wort hat Bedeutung sowohl für das Verhältnis der Geschlechter im speziellen als auch das soziale Leben im allgemeinen. Es vereinigt die Eigenschaften des Macho, des Starken, des Verschlossenen. Er ist der „chingon" und drückt seine Überlegenheit gegenüber allen aus, die passiver oder schutzloser als er sind, das sind die „chingadas" – die Geöffneten.

Im Verhältnis der Geschlechter zueinander ist vor allem die sexuelle Aggressivität des Mannes für den Machismo charakteristisch. Sexuelle Abenteuer und Eroberungen werden hoch bewertet. Die Folgen für die betroffenen Frauen spielen dabei keine Rolle. Die Häufigkeit sexueller Erlebnisse — seien sie real oder auch erfunden — ist für das Ansehen in der Männergesellschaft zentral. Viele Mädchen entjungfert zu haben, hebt das Prestige des Mannes. Andererseits ist die Jungfräulichkeit von Schwestern und Töchtern, die es nach außen zu verteidigen gilt, ein wichtiger Bestandteil der männlichen Ehre. Die Polarisierung des Frauenbilds als Heilige oder Hure ist für diese Haltung bezeichnend. Auch innerhalb der Ehe hat sich der Macho sexuell zu beweisen. Seine Fortpflanzungsfähigkeit wird hoch bewertet. Viele Kinder – vor allem viele Söhne – zu haben, gilt als Beweis von Virilität.

Über die Beziehung der Geschlechter hinaus ist die Macho-Rolle von allgemeiner gesellschaftlicher Bedeutung. Einige charakteristische Verhaltensweisen, die für diese

Rolle typisch erscheinen, sind beispielsweise: aggressives Machtstreben, Gewalttätigkeit als Mittel gesellschaftlichen Handelns, Dominanzanspruch, Durchsetzungs- und Selbstbehauptungswillen, geringes Verantwortungsgefühl gegenüber sozial und physisch Schwächeren – durchaus auch gegenüber den eigenen Familienangehörigen, Selbstdarstellung innerhalb der Männergesellschaft durch hohe materielle Ausgaben, die oft zu Lasten der Familie gehen, übersteigertes Ehrgefühl, persönlicher Mut bis zur Tollkühnheit – auch in unnötigen Angelegenheiten – als Gradmesser der Männlichkeit, Gleichgültigkeit gegenüber physischen und psychischen Schmerzen sowie Zurückgezogenheit und Verschlossenheit. Sowohl auf das private wie auf das öffentliche Leben haben solche Verhaltensweisen wesentlichen Einfluß.

Fragt man nach den Wurzeln des in Lateinamerika verbreiteten Macho-Leitbilds, so muß man historisch weit zurückgehen. Wesentliche Züge des Machismo wurden bereits von den Konquistadoren aus ihrer spanischen Heimat mitgebracht. Hier spielte die politische Sonderentwicklung im Mittelalter für die Ausbildung des spezifischen Männlichkeitsideals eine wichtige Rolle. Es gibt aber auch Übereinstimmungen mit den Geschlechtsrollenbildern in anderen Gebieten des Mittelmeerraums, die auf einen gemeinsamen Ursprung hinweisen.

Stark aggressive Züge finden sich im Männlichkeitsbild mediterraner Gesellschaften vor allem dort, wo transhumante Schafweidewirtschaft vorherrscht. So wurde auch versucht, ursächliche Zusammenhänge zwischen Wirtschaftsform und geschlechtstypischem Verhalten herzustellen.[27] Die Hirtengesellschaften des Mittelmeerraums stehen seit Jahrtausenden in ständiger Auseinandersetzung mit den von den Küstengebieten vordrängenden landwirtschaftlichen Kulturen. Dieser konstante Druck dürfte ein aggressives Konkurrenzverhalten begünstigt haben. Ein solches Verhalten erscheint aber auch aus anderen Gründen für die transhumante Weidewirtschaft charakteristisch. Weideflächen lassen sich nicht so klar gegeneinander abgrenzen wie Feldfluren. Übergriffe auf Nachbargebiete sind an der Tagesordnung. Dazu kommt noch die Konkurrenz um die spärlichen Wasserplätze. Herrschaftliche Instanzen, die schlichtend eingreifen konnten haben in den abgelegenen Gebirgsgegenden wenig Durchschlagskraft. Aus alledem entstehen eher anarchische Gesellschaftsstrukturen. Eigentum ist hier nie unangefochtener Besitz. Er läßt sich durch eigene Eroberung — etwa Viehdiebstahl — erweitern, muß aber auch ständig verteidigt werden. Recht ist in erster Linie eine Frage der Durchsetzung durch Selbsthilfe. Solche Milieubedingungen dürften ganz allgemein die Entstehung eines aggressiven Männlichkeitsideals in verschiedenen Gebieten des Mittelmeerraums begünstigt haben.

Aggressiv betonte Züge der Männerrolle sind freilich im Mittelmeerraum nicht auf Hirtengesellschaften beschränkt. Sie dürften sich über diese hinaus stark verbreitet haben. In Spanien könnten sie eine Voraussetzung für die Entwicklung des Macho-Leitbilds gewesen sein. Die spezifische Sonderentwicklung in diesem Raum ist aber wohl durch einen politischen Faktor bestimmt. Die Auseinandersetzung mit den Mauren schuf hier das ganze Mittelalter hindurch einen nahezu permanenten Kriegszustand. Das Ideal des Kriegers erfuhr unter diesen Verhältnissen eine gesellschaftlich besonders hohe Bewertung. Die Kreuzzugsidee gab ihm eine religiöse Weihe. Diese militant-kämpferische Note des Männlichkeitsbildes beschränkte sich nicht auf eine schmale Oberschicht. Der niedere Adel, die Hidalgos, war im spätmittelalterlichen und frühneuzeitlichen Spanien eine zahlenmäßig sehr beträchtliche Gruppe. Durch das Ende der Maurenkriege verlor sie ihre bisherige Hauptaufgabe. In der Eroberung der Kolonien versuchte sie eine neue zu finden. Die Konquistadoren entstammten hauptsächlich der Gruppe des verarmten Kleinadels. Sie verpflanzten das spanische Kriegerideal in die Neue Welt.

Die gesellschaftlichen Verhältnisse in den amerikanischen Kolonien boten für die Weiterentwicklung des spanischen Macho-Leitbildes besondere Voraussetzungen. Zum Unterschied vom Mutterland gab es hier eine unterlegene einheimische Bevölkerung, dergegenüber die Dominanzansprüche voll durchgesetzt werden konnten. Die Ausbeutungsverhältnisse bestimmten vor allem auch das Verhältnis zur Frau. Hatte in der Heimat der Konquistadoren die sexuelle Aggression des Macho ein Gegengewicht in den Schutzpflichten des Vaters oder Bruders der begehrten Frau, so war die Indianerin schutzlos ausgeliefert. Die für den lateinamerikanischen Machismo so charakteristische Abwertung der Frau in der Sexualität dürfte hierin ihre Wurzel haben. Der Machismo blieb nicht auf die rein spanische Bevölkerung beschränkt. Gerade unter den aus den Verbindungen zwischen Spaniern und Indianerinnen hervorgegangenen Mestizen fand er starke Verbreitung. Man sieht den Grund dafür in einer Überkompensation von Minderwertigkeitsgefühlen der Mestizen, die sich dem höherwertigen weißen Vater und nicht der minderwertigen, geschändeten indianischen Mutter zugehörig fühlen wollten.

Geschlechtsrollen und Arbeitsteilung

Der Machismo ist sicherlich eine besonders extreme Form aggressiver Männlichkeit. Er markiert gleichsam einen Endpunkt des breiten Spektrums von Männerrollen, die sich innerhalb der europäischen historischen Tradition entwickelt haben. Man kann ihn genauso aus gesellschaftlichen Bedingungen erklären, wie die anderen exemplarisch behandelten Leitbilder männlichen Rollenverhaltens. Einige solcher Bedingungen haben die hier gebotenen Skizzen erkennen lassen: religiöse Faktoren, Gegebenheiten der Wehrverfassung oder Arbeitsverhältnisse. Es ist beim Einzelbeispiel schwierig, hinsichtlich der Bedeutung dieser Faktoren für die Ausbildung des Geschlechtsrollenstereotyps zu gewichten. Eine umfassendere historische Sicht der Geschlechtsrollenproblematik spricht jedoch dafür, den Gegebenheiten gesellschaftlicher Arbeitsteilung einen zentralen Stellenwert zuzumessen — vor allem dann, wenn man die Normen geschlechtstypischen Verhaltens von Frau und Mann im Zusammenhang sieht.

Die Arbeitsteilung zwischen Frau und Mann erscheint in sozialgeschichtlicher Sicht keineswegs durch natürliche Geschlechtsunterschiede determiniert, jedoch sehr wohl in einer den jeweiligen Arbeitsnotwendigkeiten entsprechenden Weise diesen Unterschieden angepaßt. Konkret bedeutet das, daß in Hinblick auf Schwangerschaften und Stillphasen der Frau die Außentätigkeiten, die Risikotätigkeiten sowie die extrem physisch belastenden Arbeiten eher dem Mann zugeordnet wurden.[28] In Agrargesellschaften ergeben sich — bei aller durch verschiedene Produktionsweisen bedingten Variabilität — doch gewisse allgemeine Regelmäßigkeiten. Diese nicht naturhaft notwendige aber sozial sinnvolle Ordnung der Arbeitsverhältnisse findet in den jeweiligen Vorstellungen über geschlechtstypisches Verhalten seine Entsprechung. Gerade in Bauerngesellschaften, wie sie im vorindustriellen Europa den weitaus überwiegenden Teil der Bevölkerung ausmachten, ergeben sich daraus auch Übereinstimmungen in Grundmustern der Geschlechtsrollen. Solche Übereinstimmungen erwecken den Eindruck der Naturhaftigkeit. Und gerade in der Selbstinterpretation von Bauerngesellschaften werden Geschlechtsrollen vielfach so gesehen. Der Sozialhistoriker kann freilich zeigen, daß es auch in agrarischen Kulturen der europäischen Geschichte diesbezüglich vielfältige Unterschiede gibt. Die Abweichungen von solchen Grundmustern sind freilich in jenen gesellschaftlichen Gruppen am größten, die von schwerer körperlicher Arbeit entlastet sind wie etwa Adel und Geistlichkeit. Nicht zufällig haben die vorgestellten Beispiele in solche Milieus geführt.

Änderungen der geschlechtsspezifischen Arbeitsteilung können sehr unmittelbar zu Änderungen des geschlechtstypischen Verhaltens führen. Innerhalb der alteuropäischen Agrargesellschaft hat etwa die Verbreitung der verlegten Heimindustrie zu neuen Formen von Arbeitsteilung und Verhalten geführt. Drastisch schildert dies ein Beobachter über Weberdörfer in Westfalen aus dem ausgehenden 18. Jahrhundert: „Unter dieser Classe von Menschen ist das männliche Geschlecht das spröde, und das weibliche geht auf die Freyte . . . das gemeine Mädchen versteht die Kunst zu kokettieren in seiner Art vollkommen so gut als die Dame, entblößt ebenso unverschämt den Busen, und gewisse andere Reize so halb und halb, weil es mehr hielft als ganz. Bleibt der Jüngling noch spröde, so hielft es seinen Sinnen durch Branntwein nach, und erscheint der Jüngling nicht auf seine Einladung in seinem Bette, so besucht es ihn in dem seinigen. Das ist gewöhnlich der ganze Roman von hinten gespielt." [29]

Es ist freilich eher die Ausnahme, daß Veränderungen der geschlechtsspezifischen Arbeitsteilung derart kurzfristig das geschlechtstypische Verhalten beeinflussen. Im Regelfall wirken die aus der Arbeitsteilung entstandenen Verhaltensmuster sehr lange nach. Der skizzierte Einfluß der transhumanten Weidewirtschaft auf das Männlichkeitsideal des Mittelmeerraums ist ein Beispiel für ein solches Fortwirken über die ökonomischen Entstehungsbedingungen hinaus. Die Bezeichnung „cultural lag" trifft dieses Phänomen gut. Besonders stark halten sich ältere Geschlechtsrollenmuster, wenn sie religiös abgesichert sind. Aber auch ohne solche Verankerung erweisen sich Geschlechtsrollenstereotype historisch als äußerst zählebig.

In den letzten zwei Jahrhunderten der europäischen Geschichte haben sich die Arbeitsverhältnisse im allgemeinen und die Bedingungen geschlechtsspezifischer Arbeitsteilung im besonderen ganz grundlegend geändert. Ältere Vorstellungen über richtiges geschlechtstypisches Verhalten leben über solche Veränderungen hinaus weiter. Mit neuen Elementen bürgerlicher Geschlechtsrollen vermischt sind sie auch in das bis heute so nachhaltig wirksame Konzept der „Geschlechtscharaktere" eingegangen. Freilich wurden solche Normen geschlechtstypischen Verhaltens mit den radikalen Veränderungen der Arbeitsorganisation immer mehr von ihren Voraussetzungen her verunsichert. Traditionelle Geschlechtsrollenstereotype gerieten ins Kreuzfeuer der Diskussion. Die Berufung auf die „Natur" der Geschlechter wurde dabei immer mehr zum Mittel der Absicherung überkommener Positionen.

Der Wunsch, traditionelle Normen geschlechtstypischen Verhaltens zu überschreiten, gewinnt in neuerer Zeit zunehmend an Bedeutung – sicher primär für Frauen, aber auch für Männer. Ob die Biologie solchen Bestrebungen Grenzen setzt, kann der Historiker nur insoweit beurteilen, als er die bereits erreichte Variabilität in der Vergangenheit aufzeigt. In der aktuellen Diskussion über solche Fragen wird zu bedenken sein, daß nicht alle Verhaltensweisen, hinsichtlich derer zwischen den Geschlechtern Unterschiede gesehen werden, in gleicher Weise bedeutsam sind, Um auf die Vulgärebene des Eingangszitats zurückzukehren: Ob Männer mehr schnarchen als Frauen, ist gesellschaftlich ziemlich gleichgültig. Ob sie von Natur aus aggressiver sein müssen, erscheint als ein Problem von ganz anderer Relevanz. Und gerade in den für die Verwirklichung von mehr Gleichheit und Humanität entscheidenden Fragen kann der Historiker sehr wohl eine Antwort geben: Geschlechtstypisches Verhalten in diesem Bereich ist normativ geprägt. Normen aber sind kulturell bedingt und damit — wie alles historisch Gewordene — letztlich veränderbar.

Anmerkungen

1 Dies gilt etwa für Wolfgang Wickler und Uta Seibt, Männlich-weiblich. Der große Unterschied und seine Folgen, München-Zürich 1983. Die Autoren unterscheiden zwar zwischen ,,biologisch fundierten Geschlechtsfunktionen des Menschen'' und soziokulturellen ,,Geschlechterrollen'', berücksichtigen jedoch die einschlägige sozialwissenschaftliche Literatur fast überhaupt nicht. So kommt es zu Schlußfolgerungen, die etwa ,,doppelte Moral'', ,,Männerrivalität'', ,,Partnerüberwachen'' oder ,,Mütterbelastung'' zu den ,,biologisch fundierten Geschlechtsfunktionen des Menschen zählen (S. 150 ff.).

2 Ein interdisziplinäres Gespräch von Wissenschaftlern über Fragen der Geschlechtsunterschiede wurde im deutschsprachigen Raum in der 1973 konstituierten Studiengruppe ,,Geschlechtsrollen'' durchgeführt. Die Ergenisse der Arbeit dieser Studiengruppe sind in drei Bänden der Beck'schen Schwarzen Reihe publiziert: Anette Degenhardt und Hanns Martin Trautner, Geschlechtstypisches Verhalten. Mann und Frau in psychologischer Sicht, München 1979, Roland Eckert, Geschlechtsrollen und Arbeitsteilung. Mann und Frau in soziologischer Sicht, München 1979 und Norbert Bischof und Holger Preuschoft, Geschlechtsunterschiede. Entstehung und Entwicklung, München 1980. Die Arbeit der Studiengruppe verlief, wie das Nachwort ihres Sprechers ausdrücklich betont, sehr krisenreich. Die Publikation läßt erkennen, wie schwierig sich der Weg einer Annäherung der Standpunkte gerade zwischen den Vertretern von Sozial- und Naturwissenschaften gestaltet. Dies gilt auch für die bei Erika Weinzierl, Emanzipation der Frau. Zwischen Biologie und Ideologie, Düsseldorf 1980, zusammengestellten Beiträge.

3 Die Zugangsweise zur Geschlechtsrollenproblematik erfolgt dabei fast ausschließlich über die Frauenrolle. Bibliographische Hinweise finden

sich dementsprechend am ehesten in der Literatur zur Frauengeschichte. Vgl. etwa die Zusammenstellungen in: Anette Kuhn und Gerhard Schneider (Hg.), Frauen in der Geschichte, Düsseldorf 1979, S. 277 ff., Anette Kuhn und Jörn Rüsen (Hg.), Frauen in der Geschichte II, Düsseldorf 1982, S. 315 ff.; dieselben (Hg.), Frauen in der Geschichte III, Düsseldorf 1983, S. 275 ff. Speziell zur Geschlechtsrollenproblematik vgl. die Literatur im Kapitel „Systematisierungen der Geschlechtsrollen" bei Bettina Heintz und Claudia Honegger. Zum Strukturwandel weiblicher Widerstandsformen im 19. Jahrhundert. In: dieselben (Hg.), Listen der Ohnmacht, Frankfurt 1981, S. 57 ff. Vgl. auch die allgemeine Bibliographie in diesem Band, S. 437 ff.

4 So stellt der Ethnologe Wolfgang Rudolph in seinem Aufsatz „Geschlechterrollen im Kulturvergleich". In: Bischof/Preuschoft (wie Anm. 2), S. 187 f. fest: „Die hormonalen Unterschiede der Geschlechter bedingen auf dem Wege über die Psyche zwei geschlechtsspezifische Verhaltenssyndrome. Auf der männlichen Seite ist dies der (stärkere) Aggreß . . . Das weibliche Gegenstück im Rahmen dieses endogen bedingten Unterschiedes von Verhaltenssyndromen kann als ‚soziale Affinität' bezeichnet werden".

5 Vgl. etwa Anke A. Ehrhardt, Prinzipien der psychosexuellen Differenzierung. In: Bischof/Preuschoft (wie Anm. 2), S. 114.

6 Karin Hausen, Die Polarisierung der „Geschlechtscharaktere" — Eine Spiegelung der Dissoziation von Erwerbs- und Familienleben. In: Werner Conze (Hg.), Sozialgeschichte der Familie in der Neuzeit Europas, Stuttgart 1976, S. 363 ff. Ergänzend und zum Teil kritisch dazu Anette Kuhn, Das Geschlecht — eine historische Kategorie?. In: Ilse Brehmer et. a. (Hg.), Frauen in der Geschichte IV, Düsseldorf 1983, S. 29 ff.

7 Vgl. etwa Margaret Mead, Mann und Weib. Das Verhältnis der Geschlechter in einer sich wandelnden Welt, Hamburg 1958.

8 Hausen (wie Anm. 6), S. 363 ff.

9 J. H. Zedler, Großes vollständiges Universal-Lexikon, Bd. 9, Halle-Leipzig 1735, Sp. 1782.

10 Conversations-Lexikon oder Handwörterbuch für die gebildeten Stände, Bd. 4, 3. Aufl., Leipzig/Altenburg 1815, S. 211.

11 Die Orientierung des Konzepts von Männlichkeit und Weiblichkeit am biblischen Bild von Adam und Eva kommt etwa besonders deutlich in den noch im 20. Jahrhundert faßbaren Geschlechtsrollenvorstellungen ländlicher Gesellschaften in Griechenland zum Ausdruck, wie sie Sheila Kitzinger, Frauen als Mütter (München 1980, S. 270) zusammenfassend schildert. Vgl. dazu auch J. K. Campbell, Honour, Family and Patronage, New York und Oxford 1976, S. 31 ff.

12 Dazu am Beispiel von Carl Theodor Welckers Staatslexikon Hausen (wie Anm. 6), S. 375.

13 Maurice Bloch und Jean H. Bloch, Women and the dialectics of nature in eighteenth-century French thought. In: Carol I. Mac Cormack und Marilyn Strathern (Hg.), Nature, Culture and Gender, Cambridge 1980, S. 25 ff., L. J. Jordanova, Natural Facts: A Historical Perspective on Science and Sexuality, ebenda, S. 42 ff.

14 Hausen (wie Anm. 6), S. 382 ff.
15 Heidi Rosenbaum, Formen der Familie, Frankfurt 1982, S. 261 ff.
16 Damit wurde die wissenschaftliche Konzeption der „Geschlechtscharaktere" zu einem gesellschaftlich relevanten Muster der Geschlechtsrollen, das zunächst im Bürgertum, dann aber auch darüber hinaus an Geltung gewann. Die real wirksamen Geschlechtsrollenstereotypen waren auch im Bürgertum im 19. Jahrhundert keineswegs definitiv festgelegt. So galt es noch für die Generation der deutschen Romantiker als selbstverständlich, daß man „offen weinen konnte, ohne Furcht weibisch genannt zu werden", daß „man sich umarmen konnte ohne den Makel sexueller Abweichung" (John Gillis, Geschichte der Jugend, Weinheim-Basel 1980). Empfindsamkeit war im ausgehenden 18. Jahrhundert durchaus noch ein Leitbild der männlichen Jugend (ebenda, S. 84). Die Verdrängung solcher älterer Männlichkeitsmuster des Bürgertums hängt wohl auch mit der Militarisierung der Gesellschaft in der zweiten Hälfte des 19. Jahrhunderts zusammen.
17 Rudolph (wie Anm. 4), S. 187 ff.
18 Hans Kummer, Geschlechtsspezifisches Verhalten von Tierprimaten. In: Bischof/Preuschoft, Geschlechtsunterschiede, S. 146, vor allem Diagramm S. 148.
19 Ehrhardt, Prinzipien der psychosexuellen Differenzierungen. In: Bischof/Preuschoft (wie Anm. 2), S. 107 ff.
20 Hildeburg Rothmund, Geschlechtsunterschiede im aggressiven Verhalten. In: Heidi Keller, Geschlechtsunterschiede, Weinheim und Basel 1979, S. 75.
21 Rene König, Kleider und Leute. Zur Soziologie der Mode, Frankfurt 1967, S. 57 und 108 ff.
22 Mark Zborowsky und Elisabeth Herzog, Life is with people. The culture of the Shtetl New York 1962, S. 81, 135, 331. Zit. nach Elisabeth Emsenhuber, Die Wiener Juden in der zweiten Hälfte des 19. Jahrhunderts. Soziale und familiäre Aspekte, phil. Diss. Wien (masch.), 1982, S. 172 ff.
23 Emsenhuber (wie Anm. 22), S. 179 ff. mit weiterführender Literatur.
24 Über den Machismo sei an deutschsprachiger Literatur genannt: Octavio Paz, Das Labyrinth der Einsamkeit, Frankfurt 1969, Nuria Nuez, Über den Machismo und den Mythos in der Beziehung zwischen Frau und Mann. In: Beiträge zur Situation der Frauen in Lateinamerika, Berlin 1981, Claudia von Werlhof, Frauenkämpfe und Machismo in Lateinamerika. In: Beiträge zur feministischen Theorie und Praxis 3, München 1980. Ich verdanke wertvolle Informationen über den Machismo Herrn Dieter Rünzler, der am Institut für Wirtschafts- und Sozialgeschichte der Universität Wien an einer Dissertation zu diesem Thema arbeitet.
25 Female roles and male dominance among peasants. In: Southwestern Journal of Anthropology, Albuquerque 1971, S. 346.
26 Paz (wie Anm. 24), S. 80 f.
27 Vgl. dazu vor allem Jane Schneider, Of Vigilance and Virgins: Honour, Shame and Access to Resources in Mediterranean Societies. In: Ethnology 10, 1971, S. 1 ff. Zum Nachwirken aggressiver Männlichkeit im Balkanraum Andrei Simic, Machismo and Cryptomatriarchy: Power, Affect and Authority in the Conemtporary Yugoslavian Family. In:

Ethos. Journal for the Society of Psychological Anthropology II/12, 1983, S. 66 ff.
28 Vgl. dazu Michael Mitterauer, Geschlechtsspezifische Arbeitsteilung in vorindustrieller Zeit. In: Beiträge zur historischen Sozialkunde 1, 1981, S. 77 ff.
29 Joh. Mor. Schwager, Über dem Ravensberger Bauer. In: Westfälisches Magazin zur Geographie, Historie und Statistik 2, 1786, Heft 5, S. 56 f; zitiert nach Hans Medick, Zur strukturellen Funktion von Haushalt und Familie im Übergang von der traditionellen Agrargesellschaft zum industriellen Kapitalismus: die protoindustrielle Familienwirtschaft. In: Conze, Sozialgeschichte der Familie, S. 282.

HUBERT CH. EHALT

ÜBER DEN WANDEL DES TERMINS DER GESCHLECHTSREIFE IN EUROPA UND DESSEN URSACHEN

Zum Problem

Welche Bedeutung die Beschäftigung mit den Prozessen des körperlichen Wachstums und des physischen Reifens im Rahmen einer interdisziplinär orientierten sozialgeschichtlichen Analyse hat, sei eingangs dargelegt. Die Untersuchung zeigte deutlich, wie selbst Phänomene, die zunächst ganz selbstverständlich dem Bereich der anthropologischen Konstanten und dem Kontext einer „reinen Biologie" zugerechnet werden, einem historisch-sozialen Wandel unterworfen sind. Die bedeutenden Veränderungen des Phänomens „Jugend" — dessen Herausbildung in unserem Verständnis — hingen bedingend und bedingt mit den Veränderungen des Zeitpunkts der biologischen Zäsuren der Geschlechtsreife und des Wachstums zusammen. Diese biologischen Zäsuren sind zweifellos stets ein für die Jugendphase zentraler Einschnitt gewesen, wenn sie auch für eine Terminisierung des „Beginns" eines Jugendalters nicht geeignet sind. Anhand der Darstellung des Wandels des Datums, der Einschätzung und der sozialen Bedeutung der Pubertät läßt sich u.a. zeigen, daß unser Jugendbegriff, der seinen bestimmten sozialen und historischen Ort hat, als überzeitlich gültiges Erklärungsmodell im Rahmen einer geschichtswissenschaftlichen Analyse des Lebenszyklus und der Alterszäsuren der Jugendphase nicht angewendet werden kann.

Die geisteswissenschaftliche Jugendpsychologie hat zweifellos „den Schock, das abrupte Einbrechen des Sexuellen, das plötzliche Auftreten einer ‚neuen Welt' dramatisiert".[1] Trotzdem kann man annehmen, daß der Eintritt der Geschlechtsreife im individuellen Lebenszyklus der Menschen auch dort Bedeutung besaß, wo in der historischen Realität dieser Einschnitt als soziale Zäsur nur eine marginale oder gar keine Rolle spielte.

Es ist ein für die europäische Sozialgeschichte charakteristisches Phänomen, daß der Beginn der sexuellen Reife nicht das alleinige und entscheidende Legitimationskriterium für die Zeugung von Kindern war. Der Eintritt der Geschlechtsreife und die volle Anerkennung als Erwachsener — die zumindest in Mittel- und Westeuropa Voraussetzung für Verlobung bzw. Eheschließung war — liegen zeitlich häufig sehr weit auseinander. Verlobung und Heirat liegen hier — im Gegensatz zu Ost- und Südeuropa, wo Geschlechtsreife und Eheschließung — zeitlich am Ende eines breiten Spektrums sozialer Zäsuren der Anerkennung und Berechtigung. Große Unterschiede in der altersmäßigen Terminisierung gesellschaftlicher Berechtigungen finden sich in der europäischen Sozialgeschichte nicht nur in den verschiedenen Regionen, sondern auch in den unterschiedlichen sozialen Milieus. So war das Leben eines jungen Adeligen durch andere Zäsuren der Berechtigung und Verpflichtung strukturiert als das eines Handwerkers oder das eines Bauern. Altersklassen und Altersgrenzen und die auf sie aufbauenden sozialen Rollen-, Status-, Positionsverteilungen und Legitimationen waren jedenfalls in Europa nicht überwiegend an den biologischen Zäsuren der sexuellen Reifung orientiert; sie ergaben sich aus den sozialen Strukturen, richteten sich nach ökonomischen, sozialen, politischen und ökologischen Gegebenheiten und machten mit diesen einen historischen Wandel durch.[2]

In der vorliegenden Studie werden Zeitpunkt und Wandel des Termins der Geschlechtsreife in den unterschiedlichen Milieus und Regionen im historischen Prozeß verfolgt und die Theorien gesichtet, die zur Erklärung der Unterschiede bzw. des Wandels im Geschlechtsreifealter entworfen wurden.

Das Reizvolle, aber auch das Schwierige an dieser Arbeit war es, als Historiker in eine Diskussion einzusteigen, die bislang von einer kleinen Gruppe von Gynäkologen, Pädiatern, Biologen und Anthropologen geführt wurde. In den letzten Jahren beginnt sich diese Diskussion auf geisteswissenschaftliche Disziplinen auszuweiten und gewinnt zunehmend auch für eine kulturanthropologisch, sozialgeschichtlich und demographisch orientierte Geschichts- und Sozialwissenschaft an Bedeutung. Für eine Geschichtsschreibung, die den Alltag der Menschen in den Blick faßt, sind Themen wie Sexualität, Lebenszyklus, Körper und Körperlichkeit, Gesundheit, Krankheit und Tod von wachsendem Interesse.[3]

Ein Hauptproblem der hier behandelten Thematik liegt in der Frage nach dem Verhältnis von Biologischem und Gesellschaftlichem, die die gesamte neue sozialanthropologische Diskussion beherrscht. Diese Diskussion kann hier nicht in extenso entfaltet werden; wichtig erscheint mir jedoch der Hinweis auf den aus zahlreichen neueren anthropologischen Detailuntersuchungen resultierenden Befund einer starken, in der Menschheitsgeschichte exponential zunehmenden gesellschaftlichen Prägung, die sich nicht nur auf die traditionell unter dem Begriff des Sozialen subsumierte Sphäre beschränkt, sondern alle Aspekte menschlicher Existenz umfaßt. Der Mensch verwirklicht sich in einer zunehmend gesellschaftlich geprägten Umwelt als „biosoziales Wesen"[4] und paßt sich dabei „nicht mehr in passiver biologischer Evolution der Umwelt, sondern in aktiver gesellschaftlicher Entwicklung die Umwelt an",[5] die auch dadurch immer mehr zur gesellschaftlichen Umwelt wird. Das Kennzeichnende dieser Entwicklung hinsichtlich des Menarchealters besteht nach H. Grimm darin, daß heute soziale Faktoren „die Wirkung . . . der natürlichen Umweltfaktoren . . . überspielen".[6] Grimm belegt diesen Schluß u.a. mit dem Vergleich eines Kartogramms von B. Skerlj aus dem Jahr 1931 mit eigenen neuen Daten: „Als Skerlj 1931 ein Kartogramm von der Menarche in Europa zeichnete, sah es noch so aus, als könne er die frühe Regelblutung der Mädchen in Nordwest- und Südeuropa mit der ‚Ozeanität', die späte Regelblutung der Mädchen in Nord- und Osteuropa mit der ‚Kontinentalität' des Klimas in Beziehung setzen. Ein 1966 veröffentlichtes, die neuen Menarchestatistiken berücksichtigendes Kartogramm läßt keine derartigen Beziehungen mehr erkennen. Die zunehmende Industrialisierung und Urbanisierung ursprünglich agrarischer Länder führt offenbar zu einer hohen Ähnlichkeit in der Menarche und läßt an andere Einflüsse (Ernährungsform, Wegfall intensiver körperlicher Anstrengung im Kindesalter usw.) denken".[7]

Wie man sieht, ist Interdisziplinarität bei diesem Thema nicht bloß ein modisches Schlagwort. Der Historiker braucht den Biologen, Genetiker und Mediziner, um die grundlegenden biologischen Komponenten des Wachstums- und Reifungsprozesses, aber auch, um alle offenen Fragen und Probleme kennenzulernen, die die differenzierten Formierungen des Biologischen im historisch-sozialen Feld betreffen, und deren Analyse das Wissen und die Methoden der Geschichts- und Sozialwissenschaften verlangt. Umgekehrt brauchen Mediziner und Biologen Hilfestellung durch den Historiker, um Informationen über schicht-, gruppen- und epochenspezifische Lebensverhältnisse zu erhalten, um so den Stellenwert, den Faktoren wie Ernährung, Arbeitsbelastung, psychosoziales Klima usw. als Bedingungsfaktoren für Unterschiede in Wachstum und Entwicklung haben, einschätzen zu können. Für den Historiker stellt sich außerdem die Aufgabe, medizinische und biologische Theorien über die Ursachen der Unterschiede in Wachstum und Entwicklung dort zu kritisieren, wo sie offensichtlich die Grenzen ihres Fach- und Kompetenzbereiches überschreiten und eine Argumentation verfolgen, bei der historische Kategorien und Prozesse auf ihre biologischen Komponenten reduziert werden.[8]

In jüngster Zeit hat es eine Reihe interessanter historischer Ansätze (vor allem aus dem Bereich der historischen Demographie) zu dem hier behandelten Themenfeld gegeben;[9] eine umfassende interdisziplinäre Aufarbeitung des Themenbereichs steht jedoch bisher noch aus. Insbesondere zur Beantwortung der Frage, inwieweit das psychosoziale Klima, soziale Normen und Erwartungen den Prozeß der Geschlechtsreife und den Termin der Menarche beeinflussen, gibt es bisher nur wenige und schlecht fundierte Hypothesen.

Die skizzierte Komplexität der Problemstellung bewirkte, daß ich mich bei der vorliegenden Arbeit z.T. auf das Referat vorläufiger Ergebnisse, auf die In-Frage-Stellung von Antworten, die Kritik von Theorien und die Stellung neuer Fragen beschränken mußte.

Quellen und Methoden

Für die letzten 200 Jahre läßt sich der Zeitpunkt, zu dem in den einzelnen europäischen Großräumen die Geschlechtsreife eintrat, anhand zahlreicher ärztlicher Aufzeichnungen und statistischer Erhebungen, die sich vor allem auf das Menarchealter beziehen, recht gut dokumentieren. Es gibt für diesen Zeitraum ein großes Datenreservoir zu diesem Thema, das jedoch mit den unterschiedlichsten Fragestellungen und Methoden gewonnen wurde, was eine vergleichende Sichtung schwierig und bisweilen unmöglich macht. Da das biologische Pubertätsgeschehen der Knaben durch keine so markante Zäsur, wie es die Menarche ist, geprägt wird – über den Zeitpunkt der ersten Spontanejakulation gibt es vergleichsweise nur sehr wenige Untersuchungen –, ist ein regionaler und sozialer Vergleich der sexuellen Reife beim männlichen Geschlecht im historischen Prozeß noch viel schwieriger. Die Dimension des Wandels des Geschlechtsreifetermins bekommt man bei Knaben am ehesten über Wachstumsdaten in den Griff, da zwischen Geschlechtsreife und Wachstumsverlauf gesetzmäßige Beziehungen bestehen. [10]

Die wissenschaftliche Literatur zwischen 1500 und 1800 ist hinsichtlich des Problems der Geschlechtsreife sehr spärlich und begnügt sich mit wenigen Ausnahmen, die weiter unten zitiert werden, damit, die Aussagen des klassischen Altertums schablonenhaft zu wiederholen, ohne im allgemeinen die Quellen ihrer Erkenntnis anzugeben.

Eine Näherungsmethode, um Zahlen für das Alter der Menarche zu erhalten, besteht im Feststellen des Heiratsalters, besser des Alters der Eheschließung. Da innerhalb des christlichen Kulturraumes eine Ehe nur geschlossen werden durfte, wenn beide Partner geschlechtsreif waren, kann das Alter bei der ersten Verehelichung einer Frau als Maximalalter für das Einsetzen der Menarche gewertet werden. Man muß dabei jedoch zwischen dem Heiratsversprechen, der Verlobung und der Heirat selbst unterscheiden, wobei für unseren Zusammenhang nur jenes Eheschließungsritual in Betracht kommt, das zur Aufnahme sexueller Beziehungen berechtigt. In der europäischen Sozialgeschichte war dies über weite regionale und zeitliche Bereiche nicht die Heirat, sondern die Verlobung.[11] Insbesondere im adeligen Milieu waren jedoch Verlobungen in jedem Lebensalter — also auch vor der Pubertät — möglich. Das Heirats- bzw. das Verlobungsalter der Frauen verrät wohl, daß sie zu diesem Zeitpunkt sexuel reif waren; es bleibt jedoch ungewiß, wie lange vorher sie schon reif waren. Diese Näherungsmethode zur Ermittlung des Maximalalters der Menarche ist, wenn man das ausgeprägt hohe Heiratsalter bei Frauen und Männern in der Geschichte Mittel- und Westeuropas (das „European marriage pattern")[12] im Auge behält, für diesen Raum weniger geeignet. Für Ost- und Südosteuropa, wo vor allem die Frauen bedeutend früher heirateten — so waren z.B. in Belgrad in den Jahren 1733/34 70 % aller Frauen der Altersklasse der 15- bis 19jährigen verheiratet oder verwitwet[13] —, lassen sich mit dieser Methode wenigstens Näherunswerte gewinnen.

Eine andere Näherungsmethode liefert ebenso unpräzise Resultate: Durch Abziehen des Alters der ältesten ansässigen Kinder von dem ihrer Mütter erhält man das Durchschnittsalter der ersten Empfängnis, damit aber Werte für das Maximalalter der Menarche. Bei dieser Methode bestehen jedenfalls für mittel- und westeuropäische Verhältnisse die eben genannten Probleme: das aus den späten Heiraten resultierende relativ hohe Alter der Erstgebärenden; die einzige Möglichkeit in diesem Zusammenhang ergäbe sich in einer Auswertung des Alters lediger erstgebärender Mütter. Außerdem muß mitbedacht werden, daß das Eintreten der Menarche bei der überwiegenden Zahl der Mädchen noch nicht bedeutet, daß sie auch bereits fruchtbar sind. Die sogenannte „Adoleszenten-" oder „Teenagersterilität" bewirkt, daß für eine Zeitspanne von einigen Jahren die Mehrzahl der menstruellen Zyklen — deren Länge im ersten Jahr nach der Menarche noch sehr stark variiert — noch ohne Folikelsprung bleibt.[14]

Im folgenden wird auf eine Reihe von Fehlern eingegangen, die bei den Menarcheuntersuchungen immer wieder vorkommen. Auf einen auch in neueren Arbeiten häufig vorkommenden Fehler wurde bereits mehrmals verwiesen (Malmio, 1919; Lenz, 1943; Backman, 1948):[15] Die Berechnung von Durchschnittszahlen ist nicht möglich, wenn ein Kollektiv hinsichtlich der zu untersuchenden Eigenschaften noch nicht fertig ist. Die gewonnenen Mittelzahlen werden in diesem Fall nicht nur zu niedrig ausfallen, die Werte werden von Fall zu Fall auch stark variieren. Das bedeutet für unsere Fragestellung, daß Berechnungen, die z.B. auf in Schulklassen durchgeführten Untersuchungen fußen, in statistischer Hinsicht unfertig sind, da noch nicht alle Mädchen menstruiert haben und man Angaben eben nur von denjenigen hat, bei denen die sexuelle Reife bereits eingetreten ist. Es werden daher Fälle früher Menarche bevorzugt und solche später Menarche vernachlässigt, und man gelangt daher zu einem zu niedrigen Durchschnittsalter. W. Lenz hat schon 1943 [16] betont, daß „Durchschnittswerte, die sich auf ein Material gründen, das erst z.T. menstruiert ist, . . . aus diesem Grunde für Vergleiche nicht brauchbar" sind. An diesem Fehler kranken zahlreiche, vor allem ältere Untersuchungen des Menarchealters; so die Arbeiten von E. Mirow, [17] H. Grimm,[18] S. Rosenfeld,[19] der 14- bis 18jährigen Wiener Mädchen untersuchte und ein niedrigeres Menarchealter als in früheren Zeiten fand und deshalb auf eine Vorverlegung des Geschlechtsreifealters schloß, K. Howe,[20] die anhand von Untersuchungen an 13- bis 30jährigen ein mittleres Menarchealter von 13,48 Jahren errechnete, E.T. Engle/M. C. Shelesnyak,[21] die für Schülerinnen der Public Schools einen Mittelwert von 13,16 Jahren berechneten, u.a. Alle diese Untersuchungen haben den Mangel, daß die befragten Kollektive hinsichtlich der erreichten Geschlechtsreife nicht homogen, d.h. im statistischen Sinn unfertig waren.

Ein anderer Fehler, der vor allem im Kontext eines historischen Vergleiches von Menarchealterwerten schwerwiegende Folgen hat, ergibt sich, wenn die untersuchten Kollektive (z.B. Jahrgang 1930 und Jahrgang 1960), die in einen Zeitvergleich gebracht werden, um Tendenzen des geschichtlichen Wandels zu ermitteln, sich auch noch hinsichtlich anderer wichtiger Aspekte (vor allem bezüglich der sozialen Stellung) unterscheiden. Da der „Akzelerationsprozeß" in den einzelnen sozialen Schichten unterschiedlich verlief, sind Vergleiche, die auf in verschiedenen sozialen Schichten gewonnenem Material beruhen, für die Beurteilung längerfristiger Veränderungsprozesse nicht sinnvoll. Für die Untersuchung des Komplexes unterschiedlicher Bedingungen, die den Zeitpunkt der Menarche beeinflussen, sind dagegen heterogene Kollektive, die in sich jeweils möglichst einheitlich sein sollten (Alter, soziale Schicht etc.), ein notwendiges Forschungsfeld.

Eine weitere Fehlerquelle kann sich daraus ergeben, daß es im einzelnen Fall nicht immer leicht zu bestimmen ist, ob eine spät einsetzende Menarche vielleicht pathologisch bedingt war. Je später die erste Menstruation eintritt, umso wahrscheinlich wird es auch sein, daß pathologische Momente eine gewisse Rolle gespielt haben. [22]

Eine andere statistische Fehlerquelle resultiert aus der in der Literatur hinsichtlich der Altersangaben oft sehr unpräzisen Begrifflichkeit und den in unterschiedlichen Bedeutungen gebrauchten Altersbeziehungen. So werden von einigen Autoren, vor allem in älterer Zeit, die Wendungen „mit n Jahren" und „im n-ten Jahr" in gleicher Bedeutung verwendet; dabei befindet sich jedoch die Gruppe, die n Jahre alt ist, in einem Alter zwischen n und n+1 Jahren. Diese Gruppe ist demnach in Durchschnitt n+0,5 Jahre alt. Dagegen ist die Gruppe, die sich „im n-ten Jahr" befindet, im Alter zwischen n-1 und n-Jahren, sodaß der durchschnittliche Alterswert dieser Gruppe n-0,5 Jahre beträgt. Der bei älteren Arbeiten in diesem Zusammenhang häufig vorkommende Fehler liegt darin, daß manche Autoren die Antwort auf die Frage, „wie alt waren Sie damals?", die fast durchwegs in der Angabe der abgeschlossenen Lebensjahre besteht, auf den Wert „im n-ten Jahr" umdeuteten; derartige Angaben müssen daher in der jeweiligen Richtung korrigiert werden. [23]

Ein weiteres Problem besteht vor allem bei einigen älteren ärztlichen Aufzeichnungen über das Menarchealter darin, daß der genaue Zeitpunkt der Untersuchung nicht angegeben wurde; da die Autoren nicht an die Möglichkeit einer säkularen Verschiebung des Termins der Geschlechtsreife dachten, hielten sie diese exakte Zeitangabe ihrer Untersuchungen häufig für unbedeutend.

Ebenso oft fehlen Aussagen über das Alter der Frauen zum Zeitpunkt der Befragung; diese Angaben sind wichtig, weil die Erinnerungsgenauigkeit in Bezug auf das Menarchealter mit wachsendem Alter abnimmt. [24]

Neben diesen letztgenannten statistischen gibt es eine Reihe von inhaltlichen Problemen im Kontext der Diskussion der Faktoren, die das Menarchealter und dessen Veränderungen in der Geschichte bestimmten, auf die unten eingegangen wird.

Das Alter der Geschlechtsreife in Europa im historischen Wandel

Von der Antike bis ins 18. Jahrhundert

Die erste systematische Behandlung des Lebenszyklus, der Altersphasen und -zäsuren manifestierte sich in der Geschichte Europas in der ethologischen Betrachtungsweise, die die Ordnungen und Stufengliederungen des Lebens im Makro- und Mikrokosmos untersuchte. In der griechischen Antike waren schon vor der Klassik Altersphasentheorien aufgestellt worden, die auch Begriffe und Kriterien für die Bewertung des Jugendalters enthielten. Die Anfänge der ethologischen Betrachtungsweise reichen bis in das 8. vorchristliche Jahrhundert zurück. Ausgehend von Hesiod und Homer, weiterentwickelt von Solon beeinflußte sie entscheidend Philosophie, Dichtung, Literatur und Medizin der Antike und prägte auch noch das Corpus Hippocraticum „Über das Alter". [25] Über die Antike hinaus wirkte der Ansatz der Ethologie auf die Moralphilosophie des Mittelalters und auf die bildende Kunst bis ins 19. Jahrhundert, und er ist, wenn auch in modifizierter Form, auch noch in den aktuellen Auffassungen von den Lebensphasen lebendig.

Die weittragendste Bedeutung unter den antiken Altersphasentheorien gewann die Heptomadentheorie, die die Lebensphasen in Analogie zu den Weltaltern sieht. Die Siebenzahl entsprach den Weltaltern des Hippokrates und gewann im Mittelalter auch religiöse Bezüge (7 Sakramente, 7 Horen des Stundengebetes, 7 Todsünden etc.). Das

Leben wird in 10 gleiche Abschnitte zu je 7 Jahren, deren Grenzen durch bestimmte charakteristische Merkmale markiert werden, eingeteilt:[26] Im siebenten Jahr verlieren die Kinder die ersten Zähne, mit 14 tritt die Pubertät ein, mit 21 Jahren beginnt der Bartwuchs, mit 28 Jahren erreicht der Mensch die vollen Körperkräfte, mit dem 35. Lebensalter kommt die Zeit der Heirat und des Kinderzeugens, mit 42 Jahren ist die Charakterbildung abgeschlossen, etc.[27] Die Mystik der Siebenzahl hat sich durch viele Jahrhunderte erhalten und andere Zahlensymbolsysteme beeinflußt.[28]

Im römischen Reich war die Volljährigkeit nach dem Gesetz an das Erreichen der Pubertät geknüpft. Weder das Adjektiv noch das Substantiv „pubes" bezogen sich ausschließlich oder vorzüglich auf physiologische Kriterien, wie dies bei dem Begriff „Pubertät" in der jüngeren medizinischen Literatur der Fall ist. Man verstand darunter das „Mannbarwerden", das „zum männlichen Alter Heranwachsen", das „in das Jünglingsalter Eintreten". Die Verwendung von „pubertas" in der lateinischen Literatur in Zusammenhang mit Zeitbegriffen – „pubertatis tempus" (Sueton), „annos pubertatis ingressus" (Valerius Maximus), „nondum pubertatem ingressus" (Tacitus), „annos pubertatis egressus" (Justinian), „in robustiorum gradum transiens pubertas" (Seneca) – verweist darauf, daß man mit dem Begriff nicht nur eine biologische Zäsur, sondern einen Prozeß (die Zeit des Mannbarwerdens) meinte.

Bei Gaius (Institutiones I, 196),[29] der sich auf Sabinus und Cassius beruft, heißt es über die Pubertät: „masculi autem cum puberes esse coeperint, tutela liberantur; puberem autem Sabinus quidem et Cassius coeterique nostri praeceptores eum esse putant, qui habitu corporis pubertatem ostendit, id est eum qui generare potest; . . . sed diversi auctores annis putant pubertatem aestimandam, id est eum puberem esse existimant, qui XIV explevit". Im letzten Satz wird angedeutet, daß bei anderen römischen Rechtsgelehrten, etwa bei Proculus und seiner Schule, der Zeitpunkt der Mündigkeit beim Mann formell an das vollendete 14., bei der Frau an das vollendete 12. Lebensjahr gebunden wurde – vermutlich weil auch im römischen Reich der Eintritt der Geschlechtsreife hinsichtlich des Alters differierte. Für Priscus sind sowohl die genannten formalen Zäsuren als auch die Reproduktionsfähigkeit Bedingungen der Volljährigkeit. Auch in den „Institutiones" Kaiser Justinians wurde die Volljährigkeit des Mannes und der Frau mit dem erreichten 14. bzw. 12. Lebensjahr festgelegt und wie folgt begründet: „et ideo nostra constitutione promulgata, pubertatem in masculis post decimum quartum annum completum illico initium accipere disposuimus, antiquitatis normam in foeminis bene positam, in suo ordine relinquentes, ut post duodecim annos completos, viri potentes esse credantur".[30]

Das Kanonische Recht orientierte sich hinsichtlich der das Ehefähigkeitsalter betreffenden Bestimmungen am Römischen Recht, und noch in den Vorschriften des Trientiner Konzils (art. 75) (1545 – 1563) scheint als Ehefähigkeitsalter das vollendete 14. Jahr beim Mann und das vollendete 12. Jahr bei der Frau auf.

Neben den Rechtsquellen gibt es auch eine Reihe von medizinischen Schriften, in denen die Frage nach dem Zeitpunkt der Geschlechtsreife behandelt wird. Soranus von Ephesus – er lebte Anfang des 2. Jh. n. Chr. in Rom – schreibt in seinem Werk „Gynaeciorum", daß die Menarche bei den meisten Mädchen um das 14. Lebensjahr einsetzt.[31] Rufus, ein Zeitgenosse des Soranus, bestätigt dessen Angaben. Galen (129 – 199 n. Chr.) hält in „De Sanitate Tuenda" (VI, 2, 16) ebenfalls das vollendete 14. Jahr als Beginn der Pubertät fest, ergänzt jedoch, daß die Geschlechtsreife bei einigen um ein Jahr oder mehr später einsetzt.[32] Oribasius – Leibarzt des Kaisers Julianus „Apostata" (331 – 363 n. Chr.) macht in „Eclogae Medicamentorum (132, 1) die differnziertesten Angaben über den Zeitpunkt der Menarche: Die Menses beginnen in der Mehrzahl der Fälle um das 14. Jahr, bei wenigen um das 13. oder 12. und bei vielen später als um das 14. Jahr.[33]

Die Angaben der Rechtsquellen und der medizinischen Quellen differieren hinsichtlich der Aussagen über das Menarchealter um etwa 2 Jahre – die Zäsur der Rechtsquellen liegt beim vollendeten 12., die der medizinischen um das vollendete 14. Lebensjahr; vermutlich orientierte sich die Angabe des Ehefähigkeitsalters in den Rechtsquellen an den beobachteten Fällen, in denen die Menarche sehr zeitig eintrat, vielleicht um die rechtliche Möglichkeit einer sehr zeitigen Verehelichung der Mädchen zu schaffen. Backman stellt in diesem Zusammenhang die Annahme zur Diskussion, daß das Römische Recht bei der Festlegung des 12. Jahres als Ehefähigkeitsalters die Pubertas incipiens bei der Frau gemeint habe. [34] Friedländer hat anhand statistischer Untersuchungen der Altersangaben alter römischer Inschriften ein durchschnittliches Heiratsalter der Frau von 16 Jahren ermittelt; Harkness, der sich auf ein noch größeres Material stützte, korrigierte diesen Wert um 2 Jahre nach oben, verwies aber zugleich auf eine Reihe von Fällen, wo die Eheschließung bei Mädchen schon im Kindesalter erfolgte. [35]

Spärliche Hinweise in den Quellen lassen darauf schließen, daß die Pubertät bei den Germanen später eintrat. So heißt es etwa bei Tacitus: ,,sera iuvenum venus, eoque inexhausta pubertas; nec virgines festinantur". [36]

Für das Mittelalter gibt es eine Reihe von Quellen, die das Alter der sexuellen Reife der Mädchen mit 13 und 14 und in einem Fall mit 15 Jahren angeben.[37] Die ersten beiden Quellen sind byzantinischer Herkunft. Im 6. Jahrhundert schreibt Aetius, Leibarzt Kaiser Justinians I., in ,,Tetrabiblos", XVI: Die Menses treten bei Frauen um das 14. Jahr auf, zusammen mit der Pubertät und dem Wachstum der Brüste.[38] Im nächsten Jahrhundert vermerkt Paulus Aegineta über den Zeitpunkt der Menarche: In der Mehrzahl der Fälle beginnen die Menses um das 14. Jahr, in einigen Fällen früher, während des 13. oder 12. Jahres, und in vielen Fällen später als um das 14. Jahr (,,Epitome", III, 60). [39] Aetius und Aegineta waren so tief in der griechisch-römischen Tradition verwurzelt, daß man annehmen kann, ihre Angaben beruhen eher auf dem Studium der klassischen Autoren als auf eigener Beobachtung.

Aus der Zeit zwischen dem 7. und dem 11. Jahrhundert sind keine Angaben über den Eintritt der Geschlechtsreife überliefert. Aus dem 11. Jahrhundert, der Blüte der medizinischen Schule von Salerno, gibt es eine Reihe medizinischer Schriften, von denen einige – verfaßt von Trotula, Platearius und Copho – auf das Menarchealter eingehen. Das erste Salernische Manuskript von einem (einer) gewissen „Trotula" handelt über „De Egritudinibus Mulierum". Dieses Manuskript enthält Altersangaben für die Menarche von 13 und 14 Jahren und eine Angabe mit 15 Jahren.[40] In „De Aegritudinum Curatione" (entstanden um 1160/70) gibt Platearius der Jüngere das Menarchealter mit 15 Jahren und das Menopausealter mit 60 Jahren an, wobei die Formulierung in der Quelle daraufschließen läßt, daß er mit diesen Altersangaben Grenzwerte meint („Retinentur [menstrua] autem quandoquidem secundum naturam ut in senectute, quandoquidem preter naturam ut a XV anno ausque ad LX").[41] Der Arzt Copho, ein Zeitgenosse des Platearius, schreibt in seinem Werk „Egritudines Tocius Corporis": Die Menses treten natürlicherweise nicht vor dem 12. und nicht nach dem 50. Lebensjahr auf („Menstrua deficiunt naturaliter a XII anno infra et a quinquagesimo in antea").[42]

Hildegard von Bingen (1098 – 1179), die erste medizinische Schriftstellerin Deutschlands, setzt in ihren „Causae et Curae" den Zeitraum der Reifung der Mädchen zwischen dem vollendeten 12. und dem 15. Lebensjahr an, ohne jedoch genauere Angaben über die Menarche zu machen.[43] Gilbertus Anglicus verfaßte um 1230/40 ein Kompendium des medizinischen Wissens seiner Zeit („Compendium Medizinae"), in dem er das Menstruationsalter mit dem 12. und dem 50. Lebensjahr begrenzt. („Naturaliter retinentur menstrua infra XII annos et ultra L"),[44] was darauf schließen läßt, daß er sich auf überlieferte Schriften stützt. Bartholomaeus Anglicus schreibt in „De rerum proprietatibus" (ca. 1240), daß die Menses zwischen dem 14. und dem 50. Jahr auftreten.[45] In „De Secretis Mulierum" schreibt Albertus Magnus (1200 bis 1280), daß die Menstruation ab dem 13. Lebensjahr auftritt.[46] Thomas von Aquin setzt in „Summa Theologica" das Pubertätsalter bei Mädchen um das 12. Jahr an; bei manchen trete die Menarche früher, bei anderen später ein, je nach ihrer Veranlagung („. . . puellae vero circa duodecimum qui dicuntur anni pubertatis. In quibusdam tamen anticipatur, et in quibusdam tardatur, secundum diversam dipositionem naturae.").[47]

In „Commentum in Quatuor Libros Sententiarum Magistri Petri Lombardi" macht Thomas die gleiche Aussage, wonach ein Mädchen mit 12 Jahren die Fortpflanzungsfähigkeit erreicht, und fügt hinzu, daß dies bei Knaben erst mit 14 Jahren der Fall ist („. . . in fine secundi septennii, ut Philosophus [i.e. Aristoteles] dicit in IX de Animalibus").[48] Insbesondere der zuletzt zitierte Passus zeigt, daß Thomas von Aquin seine Aussagen über die Geschlechtsreife nicht auf der Grundlage eigener Beobachtungen machte; der Autor ist hinsichtlich dieses Themas wohl mehr Bewahrer einer Tradition als eigenständiger Forscher.

John of Gaddesden 14. Jahrhundert schreibt in „Rosa Medicinae", daß die Menarche zwischen dem 12. und dem 14. Jahr eintritt; die Menses dauern seinen Aussagen gemäß bis ins 50. Lebensjahr, setzen jedoch in einigen Fällen bereits vorher — mit 35, 40 oder 45 Jahren — aus („Naturaliter retinentur usque ad XII annos vel XIC & post L annos licet & aliqui citius sistantur sed alii in XXXV anno alii in XL anno alii in XLV secundum diversis dispositionis mulierum.").[49] In seinem Werk „Das Frauenbüchlein" (verfaßt Anfang des 15. Jahrhunderts) schreibt Ortloff von Bayern: „Passio matricis heißt zu deutsch eine Sucht der Gebärmutter und kommt den Frauen, so sie über 12 Jahre sind und währt zu 40 Jahren oder zu fünfzigen".[50] Vergleicht man die Altersangaben in den zitierten mittelalterlichen Quellen, so fällt auf, daß die Aussagen über das Menarchealter in den nördlicheren Regionen Europas sich von denen, die den mediterranen Raum betreffen, nicht unterscheiden. Es ist nun sehr schwer zu entscheiden, ob es sich bei den zitierten Quellen um Zitate nach antiken Autoren oder um eigenständige Forschungs- und Beobachtungsergebnisse handelt. Die Aussagen der Quellen sind jedoch zum Teil so differenziert — ohne Verweis auf die Heptomaden- oder andere Altersstufentheorien —, daß man geneigt ist, ihren Angaben Glauben zu schenken. Mit Ausnahme der wenigen Angaben, die das 15. Lebensjahr als Menarchealter nennen, findet sich in den Quellen kein Hinweis auf eine Verzögerung des Eintritts der ersten Menstruation, wie sie in den Aussagen des 17. und 18. Jahrhunderts begegnet.

Zwischen 1500 und 1800 bleibt die wissenschaftliche Literatur in Bezug auf das Alter der Geschlechtsreife mit wenigen Ausnahmen bei den Aussagen des klassischen Altertums, die stereotyp wiederholt und nicht auf ihre Richtigkeit überprüft werden. Mecatus (1588), Columbus (1598), Forestus (1634), Sennertus (1649), Sylvius (1671), Pechlin (1691), Friend (1720), Junckerus (1734) behaupten durchwegs, daß die Menarche mit 14 Jahren einsetze.[51] Piron (1580), Pare (1628), Hildanus (1646), Astruc (1769) geben an, daß die Menses mit 14 und 15 Jahren zum ersten Mal auftreten oder sogar erst mit 15 und 16 Jahren, wenn man den Angaben von Primerose (1655) Glauben schenkt („sed menstruales illae esse debent, quae puberes sunt decimoquinto, aut decomosexto aetatis anno") – vielleicht meint der Autor jedoch nicht das vollendete, sondern das begonnene 15. oder 16. Lebensjahr.[52] Eine Auffassung, die in der Literatur lange nachwirkte und die noch in der aktuellen Diskussion eine Rolle spielt, erstmals explizit vertreten von Sylvius (1671), meint, daß die Menses in wärmeren Regionen früher einsetzen als in kälteren. Die Bemerkung Buffons (1798), daß überall in Europa die Mädchen mit 12 und die Knaben mit 14 Jahren reif werden, orientiert sich wohl an den Aussagen des Römischen und des Kanonischen Rechts; im folgenden heißt es jedoch bei Buffon: „. . . mais dans les provinces du Nord et dans les campagnes a peines les filles le sont-elles a quatorze et les garcons a seize".[53] Wie man sieht, zeigt ein Teil der hier zitierten Quellen im Vergleich mit den Angaben der Antike und des Mittelalters eine „Verzögerung" der Menarche. Dort, wo die Autoren weiterhin das 14. Lebensjahr als Menarchealter angeben, bleiben die Aussagen fast durchwegs im Topos der Heptomadenlehre: Forestus, Sennertus, Friend, Junckerus u.a. betonen alle die Bedeutung der Siebenzahl – „secundum septenarium" für die Menarche und „septimum septenarium" für die Menopause.[54]

Eine für die Problemstellung der vorliegenden Arbeit wichtige Mitteilung findet sich bei Guarinonius (1610), der sich über die Pubertät der ländlichen Bevölkerung Deutschlands wie folgt äußert: „. . . hernach aber theils im 14. theils im 17. verkehren die Menschen die Stimme in ein grobere, dit Hitz nimbt zu, die Mägdlein bekommen ihre Blumen . . . Im 20. Jahr werden die Jüngling starck, rauch umb das Maul und Leib, die Mägdlein frucht- und mannbar . . . Zu guter Kundschaft sehen wir, daß die Bawren Mägdlein in hiesiger Landschaft wie auch allenthalben vil langsamer als die Burgers oder Edelleuth Töchter und selten vor dem 17. oder 18. oder auch 20.-igisten Jar zeitigen, darumben auch dise umb vil länger als die Burger und Edelleuth Kinder leben und nit so bald als die selben veralten."[55] Dieser Passus bei Guarionius ist in doppelter Hinsicht interessant. Er enthält einerseits den Hinweis, daß die Geschlechtsreife zu Beginn des 17. Jahrhunderts mehrere Jahre später eintrat, als dies nach den Angaben der Schriftsteller und Ärzte der Antike und des Mittelalters der Fall war; andererseits wird auf den standesspezifischen Unterschied im Termin der Geschlechtsreife verwiesen. Marschall hat 1791 diese Feststellung von Guarinonius wiederholt, ohne auf ihn Bezug zu nehmen, und auch Buffon (1798) betont, daß die Kinder aus dem Adel und dem reichen Bürgertum zwei bis drei Jahre früher reif werden als die Kinder der Armen und die Landkinder.[56]

Vom 19. Jahrhundert bis zur Gegenwart

Seit dem Beginn des 19. Jahrhunderts gibt eine wachsende Zahl ärztlicher Beobachtungen und statistischer Untersuchungen — auf der Basis immer größerer Stichproben — Auskunft über das Alter der Mädchen bei der ersten Menstruation. Diese Untersuchungen sind jedoch in mehrfacher Hinsicht äußerst unpräzise. Sie geben fast durchwegs keine Auskunft über den exakten Zeitpunkt der Befragung; da sie nicht an die Möglichkeit einer säkularen Veränderung des Pubertätsalters dachten, hielten sie eine genaue Datierung ihres Materials nicht für notwendig. Außerdem sind die Daten nur in wenigen Fällen schichtspezifisch aufgeschlüsselt, und auch das genaue Alter der Frauen zum Zeitpunkt der Untersuchung wurde meist nicht erhoben. Da die meisten dieser Untersuchungen in Spitälern durchgeführt wurden und diese vor allem von den unteren sozialen Schichten in Anspruch genommen wurden, sind die Ergebnisse bei aller gebotenen Vorsicht und Kritik einigermaßen vergleichbar.[57]

A. Brierre de Boismont, der in den Dreißiger- und zu Beginn der Vierzigerjahre des 19. Jahrhunderts in Frankreich (auf dem Land, in den Städten und in Paris) das Menarchealter auch im Hinblick auf schichtspezifische Unterschiede zu erfassen suchte, kam dabei zu den folgenden Ergebnissen (vgl. Tabellen 6 – 12): Das durchschnittliche Menarchealter bei Frauen aller sozialen Schichten und Regionen (davon etwa 2/3 aus Paris) fand er bei 15,26 Jahren (Tabelle 11). Frauen aus den ländlichen Regionen Frankreichs menstruierten im Durchschnitt das erste Mal im Alter von 15,35 Jahren (Tabelle 12). Bei Frauen aus den Städten Nord- und Mittelfrankreichs fand Brierre de Boismont ein durchschnittliches Menarchealter von 15,27 Jahren (Tabelle 10). Frauen aus den wenig begüterten Schichten menstruierten erstmals mit einem mittleren Alter von 15,32 Jahren (Tabelle 8); dagegen Frauen aus Adel und Großbürgertum bereits mit 14,16 Jahren (Tabelle 9).[58]

Für England stammen die genauesten Angaben von Whitehead aus dem Jahr 1820, der für Arbeiterinnen in Manchester ein durchschnittliches Menarchealter von 15,7 Jahren und für Mädchen aus dem Bürgertum einen Wert von 14,6 Jahren ermittelte.[59] J. Roberton hat für Frauen aus Manchester in einer schichtspezifisch nicht aufgeschlüsselten Untersuchung aus dem Jahr 1832 ebenfalls ein durchschnittliches Menarchealter von 15,7 Jahren ermittelt (Tabelle 2).

In Deutschland hat F. B. Osiander Ende des 18. Jahrhunderts für Frauen aus Göttingen ein durchschnittliches Menarchealter von 16,58 Jahren ermittelt – ohne jedoch Auskunft über die soziale Zugehörigkeit der befragten Frauen zu geben (Tabelle 1). In den Fünfzigerjahren des 19. Jahrhunderts hat F. Szukits eine ausführliche Arbeit über die Menstruation in Österreich erstellt, worin er das mittlere Alter bei der ersten Menstruation bei in Wien geborenen Frauen der unteren sozialen Schichten mit 16,01 Jahren angibt (Tabelle 14). Bei 136 Frauen der mittleren Bürgerklasse fand Szukits ein durchschnittliches Menarchealter von 15,69 Jahren, bei 730

Handarbeiterinnen eines von 16,16 Jahren, bei 1207 Mägden eines von 16,76 Jahren und bei 202 Taglöhnerinnen eines von 16,80 Jahren.[60] Nach den Angaben von Mayer, der in den Sechzigerjahren des 19. Jahrhunderts in Berlin das Menarchealter von 6000 Frauen erfragte, erfolgte der Eintritt der ersten Menstruation bei „Frauen höheren Standes":

mit 13 Jahren bei	352 Frauen	11,73 %
mit 14 Jahren bei	717 Frauen	23,80 %
mit 15 Jahren bei	685 Frauen	22,83 %
mit 16 Jahren bei	423 Frauen	14,10 %
mit 17 Jahren bei	288 Frauen	9,60 %

Für die 3000 befragten Frauen dieser sozialen Gruppe wurde ein durchschnittliches Menarchealter von 15,19 Jahren ermittelt.

Bei „Frauen niederen Standes" erfolgte die Menarche nach den Angaben Mayers

mit 13 Jahren bei	212 Frauen	7,07 %
mit 14 Jahren bei	400 Frauen	13,33 %
mit 15 Jahren bei	437 Frauen	14,57 %
mit 16 Jahren bei	496 Frauen	16,53 %
mit 17 Jahren bei	400 Frauen	13,33 %

Für die 3000 befragten Frauen dieser sozialen Gruppe fand Mayer ein mittleres Alter der ersten Menstruation bei 16,05 Jahren.[61]

Eine umfangreiche schichtspezifisch leider nur wenig aufgeschlüsselte Statistik über das Menarchealter in Berlin hat R. Schaeffer (1908) erstellt. Nach seinen aus 10.500 Fällen ermittelten Angaben menstruierten die Berlinerinnen erstmals in einem durchschnittlichen Alter von 16,2 Jahren. In einer weiteren Tabelle macht Schaeffer Angaben über das Menarchealter „bei den höheren Ständen" und kommt dabei anhand einer Stichprobe von 1801 Fällen auf ein durchschnittliches Menarchealter von 14,3 Jahren − also zwei Jahre niedriger als bei Mädchen aus „den untersten Ständen". Ähnlich wie bei den Angaben von Bierre de Boismont zeigt sich auch hier, daß in der

sozial homogeneren Gruppe von Probandinnen die Menarche altersmäßig weniger streut (die Standardabweichung beträgt hier nur 1,7, während sie bei der Gesamtgruppe mit 2,1 um einiges höher liegt)[62] (Vgl. Tabelle 16 und 17).
Für die Niederlande fand Bolk (1926) anhand einer schichtspezifisch unaufgeschlüsselten Stichprobe von 1800 Frauen („Personen in Städten wohnhaft und der sozialen Mittelklasse zugehörig") ein durchschnittliches Menarchealter von 14,25 Jahren. Bei einer Gruppe von 140 Fabriksarbeiterinnen aus einem kleinen Industriestädtchen im nordöstlichen Teil Hollands ermittelte derselbe Autor ein durchschnittliches Menarchealter von 15,5 Jahren (beide Angaben wurden mit + 0,5 korrigiert).[63] Der Eintritt der ersten Menstruation erfolgte in dieser Gruppe:

Alter	Anzahl der Frauen	
	absolut	in %
11	1	0,71
12	10	7,14
13	23	16,43
14	28	20,00
15	24	17,14
16	23	16,43
17	15	10,71
18	9	6,43
19	5	3,57
20	2	1,43

Durchschnittliches Menarchealter:		15,014 Jahre
korrigiert	+	0,500
		15,514 Jahre
Standardabweichung		2,11

In Leipzig ergab sich im Jahr 1934 das folgende Bild: Von den Volksschülerinnen hatten im Alter von 13 Jahren mehr als die Hälfte (55 %) bereits einmal menstruiert, in den höheren Schulen sogar fast 80 %. Menstruiert hatten mit

11	12	12,5	13	13,5	14	16 Jahren
2 %	14 %	48 %	78 %	84 %	98 %	99 %

In den letzten 100 Jahren hat sich das Menarchealter – und auch der Längenwachstumsschub – kontinuierlich vorverlegt. Dieser Trend zeigt sich an Mittelwerten, die meist an schichtspezifisch nicht aufgeschlüsseltem Material gewonnen wurden. Es ist eine Entwicklung, die sich bei genauerer Hinsicht wohl in allen Schichten feststellen läßt, die sich aber ganz besonders deutlich an den sozial und ökonomisch schlechter gestellten Bevölkerungsgruppen zeigt. In Deutschland ist seit 1870 eine fortschreitende Vorverlegung des Menarchalters zu beobachten. Gaston Backman hat errechnet, daß zwischen 1870 und 1920 dieser Trend mit einer Geschwindigkeit von durchschnittlich 1,6 Jahren in 100 Jahren bei einer maximalen Geschwindigkeit von 2,7 Jahren voranschritt.[64] L. Bolk (1926) untersuchte an einer nach Schichtzugehörigkeit nicht differenzierten Gruppe von Müttern und Töchtern in den Niederlanden diesen „Akzelerationsprozeß" in dem oben angegebenen Zeitraum und fand, daß die Menarche bei der jüngeren Generation durchschnittlich um 14,5 Monate früher eintrat als bei der Generation der Mütter.[65] Diese Vorverlagerung der Geschlechtsreifeentwicklung wurde in einer Reihe von Forschungen auch an Gewichts- und Wachstumskurven nachgewiesen.[66] In den Zwanzigerjahren des 20. Jahrhunderts setzte eine Beschleunigung der Akzeleration der Menarche ein, die einer durchschnittlichen Geschwindigkeit von 6 Jahren in 100 Jahren entsprach.[67] Diese rasante Entwicklung verlangsamte sich seit den Fünfzigerjahren in den europäischen Ländern. Nach neuesten Angaben tritt die Menarche bei europäischen und amerikanischen weißen Mädchen im Durchschnitt zwischen dem vollendeten zwölften und dem dreizehnten Lebensjahr ein. Dieser Zeitpunkt variiert noch immer stark mit der sozialen Schichtzugehörigkeit – die fast durchwegs hinter geographischen und Stadt-Land-Unterschieden im Geschlechtsreifealter steht –, wobei die durch soziale Bedingungen bewirkten Unterschiede im Vergleich zum 18. und 19. Jahrhundert kleiner geworden sind.

So ergaben Untersuchungen des Menarchealters in den letzten 30 Jahren in Europa, die die Probanden unterschiedlichen sozioökonomischen Lagen zuordneten, geringfügige bis gravierende Unterschiede im Entwicklungstempo. In Schweden (1976) zeigten sich keine Unterschiede — das durchschnittliche Menarchealter liegt bei 13,1 Jahren, in den Niederlanden (1966) setzte die Menarche bei Mädchen aus den oberen Sozialschichten etwa 3,5 Monate früher, in Polen (1970) etwa 7 Monate früher, in Italien (1972) 9,5 Monate früher und in Jugoslawien (1956) etwa 11 Monate früher ein. In Ländern, in denen die sozialen Unterschiede größer sind, liegt auch das Menarchealter weit auseinander: In Ägypten (1978) tritt die Geschlechtsreife bei Mädchen, die einer höheren Sozialschicht angehören, um fast 16 Monate früher ein als bei Mädchen aus den unteren Sozialschichten, in Südindien (1977) liegt dieser Unterschied bei 15,5 Monaten und in Somalia (1973/75) bei 20,5 Monaten. [68] Internationale Forschungen zum Menarchealter zeigen, daß überall dort, wo die Lebensverhältnisse unverändert blieben, eine Akzeleration der Geschlechtsreife nicht stattgefunden hat.

Eine interessante Entwicklung zeichnet sich in den letzten Jahren in Ländern ab, in denen die Lebensverhältnisse, deren Unterschiedlichkeit in der Vergangenheit die Differenzen in der körperlichen Entwicklung bewirkten (Ernährung, Arbeitsbelastung, Schlafdauer etc.), sich angeglichen haben und die Zugehörigkeit zu einer höheren oder niedrigeren sozialen Schicht sich in anderen Faktoren ausdrückt. Nach den Untersuchungen von Brundtland et al. (1980) in Norwegen setzt die Menarche bei Mädchen, die einen höheren sozio-ökonomischen Status aufweisen, um etwa 4 Monate später ein als bei Mädchen mit einem niedrigeren Status. Die verursachenden Faktoren für diese Unterschiede, die sich in einem ähnlichen Ausmaß auch in den Forschungen von Jenicek und Demirjian (1974) über kanadische Mädchen zeigen, sind wahrscheinlich im psychosozialen Klima zu suchen.

Die Vorverlagerung des Geschlechtsreifealters wurde historisch von Prozessen begleitet, in denen sich Wachstumsgeschwindigkeit und Endkörpergrößenwerte veränderten. J. Villerme hat schon im Jahr 1829 die Beziehung zwischen Wachstum und sozialer Zugehörigkeit festgestellt. „La taille des hommes devient d'autant plus haute, et leur croissance s'achève d'autant plus vite que, toutes choses étant égales d'ailleurs, le pays est plus riche, l'aisance plus générale: que le logement, les vêtements et surtout la nourriture sont meilleurs, et que les peines, les fatigues, les privations éprouvées dans l'enfance et la jeunesse sont moins grandes." [69] Quetelet (1871) konstatierte, daß Körpergröße und Körpergewicht bei Kindern aus den unteren sozialen Schichten geringer als bei Kindern aus der Oberschicht sind. Die Untersuchungen des Englischen Anthropometrischen Komitees (1879) über das Kinderwachstum präzisierten dieses Wissen. Sie ergaben, daß sich Arbeiter- und Handwerkerkinder von 8 Jahren an langsamer entwickeln. Die statistische Bearbeitung dieser Resultate durch Galton führte u.a. zu dem Ergebnis, daß die Pubertätsbeschleunigung bei den der Oberschicht angehörenden Knaben größer ist als bei den Knaben aus der Unterschicht. Die Erkenntnis des engen Zusammenhangs zwischen Wachstums- und Reifeentwicklung und deren Abhängigkeit von der sozialen Zugehörigkeit gibt die Möglichkeit, von einem Merkmal auf das andere zu schließen, wo die Quellen historisch nur über eines Auskunft geben. In diesem Zusammenhang ist vor allem auf die Arbeiten von Kiil (1939) zu verweisen, der alte Stammrollen, vor allem aus Stryn Company, Nordfjord, Norwegen (1795), analysierte. Kiil hat aus der Untersuchung dieses außergewöhnlichen Materials, das Angaben über das Alter und die Körperlänge der Soldaten enthält, Wachstumsgeschwindigkeitskurven konstruiert. Er kommt zu dem Ergebnis, daß die maximale Geschwindigkeit des Wachstums 1795 etwa drei Jahre später einsetzte als jetzt; daraus schließt er weiter, daß ,,among the Norwegian peasant boys of a hundred years ago sexual maturity on the average must have been reached nearer the age of 18". [70]

Theorien über die Ursachen des Wandels des Termins der Geschlechtsreife

Die Ernährungsthese — Der Einfluß der Ernährung auf Wachstum und Entwicklung

Die Ernährung wird von zahlreichen Wissenschaftern als ausschlaggebender Faktor für den Zeitpunkt des Einsetzens der sexuellen Reifung und des Wachstums angesehen. Bei der Auswirkung der sozialen Lage auf Wachstum und Entwicklung ist zweifellos zuerst an den Einfluß der Ernährung zu denken. Diese durch eine Reihe von Arbeiten in den letzten Jahrzehnten gut belegte These möchte ich zunächst in ihrer allgemeinen Problematik und im folgenden ausführlich anhand von Daten aus der Ernährungsgeschichte darstellen.

Die späte Geschlechtsreife der Bauernmädchen im Vergleich zu den Töchtern der städtischen Bürger und Edelleute hatte bereits 1610 Hippolitus Guarinonius in seinem Buch „Die Greuel der Verwüstung menschlichen Geschlechts" auf die Unterschiede in der Ernährung zurückgeführt: „Ursach, daß die Inwohner der Stätten, mehreres den gaylen Speisen und Trank ergeben, darnach auch ihre Leiber zart, weich und gayl, und gar zu bald zeitig werden, nicht anderst als ein Baum, welches man zu fast begeust, sein Frucht zwar bälder als die anderen zeitigt, aber nit so vollkommen".

Vor allem W. Lenz hat die „Ernährungsthese" seit den vierziger Jahren in einer Reihe von Arbeiten vertreten und differenziert. Er sieht in der Ernährung den einzigen „faßbaren Faktor, der das menschliche Wachstum nachweisbar beeinflußt und der sich in den vergangenen Jahrzehnten im Säuglings- und Kleinkindesalter radikal verändert hat".[71] In allen Ländern, in denen eine Zunahme der Körperhöhe und eine Vorverlegung der Geschlechtsreife beobachtet worden ist, ist mindestens seit der zweiten Hälfte des 19. Jahrhunderts das Pro-Kopf-Einkommen stetig angestiegen. Diesem Einkommensanstieg -- der zweifellos in den einzelnen Sozialschichten in unterschiedlicher Stärke und mit Phasenverschiebungen zum Tragen kam -- entspricht ein steigender Verbrauch von Fleisch und Fett, von Zucker, Obst und Gemüse, während der Verbrauch von Brot und Kartoffeln gleichzeitig zurückgeht.

Die Ernährung verbesserte sich im frühen 19. Jahrhundert zunächst in drei Richtungen: Ausdehnung der Brotnahrung, Aufbesserung des Speisezettels durch die Kartoffel und mehr Fleischnahrung. Aber auch Zucker, Kaffee und Branntwein bereicherten die Speisekarte. Zur Vergrößerung des Nahrungsspielraums war es einerseits durch Fortschritte in der Landwirtschaft gekommen; aber auch durch den Ausbau der Transportmöglichkeit für Massengüter und verderbliche Waren und durch die neuen Errungenschaften der Vorrats- und Lagerhaltung war das Nahrungsmittelangebot wesentlich gleichmäßiger und reichhaltiger in Zusammensetzung und Qualität geworden.[72]

Nach den Produktionsstatistiken und den erhaltenen Speiseplänen war die Massennahrung im 18. Jahrhundert weit einseitiger und viel stärker auf Getreide ausgerichtet als im 19. Jahrhundert. Zweifellos war die Grundlage der Ernährung das Getreide.[73]

Der Unterschied im Fleischverbrauch zwischen Stadt und Land war gewaltig. Verbrauchslisten für die größeren Städte und insbesondere für Wien belegen die großen Fleischmengen, die hier jährlich und pro Kopf der Einwohnerschaft verbraucht wurden. Für Wien kann man zu Beginn des 19. Jahrhunderts einen Fleischverbrauch von 80 bis 100 kg pro Person errechnen, während der Durchschnitt für ganz Cisleithanien zu dieser Zeit wahrscheinlich nicht viel über 15 kg gelegen sein mag. Deutlich niedriger war in den Städten der Fleischverbrauch der Arbeiter. Die Kost war sehr konjunkturanfällig, sodaß in Krisenzeiten Fleisch sehr rasch vom Speisezettel verschwand.[74]

Der vielzitierte Rückgang des Fleischverbrauchs vom Spätmittelalter — in dem er nach Schichten differenziert bis zu 100 kg pro Kopf betragen hat — bis zum 19. Jahrhundert war landschaftlich sehr verschieden. Es ist wahrscheinlich, daß die Vielzahl neuer Mehlspeisgerichte, die für die süddeutsch-österreichische Bauernküche in der Neuzeit charakteristisch wird, eine unmittelbare Folge der Fleischverknappung war.

Wenn man davon ausgeht, daß proteinreiche Ernährung für den Eintritt der sexuellen Reife eine beschleunigende Wirkung hat, dann scheint es durchaus plausibel, eine Verzögerung des Termins der Geschlechtsreife seit dem Spätmittelalter im Zusammenhang mit dem zitierten Rückgang des Fleischverbrauchs im selbigen Zeitraum zu sehen.

Fleischverbrauch in Deutschland je Kopf der Bevölkerung
in kg pro Jahr

1816	13,6	1913	50,3
1840	21,6	1925	44,9
1861	23,3	1930	50,4
1873	29,5	1936	51,7
1883	29,3	1957/58	55,2
1892	32,5	1960/61	59,7
1900	43,4	1965/66	67,2
1907	46,2	1970/71	79,6
		1971/72	80,2

Eine ähnliche Entwicklung ist für den Butter- und Margarineverbrauch feststellbar.[75] Der Verbrauch von Nahrungsmitteln je Kopf ist allerdings ein unzulänglicher Maßstab für die Ernährung, da sich die Altersstruktur der Bevölkerung verschoben hat und heute mehr Erwachsene, d.h. mehr Vollverbraucher, auf die gleiche Kopfzahl kommen.

Wie Lenz denkt auch I. Schwidetzky „bei der Deutung der sozialen Körperhöhenunterschiede ... zuerst an den Einfluß der Ernährung auf das Wachstum. Reichlichere Ernährung, insbesondere höherer Eiweißgehalt der Nahrung, fördert das Wachstum, und der Eiweißverzehr pro Kopf wächst mit dem Einkommen".[76] Damit dürfte es auch zusammenhängen, so Schwidetzky, daß sich die sozialen Unterschiede der Körperhöhe in den letzten Jahrzehnten vermindert haben; alle Schichten nehmen an der säkularen Körperhöhensteigerung teil, die Unterschichten aber stärker als die Oberschichten.

In der durch soziale Lage und Lebensstandard bedingten Ernährung findet sich ein wesentlicher Bedingungsfaktor der Stadt-Land-Unterschiede in Wachstum und Entwicklung. Kaiser (1930), der in Baden die Bauernkinder bis zu 6 cm kleiner und bis zu 5,9 kg leichter fand als die Kinder ländlich angesiedelter Industriearbeiter, führt zur Erklärung dieser Unterschiede die Meinung des seit Jahren in dem Untersuchungsgebiet tätigen Schularztes an: „Gerade die Kinder sind bei den Bauern unverkennbar schlechter ernährt als bei den Arbeitern, eine Wahrnehmung, die sich bei jeder Schuluntersuchung wieder aufdrängt. Insbesondere bekommen sie zu wenig

Milch, die meist verbuttert, verkauft oder den jungen Schweinen gefüttert wird, während die Kinder sich mit Suppen und dünner Kaffeebrühe behelfen müssen."[77]

R. Hauschild (1950) hat nach dem zweiten Weltkrieg eine um 1843 von Auswanderern aus dem Kaiserstuhlgebiet gegründete Siedlung in Venezuela besucht und dort anthropologische Untersuchungen angestellt, deren Ergebnisse sie mit denen gleichartiger Untersuchungen in den Heimatdörfern der Aussiedler verglich. Die Männer von Colonia Tovar waren diesen Forschungen zufolge mit 170,8 cm um 3,8 cm größer als die gegenwärtige Heimatbevölkerung am Kaiserstuhl.[78] Tovar ist eine weltabgeschiedene, rein bäuerliche Siedlung mit bedeutendem Wohlstand und reichlichem Fleisch- und Milchverbrauch. E. Heywang (1924) berichtet von der auffallend späten Geschlechtsreife der Landkinder im Elsaß und führt als Ursache ebenfalls die mangelhafte Ernährung an: Vollmilch und Butter seien für den Verkauf bestimmt, Magermilch für die eigenen Kinder. Die guten Feldfrüchte werden für den Markt ausgesucht, schlecht geratener Kohl, schlechte Rüben, schlechtes Kraut zum eigenen Verbrauch genommen. J. F. Dietz wies 1931 auf die späte Geschlechtsreife württembergischer Dorfkinder hin; Dietz nimmt als Ursache den geringen Fleisch-, Eier-, Butter- und Zuckerverbrauch an, der noch unter dem städtischer Arbeiterfamilien der gleichen Größe liegt.[79]

Lenz hat insbesondere die Bedeutung des Säuglingsalters hervorgehoben (1959 und 1962). Nach seiner Theorie wird die Akzeleration vom Hypophysenvorderlappen, zum Teil auch über die Hormone der Nebennierenrinde und der Schilddrüse geregelt. Die Ernährungshypothese wird durch Untersuchungen gestützt, die über verzögertes Wachstum − als Folge von Mangelernährung in der Kindheit − berichten, wodurch auch Geschlechtsreife und puberaler Entwicklungsschub hinausgezögert würden.[80] Für die Gültigkeit dieser Theorie von Lenz spricht auch, daß Zulagen von Eiweiß, insbesondere von Milch, das Wachstum durchschnittlich oder schlecht ernährter Kinder gesteigert haben.[81] Besonders aufschlußreich waren in diesem Zusammenhang die Ergebnisse in Kinderheimen, in denen nur ein Teil der Kinder zusätzlich Milch erhielt und stärker wuchs als die Vergleichsgruppe. Bei vorwiegend pflanzlicher Ernährung war das Wachstum geringer als bei milchreicher Nahrung mit gleicher Eiweiß-Kalorienzahl. Lenz führt das unzulängliche Wachstum bei hauptsächlich vegetarischer Kost auf den relativen Lysin-Mangel zurück.[82]

Lenz vertritt die Auffassung, daß Zulagen von Vitaminen keinen entscheidenden Einfluß auf das Wachstum nehmen. Im Gegensatz zu dieser Position führt Tanner den Unterschied im Wachstum, in der Krankheitsanfälligkeit und der Säuglingssterblichkeit, der auch heute noch zwischen den sozialen Schichten besteht, weniger auf eine in bezug auf Kalorien unterwertige Eiweißernährung der unteren Sozialschichten zurück, als auf einen günstigen Wechsel in der Zusammensetzung der Nahrungsmittel und einen erhöhten Konsum hochwertiger Einzelbestandteile, wie der Vitamine und der Spurenelemente. Vor allem den Vitaminen A, B_2 und B_6 kommt nach Tanner Bedeutung für Wachstum und Entwicklung zu.

Gegen die Lenzsche Ansicht, daß die allgemein verbesserte Ernährungslage Hauptursache der Akzeleration sei, wurde der – für die ländliche und den Großteil der städtischen Bevölkerung unberechtigte – Einwand erhoben, der Ernährungswandel sei um die Jahrhundertwende praktisch bereits vollzogen gewesen, während die Akzeleration zu diesem Zeitpunkt erst richtig eingesetzt habe. Dieser unschwer falsifizierbaren Behauptung hat J. Brock (1954) ein aus dem Tierreich abgeleitetes Phänomen der „Nachwirkung" entgegengesetzt: Wenn Rinder in verbesserte Nahrungsverhältnisse gebracht werden, dann erfahren sie durch mehrere Generationen eine ständige Größenzunahme durch Kumulation des Nahrungseffektes.[83]

Einen vieldiskutierten Versuch, die Ernährungshypothese zu differenzieren, hat in jüngster Zeit E. Ziegler (1966) unternommen. Er konstatiert „einen inneren Zusammenhang und keineswegs nur eine zufällige zeitliche Koinzidenz" zwischen dem säkularen Trend der Akzeleration und dem säkularen Trend des modernen Zuckerkonsums.[84] „Der Zucker" – so Ziegler – „beeinflußt direkt das hormonale Regulierungssystem des

Zuckerstoffwechsels. Auf diesem Wege führt er zu Stimulierung der Produktion des Insulins und seiner Antagonisten. Zu diesen gehört vor allem das somatotrope Hormon, das als Wachstumshormon, aber auch als diabetogener Faktor wirkt." (ebd.) Ziegler, der von einer „Pathogenese der Akzeleration" spricht, stellt eine Verbindung zwischen dem Trend des modernen Zuckerkonsums und „den modernen Wohlstandskrankheiten, die auf Entgleisungen des Stoffwechsels zurückzuführen sind", her.[85] Zu der negativen Wertung der Akzeleration als „Pathogenese" kommt Ziegler, indem er kurzerhand alle Probleme der heutigen Jugend – er spricht von „pädagogischen Schwierigkeiten"[86] – dem physischen Entwicklungswandel anlastet.

Zucker war ein typisches Produkt der Stadt, der Industrialisierung und der steigenden Lebensansprüche. Vom Spätmittelalter bis zur Industrialisierung war er ein für wenige erschwinglicher Luxusartikel gewesen. Vom Beginn des 19. Jahrhunderts an war Zucker sehr rasch billiger geworden. Waren um 1800 pro Person in Österreich nur etwa 0,4 kg Zucker im Jahr verbraucht worden, waren es 1860 bereits 3 kg, um 1880 6 kg um 1900 14 kg und um 1910 18 kg.[87]

In der aktuellen Diskussion über die Faktoren, die den Zeitpunkt des Einsetzens der sexuellen Reife, dessen soziale und regionale Streuung und Vorverlegung bedingen, wird der Ernährung die ausschlaggebendste Bedeutung zugewiesen. Insbesondere der Einfluß des Eiweißgehalts der Nahrung auf Wachstum, Reifung und Entwicklung wurde in letzter Zeit in einer Reihe von Arbeiten nachgewiesen.[88]

Verstärkt wird die Wirkung der Proteine auf die Pubertätsentwicklung nach Auffassung von Ziegler durch den seit 1800 rapid angestiegenen Zuckerkonsum. Zucker liefert, nach Ziegler, „jene Energie, die von den Zellen in Form von Glykogen gespeichert oder für den Aufbau der Proteine verbraucht wird. Die Proteinsynthese aus den Aminosäuren steht ihrerseits unter dem Einfluß des Wachstumshormons. Infolge einer Stimulierung des Hypophysen-Vorderlappens wird es auch zu einer gesteigerten ACTH-Produktion kommen, die die Nebennierenrinde zur vermehrten Abgabe von Glykocorticosteroiden und androgenen Hormonen anregt. Bei genügendem Angebot an Proteinen sind damit alle Voraussetzungen für ein gesteigertes Zellwachstum, aber auch für das Längenwachstum des Skeletts gegeben. Die fortgesetzte Stimulierung der Hypophyse führt schließlich auch zur Ausschüttung der gonadotropen Hormone und damit zur vorzeitigen Pubertät". [89]

Die Geschichte des Fleisch-, Milch- und Zuckerkonsums, deren Entwicklungstendenz hier grob skizziert wurde, scheint die These des hervorragenden Einflusses der Ernährung auf Wachstum und sexuelle Entwicklung zu bestätigen. Die zeitlichen und sozialen Unterschiede im Zeitpunkt des Eintreffens der sexuellen Reife, finden eine Entsprechung in unterschiedlichen Ernährungsgewohnheiten — eben gerade im Hinblick auf die für die sexuelle Reifung entscheidende proteinreiche Nahrung. Es bedarf jedoch noch einer Vielzahl von Detailuntersuchungen, um diesen Zusammenhang historisch noch weiter zu konkretisieren.

Theorien, die die Akzeleration auf endogene Faktoren zurückführen

Wenn man die Ursachen klären will, die die zeitlichen, räumlichen und sozialen Unterschiede im Termin der Geschlechtsreife und im Wachstum bewirkt haben, muß vorerst erörtert werden, welche Rolle die immer wieder behaupteten endogenen Faktoren dabei spielen. Daß ontogenetische Entwicklungsprozesse von einer starken genetischen Komponente beeinflußt werden, kann als gesichert gelten. Ebenso sicher ist die Bedeutung umweltlicher Einflüsse, die — in enger Wechselwirkung mit dem Genetischen — alle Entwicklungsprozesse prägen. Da das genetische Erbe relativ konstant ist, muß den außerordentlich schnell veränderbaren Umwelteinflüssen besondere Aufmerksamkeit geschenkt werden; sie können in dem durch den Genotyp gesteckten Rahmen — dessen Spannbreite ungesichert ist — Einfluß nehmen. Genetische Vorgaben können in ihrer Auswirkung modifiziert werden bzw. bei entsprechenden Umweltbedingungen zur vollen Entfaltung ihrer möglichen Wirkung gelangen.

Obwohl die große Bedeutung von Umweltbedingungen und -veränderungen bei der Erklärung des säkularen Akzelerationsgeschehens evident ist, werden immer wieder Argumente und Theorien einer ausschließlich genetischen Verursachung vorgebracht; deren wichtigste seien dargestellt.

Ein häufiger Fehler, der in diesem Zusammenhang begangen wird, ist darin zu sehen, daß Differenzen in den Körperwerten zwischen den Angehörigen unterschiedlicher sozialer Schichten als Resultat des Akzelerationsprozesses gedeutet werden, obwohl das genaue Gegenteil der Fall ist. So wird in einem Artikel in der „Ärztlichen Praxis"[90] mit der Überschrift „Akzeleration möglicherweise endogen bedingt", darauf hingewiesen, daß die adeligen und bürgerlichen Zöglinge der Hohen Carlsschule in Stuttgart schon in der zweiten Hälfte des 18. Jahrhunderts Unterschiede im Wachstumsverlauf zeigten, „obwohl der Unterricht, die Verpflegung, die Unterkunft und die sonstige Lebensweise der beiden Gruppen sich nicht von einander unterschieden".

Schwerer wiegen die Argumente W. Hagens (1961), der feststellt, daß mit der Erscheinung der Akzeleration japanischer Jugendlicher in den ersten Jahrzehnten des 20. Jahrhunderts keine Verbesserung der Ernährung korrespondiert; er verweist darauf, daß Säuglingssterblichkeit und durch Tuberkulose bedingte Sterblichkeit noch bis in die zwanziger Jahre angestiegen sind. „Die säkulare Akzeleration japanischer Kinder seit dem Jahre 1900 kann", so folgert er daraus, „durch exogene Faktoren nicht hinreichend erklärt werden. Entscheidend für sie ist ein bis jetzt noch unbekannter Faktor, den wir im genetischen System und in dem komplizierten Steuerungsmechanismus des Wachstums suchen müssen".[91] Es erscheint etwas gewagt, aus den bisher bekannten Lebensverhältnissen in Japan den Schluß zu ziehen, daß Umweltveränderungen hier nicht als Ursache der Akzeleration in Frage kommen; daß die genetischen Faktoren für Wachstum und Entwicklung schon innerhalb eines Generationsabstandes eine solche Veränderung erfahren haben sollten, daß sie die phänotypischen Wandlungen erklären könnten, ist nicht anzunehmen.

Eine andere Hypothese, die als Ursache der Akzeleration endogene Faktoren annimmt, basiert auf dem Phänomen des „Luxurierens der Bastarde" — im genetischen Sprachgebrauch auch „Heterosis" genannt. Diese Erscheinung ist von verschiedenen Tier- und Pflanzenarten bekannt. Dabei sind die Nachkommen aus der Kreuzung zweier verschiedener Rassen größer als die beiden Ausgangsrassen, pflanzen sich besser fort und sind gegenüber Krankheiten oder ungünstigen Bedingungen von erhöhter Resistenz. Auf den Menschen übertragen würde das bedeuten: Wenn durch eine verstärkte Auflösung genetischer Isolate in großem Umfang eine Durchmischung der Bevölkerung stattfindet, dann könnte dieser Heterosiseffekt theoretisch auch beim Menschen auftreten. Es kann kein Zweifel daran bestehen, daß durch die Industrialisierung, durch die Zunahme des Verkehrs und die Anhäufung der Menschen in großen Städten die genetische Durchmischung der früher relativ isolierten Bevölkerungsteile erheblich zugenommen hat.[92] Es gibt kaum Anhaltspunkte dafür, daß diese stärkere Durchmischung einen Einfluß auf Körperhöhe und Zeitpunkt der Geschlechtsreife hat. Einige Hinweise gibt es jedoch: E. Fischer (1913) berichtet über die Rehobother Bastards — eine Kreuzung holländischer Kolonisten mit Hottentottenfrauen —, deren Körperhöhe größer ist als bei den Erzeugergruppen.[93] Gleiches berichtet auch Shapiro (1939) über die Vermischung von Eingeborenen und Europäern auf den Nordfolkinseln bei Neuseeland und Boas (1912) über Nordamerika. Boas hatte Indianermischlinge etwas größer als reinrassige Indianer gefunden. Bei sieben von vierzehn Stämmen bestand überhaupt kein Unterschied oder ein sehr geringer (bis 2 cm), und nur bei den ausgesprochen kleinwüchsigen Indianerstämmen überragten die Mischlinge etwas deutlicher die reinrassigen Indiander.

Diesen Angaben stehen jedoch eine Reihe anderer gegenüber, die keine Körperhöhensteigerung als Folge der Bastardisierung fanden. Davenport und Steggerda (1929) berichten, daß die Schwarzen in Jamaica durchschnittlich 170,6 cm, die Weißen 172,7 cm, die Mischlinge aber 170,2 cm groß sind. Dunn (1928) stellte bei der F_1-Generation aus Chinesen und Bewohnern von Hawai eine Durchschnittsgröße von 165,6 cm fest, die ziemlich genau der Größe der Chinesen der Elterngeneration von 165,2 entsprach, während die größere Körperhöhe der Hawaier von 171,3 cm in ihren gemischten Nachkommen nicht zum Ausdruck kam. Schließlich gibt eine Analyse von Trevor (1953) über Mischlinge darüber Auskunft, daß deren Körpermaße zwischen denen der Ausgangsrassen zu liegen pflegen. Kiil (1939) hat bei seinen großen Untersuchungen über die Zunahme der Körperhöhe in Norwegen die Hypothese des Luxurierens der Bastarde ausführlich kritisiert. [94]

Er weist darauf hin, daß auch in ganz abgelegenen Gebieten, wie dem isolierten Setesdal und den inneren Distrikten des Hardangerfjords oder Sundalen, heute eine sehr großwüchsige Bevölkerung gefunden wird. Im gleichen Zusammenhang stellt A. Costanzo (1948) fest, daß auch in Sardinien, wo kaum eine größere Vermischung stattgefunden hat, die Körperhöhe angestiegen ist.[95]

Trotz dieser der „Luxurierungs-These" widersprechenden Ergebnisse wurde die Heterosis-Hypothese in jüngerer Zeit wieder aufgenommen. N. Wolanski (1969) erklärte die beobachtete Steigerung der Körpergröße bei Szczeciner Kindern aus Ehen mit großer Entfernung der Geburtsorte der Partner durch Heterosis. Der Heterosis-Effekt soll ihm zufolge in einer erhöhten Umweltempfindlichkeit gegenüber fördernden Faktoren während des postnatalen Wachstums liegen. [96]

Gegen die meisten Arbeiten, die auf Heterosis als Akzelerationsursache rekurrieren, muß vor allem eingewendet werden, daß sie die sozialen Verhältnisse, aus denen Ehepartner stammen, unberücksichtigt lassen. Eine durch H. W. Jürgens in der BRD durchgeführte Untersuchung (1969) brachte das Ergebnis, daß innerhalb einer sozial homogenen Schicht die Heiratsentfernung keinen Einfluß auf die Körperhöhe hat.[97]

Eine andere in der Akzelerationsdiskussion häufig vorgebrachte Hypothese – die als Ursache des Entwicklungswandels genetische Faktoren annimmt – geht davon aus, daß genetisch determinierte „Siebungs- und Auslesungsprozesse" den Genbestand einer Population beeinflussen und von da her sekundär die Individuen der folgenden Generationen. Das kann in unserem Zusammenhang vor allem zweierlei bedeuten: einmal das bevorzugte Überleben oder die bevorzugte Fortpflanzung gewisser Typen; zum anderen die bevorzugte Beteiligung bestimmter Typen an sozialem Aufstieg, am Zug in die Stadt, oder an anderen Formen der Gruppenbildung. Die erstere aus historischer Sicht völlig unrealistische Annahme, die in bezug auf das Akzelerationsphänomen bedeuten würde, daß frühpubertierende oder großwüchsige Individuen eine größere Kinderzahl hätten, wurde in einer Reihe von Untersuchungen falsifiziert. [98] Die andere These wurde vor allem von C. Bennholdt-Thomsen vertreten und weiterentwickelt.

Bennholdt-Thomsen hat in einer Reihe von Arbeiten versucht, die Wachstumsbeschleunigung außer durch psychische Einflüsse des Großstadtmilieus vor allem durch Auslesevorgänge bei der Abwanderung in die Stadt zu erklären. Er geht von der ebenso konstruierten wie historisch unhaltbaren Annahme aus, „daß der Unterschied zwischen Stadt und Land und zwischen den sozialen Schichten der Stadt Folge einer durch Auslese entstandenen Bevölkerungsschichtung ist, die sich dadurch ergeben hat, daß eben ein ganz bestimmter Menschentyp vom Dorf in die Stadt zieht, nämlich die lebhafteren, unruhigeren, reizempfänglicheren, aber auch die interessierteren und begabteren . . . Durch Abwanderung der unruhigeren und lebhafteren Elemente aus dem Dorf kommt es zu einer Häufung dieser vegetativen sensibleren Bevölkerungsschichten in der Stadt (Zunahme des Vasomotorismus). Innerhalb der Stadt, begünstigt durch die Gattenwahl (schon die Mütter waren akzeleriert), findet wiederum ein Aufsteigen der Begabteren, die zugleich die körperlich Frühreifen sind, statt und ein Sedimentieren der weniger Unternehmenden. . . . Unserer Ansicht nach beruhen also die Entwicklungsunterschiede zwischen Stadt und Land und innerhalb der sozialen Schichtung einer Stadt auf der Basis einer durch Abwanderung entstandenen Schicht von Menschen erhöhter vegetativer, innersekretorischer und cerebraler Ansprechbarkeit bzw. gesteigerter Reaktionsbereitschaft".[99]

Im folgenden schließt Bennholdt-Thomsen, daß die „Begabteren gleichzeitig die vorwiegend Frühreiferen sind, . . . Akzeleration der Entwicklung gewisser Bevölkerungsschichten einer Generation" also „auf einer durch Abwanderung entstandenen und durch Auslese geförderten Schicht von empfangsbereiteren sensibleren Bevölkerungsgruppen" basiere.[100] Daß die im 20. Jahrhundert forcierte Akzeleration offensichtlich nicht nur die Entwicklung bestimmter Bevölkerungsschichten betrifft, erklärt Bennholdt-Thomsen mit der vor allem durch de Rudder und Grimm vertretenen „Urbanisierungshypothese": „Die Kinder dieser reizempflindlichsten Oberschicht reagieren schon auf Einflüsse, die die übliche Großstadtbevölkerung noch nicht nennenswert berühren . . . Damit wirkt die Urbanisierung als Auslösungsfaktor auf die . . . durch Abwanderung und Auslese schon endogen akzelerierte Stadtbevölkerung und innerhalb dieser besonders auf die Kinder der bestsituierten Kreise zusätzlich entwicklungsbeschleunigend ein".[101]

Gegen Bennholdt-Thomsens Siebungshypothese ist vor allem einzuwenden, daß der Akzelerationsprozeß vornehmlich nicht den Entwicklungwandel der oberen Sozialschichten betraf, sondern in einer Art Nachziehverfahren den der sozial Unterprivilegierten. Eine Reihe von Untersuchungen bestätigt das. So zeigt ein Vergleich der Körpergröße 10- bis 14jähriger Volks- und Oberschüler aus Stuttgart in den Jahren 1913 und 1958, daß die Zuwächse in diesen 4 Jahren bei den Oberschülern 1913 und 1958 gleichgeblieben sind, während sie bei den Volksschülern im Jahr 1958 um 6,5 cm über den Werten von 1913 lagen.[102]

Körperhöhe Stuttgarter Schüler 1913 und 1958
(nach Paschlau/Paschlau, 1961)

Alter		Volksschüler Körperhöhe cm	Oberschüler Körperhöhe cm	Unterschied der 14jährigen
1913	10	131,5	136,0	
	11	135,0	140,5	
	12	140,5	145,0	
	13	145,5	150,5	
	14	149,5	157,0	7,5
	Zunahme	18,0	21,0	

Alter		Volksschüler Körperhöhe cm	Oberschüler Körperhöhe cm	Unterschied der 14jährigen
1958	10	140,5	145,0	
	11	145,0	147,5	
	12	150,5	152,5	
	13	155,5	159,0	
	14	165,0	166,0	1,0
	Zunahme	24,5	21,0	

In die gleiche Richtung weist das Ergebnis von Bakwin/ Laughlin (1964), die die Körpergröße von in den Jahren 1930 und 1959 neuimmatrikulierten Studenten verglichen: Während sich die Körperhöhe von Studenten der Havard-Universität, die aus Privatschulen und der obersten Sozialschicht kommen, kaum verändert hat, zeigen Studenten aus öffentlichen Schulen in diesem Zeitraum eine Körperhöhenzunahme von fast 4 cm. Ebenso zeigen die Untersuchungen von Weber, Imperiali und Koch, daß die Zunahme der Körpergröße und die Vorverlegung des Termins der Geschlechtsreife vor allem Angehörige der unteren Schichten betrifft.[103] Wenn man – so kritisiert Lenz (1959) – „eine säkulare Größenzunahme von 10 cm durch die zunehmende Verstädterung erklären" wollte, dann „müßte der Größenunterschied zwischen Stadt- und Landbevölkerung mindestens 10 cm betragen, da ja die Verstädterung nur einen Teil der Bevölkerung betrifft" – und dies hätten weder die Schulkinder- noch die Rekrutenuntersuchungen ergeben. Deutliche Stadt-Land-Unterschiede sind immer dann nicht nachweisbar, wenn die soziale Situation der Untersuchten ähnlich ist. Sofern nicht zwischen Stadt und Land deutliche Unterschiede des allgemeinen Lebensstandards und vor allem der Ernährung herrschen, lassen sich auch keine sicheren Unterschiede im Eintritt der Geschlechtsreife nachweisen. So fanden Bojlen, Rasch und Weis-Bentzon in dänischen Schulen in den Jahren 1949 und 1950 bei Mädchen aus ungelernten Arbeiterfamilien, die in Kopenhagen aufgewachsen waren, ein durchschnittliches Menarchealter von 13,80 Jahren, bei Mädchen gleicher sozialer Herkunft, die außerhalb Kopenhagens geboren und aufgewachsen waren, von 13,70 Jahren, also praktisch denselben Wert. Auch für Mädchen des Mittelstandes ergab sich praktisch kein

Unterschied zwischen Stadtherkunft (13,75 Jahre) und Landherkunft (13,60 Jahre).[104] Lenner (1944) fand in Schweden für Mädchen vom flachen Land ein Menarchealter von 14,71, für Mädchen aus Landgemeinden von 14,24 und für Stadtmädchen von 14,40 Jahren. Die geringen Unterschiede zwischen Stadt und Land wurden noch etwas kleiner, wenn nur Frauen vergleichbarer wirtschaftlicher Lage gegenübergestellt wurden. In Estland war das durchschnittliche Menarchealter bei Stadtmädchen 14,58 Jahre, bei Landmädchen 14,57 Jahre (H. Madison, 1926, nach Lenz 1959). Skerlj (1942) fand bei Gymnasiastinnen in Ljubljana ein Menarchealter von 13,23 Jahren für die in der Stadt geborenen Mädchen, von 13,26 für die aus Kleinstädten und Märkten stammenden und von 13,34 für die vom Land. Für Bauerntöchter, die — wie Skerlj ausdrücklich vermerkt — meist aus armen Familien mit 7 bis 8 Kindern stammten, ergab sich ein Durchschnittswert für die Menarche von 13,68 Jahren. [105]

Gegen die Siebungshypothese als Ansatz zur Erklärung der Akzeleration muß schließlich eingewendet werden, daß die Fortpflanzungsrate in den unteren Sozialschichten und auf dem Land in den verflossenen Jahrzehnten deutlich über der der oberen Schichten lag. [106] Boas (1912) vermerkte dazu, daß die körperliche Entwicklung der Kinder sich umgekehrt proportional zur Anzahl der Geschwister verhält.[107]

Durchschnittliche Abweichung vom Mittelwert der Körperhöhe bei verschiedener Geschwisterzahl
(nach Boas 1912)

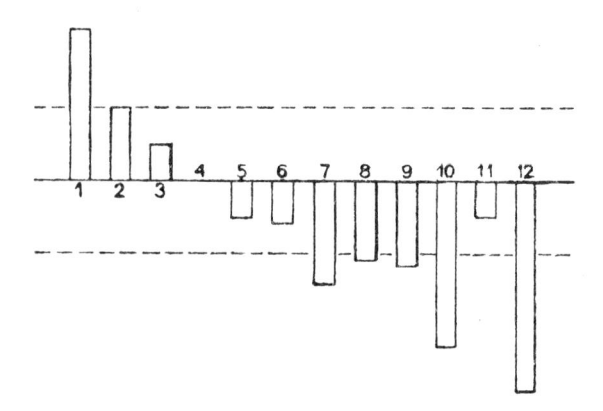

Auf die Urbanisierungshypothese, der Bennholdt-Thomsen eine verstärkende Funktion bei dem seiner Meinung nach durch Siebung eingeleiteten Akzelerationsprozeß zuschreibt, wird weiter unten, bei der Besprechung sozialer Bedingungsfaktoren, ausführlich eingegangen.

Klima, Licht und Strahlung als bedingende Faktoren der Akzeleration

Klima

Unter den klimatischen Faktoren wurde vor allem der Temperatur — fördernder oder hemmender — Einfluß auf das Akzelerationsgeschehen zugeschrieben. Howe (1939) und Wehefritz (1940) sehen in einer seit Jahrzehnten registrierten „ozeanischen Beeinflussung" unseres Klimas die Ursache der allgemeinen Vorverlegung der Menarche, ohne dafür stichhaltige Belege geben zu können.[108] Mills (1950) versuchte einen hemmenden Einfluß höherer Temperaturen nachzuweisen. So bringt er die Unterbrechung einer kontinuierlichen Körperhöhenzunahme bei College-Schülern in den Jahren 1930 bis 1937 mit ungewöhnlich heißen Sommern in diesen sieben Jahren in Verbindung; ebenso trete die Menarche bei Mädchen in sehr heißen Sommern verzögert auf. Mills geht so weit zu behaupten, daß die Linien gleichen Menarchealters in den USA mit den Breitegraden parallel laufen.[109]

Eine große Zahl von Untersuchungen spricht jedoch überzeugend dafür, daß das Klima „keine oder nur eine sehr geringe Rolle" (Tanner (1962) spielt. So gibt Ellis (1950) für Schülerinnen aus der nigerianischen Oberschicht ein Menarchealter von 14,3 Jahren an. Das gleiche Alter — 14,4 Jahre — nennt Levine (1953) für alaskische Eskimomädchen. Auch Knaben der „gehobenen Stände" — deren soziale Lage mit der des Landesdurchschnitts entwickelter Staaten vergleichbar ist — erreichen in Nigeria die einzelnen Stadien der Pubertät im gleichen Alter wie in England.[110]

Die Hypothese der heliogenen Akzeleration

In der Akzelerationsdiskussion wurde unter den abiotischen Faktoren dem Lichtfaktor die größte Bedeutung zugemessen. E. W. Koch war der erste, der dem Akzelerationsphänomen eine umfassende Beschreibung widmete und auch der erste, der die ätiologische Frage wissenschaftlich abhandelte.[111] Er sprach im Jahr 1935, im Hinblick auf die zunehmend sportliche Betätigung der Jugend, die mit einer teilweisen Entblößung des Körpers einhergeht, die Vermutung aus, „daß vielleicht in der gegenüber früheren Zeiten so gesteigerten Besonnung die Hauptursache des verstärkten Wachstums gesehen werden könnte";[112] „ . . . neben der bewußten Zufuhr fertiger Vitamine ist die Helioexposition des menschlichen Körpers in den letzten 20 Jahren eine so unvermutet viel stärkere als früher, daß in ihr zwanglos die Ursache des so beschleunigten Wachstums und der frühzeitigen Reifung . . . gesehen werden kann". Die angeblich frühere Menarche der Völker im Süden – heute ist diese Annahme durch eine große Zahl von Untersuchungen widerlegt – war Koch eine Bestätigung seiner Theorie. Arbeiten aus jüngerer Zeit hatten vielmehr ergeben, daß reichlichere Ultraviolettbestrahlung auf die sexuellen Zyklusfunktionen bremsend wirkt.[113]

Die von Koch aufgestellte Hypothese der „heliogenen Akzeleration", die auf die außeroptische Wirkung des Lichtes hinweist, ist in den letzten Jahren in Richtung einer Lichteinwirkung über das System der Sehbahnen umformuliert worden. So suchte F. Hollwich[114] nachzuweisen, daß beim Menschen Lichtreize über Netzhaut und Sehnerv auf das Zwischenhirn – Hypophysen-System in Richtung einer Regulierung des Wasser- und Kohlehydrathaushaltes einzuwirken vermögen.[115] W. Jöchle und H. Ungeheuer (1957) haben in diesem Zusammenhang „das abnorme, ständig gesteigerte Lichtangebot unserer Zivilisationsmilieus" [116] zur Erklärung der Vorverlegung der Geschlechtsreife angeführt. B. de Rudder – einer der Hauptvertreter der sogenannter „Urbanisierungshypothese" – forderte im Jahr 1960 dazu auf, „für die Vorverlegung der Geschlechtsreife noch" einen speziellen „Einfluß zum mindesten als Reizmöglichkeit zu diskutieren: Im Leben des Städters mit den allüberall einschließlich der Wohnräume enorm vermehrten und an Intensität gesteigerten Lichtquellen wird schon in den Kinderjahren

Jahr für Jahr eine erheblich größere Lichtmenge vom Auge aufgenommen als noch vor wenigen Jahrzehnten. Über ihre zeitweise stärkste hormonale Wirkung gibt es an Tieren in der freien Natur und im Experiment seit Jahrzehnten eine Fülle interessanter Beobachtungen; neueste Ermittlungen an Blindgeborenen haben auch für den Menschen eindeutige Stoffwechselbeeinflussungen durch die vom Auge aufgenommene Lichtmenge erwiesen". [117]

Gegen die Hypothese der „heliogenen Akzeleration" ist vor allem einzuwenden, daß — indem die Lichteinwirkung als primäre Ursache des gesamten Akzelerationsgeschehens angenommen wurde — soziale Faktoren völlig übersehen wurden. So ist — um das an einem Beispiel zu illustrieren — für Koch die Tatsache, daß Kinder aus Schulen der eng bebauten Altstadt häufig mehrere Zentimeter hinter denen aus Gegenden mit vorwiegend offener Bauweise zurückbleiben, ein Beweis für die überragende Bedeutung des Lichtfaktors im Akzelerationsgeschehen. Dabei wird völlig übersehen, daß in diesem Fall der Lichtfaktor dem sozialen Faktor klar untergeordnet ist: in welcher Umwelt Kinder aufwachsen — ob in eng bebauten Slums oder in Villenvororten — hängt eben wesentlich von der Schichtzugehörigkeit der Eltern ab, die einen nachweislichen Einfluß auf die körperliche Entwicklung besitzt. [118]

Strahlungen

Sehr spekulativ mutet die These K. Treibers (1941) an, der auf der Suche nach einer „über die ganze Erde wirkenden Kraft" den „Beginn des Größenwachstums... zeitlich mit der Aufstellung von Rundfunksendern am Beginn der zwanziger Jahre" in Zusammenhang brachte. [119] Treiber nimmt an, „daß durch die Einwirkung der ständig uns durchdringenden Strahlenwellen das Wachstumshormon ebenfalls energisch angeregt zu stärkerer und früherer Auswirkung kommt. . . . Diese Senderwellen haben aber nicht nur den ersten Anlaß zum sprunghaften Größenwachstum gegeben, sondern die Einwirkung besteht dauernd weiter". [120]

L. Farmer hat 1953 den Einfluß von kosmischen Faktoren auf Wachstum und Entwicklung in die Diskussion gebracht und zugleich auf einen eventuellen zyklischen Prozeß in großen Zeitabständen hingewiesen.

Körperhöhe der Hominiden

Vor etwa	800 000 Jahren:	Australopithecinen (Prähominiden)		~ 140–150 cm
Vor etwa 400–500 000 Jahren:		Pithecanthropus ♂	Altpa- läolithi- kum	~ 162 cm
Vor etwa 300–400 000 Jahren:		Sinanthropus ♂		
Vor etwa	100 000 Jahren:	Neandertaler ♂	Jungpa- läolithi- kum	~180–187 cm
Vor etwa	50 000 Jahren:	Cromagniden ♂		
Vor etwa	6 000 Jahren:	Neolithiker		~158–168 cm
Vor etwa	4 000 Jahren:	Bronzezeit		~165–170 cm

Nach L. Farmer (1953)

Eine solche Entwicklung ist, wie die Tabelle zeigt, nicht auszuschließen: über deren Ursachen liegen jedoch nur Vermutungen vor.

Das „Urbanisierungstrauma" als Akzelerationsursache

Der Pädiater B. de Rudder geht bei seiner Theorie vom „Urbanisierungstrauma" von der Tatsache aus, daß das Kind in der Großstadt rascher reift als das Landkind; die Großstadt ist der Ort, an dem die Akzeleration am schnellsten fortschreitet. „Das Akzelerationsgeschehen ... gehört nach meiner Überzeugung" – so de Rudder (1961) – „in den Formenkreis ökologischer Erscheinungen"; „das Gesamtphänomen der Wachstums-, Sexual- und Intellektual-Akzeleration (stellt) die Antwort des menschlichen Organismus auf das Leben im Stadtmilieu (dar), wobei einer Massierung sensorischer und psychischer Reize und daraus entstandener Anreize eine zentrale Bedeutung zukommt; deren Wirkung wird durch das soziologische Phänomen der in Städten sich anhäufenden erhöht Reizansprechbaren noch gesteigert."[121]

Die Urbanisierungshypothese schließt die bereits besprochene Siebungshypothese ein, aber auch Elemente der Lichthypothese – den rötlich-gelben Lichtsorten der Hauptstraßen und dem rotierenden Licht und dem Flakkerlicht moderner Reklame werden stimulierende Wirkung zugesprochen. Weitere Einzelfaktoren im Prozeß der Urbanisierung, denen kausale Bedeutung für die Akzeleration zukommen soll, nennt der Berliner Anthropologe H. Grimm: „Große Bedeutung für die Entwicklungsbeschleunigung scheint . . . der Prozeß der ‚Verstädterung' zu besitzen. Die Einflüsse, die sich aus der Wohndichte (‚Pferchungsschaden'), der Lärmhäufung in der Stadt, der Dichte und Schnelligkeit des Verkehrs, der Änderung der Tagesrhythmik (Beleuchtung), der sexuellen Aufklärung und früheren sexuellen Betätigung usw. in der Stadt ergeben",[122] sind nach ihm charakteristisch für die Urbanisation; diese „führt neue Außeneinflüsse ein, die in der Intensität die ‚natürlichen' " – damit meint er die vorindustriellen – „Faktoren übertreffen können".[123] Wie man sieht, handelt es sich bei den hier aufgelisteten Faktoren vor allem um psychische Belastungen.

Auch andere Autoren teilen diese Auffassung. So verweisen A. Arvay/St. Nyiri in ihrer Arbeit über die „Rolle von nervösen Umwelteinflüssen auf die weiblichen Sexualfunktionen" auf „das gesteigerte Lebenstempo, die intensiven Lichteinwirkungen, Kontrast und Anhäufung der Stimmen und Geräusche, also überhaupt die Summierung der mit dem Großstadtleben verknüpften Nervenreize".[124] Bei de Rudder, der im Anschluß an Bennholdt-Thomsen für die skizzierten Phänomene den Begriff „Urbanisierungstrauma" eingeführt hat, wird die Akzeleration zu einem pathologischen Prozeß.[125]

An de Rudder und Grimm hat eine Reihe von Autoren angeschlossen, so z.B. G. Rudolph, W. R. Hess und J. Schmidt-Voigt, der schon 1948 auf die Bedeutung des vegetativen Nervensystems für das Akzelerationsphänomen hingewiesen hat: „Das autonome System wird durch die Steigerung seiner Sensibilität zum Empfangsgerät für die mannigfachen Auslösefaktoren der Akzeleration, die auf diesem Wege den Organismus treffen und – vielleicht im Sinne einer Art von Anpassung – ihm als Reizbeantwortung zur Beschleunigung seiner Entwicklungsvorgänge veranlassen".[126]

Gegen die Urbanisierungshypothese ist vor allem einzuwenden, daß die Stadt-Land-Unterschiede der Entwicklung im Sinne einer unterschiedlichen sozialen Differenzierung von Stadt- und Landbevölkerung sozial determiniert sind. Der soziale Unterschied nach dem Beruf der Eltern ist jedoch selbst bei Auslesegruppen, wie es Studenten sind, noch erheblich größer als die Differenz nach städtischer oder ländlicher Herkunft.

Durchschnittsgröße Kölner Studenten (nach Bastian, 1951)

	n	Größe in cm	
Geboren auf dem Lande	131	175,60	
Geboren in Klein- oder Mittelstädten	294	176,83	Differenz 1,99 cm
Geboren in Großstädten	460	177,59	
Alle Untersuchten	885	177,04	
Söhne von Arbeitern, Gesellen, Boten u.a.	34	175,39	
Söhne von Meistern, Bauern, Angestellten u.a.	237	175,20	Differenz 2,61 cm
Söhne von leitenden Angestellten, Kaufleuten, Lehrern u.a.	361	177,45	
Söhne von Akademikern, Direktoren u.a.	249	178,00	
Anzahl der Studentenväter über 180 cm	165	17,4 %	
Anzahl der Studenten über 180 cm	306	34,9 %	

Da auf dem Land diese berufliche Differenzierung geringer ist als in der Stadt — wo vor allem die Intelligenz-Berufe häufiger sind —, ist ein Vergleich von Durchschnittswerten nicht ohne weiteres aussagekräftig für die Frage nach der Rolle von Urbanisierungsfaktoren.[127]

Ein anderer Einwand gegen die Urbanisierungshypothese richtet sich gegen die in diesem Zusammenhang häufig recht bedenkenlose Übertragung von Ergebnissen, die bei der Erforschung von Tierpopulationen gewonnen wurden, auf den Menschen. So schreibt z.B. Grimm über „Erfahrungen aus der Wirbeltierbiologie, die unsere Vorstellungen von einem Urbanisierungstrauma stützen, weil sie Wirkungen eines Gedrängefaktors, des Lärms oder der Dauerbeleuchtung demonstrieren".[128] Es muß „angenommen werden" — so Grimm —, „daß der menschliche

Organismus in ähnlicher Weise reagiert wie andere Wirbeltiergruppen". [129] Grimm stützt sich dabei auf Ergebnisse der Verhaltensforschung am columbianischen Maultierhirsch, der bei steigender Wohndichte unduldsam, aggressiv und unverträglich wird, was „den Erfolg der Jungenaufzucht" mindert, „da die Kälber unter der Nervosität und Gereiztheit der Mütter leiden und anfälliger gegen Krankheiten werden". [130] Wenn man dieses Beispiel – Grimm bringt noch ein anderes aus der Gattung der Nagetiere – genau betrachtet, dann läßt sich die Vermutung einer Homologie zwischen tierischem und menschlichem Verhalten aus mehreren Gründen klar zurückweisen. Neben grundsätzlichen methodischen Einwänden gegen derartige Vergleiche, die hier nicht entfaltet zu werden brauchen, sei nur darauf verwiesen, daß schon die solitäre Lebensart der Maultierhirsche, deren gänzlich andere Sozialstruktur (die beiden Geschlechter leben getrennt und die Tiere zumeist einzeln) eine Übertragung der an ihnen gewonnenen Ergebnisse auf den Menschen verbietet.

Es lassen sich zahllose Beispiele aus der Geschichte dafür anführen, daß die von Lorenz/Leyhausen (1968), Eibl-Eibesfeldt (1970) und D. Morris (1969) als Homologie beschriebene „Territorialität des Menschen" keinem genetisch fixierten Verhaltensprogramm entspricht. Der „persönliche Raumanspruch" eines Menschen oder einer Gruppe ist stets abhängig von einem Bündel von Faktoren, deren Bedeutung aus dem jeweils konkreten historischen Aufbau eines sozialen Feldes ablesbar ist. [131]

Der Einfluß der zwischenmenschlichen Beziehungen auf Entwicklung und Wachstum

Die Thesen, die in diesem inhaltlichen Zusammenhang aufgestellt wurden, gehen davon aus, daß der Bereich der mitmenschlichen Beziehungen im Verein mit der allgemeinen Verbesserung der materiellen Lebenslage ein Bereich von elementarer Lebensnotwendigkeit geworden ist. So betont z.B. J. M. Hollenbach in seinem Buch „Der Mensch der Zukunft"[132] die Rolle der zwischenmenschlichen Beziehungen für Wachstum und Entwicklung der Kinder: „Wenn Kinder bereits im ersten

Lebensjahr trotz biologisch bester Betreuung leiblich und seelich unentwickelt bleiben, während andere unter gleichen oder gar schlechteren biologischen Lebensbedingungen sich deshalb normal entwickeln, weil man sich durch persönliche Zuwendung mit ihnen befaßt, dann hat das mit biologisch bedingter Triebentwicklung so viel wie nichts zu tun. Aber es hat Auswirkungen auf den Leib als Funktions-Ich. Das wäre also die letzte bedeutsame Feststellung: Entwicklung und Reifung des Leibes und der Triebe hängt nicht von der biologischen, sondern von der persönlichen Betreuung ab . . . Ist die Verweigerung des leiblichen Wachstums, das Zurückbleiben der seelischen Entwicklung nicht eine stumme Sprache des in seiner personellen Sinnerwartung enttäuschten Tiefen-Ich?"[133]

C. P. Schick (1962) hat versucht, die „Hypothese der human relations" empirisch zu überprüfen. Er untersuchte die Familienstruktur von 50 über 18jährigen Männern – Angehörige unterschiedlicher Berufe, unter denen jedoch Studenten und Akademiker überwogen –, deren gemeinsames Kennzeichen es war, daß sie über 185 cm groß waren. Schick kam zu dem Ergebnis, daß „in all den Familien der Hochwüchsigen eine ausgeprägte matriarchalische Struktur" existiert, „die durch die autoritäre Position der Mütter innerhalb der Familie und ihre eindeutige Domination bezüglich der Erziehung der Kinder gekennzeichnet ist";[134] seiner Meinung nach besteht deshalb ein „Zusammenhang zwischen Hochwüchsigkeit und matriarchalischer Familienstruktur, zwischen somatischer Konstitution einerseits und sozialer Konstellation andererseits . . . Es steht . . . außer Zweifel, daß wir mit der matriarchalischen Familienstruktur einen neuen soziologischen Faktor gefunden haben, der einen bestimmten Einfluß auf die Entwicklung in Richtung der seit rund hundert Jahren zu beobachtenden Entwicklungsalteration besitzt".[135]

Sowohl der von Schick verwendete Begriff „Alteration" als auch der Inhalt seiner Erklärung der Akzeleration verleihen dem Phänomen einen pathologischen Anstrich – ähnlich wie der Begriff des „Urbanisierungstraumas". Zu kritisieren ist in diesem Zusammenhang nicht die These, daß die zwischenmenschlichen Kontakte für die körperliche Entwicklung wichtig sind, sondern, daß ihnen eine so zentrale und ausschließliche Rolle im Akzelerationsgeschehen zugemessen wird. Gegen Schicks Herstellung eines Zusammenhangs zwischen Hochwüchsigkeit und matriarchalischen Familienstrukturen ist eine Reihe von Einwänden vorzubringen: nur der wichtigste sei genannt. Schick weist selbst darauf hin, daß die von ihm untersuchte Gruppe überwiegend aus Studenten und Akademikern bestand. Da man aus einer Reihe von Untersuchungen weiß, daß Studenten im Durchschnitt größer sind als die Angehörigen anderer Berufsgruppen – nach den Erhebungen von Bastian (1959) waren rund 35 % der Kölner Studenten über 1,80 cm groß – ist auch klar, daß die Körperhöhe nicht nur von der Familienstruktur, die von einer Reihe sozialer Faktoren determiniert wird, abhängig ist, sondern primär eine kausale Beziehung zur sozialen Lage hat.[136]

Arbeitsbelastung und Schlafdauer

H. P. Bowditch verglich im Jahr 1877 in Boston die Körperlänge schulentlassener Knaben, die in Fabriken arbeiteten, mit der ihrer Alterskameraden, die keiner körperlichen Arbeit nachgehen mußten. Der Größenunterschied betrug im Durchschnitt 17 cm, der des Gewichts 9 kg. Ein gleichzeitiger Bericht aus der Industriestadt Gluchow im Gouvernement Moskau enthält den Hinweis, daß die 12jährigen Knaben, die schon in Fabriken arbeiten mußten, deutlich unterentwickelt waren.[137]

Nach der Auffassung zahlreicher Autoren führt Arbeitsüberlastung zu einer Hemmung des Längenwachstums bei starker Breite-Entwicklung.[138] K. Winter verglich 1960 Länge und Gewicht mehrerer tausend Oberschüler und Lehrlinge und deutete den Unterschied im Längenwachstum – die Oberschüler waren bedeutend größer – als Ausdruck der körperlichen Arbeitsbelastung.[139]

Unter den Landkindern sind vor allem die Bergbauernkinder einer großen Arbeitsbelastung ausgesetzt. Der Bergbauer, der auf seinen steilen Bergwiesen keine landwirtschaftlichen Maschinen einsetzen kann, dem Knecht und Magd schon seit langem abgewandert sind, muß, um die Arbeit bewältigen zu können, seine Kinder mit schwerer Arbeit belasten. F. Wurst fand bei seiner Untersuchung an Kärntner Kindern in den Jahren zwischen 1952/53 und 1960/61 Fortschritte der Akzeleration in allen Bevölkerungsschichten; in den abgelegenen Bergbauernhöfen fehlte dagegen diese Entwicklungsbeschleunigung fast ganz. Wurst führt dieses Ergebnis, das vor allem Knaben betraf, in erster Linie auf die schwere Arbeitsüberlastung der Bergbauernkinder zurück. „Ihre Lebensweise unterscheidet sich stark von der der Landjugend des Flachlandes, die zunehmend der Vorzüge, aber auch der Nachteile einer Arbeitsfreistellung teilhaftig wird". [140]

In engem Zusammenhang mit der Arbeitsbeanspruchung der Landkinder steht die Schlafdauer. Auch hier ergaben sich bei der Gegenüberstellung von Stadt- und Landkindern merkliche Unterschiede. Noch größer war der Unterschied zwischen den Kindern von Siedlungen über 1200 m Höhe und Kindern von Talortschaften unter 600 m Seehöhe: Die Kinder von Bergdörfern hatten deutlich kürzere Schlafzeiten als die Kinder der Niederung.[141]

Schlafdauer von Kärntner Schulanfängern im Verhältnis zur Körpergröße

Schlafdauer	Körpergröße (cm)				
	bis 110	111–115	116–120	121–125	über 125
	%	%	%	%	%
bis 9 Std.	6,8	5,1	4,3	3,0	1,9
9–11 Std.	65,4	61,2	59,8	60,8	55,0
über 11 Std.	27,8	33,7	35,9	36,2	43,1

Nach F. Wurst, 1964

In den Gruppen mit den kurzen Schlafzeiten sind jeweils auch die unterentwickelten, kleinwüchsigen Kinder, die Kinder der Bauern und Keuschler, die Kinder von Einzelgehöften und hochgelegenen Siedlungen.

Zusammenfassende Bemerkungen

Die Sichtung der Akzelerationsdiskussion, die in geraffter Form hier vorgenommen wurde, zeigt, daß die wissenschaftlichen Vorstellungen über die Ursachen der Unterschiede in Wachstum und Entwicklung zwischen den unterschiedlichen sozialen Gruppen und Schichten im historischen Wandel noch weitgehend verschwommen sind. Es gibt keine klaren wissenschaftlich anerkannten Prioritäten unter den als wirksam qualifizierten Faktoren. Den meisten Theorien haftet der Mangel an, daß eine klare Stellungnahme zu den Fragen, die sich für den Menschen und seine Entwicklung aus seiner gesellschaftlichen Umwelt ergeben, fehlt. Hierher gehören vor allem jene, die in der Akzeleration als „Urbanisierungstrauma" (de Rudder u.a.), als „Alteration" (Schick) oder als „Pathogenese" (Ziegler) einen pathologischen Prozeß sehen. [142]

J. Richter, G. Straaß und K. Winter kommen dagegen zu dem Ergebnis, dem man sich aus interdisziplinärer — biologische, genetische, exogene und soziale Faktoren berücksichtigender — Sicht anschließen kann, daß als Ursache der Akzeleration der Fortfall jener Noxen anzusehen ist, die in der Vergangenheit eine harmonische, das genetische Potential ausschöpfende Entwicklung der Kinder verhindert haben. So faßt Winter in einer pointierten — wohl etwas einseitigen — Formulierung die Akzeleration als „Ausdruck der gesellschaftlich bedingten Wandlung der Biologie des Menschen". [143] Sehr anschaulich hat A. Bebel diese heute durch Forschungsergebnisse belegte Hypothese noch ganz unter dem Aspekt der Vermutung und Hoffnung geäußert: „In unseren Industriebezirken bilden Arbeiter und Unternehmen schon äußerlich einen solchen Gegensatz, als gehörten sie verschiedenen Menschenrassen an. Obgleich an diesen Gegensatz gewöhnt, kam er uns doch in einer fast erschreckenden Weise anläßlich einer Wahlversammlung vor Augen, die wir im Winter 1877 in einer erzgebirgischen Industriestadt abhielten. Die Versammlung war so arrangiert, daß beide Parteien stark vertreten waren und räumlich sich aneinander schlossen. Den vorderen Teil des Saales nahmen die Gegner ein, fast ohne Ausnahme starke, kräftige, oft große Gestalten, von sehr gesundem Aussehen, im hinteren Teil des Saales und auf den Galerien standen die Kleinbürger; zu neun Zehntel Weber, meist kleine, dünne, schmalbrüstige, bleichwangige Gestalten, denen Kummer und Noth aus dem Gesicht sah. Man setze eine Generation lang beide unter gleichgünstige Lebensbedingungen, und der Gegensatz wird verschwinden, er ist sicher vertilgt in ihren Nachkommen."[144]

Der Akzelerationseffekt entspricht — so Straaß in diesem Zusammenhang — der Beseitigung eines Nachholbedarfs der benachteiligten Gruppen und Schichten. „Das Wesen der Akzeleration besteht im wesentlichen im Aufschließen des Durchschnitts aller Jugendlicher zu den Entwicklungswerten der Bestsituierten der Jahrhundertwende". [145]

Diese These läßt sich von den beiden möglichen Extremen her noch unterstützen: Wo es zu keiner Veränderung der sozialen Situation gekommen ist, ist auch keine Akzeleration eingetreten. So fand A. Damon (1973) zwischen 1930 und 1970 bei 500 Müttern und ihren 522 Töchtern zum Zeitpunkt des Eintritts in zwei amerikanische Universitäten ein identisches Menarchealter von 13,1 Jahren. Ein Ergebnis mit ähnlichen Konsequenzen brachten die bereits zitierten Forschungen von Bakwin/ Mc Laughlin (1964) an neuimmatrikulierten Studenten der Havard-Universität.[146]

Auf der anderen Seite gibt es eine Reihe von Ergebnissen, die zeigen, daß auch eine fehlende Verbesserung der sozialen Lage konstante Werte im Bereich von Wachstum und Entwicklung bedingt. C. Vogel (1971) führte Untersuchungen über Wachstum und Dentition der männlichen Rajput-Jugend im Kulu-Tal (nordindischer Himalaja) durch. Vergleicht man Vogels Ergebnisse mit denen Hollands (1902) an derselben Bevölkerung, die ausgesprochen seßhaft schon seit langer Zeit in kleinen Hangdörfern lebt, dann zeigt sich, daß in den letzten 65 Jahren keine Körperhöhensteigerung stattgefunden hat. Eine schlechte Ernährungslage — einseitige und eiweißarme Ernährung —, harte Lebensbedingungen sind heute noch ebenso charakteristisch wie vor mehreren Generationen. Gleiche Ergebnisse brachte ein Vergleich des Menarchealters melanesischer Mädchen, das sich in einem Zeitraum von 60 Jahren nicht veränderte und noch heute im Durchschnitt bei 16 Jahren liegt. [147]

Für die weitere Erforschung des Akzelerationsphänomens wird es zwingend notwendig sein, allgemein zu einer stärkeren und noch besseren interdisziplinären Zusammenarbeit zu kommen, die neben den betroffenen Fächern der Medizin Biologie, Humangenetik, Psychologie, Pädagogik, Geschichts- und Gesellschaftswissenschaften einbezieht.

Anmerkungen

1 L. Rosenmayr, Jugend (Handbuch der empirischen Sozialforschung, Bd. 6, hg. v. R. König), Stuttgart 1976, S. 45.
2 Mit der hier angesprochenen Problematik der sozialen Zäsuren der Jugendphase werde ich mich im nächsten Band über ,,Kindheit und Jugend" der Reihe des Instituts für historische Anthropologie beschäftigen.
3 Vgl. in diesem Zusammenhang z.B. A. E. Imhof (Hg.), Der Mensch und sein Körper. Von der Antike bis heute, München 1983; ders., Die gewonnenen Jahre. Von der Zunahme unserer Lebensspanne seit 300 Jahren, München 1981; oder D. Kamper/Ch. Wulf (Hg.), Die Wiederkehr des Körpers, Frankfurt 1982.
4 G. Straaß, Sozialanthropologie. Prämissen-Fakten-Probleme, Jena 1976, S. 255 f.
5 M. Steenbeck und W. Scheler, Essay über den Einfluß von genetischem und gesellschaftlichem Erbe auf das Verhältnis Mensch – Gesellschaft. In: Deutsche Zeitschrift für Philosophie 21, 1973, S. 791.
6 H. Grimm (1970) zit. nach G. Straaß (wie Anm. 4), S. 96.
7 Ebenda.
8 Vgl. z.B. Biologismus (Beiträge zur historischen Sozialkunde 3/1983). Oder H. G. Marten, Sozialbiologismus. Biologische Grundpositionen der politischen Ideengeschichte, Frankfurt-New York 1983.
9 Vgl. z.B. A. E. Imhof (wie Anm. 3). E. Shorter, L'âge des premières règles en France, 1750 – 1950. In: Annales Économies, Sociétés, Civilisations 36, 1981, S. 495 – 511. P. Laslett, Family life and illicit love in earlier generations, Cambridge-London-New York-Melbourne 1977.
10 Vgl. z.B. A. Schwenk, Die körperliche Entwicklung im Jugendalter und ihre endokrinologischen Grundlagen (Medizinische und pädagogische Jugendkunde 3), Basel-Freiburg i.Br.-New York 1965, S. 21 f. Oder M. Schmidt, Somatische und psychische Faktoren der Reifeentwicklung (Wissenschaftliche Jugendkunde, Ergebnisse und Dokumente, hg. v. W. Hagen und H. Thome, 9), München 1965.
11 K. R. V. Wikman, Die Einleitung der Ehe. Eine vergleichend ethno-soziologische Untersuchung über die Vorstufe der Ehe in den Sitten des schwedischen Volkstums, Abo 1937.
12 J. Hajnal, European Marriage Patterns in Perspective. In: D. V. Glass/ D. E. C. Eversley (Hg.), Population in History. Essays in Historical Demography, London 1965.

13 P. Laslett, Age at Menarche in Europe since the Eighteenth Century. In: The Journal of Interdisciplinary History, Vol. II, Nr. 2, 1971 (The History of the Family), S. 227.
14 A. E. Imhof, Die gewonnenen Jahre (wie Anm. 3), S. 179. G. K. Döring (zit. nach A. Schwenk, wie Anm. 10, S. 21) fand bei Mädchen im ersten Jahr nach der Menarche in 58 % eine Basaltemperaturkurve wie sie anovulatorischen Zyklen entspricht, im zweiten Jahr nach der Menarche noch in 45 % aller Fälle.
15 H. Malmio, Über das Alter der Menarche in Finnland, Helsingfors 1919. W. Lenz, Über die Wandlungen des menschlichen Wachstums in der Gegenwart. In: Zeitschrift für menschliche Vererbungs- und Konstitutionslehre 27, 1943/44, S. 543 – 578. G. Backman, Die beschleunigte Entwicklung der Jugend. Verfrühte Menarche, verspätete Menopause, verlängerte Lebensdauer. In: Acta anatomica, Vol. IV, Fasc. 4, 1948, S. 421 – 480. Vgl. auch den Literaturbericht von U. Lehr, Berichte über den Stand des Accelerationsproblems. In: Vita humana 3, 1960, S. 143 – 172.
16 W. Lenz (wie Anm. 15), S. 548.
17 E. Mirow, Über Wachstum und Entwicklungsstand volksdeutscher Kinder des Warthegaues und Vergleichsuntersuchungen an der Heimatbevölkerung des Altreiches – ein Beitrag zum Accelerationsprozeß. In: Zeitschrift für Kinderheilkunde 63, 1942.
18 H. Grimm, Untersuchungen über die Pubertät bei Umsiedlerinnen aus der Nordbukowina. Beitrag zur Frage: Menarche und Umwelt. In: Zeitschrift für menschliche Vererbungs- und Konstitutionslehre 27, 1943/44, S. 39 – 68.
19 S. Rosenfeld, Zum Eintritt der Geschlechtsreife des weiblichen Geschlechtes in Wien. In: Zeitschrift für Anatomie 14, 1929, S. 625.
20 K. Howe, Ein Beitrag zur Verfrühung der Menarche und ihre Abhängigkeit vom Klima. In: Münchner medizinische Wochenschrift 68, 1939, S. 1113.
21 E. T. Engle und M. C. Shelesnyak, zit. nach G. Backman (wie Anm. 15), S. 423.
22 Vgl. z.B. G. Backman (wie Anm. 15), S. 427.
23 Z. B. U. Lehr (wie Anm. 15), S. 147. G. Backman (wie Anm. 15), S. 424 ff. E. Shorter (wie Anm. 9), S. 496.
24 Vgl. A. Damon, S. T. Damon, R. B. Reed und I. Valagian, Age at Menarche of Mothers and Daughters with the Note on Accuracy of Recall. after Thirtynine Years. In: Human Biology, 46, 1974, S. 381 – 384.
25 Das Corpus Hippocraticum umfaßt mindestens 60 (die Zahlen schwanken je nach der Einteilung) Schriften, die mit Sicherheit dem Hippokrates zugewiesen werden können.
26 Vgl. z. B. Rosenmayr (wie Anm. 1), S. 59 f. H. Feilzer, Jugend in der mittelalterlichen Ständegesellschaft. Ein Beitrag zum Problem der Generationen (Wiener Beiträge zur Theologie XXXVI), Wien 1971, S. 120 ff. F. Boll, Die Lebensalter. Ein Beitrag zur antiken Ethologie und zur Geschichte der Zahlen. In: Neue Jahrbücher für das klassische Altertum, 16. Jg., 1913. G. Hoehn, Die Einteilungsarten der Lebens- und Weltalter bei Griechen und Römern, o.O. 1912. W. Wackernagel, Die Lebensalter.

Ein Beitrag zur vergleichenden Sitten- und Rechtsgeschichte, Basel 1862. A. Hofmeister, Puer, iuvenis, senex. Zum Verständnis der mittelalterlichen Altersbezeichnungen. In: A. Brackmann (Hg.), Papsttum und Kaisertum. Forschungen zur politischen Geschichte und Geisteskultur des Mittelalters, München 1926.

27 Vgl. Hoehn (wie Anm. 26), S. 3. Feilzer (wie Anm. 26).
28 Vgl. Ehalt (wie Anm. 2).
29 Zit. nach Backman (wie Anm. 15), S. 445.
30 Ebenda, S. 448.
31 Dazu vor allem D. W. Amundsen und C. J. Diers, The Age of Menarche in Classical Greece and Rome. In: Human Biology 41, 1969, S. 126. Vgl. auch D. W. Amundsen und C. J. Diers, The Age of Menopause in Classical Greece and Rome. In: Human Biology 42, 1970, S. 79 – 86.
32 Amundsen, Diers, 1969 (wie Anm. 31), S. 126.
33 Ebenda.
34 Backman (wie Anm. 15), S. 451, verweist in diesem Zusammenhang auf die Sitte der Kinderehe.
35 Ebenda, S. 448.
36 Ebenda.
37 Vgl. D. W. Amundsen und C. J. Diers, The Age of Menarche in Medieval Europe. In: Human Biology 45, 1973, S. 363 – 369. J. B. Post, Ages at Menarche and Menopause: Some Medieval Authorities. In: Population Studies, 25, 1971, S. 83 – 87. P. O. Kristeller, The School of Salerno. In: Bulletin of the History of Medicine, 17, 1945, S. 138 – 194.
38 Vgl. Amundsen, Diers (wie Anm. 37), S. 363.
39 Ebenda.
40 Post (wie Anm. 37), S. 85.
41 Amundsen, Diers (wie Anm. 37), S. 364.
42 Ebenda.
43 Ebenda, S. 365.
44 Ebenda, S. 366.
45 Ebenda.,
46 Post (wie Anm. 37), S. 86.
47 Amundsen, Diers (wie Anm. 37), S. 366.
48 Ebenda, S. 367.
49 Post (wie Anm. 37), S. 87.
50 Amundsen, Diers (wie Anm. 37), S. 367 f.
51 Backman (wie Anm. 15), S. 449.
52 Viele der zitierten Autoren betonen aber, daß die Menarche schon mit 12 oder noch früher – nach Savonarola mit 9 Jahren – eintreten könne, aber auch viel später, mit 18, 19 oder 20 Jahren, oder überhaupt nicht (Aristoteles).
53 Backman (wie Anm. 15), S. 449.
54 Ebenda, S. 450.
55 H. Guarinonius, Die Greuel der Verwüstung menschlichen Geschlechts, Innsbruck 1610, S. 23 und S. 893.
56 Backman (wie Anm. 15), S. 450.
57 Zu der methodischen Problematik vgl. v.a. Laslett (wie Anm. 9) und Shorter (wie Anm. 9).

58 A. Brierre de Boismont, De la menstruation, considérée dans ses rapports physiologiques et pathologiques, Paris 1842.
59 Vgl. v.a. J. M. Tanner, Wachstum und Reifung des Menschen, Stuttgart 1962, S. 167. J. Roberton, Inquiry into the Natural History of the Mentrual Function. In: Medic. and Surgic. Edinburgh Journal, 1832, zit. nach Brierre de Boismont (wie Anm. 57a), S. 25 f.
60 E. Krieger, Die Menstruation. Eine gynäkologische Studie, Berlin 1869, S. 25.
61 Ebenda, S. 10.
62 R. Schaeffer, Über Beginn, Dauer und Erlöschen der Menstruation. In: Monatsschrift für Geburtshilfe und Gynäkologie, Bd. 23 und ders., Über das Alter des Menstruationsbeginns. In: Archiv für Gynäkologie, Bd. 24, 1908, S. 678.
63 L. Bolk, Untersuchungen über die Menarche bei der niederländischen Bevölkerung. In: Zeitschrift für Geburtshilfe und Gynäkologie 89, 1926, S. 364 – 380.
64 Backman (wie Anm. 15), S. 433 f.
65 Bolk (wie Anm. 62).
66 Tanner (wie Anm. 58), S. 159, 161, 162, 164. Straaß (wie Anm. 4), S. 127 ff.
67 Backman (wie Anm. 15), S. 434.
68 A. Schuhmacher, Die sexuelle Reifung. In: E. W. Müller (Hg.), Geschlechtsreife und Legitimation zur Zeugung. Freiburg 1985, Tab. 5.
69 F. Wurst, Umwelteinflüsse auf Wachstum und Entwicklung. Stadt- und Landkinder in Kärnten (Wissenschaftliche Jugendkunde 8), München 1964.
70 Tanner (wie Anm. 58), S. 161 f. und Backman (wie Anm. 15), S. 453.
71 W. Lenz, Die Bedeutung der Akzeleration für Gesundheit und Krankheit. In: Monatskurse ärztlicher Fortbildung 12, 1962, S. 332. Vgl. dazu auch K. Lang (Hg.), Akzeleration und Ernährung. Fettlösliche Wirkstoffe (Wiss. Veröffentlichungen d. Deutschen Gesellschaft für Ernährung, 4), Darmstadt 1959. W. Lenz, Ernährung und Konstitution, Berlin-München 1949. Ders., Über die Wandlungen des menschlichen Wachstums in der Gegenwart. In: Zeitschrift für menschliche Vererbungs- und Konstitutionslehre 27, 1943, S. 543 – 578.
72 Vgl. v. a. R. Sandgruber, Die Anfänge der Konsumgesellschaft. Konsumgüterverbrauch, Lebensstandard und Alltagskultur in Österreich im 18. und 19. Jahrhundert (Sozial- und Wirtschaftshistorische Studien 15), Wien 1982, S. 134 ff.
73 Ebenda.
74 Die gewaltigen Unterschiede in der Qualität der Ernährung, insbesondere im Fleischverbrauch, erklären die großen Stadt-Land-Unterschiede im Wachstums- und Reifungstempo, die im 19. Jahrhundert die Menarche- und Körpergrößenstatistiken prägen. Vgl. Sandgruber, ebenda, S. 160. Zur Beeinflussung von Wachstum und Reifung durch proteinreiche bzw. -arme Nahrung vgl. die Arbeiten von Lenz (wie Anm. 71), aber auch H. Günther, Die säkulare Progression der Körpergröße des Menschen. In: Münch. Medizinische Wochenschrift 96, 1954, S. 1411 – 1414. K. Bojlen/M.W. Bentzon, The Influence of Climate and Nutrition

on Age at Menarche: A Historical Review and a Modern Hypothesis. In: Human Biology 40, 1968, S. 69 – 85.
75 Vgl. Lenz, Über die Wandlungen des menschlichen Wachstums . . . (wie Anm. 71), S. 560 f. Sandgruber (wie Anm. 72), S. 171 – 180.
76 I. Schwidetzky, Variations- und Typenkunde des Menschen. In: Handbuch der Biologie, hg. v. L. V. Bertalanffy, Bd. 9, Konstanz 1965, S. 416.
77 Diese Beobachtung von Kaiser wird durch zahlreiche Belege anderer Autoren gestützt: J. Schaeuble fand im Jahr 1938 die Rekruten von Freiburg-Stadt mit 171 cm um 3,2 cm größer als die von Freiburg-Land, zit. nach Lenz, Akzeleration und Ernährung (wie Anm. 71), S. 10.
78 Ebenda, S. 11.
79 J. F. Dietz, Das Dorf als Erziehungsgemeinde, 1931.
80 Die Verzögerung von Geschlechtsreife und puberalem Wachstumsschub als Folge von mangelhafter Ernährung wird durch eine Reihe von Untersuchungen belegt: vgl. z.B. Lenz, Über die Wandlungen des menschlichen Wachstums . . . (wie Anm. 71), S. 540. S. F. Daw, Age of Boys' Puberty in Leipzig, S. 1727 – 1749, as Indicated by Voice Breaking in J. S. Bach's Choir Members. In: Human Biology 42, 1970, S. 87 – 89.
81 Lenz, Akzeleration und Ernährung (wie Anm. 71), S. 14 ff. Vgl. auch F. Wurst, Entwicklung und Umwelt des Landkindes, München 1961.
82 In einer Reihe von Studien wurde eindrucksvoll gezeigt, daß Zulagen von Eiweiß, insbesondere von Milch, das Wachstum durchschnittlich oder schlecht ernährter Kinder gesteigert haben. Signifikant waren die Ergebnisse in Kinderheimen, in denen nur ein Teil der Kinder zusätzlich Milch erhielt und dann auch stärker wuchs als die Vergleichsgruppe. Bei vorwiegend pflanzlicher Ernährung war das Wachstum geringer als bei milchreicher Nahrung bei gleicher Eiweiß-Kalorienzahl. Nach dem 2. Weltkrieg haben E. M. Widdowson und R. A. McCance in deutschen Waisenhäusern Untersuchungen über die Ausgleichung von Wachstumsrückstand, Untergewicht und retardierter Skelettreifung durchgeführt. Wenn diese Kinder eiweiß- und vitaminreiche Zusatzkost erhielten, holten sie rasch auf. Vgl. dazu Wurst (wie Anm. 69), S. 49 f.
83 Ebenda, S. 54. W. Korn, Änderungen der biologischen Entwicklung im Jugendalter, Baden-Baden, 1953, zit. nach U. Lehr, Berichte über den Stand des Akzelerationsproblems. In: Vita humana 3, 1960. S. 144, kam in seinen Forschungen über die Entwicklung von Nachkriegskindern zu dem Ergebnis, „daß Wachstum und Reifung durch die Mangelernährung in gleicher Weise geschädigt werden, daß aber die Verbesserungen der Lebensbedingungen eher einen Ausgleich des Wachstumsdefizits bewirkt". Daraus schließt er, daß nur unter normalen Bedingungen Wachstum und Reifung eng miteinander verbunden sind, während in Notzeiten die Ernährung und die Entwicklung des Organismus der Entwicklung der Sozialfunktionen vorausgehe.
84 E. Ziegler, Der moderne Zuckerkonsum und die Akzeleration. In: Schweizerische Medizinische Wochenschrift 96, Nr. 27, 1966, S. 1345 – 1349.
85 Ebenda, S. 1346.
86 Ebenda, S. 1345.
87 Vgl. v.a. Sandgruber (wie Anm. 72), S. 205 – 210.

88 Vgl. dazu v.a. Bojlen, Bentzon (wie Anm. 74) und L. Kralj-Cerek, The Influence of Food, Body Build, and Social Origin on the Age of Menarche. In: Human Biology 28, 1959, S. 393 – 406.
89 Ziegler (wie Anm. 84), S. 1346. Ziegler folgert, daß die Präzession der Menarche eine typische Nebenerscheinung der Akzeleration ist. Dank der starken Wachstumsstimulierung, v. a. in der präpuberalen Phase habe die Körpergröße der Erwachsenen in vielen Ländern erheblich zugenommen, obwohl infolge der frühzeitigen Produktion androgener und östrogener Hormone die Reifung des Skeletts beschleunigt werde und damit auch das Wachstum vorzeitig zum Abschluß komme.
90 Straaß (wie Anm. 4), S. 146.
91 W. Hagen, Zum Akzelerationsproblen. In: Deutsche Medizinische Wochenschrift 86, 1961, S. 223. „Gegen die Auffassung von Lenz, daß Fett und Eiweiß die wichtigste Rolle spielen, spricht die Beobachtung in Japan, daß der Reparations-Wachstumsschub in der Pubertätsphase sich schon unmittelbar nach dem Krieg zeigt, als zwar die Kalorienzufuhr mit dem Durchschnitt von 2000 Kalorien wieder ausreichend war, aber nur 61 g Eiweiß, davon 11 g tierisches und 13 g Fett pro Tag zur Verfügung stand. Dies besserte sich von 1950 bis 1955. Das tierische Eiweiß stieg von 17 auf 22,5 g und das Fett von 16 g auf 20 g. Trotzdem nahmen die Jahreszuwachs-Raten wieder ab, weil der Reparationsschub im wesentlichen schon vorher erfolgt war."
92 Straaß (wie Anm. 4), S. 147 f. Vgl. dazu auch H. Günther (wie Anm. 74), S. 1413 f. „Ohne Zweifel wird die Rassenmischung mit Erleichterung der Transportmöglichkeiten immer mehr gefördert und die Inzucht vermindert. Diese Änderung kann als stetiger Prozeß vorgestellt werden. Es wurde aber hervorgehoben, daß die beobachtete Größenzunahme jene übertrifft, die durch Luxurieren erwartet werden kann (W. Lenz). Nach dem jetzigen Stande des Wissens kann man nur sagen, daß bei der säkularen Progression der Körpergröße das Luxurieren keinen entscheidenden Faktor darstellt und daß ein möglicherweise geringer Einfluß nicht sicher erwiesen ist."
93 Straaß (wie Anm. 4), S. 147. Im Gegensatz dazu berichtet Günther (wie Anm. 74), S. 1414, über Beobachtungen, die eine Progression der Körpergröße bei isolierten Rassen vermuten lassen. „Bei einigen isolierten menschlichen Populationen begegnet man einer Neigung zum Hochwuchs. So wurden als mittlere Größe auf den Schifferinseln 189,5 cm (La Perouse), in Neuseeland 181,3 cm (Garnot), bei Karaiben 186,8 cm (Humbold) gefunden."
94 H. L. Shapiro, Migration and Environment, New York 1939. Vgl. dazu Tanner (wie Anm. 58), S. 166 f. „Die Zunahme der Körpergrößen (in Europa während der letzten 160 Jahre, Anm. d. Verf.) ist auch zu schnell eingetreten, als daß man an eine natürliche Selektion denken, könnte, die entstehen könnte, wenn körperlich große Menschen während der letzten 150 Jahre mehr heiratsfähige Nachkommen gehabt hätten als Menschen kleinerer Statur. Nichts spricht für die Berechtigung einer solchen Annahme, die bisher bekannten Untersuchungen deuten eher das Gegenteil an". Vgl. auch Wurst (wie Anm. 67), S. 141. Wurst (wie Anm. 81), S. 126.

95 A. Costanzo, Atti della 9., 10. e. 11. Riunione, SOC. ITAL. di STATISTICA, Roma 1951. Der Körperhöhenunterschied zwischen Vätern und Söhnen betrug in den Untersuchungen von Bowles 3,6 cm, in den Untersuchungen von Durnin und Weir 4,6 cm, der Unterschied zwischen Müttern und Töchtern nach diesen beiden Autoren 4,3 cm. Das ist ein größerer Unterschied, als er für irgendeine Mischlingspopulation gegenüber den Ausgangsrassen beobachtet worden ist. Dazu Lenz (in Lang, wie Anm. 71), S. 20 f.

96 N. Wolanski, G. Lasker, E. Jarosz und M. Pyzuk, Heterosis beim Menschen. Wachstumstendenzen in Beziehung auf die Entfernung zwischen den Geburtsorten von Mutter und Vater. In: Genetica pol. 10, 1969, S. 251 – 256, zit. nach Straaß (wie Anm. 4), S. 140. F. Nold, Körpergröße und Akzeleration. Die Körpergröße im Raume Freiburg (Breisgau) als Folge der genetischen Vermischung der Bevölkerung. In: Wehrdienst und Gesundheit 8, 1963, S. 70 – 77, stellte fest, daß die Durchschnittsgröße von ihm untersuchter junger Männer umso größer war, je weiter die Geburtsorte der Eltern von einander entfernt lagen. J. Richter, Akzeleration und soziologische, anthropologische und bioklimatische Bedingtheiten. In: Zeitschrift für die gesamte Hygiene und ihre Grenzgebiete 18, 1972, S. 313 – 318, hat auf der Basis seiner Unternehmungen an Görlitzer Mädchen weder hinsichtlich des Menarcheeintritts noch im Hinblick auf die Körperhöhe einen „Heterosis-Effekt" gefunden.

97 H. W. Jürgens, zit. nach Straaß (wie Anm. 4), S. 150.

98 Wie die neuere Familiengeschichte und Ergebnisse der historischen Demographie hinreichend gezeigt haben, war die Urbanisierungsbewegung im 19. und 20. Jahrhundert nicht geprägt durch ein Abwandern der „Tüchtigen" und „Intelligenteren" vom Land in die Stadt; es waren vielmehr fast stets die Deklassierten, Chancenlosen, Besitzlosen, die in die Stadt zogen; ebenso hält auch die These vom bevorzugten Überleben oder von der bevorzugten Fortpflanzung bestimmter psychisch und physisch hervorstechender Typen einer Überprüfung am historischen Material nicht stand.

99 C. Bennholdt-Thomsen, Die Entwicklungsbeschleunigung der Jugend, In: Ergebnisse der Inneren Medizin und Kinderheilkunde 62, 1942, S. 1210 f.

100 Ebenda, S. 1214.

101 Ebenda, S. 1216 f.

102 Straaß (wie Anm. 4), S. 158 f.

103 In einer Reihe von Untersuchungen wird dargelegt, daß die Größenzunahme vor allem Angehörige der unteren Sozialschichten betraf. Lenz (in Lang, wie Anm. 71), S. 6, bezieht sich auf einige schweizer Untersuchungen, die das Ergebnis brachten, daß von dem Prozeß der Größenzunahme in erster Linie Fabrikarbeiter betroffen waren, weniger die Landleute, Kaufleute und Intellektuellen. In der piemontesischen Gemeinde Casale Monferrati hatte die Körpergröße der Landarbeiter, städtischen Arbeiter und Bauern zwischen 1811 – 1815 und 1844 – 1846 um 9 cm zugenommen, die der Studenten, Angestellten und Wohlhabenden im gleichen Zeitraum um 6,3 cm.

104 K. Bojlen, G. Rasch, M. W. Bentzon, The Age of Incidence of the Menarche in Kopenhagen. In: Acta obstet. gynec. Scand. 33, 1954, S. 405. Schreiner hat für ganz Norwegen ein durchschnittliches Menarchealter von 14,57 Jahren berechnet, für Oslo von 14,62 Jahren, für die übrigen norwegischen Städte von 14,6 Jahren.
105 Vgl. A. Lenner, Das Menarchealter. Eine Untersuchung über den Einfluß verschiedener Faktoren auf das Menarchealter. In: Acta obstet gynec. Scand. 24, 1944, S. 113 – 164. B. Skerlj, Die Menarche von Gymnasiastinnen aus Ljubljana. In: Zeitschrift für Rassenk. 13, 1942, S. 20. Wilson und Sutherland kamen in ihrer Untersuchung an Mädchen aus 2 städtischen Schulen und 6 ländlichen Schulen zu dem Ergebnis, daß die Landmädchen ihre Menarche etwas früher hatten – es ergaben sich jedoch kaum nennenswerte Unterschiede: D. C. Wilson, J. Sutherland, Age at the Menarche. In: Brit. med. journ., 1950, S. 1267.
106 Straaß (wie Anm. 4), S. 159 f.
107 Ebenda, S. 160.
108 K. Howe (wie Anm. 20), S. 1113. Wehefritz zit. nach Lenz, Über die Wandlungen des menschlichen Wachstums in der Gegenwart (wie Anm. 71), S. 557.
109 Vgl. dazu Straaß (wie Anm. 4), S. 153. Wurst (wie Anm. 69), S. 138 f. Schuhmacher (wie Anm. 68), dzt. in Druck.
110 Das Problem bei den meisten Untersuchungen, die auf klimatische Einflüsse auf die sexuelle Entwicklung rekurrieren, besteht darin, daß die Bedeutung zahlreicher anderer Einflußfaktoren (soziale, rassisch-ethnische, psychosoziale) nicht oder zu wenig berücksichtigt wird. Insgesamt scheint das Klima, wie dies ja bereits Tanner (wie Anm. 58), S. 120 ff. ausführlich dargestellt hat, keine oder nur eine sehr geringe Rolle zu spielen.
111 E. W. Koch, Über die Veränderung menschlichen Wachstums im ersten Drittel des 20. Jahrhunderts, Leipzig 1935. Ders., Über das Wachstum der Leipziger Kinder in 3 Jahrzehnten. In: Deutsches Gesundheitswesen 5, 1950, S. 630. Vgl. auch Wurst (wie Anm. 69), S. 138 f.
112 Koch, Über die Veränderung menschlichen Wachstums im ersten Drittel des 20. Jahrhunderts (wie Anm. 111), S. 33.
113 Wenn Kochs Hypothese der „Heliogenen Akzeleration" richtig wäre, so müßte man erwarten, daß der Sommergipfel der Längenzunahme in den letzten Jahrzehnten deutlicher geworden wäre, da ja die verstärkte Besonnung hauptsächlich im Sommer wirksam ist; die Forschungsergebnisse sprechen eher dagegen: v. Wendt hat gefunden, daß die deutliche Wachstumshemmung finnischer Kinder im Spätwinter und Frühjahr geringer geworden ist. Dazu Lenz, Über die Wandlungen des menschlichen Wachstums in der Gegenwart (wie Anm. 71), S. 556 f.
114 F. Hollwich, Der Einfluß des Augenlichts auf die Regulation des Stoffwechsels, 1955 und ders., Der Lichteinfluß über das Auge als Stimulans hormonaler Vorgänge, 1963, zit. nach Straaß (wie Anm. 4), S. 154.
115 Ebenda.
116 W. Jöchle und H. Ungeheuer, Psychisches Verhalten von Ratten unter extremen Haltungsbedingungen in Abhängigkeit von Wettereinflüssen. In: Zeitschrift für Naturforsch. 12, 1957, S. 51.

Geschlechtsreife in Europa 149

117 B. de Rudder, Reize und Reizfolgen im Wachstumsalter. In: R. Demoll (Hg.), Im Schatten der Technik, München und Eßlingen 1960, S. 64. De Rudder zitiert in diesem Aufsatz Hellpach, der darauf hinweist, daß die künstlichen Lichtquellen „mehr die anregend wirkenden gelben und gelbroten Farben gegenüber den beruhigenderen grün-blauen in der Landschaft besitzen" (ebenda). Im Jahr 1961 hat A. Lang, zit. nach Straaß (wie Anm. 4), S. 154 f., das gesamte Akzelerationsgeschehen als Auswirkung der Lichteinwirkung interpretiert.
118 Straaß (wie Anm. 4), S. 155.
119 K. Treiber, Versuch zur Klärung des außergewöhnlichen Wachstums der Jugend. In: Münch. Medizinische Wochenschrift 88, 1941, S. 1027 f.: Seit den 20er Jahren wurde „Wärme in großer Menge in elektrische Strahlen umgewandelt und . . . diese Strahlen durch Aufstellen von Sendern über die ganze Erde verbreitet . . . Wenn nun auch die Wirkung der einzelnen Strahlen auf den menschlichen Körper minimal ist, so muß man als Gegengewicht die ständige Einwirkung von Strahlen ansetzen . . . Ich nehme nun an, daß durch die Einwirkung der ständig uns durchdringenden Strahlenwellen das Wachstumshormon ebenfalls energisch angeregt zu stärkerer und früherer Auswirkung kommt".
120 Ebenda.
121 B. de Rudder, Zur Frage nach der Akzelerationsursache. In: Deutsche Medizinische Wochenschrift 85, 1960, S. 1193 ff. De Rudder schließt seinen Aufsatz mit der Feststellung: „Da die Tatsache der Akzeleration heute zwischen Grönland und Neuseeland bei allen Bevölkerungen festgestellt ist, die irgendwie trotz ihrer verschiedensten Ernährungsgewohnheiten mit der städtischen Zivilisation in Kontakt kamen, kann als Akzelerationsursache überhaupt nur ein Einfluß diskutiert werden, der jenseits aller örtlichen Besonderheiten liegt." Wie bereits dargestellt wurde, liegen dort, wo sich die Lebensverhältnisse nicht verbessert haben, auch die Werte für Wachstum und Entwicklung noch immer weit auseinander.
122 H. Grimm, Schuljugend im Blickfeld des Arztes, Berlin 1958, S. 32.
123 H. Grimm, Domestikation, Zivilisation und Urbanisation als Umweltbedingungen in der jüngeren Stammesgeschichte des Menschen, zit. nach Straaß (wie Anm. 4), S. 161.
124 A. Arvay, S. Nyiri, Die Rolle von nervösen Umwelteinflüssen auf die weiblichen Sexualfunktionen. In: Zeitschr. ärztlicher Fortbildung 55, 1961, S. 879.
125 De Rudder (wie Anm. 121), S. 1193. Vgl. dazu auch K. Winter, Die Akzeleration als Ausdruck des Wandels der Biologie des Menschen. In: Deutsche Zeitschrift für Philosophie 10, 1962, S. 930.
126 J. Schmidt-Voigt, Wesenszüge im Elektrokardiogramm des akzelerierten Jugendlichen. In: Zeitschrift für Kinderheilkunde 65, 1948, S. 413 f. G. Rudolph zit. nach Straaß (wie Anm. 4), S. 161, stellt fest, daß es „kaum noch zweifelhaft (erscheint), daß das moderne Zivilisationsmilieu entwicklungsanregende Wirkungen auf den Organismus ausübt. Diese haben ihren erstaunlichen Ausdruck gefunden in den Erscheinungen der sogenannten Akzeleration".
127 Straaß (wie Anm. 4), S. 162.

128 Grimm (wie Anm. 123), S. 164.
129 „Gerade die Tatsache, daß so verschiedene Tiere analoge Reaktionen zeigen, schlägt den üblichen Einwand aus dem Felde, daß noch fraglich sei, wie weit eine Verallgemeinerung der Resultate und eine Übertragung auf den menschlichen Bereich gestattet ist." (H. Grimm, Vergleichend-biologische Gesichtspunkte zum Urbanisierungstrauma. In: Zeitschrift für ärztliche Fortbildung 51, 1957, S. 947.
130 Ebenda, S. 946.
131 Vgl. z.B. H. Ch. Ehalt, Zwischen Natur und Kultur. Zur Kritik biologistischer Ansätze, Wien-Graz-Köln, 1985 (erscheint im Sept.). Oder H. Hemminger, Der Mensch – eine Marionette der Evolution? Frankfurt a. Main, 1983.
132 J. M. Hollenbach, Der Mensch der Zukunft, zit. nach Straaß (wie Anm. 4).
133 Ebenda, S. 287 ff.
134 C. P. Schick, Neue Aspekte des Akzelerationsproblems. In: Ärztliche Praxis 14, 1962, S. 332.
135 Ebenda.
136 Hierher gehören nicht nur Faktoren wie Familienstruktur. Anzahl der Geschwister, Ernährungssituation, sondern auch der gesamte Komplex psychosozialer Faktoren.
137 H. P. Bowditch, 8. Annual Rep. of State Board of Health of Mass. Boston: 1877, S. 275 – 327. Diese beiden Berichte aus dem vorigen Jahrhundert stehen hier nur exemplarisch und ließen sich durch beliebig viele Belege über die Kinderarbeit ergänzen.
138 Z. B. E. Schlesinger, J. Kaup, V. Neubauer, H. Nowak, A. Arnold, D. Craven, E. Jokl und Schmidt-Kehl. Letzterer ordnet die von ihm untersuchten Jugendlichen zwei Gruppen zu: Die in „Reizberufe" und die in „Reizmangelberufe". „In den Reizberufen werden so schwere körperliche Anforderungen an die Muskulatur des Rumpfes, des Schultergürtels und der Arme gestellt, daß mit deren hypertrophischen Entwicklung das Breitenwachstum gegenüber dem Längenwachstum dominiert". Zit. nach Wurst (wie Anm. 69), S. 73. Lenz vertritt die gleiche Meinung; er fand bei Lehrlingen eine deutliche Unterlegenheit an Größe gegenüber Oberschülern, dagegen wogen die Lehrlinge in Durschnitt um 1,5 bis 2 kg mehr. Er deutet dieses Verhältnis als Ausdruck der körperlichen Arbeit (stärkere Ausbildung der Muskulatur, breiter Knochenbau).
139 K. Winter, zit. nach Wurst (wie Anm. 69), S. 73.
140 Wurst, ebenda, S. 75.
141 Ebenda, S. 76 f.
142 De Rudder (wie Anm. 121). Schick (wie Anm. 134) und Ziegler (wie Anm. 84).
143 Winter, Die Akzeleration als Ausdruck . . . (wie Anm. 125).
144 A. Bebel, die Frau und der Sozialismus, zit. nach Lenz (in Lang, wie Anm. 71), S. 6 f.
145 G. Straaß, Zur Geschichtlichkeit der Interdependenz biologischer und sozialer Strukturen beim Menschen. In: Wissenschaftliche Zeitschrift der Humboldt-Universität Berlin, math.-nat. Reihe 16, 1967, S. 1093.
146 H. Bakwin, S. M. McLaughlin, Secular increase in height. Is the End in Sight? Lancet 1964, II, S. 1195 f.
147 C. Vogel zit. nach Straaß (wie Anm. 4), S. 173.

Geschlechtsreife in Europa 151

Anhang

Tabelle 1: Menarchealter bei Frauen aus Göttingen.
(Schichtspezifisch nicht aufgeschlüsselt)
(F.B. Osiander, Denkwürdigkeiten für die Heilkunde und Geburtshilfe, 11 Bde., Bd. 2, Göttingen 1795).
(Kontrolliert, korrigiert und ergänzt durch den Verf.).

Alter	Anzahl der Frauen	
	absolut	in %
12	3	2,19
13	8	5,84
14	21	15,33
15	32	23,36
16	24	17,52
17	11	8.03
18	18	13,14
19	10	7,30
20	8	5,84
21	1	0,73
22	0	
23	1	0,73
	137	
	Durchschnittliches Menarchealter:	16,08 Jahre
	korrigiert	+ 0,50 +)
		16,58 Jahre
	Standardabweichung	2,11

+) Die Werte müssen wahrscheinlich mit +0,5 korrigiert werden.

Tabelle 2: Menarchealter bei Frauen aus Manchester.
(Schichtspezifisch nicht aufgeschlüsselt).
(J. Roberton, Inquiry into the Natural History of the Menstrual Function. In: Medic. and Surgic. Edinburgh Journal, 1832).
(Kontrolliert, korrigiert und ergänzt durch den Verf.).

Alter	Anzahl der Frauen	
	absolut	in %
11	10	2,22
12	19	4,22
13	53	11,78
14	85	18,89
15	97	21,56
16	76	16,89
17	57	12,67

Tabelle 2: Fortsetzung

18	26	5,78
19	23	5,11
20	4	0,89
	450	
	Durchschnittliches Menarchealter:	15,20 Jahre
	korrigiert	+ 0,50 +)
		15,70 Jahre
	Standardabweichung	1,89

+) Die Werte müssen wahrscheinlich mit 0,5 korrigiert werden.

Tabelle 3: Menarchealter bei Frauen aus Lyon
(Schichtspezifisch nicht aufgeschlüsselt)

(T.-J.-E. Pétrequin, Recherches sur la menstruation, Paris, thèse médicale, 1835; Pétrequin befragte 272 Frauen im „Hôtel-Dieu de Lyon". M. Bouchacourt, Statistique recueillie à l'hospice de la Maternité de Lyon, 19e vol. de la 2e édition du Dict. en 25 vol., art. Menstruation; Bouchacourt befragte 160 Frauen im Hospiz „de la Maternité".)
(Kontrolliert, korrigiert und ergänzt durch den Verf.).

Alter	Anzahl der Frauen	
	absolut	in %
10	5	1,16
11	14	3,24
12	26	6,02
13	47	10,88
14	50	11,57
15	76	17,59
16	79	18,29
17	58	13,43
18	38	8,80
19	21	4,86
20	9	2,08
21	5	1,16
22	1	0,23
23	0	
24	3	0,69
	432	
	Durchschnittliches Menarchealter:	15,46 Jahre
	korrigiert	+ 0,50 +)
		15,96 Jahre
	Standardabweichung	2,36

+) Die Werte müssen wahrscheinlich mit +0,5 korrigiert werden.

Geschlechtsreife in Europa 153

Tabelle 4: Menarchealter bei Frauen aus Marseille und Toulon
(Schichtspezifisch nicht aufgeschlüsselt)

(M. d'Espine, Recherches sur quelques-unes des causes qui hâtent ou retardent la puberté. In: Archives générales de med., 1835)
(Kontrolliert, korrigiert und ergänzt durch den Verf.)

Alter	Anzahl der Frauen	
	absolut	in %
11	6	8,82
12	10	14,71
13	13	19,12
14	9	13,24
15	16	23,53
16	8	11,76
17	4	5,89
18	2	2,94
	68	

Durchschnittliches Menarchealter:	14,01 Jahre	
korrigiert	+ 0,50	+)
	14,51 Jahre	
Standardabweichung	1,81	

+) Die Werte müssen wahrscheinlich mit +0,5 korrigiert werden.

Tabelle 5: Menarchealter bei Frauen aller sozialen Schichten in Paris

(M. d'Espine, Recherches sur quelques-unes des causes qui hâtent ou retardent la puberté. In: Archives générales de med., 1835)
(Kontrolliert, korrigiert und ergänzt durch den Verf.)

Alter	Anzahl der Frauen	
	absolut	in %
9	1	1,18
10	0	
11	3	3,53
12	14	16,47
13	6	7,06
14	18	21,18
15	14	16,47
16	7	8,24
17	6	7,06

Tabelle 5: Fortsetzung

18	5	5,88
19	8	9,41
20	3	3,53
	85	

Durchschnittliches Menarchealter:	14,89 Jahre	
korrigiert	+ 0,50	+)
	15,39 Jahre	
Standardabweichung	2,50	

+) Die Werte müssen wahrscheinlich mit +0,5 korrigiert werden.

Tabelle 6: Menarchealter bei Frauen unterschiedlicher sozialer Schichten (filles de la classe métis) von Paris

(A. Brierre de Boismont, De la Menstruation, Paris 1842)
(Kontrolliert, korrigiert und ergänzt durch den Verf.)

Alter	Anzahl der Frauen	
	absolut	in %
9	2	1,48
10	4	2,96
11	14	10,37
12	7	5,19
13	20	14,81
14	28	20,74
15	19	14,07
16	16	11,85
17	12	8,89
18	7	5,19
19	2	1,48
20	2	1,48
21	1	0,74
22	0	
23	1	0,74
	135	

Durchschnittliches Menarchealter:	14,38 Jahre	
korrigiert	+ 0,50	+)
	14,88 Jahre	
Standardabweichung	2,47	

+) Brierre de Boismont meint mit den Altersangaben nachweislich die Zahl der vollendeten Lebensjahre

Tabelle 7: Menarchealter bei jungen Mädchen des „établissement de M. Bouvier"

(A. Brierre de Boismont, De la Menstruation, Paris 1842)
(Kontrolliert, korrigiert und ergänzt durch den Verf.)

Alter	Anzahl der Frauen	
	absolut	in %
11	1	3,13
12	3	9,38
13	5	15,63
14	12	37,50
15	2	6,25
16	5	15,63
17	4	12,50
	32	

Durchschnittliches Menarchealter:	14,31 Jahre	
korrigiert	+ 0,50	+)
	14,81 Jahre	
Standardabweichung	1,59	

+) Vgl. Tabelle 6

Tabelle 8: Menarchealter bei Frauen aus den wenig begüterten Schichten (la classe peu aisée) von Paris

(A. Brierre de Boismont, De la Menstruation, Paris 1842)
(Kontrolliert, korrigiert und ergänzt durch den Verf.)

Alter	Anzahl der Frauen	
	absolut	in %
9	2	1,17
10	5	2,92
11	18	10,53
12	9	5,26
13	20	11,70
14	24	14,04
15	27	15,79
16	22	12,87
17	19	11,11
18	12	7,02
19	4	2,34

Tabelle 8: Fortsetzung

Alter	absolut	in %
20	3	1,75
21	1	0,58
22	4	2,34
23	1	0,58
	171	

Durchschnittliches Menarchealter:	14,82 Jahre	
korrigiert	+ 0,50	+)
	15,32 Jahre	
Standardabweichung	2,76	

+) Vgl. Tabelle 6

Tabelle 9: Menarchealter bei Frauen aus Adel und Großbürgertum

(A. Brierre de Boismont, De la Menstruation, Paris 1842)
(Kontrolliert, korrigiert und ergänzt durch den Verf.)

Alter	Anzahl der Frauen	
	absolut	in %
9	1	1,87
10	2	3,77
11	4	7,55
12	7	13,21
13	10	18,87
14	12	22,64
15	8	15,09
16	5	9,43
17	3	5,66
18	1	1,87
	53	

Durchschnittliches Menarchealter:	13,66 Jahre	
korrigiert	+ 0,50	+)
	14,16 Jahre	
Standardabweichung	1,92	

+) Vgl. Tabelle 6

Tabelle 10: Menarchealter bei Frauen aus dem städtischen Bereich Frankreichs (mit Ausnahme von Paris); 98 % der Frauen stammen aus Städten Nord- und Mittelfrankreichs
(A. Brierre de Boismont, De la Menstruation, Paris 1842)
(Kontrolliert, korrigiert und ergänzt durch den Verf.)

Alter	Anzahl der Frauen	
	absolut	in %
9	1	0,49
10	6	2,93
11	21	10,24
12	21	10,24
13	18	8,78
14	33	16,10
15	29	14,15
16	20	9,76
17	24	11,71
18	11	5,37
19	7	3,41
20	11	5,37
21	1	0,49
22	1	0,49
23	1	0,49
	205	

Durchschnittliches Menarchealter: 14,77 Jahre
               korrigiert   +   0,50   +)
                                     15,27 Jahre
             Standardabweichung   2,76

+) Vgl. Tabelle 6

Tabelle 11: Menarchealter bei Frauen aller sozialer Schichten und Regionen Frankreichs (davon etwa 2/3 aus Paris)
(Daten von Brierre de Boismont und Ménière. In: A. Brierre de Boismont, De la Menstruation, Paris 1842)
(Kontrolliert, korrigiert und ergänzt durch den Verf.)

Alter	Anzahl der Frauen	
	absolut	in %
5	1	0,08
6	0	
7	1	0,08
8	2	0,17

Tabelle 11: Fortsetzung

Alter	absolut	in %
9	10	0,83
10	29	2,42
11	93	7,75
12	105	8,75
13	132	11,0
14	194	16,17
15	190	15,83
16	141	11,75
17	127	10,58
18	90	7,50
19	35	2,92
20	30	2,50
21	8	0,66
22	8	0,66
23	4	0,33
	1200	

Durchschnittliches Menarchealter: 14,76 Jahre
korrigiert + 0,50 +)
15,26 Jahre
Standardabweichung 2,60

+) Vgl. Tabelle 6.

Tabelle 12: Menarchealter bei Frauen aus den ländlichen Regionen Frankreichs

(A. Brierre de Boismont, De la Menstruation, Paris 1842)
(Kontrolliert, korrigiert und ergänzt durch den Verf.)

Alter	Anzahl der Frauen	
	absolut	in %
7 1/2	1	0,36
8	0	
9	4	1,45
10	1	0,36
11	19	6,88
12	27	9,78
13	30	10,87
14	42	15,22
15	54	19,52
16	28	10,15
17	23	8,33
18	26	9,42

Tabelle 12: Fortsetzung

19	9	3,26
20	8	2,90
21	3	1,09
22	1	0,36
	276	

Durchschnittliches Menarchealter:		14,85 Jahre	
korrigiert	+	0,50	+)
		15,35 Jahre	
Standardabweichung		2,55	

+) Vgl. Tabelle 6

Tabelle 13: Menarchealter dänischer Frauen aus unterschiedlichen sozialen Schichten

(Ravn, Menstruationens fysiologi. Bibliothek för Laeger, Kopenhagen 1850)

Auf dem Land:

Bei Frauen aus der reichen Oberschicht	14,00 Jahre
Bei Frauen aus der Hausdienerschaft	16,42 Jahre
Bei Frauen aus der Bauernschaft	16,67 Jahre

In den Städten:

Bei Frauen aus der reichen Oberschicht	14,25 Jahre
Bei Frauen aus der mittleren Bürgerklasse	15,46 Jahre
Bei Frauen aus den unteren sozialen Schichten	16,44 Jahre

(Die Werte müssen wahrscheinlich mit +0,5 korrigiert werden)

Tabelle 14: Menarchealter bei in Wien geborenen Mägden, Taglöhnerinnen, Handarbeiterinnen und Frauen der mittleren Bürgerklasse

(F. Szukits, Über die Menstruation in Österreich. In: Zeitschrift d. k.k. Gesellschaft der Ärzte zu Wien, 13, Wien 1857)

Alter	Anzahl der Frauen	
	absolut	in %
11	6	0,90
12	40	6,02
13	45	6,77
14	210	31,58
15	61	9,17

Tabelle 14: Fortsetzung

16	84	12,63
17	61	9,17
18	87	13,08
19	46	6,92
20	18	2,71
21	4	0,60
22	3	0,45
	665	
	Durchschnittliches Menarchealter:	15,51 Jahre
	korrigiert +	0,50
		16,01 Jahre
	Standardabweichung	2,21

Tabelle 15: Menachealter bei Frauen aller sozialer Schichten

(E. Krieger, Die Menstruation. Eine gynäkologische Studie, Berlin 1869, 10)
(Kontrolliert und korrigiert durch den Verf.)

Alter	Anzahl der Frauen	
	absolut	in %
9	1	0,02
10	7	0,11
11	43	0,66
12	184	2,81
13	605	9,24
14	1193	18,21
15	1240	18,93
16	1026	15,66
17	758	11,57
18	582	8,89
19	425	6,49
20	281	4,29
21	111	1,69
22	55	0,84
23	15	0,23
24	15	0,23
älter als 24	9	0,14
	6550	
	Durchschnittliches Menarchealter:	15,86 Jahre
	korrigiert	+ 0,50 +)
		16,36 Jahre
	Standardabweichung	2,26

+) Krieger verwendet in seiner Untersuchung den Ausdruck „im n-ten Jahr"
 (in den Tabellen) bedeutungsgleich mit der Wendung „mit n Jahren" (im
 Text), was dafür spricht, seine Durchschnittswerte um +0,5 zu korrigieren.

Tabelle 16: Menarchealter „bei den höheren Ständen"
(R. Schaeffer, Über das Alter des Menstruationsbeginns. In: Archiv für Gynäkologie 84, 1908, 678)
(Kontrolliert und korrigiert durch den Verf.)

Alter	Anzahl der Frauen	
	absolut	in %
7	1	0,06
8	0	
9	5	0,27
10	15	0,83
11	99	5,50
12	282	15,65
13	394	21,88
14	463	25,71
15	262	14,55
16	140	7,77
17	93	5,16
18	29	1,61
19	15	0,83
20	1	0,06
21	1	0,06
22	0	
23	1	0,06
	1801	
Durchschnittliches Menarchealter:		13,83 Jahre
korrigiert		+ 0,50 +)
		14,33 Jahre
Standardabweichung		1,73

+) Aus der Veröffentlichung von Schaeffer geht nicht eindeutig hervor, mit welcher Bedeutung – „mit n Jahren" oder „im n-ten Jahr" – Altersangaben gemacht werden; da der erstgenannte Bedeutungsgehalt wahrscheinlicher ist, sollte mit +0,5 korrigiert werden.

Tabelle 17: Menarchealter „bei den untersten Ständen"
(R. Schaeffer, Über das Alter des Menstruationsbeginns. In: Archiv für Gynäkologie 84, 1908, 678)
(Kontrolliert und korrigiert durch den Verf.)

Alter	Anzahl der Frauen	
	absolut	in %
9	6	0,06
10	19	0,19
11	90	0,86

Tabelle 17: Fortsetzung

12	489	4,65
13	862	8,21
14	1749	16,65
15	1862	17,73
16	1860	17,71
17	1472	14,01
18	1133	10,80
19	528	5,02
20	273	2,60
21	79	0,75
22	52	0,50
23	13	0,13
24	6	0,06
25	3	0,03
älter als 25	4	0,04
	10500	

Durchschnittliches Menarchealter: 15,70 Jahre
korrigiert + 0,50
16,20 Jahre

Standardabweichung 2,11

+) Vgl. Tabelle 16

Tabelle 18: Veränderungen des Termius der Geschlechtsreife in Europa

Deutschland

Autor	Jahr der Untersuchung	Anzahl der Fälle	durchschnittliches Menarchealter
Osiander	1795	137	16,59
Osiander	1808	332	16,76
v. Hecker u. Buhl	1861	1348	16,40
Stolz (Stoeber u. Tourdes)	1861	600	16,65
Levy (Stoeber u. Tourdes)	1861	649	15,85
v. Hecker	1864	3114	16,30
v. Hecker	1864	1072	16,26
Leudet	1867	—	16,29
Beigel	1869	500	14,90
Marcuse	1869	350	15,94
Marcuse	1869	3030	16,78
Krieger u. L. Mayer	1869	6550	16,35
Cohnstein	1872	40	16,80

Tabelle 18: Fortsetzung

Westhoff	1873	2998	16,87
v. Hecker	1875	401	16,70
Schlichting	1880	8881	16,57
Rumpe	1882	100	18,38
Kleinwächter	1884	738	15,91
Lullies	1886	3000	16,50
Eckhardt (Kontrollen)	1886	400	16,37
Eckhardt (Alte Erstgebärende)	1888	182	17,33
v. Morlot (1903)	1889	445	17,14
Züst	1889	312	16,05
Grunert (1898)	1892	661	15,98
Gruzdeff (Deutsche in Russland)	1893	–	15,64
Münder	1894	481	15,69
Metzger (1907)	1894	324	16,09
Metzger	1895	467	16,21
Metzger	1896	517	16,07
Metzger	1897	467	15,98
Metzger	1898	502	16,05
Metzger	1899	483	15,98
Metzger	1900	542	16,15
v. Flansz	1901	60	16,62
Prang	1901	23	16,30
Metzger (1907)	1901	530	16,08
Metzger	1902	281	15,90
Stein (1926)	1906	1361	15,94
Schaeffer	1906	10500	16,22
Schaeffer	1908	1050	16,04
Schaeffer	1908	1321	14,55
Kashdan	1909	1002	15,94
Bondy	1911	947	15,41
Kremer	1911	389	16,45
Reichel	1912	160	15,85
Garbar	1914	1519	15,99
Dieterich	1920	770	15,49
Heyn	1920	2082	15,75
Heyn	1920	497	15,97
Heyn	1920	623	16,21
Heyn	1920	68	16,84
Stein (1926)	1926	587	14,97
Rhiel	1927	143	14,90
Scheyer, Leptosomen	1932	300	14,95
Scheyer, Pykniker	1932	–	14,49
Peller u. Zimmermann	1932	1000	14,46
Peller u. Zimmermann	1932	1000	14,54
Weysser	1936	1115	14,45

Tabelle 18: Fortsetzung

Riesopoulos	1936	5288	14,53
Seegelken	1937	955	14,62
Scheibner	1938	1742	14,42
Wallau, Leptosomen	1939	1113	15,44
Wallau, Pykniker	1939	751	14,75

Frankreich

Autor	Jahr der Untersuchung	Anzahl der Fälle	durchschnittliches Menarchealter
de Boismont	1830	652	15,31
Ménière (de Boismont)	1832	1200	15,25
Pétrequin	1835	434	16,00
de Boismont	1835	1111	15,32
d'Espine	1835	25	14,52
d'Espine	1835	85	15,41
d'Espine	1835	43	14,58
Bouchacourt	1839	160	14,75
Bouchacourt	1839	68	14,51
de Boismont	1842	359	14,98
Raciborski	1844	50	15,58
Raciborski	1844	437	15,10
Raciborski	1844	200	15,08
Petiteau	1856	590	15,20
Aran	1858	100	15,38
Dubois et Pajot	1860	500	15,81
Puech	1863	941	14,75
Puech	1863	144	14,51
de Soyre	1863	1000	15,73
Lagneau	1867	3661	14,64
Demoury	1868	135	15,20
Queirel et Rouvier	1879	41	14,26
Queirel et Rouvier	1879	257	14,41
Queirel et Rouvier	1879	52	13,73
Queirel et Rouvier	1879	205	14,59
Courty	1881	599	14,65
Courty	1881	43	14,71
Peyrat	1884	150	15,15
Courtade	1884	303	15,79
Leudet	1891	1286	15,40
Donnart	1895	207	14,81
Dubé	1896	968	14,98
Biérent	1896	100	14,18
Fachatte	1898	100	15,00
Fachatte	1898	100	14,50
Peyran	1903	456	14,78

Tabelle 18: Fortsetzung

Autor	Jahr	Anzahl	Menarchealter
Francillon	1906	424	14,65
Caillods	1908	1665	14,64
Gibert	1913	1500	14,50
Campunaud	1919	2002	14,51
Campunaud	1919	607	14,38
Campunaud	1919	1395	14,55
Campunaud	1919	107	14,59
Campunaud	1919	123	14,26
Campunaud	1919	71	14,67
Campunaud	1919	2303	14,50

England

Autor	Jahr der Untersuchung	Anzahl der Fälle	durchschnittliches Menarchealter
Roberton	1832	451	15,70
Guy	1845	1498	15,60
Lee and Murphy	1845	1719	15,26
Roberton	1846	540	15,35
Waddy	1846	623	15,34
Whitehead	1847	4000	16,09
Tilt	1850	775	15,06
Tilt	1862	1551	15,29
Hewitt	1865	358	15,44
Rigden	1865	2696	15,44
Hogg	1871	1998	15,27
Simpson	1875	450	15,90
Wiltshire	1883	500	15,25
Mc Laury	1887	450	15,70
Giles	1901	1000	14,97
Kennedy	1933	10119	15,04
Wilson/Sutherland	1960	1029	13,00
Tanner	1973		13,00

Dänemark

Autor	Jahr der Untersuchung	Anzahl der Fälle	durchschnittliches Menarchealter
Ravn u. Levy (Tilt 1850)	1850	3840	17,34
Hannover	1851	54	17,24
Hannover	1865	2129	17,41
Helms (1914)	1879	1000	16,01
Helms (1914)	1890	—	15,44
Madsen u. Ytting (Stadt)	1942	302	14,73

Tabelle 18: Fortsetzung

Madsen u. Ytting (Land)	1942	176	17,34
Bojlen, Rasch u. Bentzon (Kopenhagen)	1954	17580	13,80
Lundwall (Kopenhagen)	1959	928	14,30
Andersen (Kopenhagen)	1968		13,20

Schweden

Autor	Jahr der Untersuchung	Anzahl der Fälle	durchschnittliches Menarchealter
Wistrand (Stockholm)	1844	102	16,17
Essen-Möller (Lund)	1906	5000	15,72
Malmio (Finnland-Schweden)	1919	2119	15,59
Lundh (Lund)	1925	7489	15,33
Samuelsson (Lund)	1942	3014	15,00
Lennér (Krankenhaus Stockholm)	1943	1000	14,70
Lennér (Privatpat., Stockholm)	1943	1000	14,26
Lindgren (Stockholm)	1976		13,10

Finnland

Autor	Jahr der Untersuchung	Anzahl der Fälle	durchschnittliches Menarchealter
Heinricius	1883	3500	16,62
Malmio (1919)	1883	843	16,50
v. Heideken	1889	1979	16,49
Gruzdeff	1894	–	16,77
Engström	1894	3500	15,54
Malmio (1919)	1897	3945	16,27
Malmio (1919)	1910	4628	16,04
Warén	1915	7000	15,73
Reenkola	1941	981	15,37
Kantero, Widholm (Helsinki)	1971		13,20

Niederlande

Autor	Jahr der Untersuchung	Anzahl der Fälle	durchschnittliches Menarchealter
Evers	1873	862	16,13
Bolk (1926)	1880	232	15,65

Tabelle 18: Fortsetzung

Bolk (1926)	1926	1800	14,06
Venjooj-Ijsselmuiden et al.	1976		13,40

Norwegen

Autor	Jahr der Untersuchung	Anzahl der Fälle	durchschnittliches Menarchealter
F. Faye (Skien)	1839	100	17,00
Frugel (Christiana)	1840	157	17,38
F. Faye (Christiana)	1847	82	17,34
F. Faye (Christiana)	1848	80	17,24
F. Faye (Christiana)	1849	116	17,37
F. Faye (Christiania)	1850	76	17,64
F. Faye (Christiania)	1851	94	17,12
F. Faye (Christiania)	1852	114	17,11
F. Faye (Christiania)	1853/54	173	17,17
F. Faye (Christiania)	1855/57	324	17,23
F. Faye (Christiania) (1866)	1858/63	548	17,10
F. Faye og Vogt	1846/63	2680	17,09
Vogt (Christiania St.)	1867	184	17,19
Vogt (Hamar Stift)	1867	87	15,81
Vogt (Christiansand St.)	1867	304	16,21
Vogt (Bergen Stift)	1867	619	16,40
Vogt (Trondhejm St.)	1867	123	16,60
Vogt (Tromsö)	1867	504	16,62
Vogt (alle zusammen)	1867	1821	16,50
Husemann (Christiania)	1868	–	16,10
Schönberg (Christiania)	1897	1000	16,20
L. Faye (Christiania)	1897	2690	16,12
A. Schreiner (Christiania)	1924	206	15,07
Schiøtz (Oslo)	1930	9169	14,20
Skerlj (Christiania) (1939)	1935	–	14,89
Skerlj (Nord Tröndelag)	1935	–	14,50
Skerlj (Bergen)	1935	–	14,96
Skerlj (ganz Norwegen)	1935	4078	15,09
Letting (Oslo)	1950	11618	13,40
Brundtland, Walløe (Oslo)	1973		13,20

MAX A. HÖFER

AGGRESSION UND VERHALTENSFORSCHUNG

Die gesellschaftspolitische Dimension

„Wenn wir unseren Besitz oder unser Land verteidigen, so sind die Gründe hierfür die gleichen, ebenso angeboren und unausrottbar wie bei den niederen Tieren. Der Hund, der hinter dem Zaun hervor den Fremdling anbellt, tut dies aus den gleichen Motiven, aus denen sein Herr diesen Zaun errichten ließ,"[1] Diese Aussage des bekannten Populisators der Verhaltensforschung, Robert Ardrey, erhebt einen sehr hohen Erklärungsanspruch der Ethologie. Wenn auch Ardrey mit Recht als „der düstere Melodramatiker der Evolution, dessen schriftstellerische Verdienste um die Vermittlung evolutionsbiologischer Erkenntnisse immer wieder von seinem Hang zur schlimmen Vision beeinträchtigt werden",[2] bezeichnet wurde, so scheint die Verhaltensforschung doch auf ihre gesellschaftspolitische Bedeutung Wert zu legen. Im Vorwort zu einem Lorenz Buch hält Gerolf Steiner die „Beschäftigung mit der Vergleichenden Verhaltensforschung" für eine „politische Notwendigkeit."[3]

In der Tat ist es nicht unwichtig, ob der Mensch „von Natur aus" hierarchisch organisiert ist oder ob er beispielsweise angeborene Begabungsunterschiede aufweist. Denn „wo immer in der Geschichte des Rechtsdenkens die rechtliche Fixierung ständischer oder kastenmäßiger Gliederung theoretisch gerechtfertigt werden soll, spielen anthropologische Erwägungen bei der gedanklichen Begründung eine Rolle."[4] Man kann mit Carl Schmitt „alle Staatstheorien und politischen Ideen auf ihre Anthropologie prüfen und danach einteilen, ob sie, bewußt oder unbewußt, einen ‚von Natur bösen' oder einen ‚von Natur guten' Menschen voraussetzen. Die Unterscheidung ist ganz summarisch und nicht in einem speziell moralischen oder ethischen Sinne zu nehmen. Entscheidend ist die problematische Auffassung des Menschen als Voraussetzung jeder weiteren politischen Erwägung, die Antwort auf die Frage, ob der Mensch ein ‚gefährliches' oder ungefährliches, ein riskantes oder ein harmloses, nicht-riskantes Wesen ist."[5]

Vor diesem Hintergrund gewinnt die Frage nach der „menschlichen Veranlagung" an Bedeutung. In der Kontroverse um den Lorenz'schen ‚Aggressionstrieb" kamen daher nicht von ungefähr ideologiekritische Vorwürfe. Lorenz verharmlose die Aggression,[6] er entwerfe einen „Raubtiermenschen",[7] vertrete eine „anti-aufklärerische Richtung",[8] sei ein „Reaktionär"[9] und betreibe eine „Verallgemeinerung"[10] von Mensch und Tier.

Nun ist die These vom Aggressionstrieb nicht irgendeiner ideologischen Spekulation von Lorenz entsprungen, sondern die logische Anwendung des Lorenz'schen Instinktbegriffs auf die Aggression und als solche aus einer fünfzigjährigen wissenschaftlichen Diskussion hervorgegangen. Der Humanethologe Eibl-Eibesfeldt beschwert sich denn auch darüber, „daß die Meinungsgegner der Ethologie Begriffsbestimmungen und Standpunkte aus der Frühzeit der vergleichenden Verhaltensforschung angreifen, die von dieser selbst schon revidiert wurden. Ja, manche argumentieren so, als würden die Verhaltensforscher an mystische, unfehlbare Instinkte glauben, und attackieren damit einen Instinktbegriff, der seit gut 50 Jahren nicht mehr in der Biologie verwendet wird."[11]

Was ist Aggression?

Nahezu jeder Autor versteht unter Aggression etwas anderes. Psychologen bezeichnen gewöhnlich jene Verhaltensweisen als aggressiv, die zu einer „Schädigung" des Angegriffenen führen, was physische (Verletzung) und psychische (Ärgern, Beleidigungen) Schmerzzufügung umfaßt.

Buss definiert die Aggression direkt nach dem zugefügten Schaden als „eine Reaktion, die gegen einen anderen Organismus schädliche Reize aussendet".[12] Ergänzend wird von anderen Autoren hinzugefügt, daß diese

Schädigung intendiert sein muß, und unbeabsichtigte Schädigung als nicht aggressiv auszulegen ist.

Weiter fassen Psychoanalytiker den Begriff der Aggression. So definiert Hacker die Aggression „als jene dem Menschen innewohnende Disposition und Energie, die sich ursprünglich in Aktivität und später in den verschiedenen individuellen und kollektiven, sozial gelernten und sozial vermittelten Formen von Selbstbehauptung bis zur Grausamkeit ausdrückt."[13]

Die ethologische Definition muß — zumindest für die innerartliche Aggression — auf die Begriffe „Intension" (Absicht) und „Schädigung" verzichten, weil man Zielvorstellungen von Tieren nicht erfassen kann. Tiere zeigen zwar Appetenzverhalten, d.h. sie sind in ganz bestimmter Weise motiviert und sprechen in dieser spezifischen Handlungsbereitschaft nur auf ganz bestimmte Umweltreize an. Daß sie diese intendiert suchen, kann man jedoch nur selten mit Sicherheit sagen. Problematisch ist ferner der Begriff der „Schädigung". Manche Tiere, wie etwa Echsen, ringen oft so turnierartig ritualisiert miteinander, daß das eine lediglich abgedrängt wird, ohne körperlichen Schaden zu nehmen.

Bei Eibl-Eibesfeldts Definition wird „daher Intension und Schädigung ausgeklammert. Was man feststellen kann, ist die Dominanz des Siegers, der den Besiegten gegen dessen anfänglichen Widerstand vertreibt oder so unterwirft, daß ihm als Sieger der Vortritt zu den Ressourcen, zu Weibchen oder anderen begehrten Dingen garantiert ist."[14] Eibl-Eibesfeldt bezeichnet „alle Verhaltensweisen, die nach dem Prinzip der Abstoßung zur räumlichen Verteilung der Artmitglieder oder zur Dominanz eines über den anderen führen," als aggressiv. „Wichtig ist, daß man stets sauber zwischenartliche und innerartliche Aggression voneinander unterscheidet. Nicht immer, aber sehr oft, sind nämlich die zwischenartlichen Auseinandersetzungen (Kampf mit Beute oder Raubfeind) von den innerartlichen Kämpfen durch jeweils verschiedene Sätze von Verhaltensweisen charakterisiert. Ein Kater bekämpft einen Rivalen mit einem bestimmten Drohzeremoniell und mit anderen Kampfbewegungen als eine ihm zur Beute dienende Maus."[15]

Aggressivität wird an Verhaltensweisen wie Drohen und Kämpfen gemessen. Die Aggressionsbereitschaft kann z.B. jahreszeitlich schwanken sowie artlich und individuell variieren. Funktionell bilden die Verhaltensweisen der Aggression mit jenen der Submission und Flucht eine übergeordnete Einheit, die „agonistisches Verhalten" genannt wird. Aggression und Verteidigung werden als Untersysteme eines Kampfsystems aufgefaßt, dem ein Fluchtsystem (Submission und Flucht) zugeordnet ist. Das Fluchtsystem verhindert, daß Kämpfe zur Selbstvernichtung führen. Die Hirnreizversuche von v. Holst und von v. Saint Paul[16] an Haushähnen belegen, daß es sich beim agonistischen Verhalten um einen zusammengehörigen Komplex handelt. Angriff kann zur Flucht umschlagen, wenn der neuronale Reizort länger oder stärker gereizt wird.

Die funktionale Verschränkung verschiedener Verhaltensbereiche wird an diesem agonalen System deutlich, weil es den Bezug zur evolutionären Überlebensproblematik herstellt. Verhaltensforschung besteht nach Lorenz darin, „auf das Verhalten von Tieren und Menschen alle jene Fragestellungen und Methoden anzuwenden, die in allen anderen Zweigen der Biologie seit Charles Darwin selbstverständlich sind."[17]

Demnach unterliegen alle Lebewesen einem Ausleseprozeß, der im innerartlichen Bereich bewirkt, daß einige Individuen sich mehr, andere sich weniger reproduzieren können. Diese differenzielle Reproduktion ist das Kriterium des Erfolgs. Er hängt mit der Häufigkeit und dem Charakter gewaltsamer Interaktionen unmittelbar zusammen. Gleiches gilt für altruistisches Verhalten. Verhaltensphysiologisch ist jede solche Interaktion als Investition von Energien anzusehen. Jede Fehlinvestition kann zur Veringerung der Reproduktionschancen für alle Beteiligten führen. Außerdem befinden sich alle Mitglieder einer genetischen Population in einem Wettbewerb um knappe Ressourcen: Nahrung, Territorien als Balz- und Brutplätze, Geschlechtspartner u.a.m., was alles mit Energieaufwand verknüpft ist. Daher beschränkt sich die agonale Interaktion häufig auf Imponieren oder ritualisiertes Kämpfen mit geringem Energieeinsatz. Bei den höheren

Wirbeltieren ist es im allgemeinen vorteilhaft, wenn Artgenossen einander nicht töten, weshalb sich Komment- und Turnierkämpfe, Drohrituale und Demutstellungen herausgebildet haben. Die biologische Bedeutung der innerartlichen Aggression ist die räumliche Verteilung einer Art, um Überbevölkerung von Gebieten zu vermeiden, die sexuelle Selektion, um die Gesündesten für die Fortpflanzung auszulesen, und die Entwicklung einer Rangordnung, um die soziale Koordination zu gewährleisten. Aggression entwickelte sich nicht, um eine Rangordnung aufzubauen, sondern diese entwickelt sich u.a., um mit der aus anderen Gründen vorteilhaften Aggression innerhalb der Gruppe fertig zu werden. Aus der Sicht der Populationsgenetik ist Aggression insgesamt „ein aktiv gegen einen Konkurrenten gerichtetes Verhalten, das die Fortpflanzungschancen des Angegriffenen relativ zu denen des Aggressors mindert, zum Beispiel durch Verwehrung des Zugangs zu bestimmten Ressourcen."[18]

Die Frustrations-Aggressions-Theorie

Bevor die Lorenz'sche Instinkttheorie der Aggression bekannt wurde, übten die Frustrations-Aggressions-Hypothese und der behavioristische Ansatz einen großen Einfluß auf die Aggressionsforschung aus. Bei der Frustrationstheorie wird angenommen, daß Frustration einen aggressiven Antrieb erzeugt, der seinerseits aggressives Verhalten motiviert. Dollard u.a.[19] meinten, daß immer, wenn eine Reaktion, die zu einem früheren Zeitpunkt zur Verstärkung geführt hat, irgendwie beeinträchtigt, also frustriert wird, der Organismus die Störungsquelle angreift. Je stärker die Frustration, desto größer wird die Wahrscheinlichkeit, daß das Lebewesen aggressiv reagieren wird. Gesellschaftspolitisch wurde die Frustrationstheorie dahingegend benützt, daß die frustrierenden gesellschaftlichen Wirkungen mit dem Begriff der Repression belegt wurden. Bei W. Reich, H. Marcuse, A. Plack u.a. bedeutet Repression gesellschaftlich erzwungene Versagung primärer Triebe, vor allem des Sexualtriebes, was zu aggressivem Verhalten führt. Daraus folgt, daß alle Anstrengungen zur Überwindung von individueller Aggression gegen die die Frustration verantwortende Gesellschaft zu richten sind, da frustrationsfreie Gesellschaften mit der individuellen Aggressivität auch die Quellen der gesellschaftlichen Aggressivität ausmerzen werden. Das Problem des Erlernens individuellen Kontrollverhaltens gegen Aggression stellt sich erst gar nicht. Diese Theorie übersieht, daß Frustration nicht notwendig zu aggressivem Verhalten führen muß. Weiters gibt es (erlernte) Aggression auch ohne Frustration. Darüber hinaus mißachtet diese Theorie den gesellschaftlichen Charakter des Menschen, weil sie besagt, daß der Mitmensch die Negation und Frustration der Freiheit des anderen ist, also dieser ohne den Mitmenschen freier, frustrationsfreier und aggressionsärmer wäre.

Der behavioristische Ansatz

Der Behaviorismus unterscheidet zwei Kategorien aggressiven Verhaltens. Einmal kann Aggression eine Reaktion auf schädliche Stimulation sein, zum anderen kann sie vom Aggressor erlernt und aufrechterhalten werden, weil es sich lohnt, sich aggressiv zu verhalten. Kurz, aggressives Verhalten wird durch seine positiven Konsequenzen verstärkt. Nach der von Skinner vertretenen klassischen Lerntheorie kann man jede Verhaltensweise durch Strafreiz abdressieren. Euler[20] prüfte diese Theorie an Hähnen und bestrafte sie für jede aggressive Äußerung, worauf sie ihr Imponieren und Kämpfen einstellten und submissiv und niederrangig wurden. Nun versuchte Euler bei einer anderen Gruppe von Hähnen, submissives Verhalten auf die gleiche Weise durch Strafreize abzudressieren. Doch die Hähne blieben bei submissivem Verhalten, auch wenn sie dafür bestraft wurden. Offensichtlich sind die Tiere so programmiert, daß „Strafe" der auslösende Reiz für Submission ist. Das spricht für angeborene Lerndispositionen und gegen eine allzu rigorose Sanktionierung von Aggression.

Gibt es einen Aggressionstrieb?

Nach Auffassung der Ethologie liegen dem menschlichen Aggressionsverhalten ein Mechanismus der stammesgeschichtlichen und einer der kulturellen Anpassung zugrunde. Zur stammesgeschichtlichen Anpassung kann es auf zwei Wegen kommen: durch Vererbung von Verhaltensmerkmalen, die bereits bei verwandten Arten (Menschenaffen) ausgeprägt sind (homologe Merkmale), und durch eine artspezifische Anzüchtung. Allerdings schließen die Ethologen mit dem Nachweis des Angeborenen in keiner Weise jede Möglichkeit einer Einflußnahme durch Erfahrung aus. Eibl-Eibesfeldt betont, „daß es bei komplexen Verhaltensweisen sinnlos ist, nach der Alternative ‚angeboren' oder ‚erworben' zu fragen, da erwartungsgemäß Erbe und Umwelt am Aufbau beteiligt" sind. [21]

Für den angeborenen Anteil spricht, daß Tiere und Menschen mit oft genau beschreibbaren Verhaltensweisen vorprogrammiert sind, denen Nervenstrukturen zugrunde liegen, die in einem Prozeß der Selbstdifferenzierung aufgrund der im Erbgut festgelegten Entwicklungsanweisungen heranwachsen, was ihnen erlaubt, auf spezifische Umweltreize in arterhaltend sinnvoller Weise zu reagieren. Darüber hinaus handeln Tiere auch spontan, angetrieben von physiologischen Maschinerien, sogenannten Trieben. Dabei wird Erregungsenergie im Zentralnervensystem produziert, aufgestaut, in einem „Parlament der Instinkte" koordiniert und mit dem Ablaufen bestimmter Verhaltensweisen wieder verbraucht. Diese aufladenden (triebhaften) Prozesse würden die unterschiedlichen Handlungsbereitschaften der Tiere bei gleichbleibenden Außenbedingungen erklären. Das Lorenz'sche Triebkonzept betrachtet die Aggressivität als „unentbehrlichen Instinkt", [22] der diverse biologische Funktionen erfüllt. „Aus einer solchen Annahme, daß Aggression in uns selbst erzeugt wird", folgt jedoch nach Huston, „daß sie unvermeidbar ist – wir sind zur Aggression verurteilt; wir ,dürsten' nach einer Gelegenheit, aggressiv zu sein, so wie wir nach Nahrung verlangen." [23] Berkowitz äußert sich ähnlich, wenn er in bezug auf die Freud'sche These des angeborenen Aggressionstriebes sagt: „Ein angeborener Aggressionstrieb kann weder durch soziale Reformen noch durch Beseitigung jeglicher Frustration zum Verschwinden gebracht werden. Weder völlige elterliche Nachgiebigkeit noch die Erfüllung jedes Wunsches wird diesem Konzept zufolge den Konflikt zwischen Personen völlig beseitigen können. Die Folgerungen für eine Sozialpolitik sind offensichtlich: Zivilisation und moralische Ordnung müssen letzten Endes auf Gewalt und nicht auf Liebe und Güte basieren."[24]

Ist also Aggression reaktiv oder triebhaft? Zum Beweis des Triebcharakters listet die Ethologie eine Menge von Gründen auf. Das männliche Geschlechtshormon steigert die aggressive Bereitschaft, das weibliche dämpft sie. Durch elektrische Hirnreizung kann man Kampfappetenz auslösen. Vom Menschen kennt man neurogene Wutanfälle, die auf die spontane Aktivität von Zellgruppen im Schläfenlappen und in den Mandelkernen zurückgehen.[25] Bei manchen Tieren ist die endogene Kampfmotivation so stark, daß sie bei Mangel an Gelegenheit zu kämpfen Ersatzobjekte attackieren und immer unselektiver auf Außenreize ansprechen. Kämpfen und Drohen können lustbetont sein. Hausmäuse lernen, ein Labyrinth zu durchlaufen, wenn sie zur Belohnung eine andere Maus bekämpfen dürfen. Durch systematische Auslese hat man bei Hausmäusen friedliche und aggressive Stämme gezüchtet.[26] Einschränkend räumt die Ethologie jedoch ein, daß „es zwar für die Annahme eines primären Aggressionstriebes ebenfalls keinen strengen Beweis (gibt), wohl aber eine Reihe von gewichtigen Indizien für seine Annahme (spricht)."[27]

Die verschiedenen Aggressionstheorien am Beispiel der Gewaltdarstellung in den Medien

Viele Menschen sind aggressiv motiviert und suchen Auseinandersetzungen und Möglichkeiten, Aggressionen in ritualisierter Form auszuleben. Kampfspiele erfreuen sich großer Beliebtheit. Im Alltag begegnet uns ein breites Spektrum menschlicher Aggressionshandlungen, das vom direkten Schlagen oder Beleidigen bis zum indirekten Intrigieren oder Nachreden reicht. Sollte es tatsächlich eine erbliche, triebbedingte Disposition zur Aggression geben, wird dieses Konzept einen höheren Erklärungswert haben als die Frustrations- oder Lerntheorie. Prüfen wir also diese Modelle an der Frage medialer Gewaltdarstellung. Ein Problem, das wegen seiner möglichen erzieherischen Folgen besonders für die jugendliche Sozialisation von einigem gesellschaftlichen Interesse ist. Die Stimulationshypothese meint, daß die Betrachtung gewalttätiger Medieninhalte die Aggressionsneigung der Betrachter steigert. Das Erregungsmodell hält den Medieninhalt zunächst für nebensächlich. Entscheidend ist, daß er erregt. Das aggressive Verhaltensrepertoire mag anderswo erworben worden sein. Medien stimulieren nur Tendenzen, die man gelernt hat. Das Lernmodell innerhalb der Stimulationsthese besagt dagegen, daß die gewalttätigen Inhalte als solche medienvermittelt gelernt werden. Der Zuschauer lernt das aggressive Vorbild nachzuahmen, wenn es als erfolgreich dargestellt wird. Die aggressive Methode, in der Welt zurechtzukommen, wird gelernt. Im Habituationsmodell wird angenommen, der Rezipient gewöhne sich an Gewalt und werde ihr gegenüber eher gleichgültig. Dagegen formuliert die entgegengesetzte Katharsishypothese, daß die Beobachtung von Gewaltszenen dem Zuschauer ein Ausleben seines (angeborenen) Aggressionspotentials auf der Vorstellungs- und Phantasieebene erlaube. Vom Sport, aggressivem Humor und Fernsehsendungen aggressiven Inhalts geht also eine spannungslösende Wirkung aus.

Der Gegensatz dieser beiden Auffassungen von den psychischen und sozialen Effekten des bloßen Beobachtens und gedanklichen Mitvollzugs gewalttätiger Szenen für den Zuschauer läßt sich bis in die Antike verfolgen. Aristoteles hielt die furcht- und schreckenerregenden Passagen griechischer Tragödien für geeignet, den miterlebenden Zuschauer selbst zu ,,reinigen" (Katharsis). Dagegen warnte Seneca vor dem charakterverderbenden Einfluß des Anblicks grausamer Gladiatorenspiele. Legt man dem menschlichen Verhalten keine Instinkttheorie, sondern lediglich seinen ,,freien Willen" zugrunde, dann sind in der Tat beide Verhaltensweisen möglich. Ohne hier näher auf die verschiedenen Positionen der Medienanalytiker einzugehen, die von einem starken negativen,[28] keinem oder allenfalls einem vernachlässigbaren[29] bis zu einem eher positiven Einfluß [30] medialer Gewaltdarstellung reichen, möchte ich auf den ethologischen Standpunkt hinweisen, der die kontroversen psychologischen Befragungsergebnisse erklärt. Der Psychologe Kalff spricht von einer zwischen Ethologie und Psychologie „geklärten" Frage, da „manifeste Aggression kurzfristig zu einer Erregungsverminderung führt, langfristig möglicherweise aber zu einer Erhöhung der Aggressionsneigung."[31] Das korrespondiert mit dem Lorenz'schen Triebmodell, denn es ist „anzunehmen, daß einer, der gerade nicht in einer aggressiven Stimmung ist, durch solche Filme erst zur Aggression angeregt wird", und „daß die wiederholte Aktivierung eines physiologischen Systems zu dessen Training führt", während ein gerade in aggressiver Stimmung befindlicher Zuseher sich an gewalttätigen Darstellungen abreagieren kann. Eibl-Eibesfeldt weist darauf hin, „daß auch eine erwiesene spannungsentladende Wirkung, etwa eines aggressiven Films, nicht dazu verführen dürfte, solche nun als Heilmittel gegen Aggression zu propagieren."[32]

Der springende Punkt ist also weniger, ob es angeborene Formen der Aggression gibt, sondern welche Vorprogrammierungen vorliegen und in welchem Grad sie zwingend sind. Was den Menschen von den anderen Primaten unterscheidet, ist die hohe Plastizität seines Verhaltens, die Fähigkeit, Antriebe nicht spontan auszuleben, sondern zu sistieren und einem moralischen oder gesellschaftlichen Vorbild nachzufolgen. Das darf aber nicht darüber hinweg täuschen, daß menschliches Verhalten nicht beliebig konditionierbar ist. Durch Belohnung oder Bestrafung ist nicht jeder Lerneffekt erzielbar, wie selbst Skinner feststellte: „Zweifellos urteilten die Behavioristen viel zu enthusiastisch über die Lernprozesse, die sie entdeckt hatten, und vernachlässigten dabei die Rolle einer Genetik des Verhaltens."[33] Sich auf die reine Lernfähigkeit des Menschen zu verlassen, wenn es um die Vermeidung von Aggression geht, ist mindestens so lange naiv, als man im Alltag lernt, daß man mit subtiler Aggressivität weiter kommt. Das Wissen um unsere angeborenen Aggressionen und Aggressionshemmungen sowie deren Funktion kann uns helfen, besser mit ihr umzugehen.

Aggression bei Menschenaffen und Menschen

Die uns nahestehenden Menschenaffen, besonders der Schimpanse, wurden in den letzten Jahren als Beweis für die friedliche Urnatur des Menschen herangezogen. Damit anerkannten diese Sozialforscher prinzipiell die ethologische Methode der Gültigkeit des homologen Vergleichs artverwandter Arten. Ausgehend von den angeblich egalitären, freundlichen und in offenen Gruppen lebenden Menschenaffen folgerte Schmidbauer: „Ich postuliere hier, daß dieses Merkmal der offenen im Gegensatz zu den geschlossenen Gruppen die hauptsächlich pongid-hominide Linie seit dem Voraffen-Stadium des Eozäns charakterisiert und für die Form verantwortlich ist, welche die menschliche Gesellschaft genommen hat."[34]

Diese Ansicht fußte jedoch auf veralteten und falschen Arbeiten. Die Schimpansenforscherin Jane von Lawick-Goodall schreibt dazu: „Zu Beginn meiner Arbeit gewann ich den Eindruck, daß die Schimpansensozietät weniger strukturiert sei, als sie in Wirklichkeit ist. Ich dachte, daß die Schimpansen eines Gebietes eine Kette interagierender Einheiten bilden würden, wobei die Möglichkeiten der Interaktion nur durch das Ausmaß der individuellen Wanderlust begrenzt würden (Goodall 1965). Spätere Beobachtungen ergaben jedoch, daß dies nicht zutrifft."[35] Neuere Forschungen belegen den territorialen, hierarchischen und aggressiven Charakter der Menschenaffen. Bemerkenswert ist, daß bei Schimpansen Fälle von Kannibalismus beobachtet wurden. Gemeinsam sind Menschenaffen und Mensch einige Verhaltensweisen bei agonistischen Auseinandersetzungen: Schlagen mit der flachen Hand gegen eine Unterlage, Aufstampfen, schnelles Trommeln und schnelles Schütteln. Affen verwenden auch Waffen. Sie schwingen Äste und werfen mit Gegenständen, indem sie den Arm von oben über die Schulter herabführen, wie man es bei Kleinkindern beobachten kann, usw.

Menschenaffen verfügen über ein beträchtliches aggressives Potential. Anhand von Untersuchungen taubblind Geborener, von Kleinkindern und durch Kulturenvergleich nimmt die Verhaltensforschung Vorprogrammierungen im aggressiven Verhalten des Menschen an.

Physischer Schmerz löst bereits bei Kleinkindern Flucht, Abwehr oder Gegenangriff aus. Weiters schlagen Kleinkinder schon im vorsprachlichen Alter ihre Mütter, wenn diese sie nicht schnell genug an die Brust läßt, oder wenn man sie beim Spielen stört. Jede Unterbrechung einer erstrebten Handlung, jede Wunschversagung löst zunächst Aggressionen aus. Das bildet die Grundlage der Frustrationstheorie. Doch angeboren ist nicht nur diese Reaktion, sondern auch die Disposition, sich nach einem sozialen Vorbild zu orientieren. Man kann also Aggressionsbereitschaft durch Erziehung fördern und hemmen. Weiters nimmt die Verhaltensforschung ein Feindschema „Fremder" an. Bereits der Säugling hat vor dem Mitmenschen Angst, auch wenn er nie Böses von ihm erfuhr. Der Mitmensch ist Träger von aggressionsauslösenden Signalen. Fixierende Augen werden als bedrohlich empfunden. Die Wirksamkeit dieser Reize wird durch das Band persönlicher Bekanntschaft unterdrückt. „Die Reaktion fremd (= potentieller Feind) betrifft ganz spezifisch fremde Mitmenschen. Sicher fürchten Kinder auch ihnen unbekannte Tiere, doch selten mit der oft panischen Scheu, die sie fremden Menschen gegenüber zeigen. Und kennen sie einmal einen Hund, dann versuchen sie jeden fremden Hund, auch wenn er anders aussieht, zu streicheln. Auf diese Fremdenfurcht gründet sich unsere Neigung, geschlossene Gruppen zu bilden und aggressiv auf Fremde zu reagieren, die in die Gruppe eindringen. Fremde können in solchen Fällen die kollektive Aggression einer Gruppe aktivieren. Adoption in die Gruppe setzt Angleichung des Zuwanderers an deren Normen voraus."[36]

Außerdem bilden Menschen schnell Platzgewohnheiten (Sitzordnung) aus. Man achtet auf die Einhaltung einer Individualdistanz (Zugabteil). Um Besitz wird schon unter Kindern gestritten, allerdings wird er auch respektiert. Die Verweigerung des Teilens beleidigt. Wettstreit führt zur Abgrenzung und Feindschaft zwischen zwei wettstreitenden Gruppen. Wir wetteifern um die Gunst bestimmter Mitmenschen (Geschlechtspartner, Ranghohe). Menschen streben nach sozialer Anerkennung. Sie sind bemüht, sich durch Leistungen und Eigenschaften auszuzeichnen und damit die Aufmerksamkeit der Gruppe zu erregen. Rangstreben beinhaltet wetteifern, doch wird Überlegenheit meist nicht durch den Einsatz von Gewalt erreicht. Bei den Primaten, wie auch in den verschiedensten Kulturen erreicht und hält einer seinen hohen Rang durch seine Leistungsfähigkeit, sein Geschick im Verteilen von Gütern, Frieden zu halten und zu stiften usw., aber auch durch Imponieren, selten mittels direkter Gewalt. Der Mensch hat sein Imponiergehaben verfeinert und kulturell überformt. Wir stellen nicht unsere Haare auf, sondern tragen statt dessen Schärpen, Achselstücke, Ehrenzeichen, Skalps, Trophäen oder symbolische Trophäen in Form von Orden. Krieger und Herrscher, geistliche wie weltliche, vergrößern ihren Kopf durch Federn, Hauben, Helme, Kronen, Tiaren. So raffiniert wir auch verfahren, das meiste Imponiergehaben des Menschen variiert doch nur unser frühmenschliches Grundmuster. Rang und Status werden reklamiert und angekündigt, indem man auf irgendeine Weise Eindruck erwecken will. In unserer Sprache kommt zum Ausdruck, daß es erstrebenswert ist, groß/stark/hoch zu sein, während das Gegenteil, klein/schwach/niedrig zu erscheinen, einem einen minderen Platz in der Dominanzhierarchie zuweist. Prestigeobjekte charakterisieren sowohl den Potlatsch der Kwakiutl als auch die Empfänge von Monarchen und Republiken. Der Vorteil des Rangstrebens in einer Gruppe ist die Auslese nach Begabung und damit eine optimale Funktionsverteilung in der Gemeinschaft Im Zuge der kulturellen Anpassung kann sich der ursprüngliche teleonome „Zweck" aber kontraselektiv und störend umkehren. Ich werde auf den nicht-adaptiven Mechanismus der kulturellen Anpassung, der Kulturisation, beim Problembereich Krieg noch zurückkommen.

Doch der Mensch hat nicht nur eine angeborene Aggressionsbereitschaft, sondern auch angeborene Aggressionshemmungen. Demutsstellungen, ritualisierte Turnierkämpfe usw. verhindern bei Tieren fast immer die Tötung des Artgenossen. Der Mensch ist mit beschwichtigenden Appellen, die Aggressionen hemmen und Beistandsverhalten aktivieren, ausgerüstet. Alle Kulturen verfügen über

Ausdrucksbewegungen sozialer Kontaktbereitschaft und Verhaltensweisen wie Weinen, Wehklagen, Kopfsenken und Schmollen usw. Beschwichtigend wirken Kinder, das Überreichen von Geschenken und die Speisung der Gäste. Aus der Eltern-Kind-Beziehung leiten sich Verhaltensweisen der Gruppenbildung ab. Der Gruß, Begrüßungsrituale, Feste und Ventilsitten, wie Scherzpartnerschaften, Fasching, Karneval oder Potlatsch kommen abgewandelt in allen Kulturen vor.

Angesichts dieser Fakten stellt sich immer wieder die Frage: Ist dieses zweifellos beobachtbare Verhalten zwingend oder abänderbar? Es ist auf jeden Fall variabel. Die Anthropologen meinen dazu: „Jede Gesellschaft hat ihre eigenen Gewohnheiten zu gehen, zu stehen, zu schlafen und zu essen ausgebildet. Allen diesen Verhaltensweisen liegen biologische Bedürfnisse zugrunde, die je nach kulturellen Gegebenheiten auf verschiedene Weise bewältigt werden."[37]

Wenn auch die Argumente für eine universale Verhaltensgrammatik recht einleuchtend sind, so muß man vor vorschnellen Verallgemeinerungen warnen. Und solche Verallgemeinerungen passieren manchen Vertretern der Humanethologie meistens dann, wenn sie analog von Bedingungen der in Kleingruppen lebenden Menschen, die allerdings den längsten Zeitraum unserer Kulturgeschichte ausmachen und unter denen unsere angeborenen Dispositionen erbfest geworden sind, auf soziale Großgruppen schließen. Ausgehend von der explorativen Aggression bei Kindern, die damit ihren sozialen Handlungsspielraum austasten, die Grenzen der Toleranz der Mitmenschen erlernen und die Verhaltensnormen ihrer Kultur erfahren, weist Eibl-Eibesfeldt darauf hin, daß explorative Aggression auch bei den „Auseinandersetzungen um Rangstellungen von Kleingruppen eine Rolle" spielt, die damit die Schwächen ihrer Gegner herausfinden wollen. Davon leitet er die Feststellung ab: „Wie die Studentenunruhen in den vergangenen Jahren zeigen, kommt es dabei leicht zu Eskalationen, wenn verunsicherte Führungsschichten keines konstruktiven Widerstandes fähig sind. Gleiches gilt für den Generationenkonflikt, das Tauziehen zwischen kulturverändernden und -erhaltenden

Kräften."[38] Nun handelte es sich bei den Studentenunruhen wohl kaum um eine Kleingruppe im ethologischen Sinn. Die Interaktionssysteme liefen teilweise medial oder bürokratisch. Außerdem waren die Studentenunruhen Ausdruck einer langfristigen gesellschaftlichen Tendenzwende, die weniger von Studenten, als vielmehr von etablierten Vertretern der älteren Generation getragen wurde. Den Charakter von Kleingruppenauseinandersetzungen nahmen sie allenfalls im Universitätsbereich an. An anderer Stelle will Eibl-Eibesfeldt das Funktionieren der Aggressionshemmungen mit dem Hinweis beweisen, daß „nur 0,1 Promille der Menschen in unserem westlichen Kulturkreis durch Mord (sterben)".[39] Es ist wohl anzunehmen, daß der Prozentsatz entschieden höher wäre, wenn nicht die Angst vor Sanktionen der Staatsgewalt abschreckend wirken würde.

Die kulturelle Evolution und der Krieg

Neben der stammesgeschichtlichen Anpassung macht die Verhaltensforschung vor allem die kulturelle Evolution für die destruktive Aggression, die Kriege, verantwortlich. Mit der kulturellen Evolution wird der langsame Weg der genetischen Evolution über Mutation und Selektion durch den viel schneller arbeitenden Mechanismus des Informationserwerbs mittels Lernen fortgeführt. Mit der Erfindung der Sprache kann der Mensch objektunabhängig tradieren und Kultur akkumulieren. Während die Humanethologie anfangs die Erforschung der stammesgeschichtlichen Anpassungen in den Vordergrund ihrer Forschung stellte, interessiert sie nun mehr die Entwicklung kulturellen Verhaltens. Parallelen in den Funktionsgesetzen von Genom und Kultur liegen einmal in den antagonistischen Mechanismen der Interdependenz von erhaltenden und erneuernden Kräften. Zum anderen haben sich kulturelle wie stammesgeschichtlich entstandene Systeme im Grund mit den gleichen Selektionsdrücken auseinanderzusetzen. Die kulturvergleichende Untersuchung von Ritualen ergab, daß bei großer kultureller Variabilität im äußeren Erscheinungsbild ein grundsätzlich gleicher struktureller Aufbau vorliegt. Feste werden nach universellen Regeln strukturiert. Die rasche kulturelle Entwicklung brachte aber Anpassungsmängel mit sich. In der vom Menschen selbst geschaffenen Kulturwelt kann er sich immer weniger adaptiv verhalten und ist überfordert. Ein Beispiel dafür ist die Erfindung künstlicher Waffen, für die, wie Lorenz hervorhebt, der Mensch keine angeborenen Hemmungen besitzt, die ihn hindern, sie gegenüber Artgenossen todbringend einzusetzen, weil er durch ihre Fernwirkung das grausame Resultat nicht sehen kann, das eine Hemmung ansonsten sofort eingeleitet hätte. Ähnliches gilt für die Sozialstruktur. Mit der kulturellen Entwicklung des Ackerbaus und der Industriegesellschaft ist eine Anhäufung und Vererbung von Vermögenswerten möglich geworden, die Selektionsvorteile und erhöhte Chancen bieten, wie sie in Kleingruppen nie möglich wären.

Die Massengesellschaft bringt Bedingungen hervor, die in vieler Hinsicht nicht die optimale, oft nicht einmal die erträgliche soziale Umgebung für den Einzelmenschen ist. Die Menschen leben in Großstädten auf wenig Raum zusammen, was zur Konsequenz hat, daß die Individuen sich gegenseitig immer mehr in ihren Aktivitäten hemmen. Da hohe Bevölkerungsdichte alle Emotionen intensiviert, steigert sie auch die irgendwann aufkommende Aggression. Erhöhte Kriminalität und auf der anderen Seite Anonymität sind die Folgen.

Mit der kulturellen Evolution verfügt der Mensch über einen neuen Anpassungsmechanismus, der ihm die rasche Anpassung an sehr verschiedene Lebensbedingungen erlaubt. Analog der phylogenetischen Radiation füllt der Mensch mit der Kultur die verschiedensten ökologischen Nischen aus. Kulturelle Traditionen sichern das Überleben der verschiedenen Gruppen. Die adaptive Radiation der Kulturen erinnert an die Artbildung. Erikson[40] prägte für diesen Prozeß den Begriff Pseudospeziation. Daraus leitet Eibl-Eibesfeldt die hauptsächliche Ursache für Kriege ab. Im Verlauf der kulturellen Pseudospeziation „schlossen sich Menschengruppen voneinander ab, als wären sie Vertreter verschiedener Arten. Die dem

Menschen angeborenen Aggressionskontrollen, die innerartliche Aggression wie beim Tier entschärfen, wirken damit nur mehr im Innergruppenkonflikt. Der Zwischengruppenkonflikt nahm Züge an, die an den zwischenartlichen Konflikt bei Tieren erinnern, er wurde destruktiv. Das führte allerdings zu einem Normenkonflikt. Der kulturell ausgeprägten Norm ‚Töte den Feind!', der — wie gesagt — als Nichtmensch betrachtet wird, steht die biologische Norm ‚Du sollst nicht töten!' entgegen."[41]

Eibl-Eibesfeldt identifiziert nun unser Gewissen mit dem „biologischen Normenfilter", der einem „kulturellen Tötungsgebot immer entgegensteht". „Die christliche Norm der Feindesliebe kann man als einen Versuch ansehen, die kulturelle Norm der biologischen anzupassen,"[42] Wo ist auf einmal die angeborene Aggressionsbereitschaft? Eibl-Eibesfeldt will gewissermaßen den Spieß umdrehen und meint, daß nicht wie bisher das „böse Tier in uns" zum Krieg führt, sondern die „Kultur". Mit Recht weist er darauf hin, daß „das Phänomen Krieg weder als Ergebnis eines periodisch zur Entladung drängenden Aggressionstriebes noch in anderer Weise als uns angeborene Verhaltensweise" zu betrachten ist. Allerdings meint er, „daß die stammesgeschichtlich erworbene aggressive Disposition des Menschen auch im Krieg genützt werden kann".[43] Das ist alles richtig. Doch erhofft er sich von der Erweiterung unserer angeborenen Aggressionshemmungen auf alle Menschen den Frieden. Daneben soll eine Ritualisierung der Kriegsführung zu ihrer allmählichen Abschaffung führen. Damit hält Eibl-Eibesfeldt, obwohl er an anderer Stelle darauf aufmerksam macht, daß Krieg „oft von Stammeshäuptlingen und Staatsmännern gleicherweise mit kühler Überlegung geplant und beschlossen" wird,[44] letztlich doch den affektiven Anteil der Aggression als Kriegsursache für entscheidend.

Kritik an Eibl-Eibesfeldts Theorie der Kriegsentstehung und -vermeidung

Um das Wesen eines Krieges zu erkennen, muß man seinen politischen Inhalt untersuchen und feststellen, welche Interessen welcher Gruppen oder Klassen durch den betreffenden Krieg fortgesetzt werden. Man ignoriert die hierarchische Organisation von Agrar- und Industriestaaten, wenn man etwa mit einer abgewandelten ,,Frustrationstheorie" die Ursachen eines Krieges erklären wollte. Demnach sei die ,,Frustration" entweder eine Folge nicht hinlänglich befriedigter Bedürfnisse oder fehlender ökonomischer Erfolge einer Nation. Zweifellos wurde auch die kriegerische Politik einer politischen Führung in der Geschichte durchaus von den Volksmassen unterstützt, doch hieße es den komplexen Hintergrund von Kriegen unterschätzen, wolle man die Kriegsursachen auf ihre affektive Komponente beschränken, wenn auch Emotionen, etwa verletzter Nationalstolz wie beim ,,Fußballkrieg" zwischen El Salvador und Honduras (1969) eine ausschlaggebende Rolle spielen können. Gegen eine solche Frustrationstheorie spricht auch die Tatsache, daß gerade die auslösenden, führenden Schichten weit weniger frustriert sind, was Nahrung, Sexualpartner, Raum usw. betrifft, als ihre Untergebenen. Gerade in Hochkulturen ist der Krieg ein rational eingesetztes Instrument zur Kontrolle des Gegners und als solches, wie Clausewitz sagt, ,,die Fortsetzung der Politik mit anderen Mitteln". Eibl-Eibesfeldt sagt uns mit seiner Aufzählung bisher üblicher Konfliktvermeidungs- und -begrenzungsstrategien nicht viel Neues. Wenn es diese angeborenen Mechanismen gibt, müßte ethologisch auch ausgeführt werden können, warum sich auf diese Weise Kriege überhaupt bilden konnten. Denn das Argument von der Dehumanisierung des Feindes ist nicht schlüssig. In Bürgerkriegen betrachten sich die Gegner durchaus als Menschen. Sich bekriegende Naturvölker verrechnen oft Tote gegen Tote. Außerdem widerspricht sich Eibl-Eibesfeldt. An einer Stelle spricht er von der ,,Brutalisierung der Auseinandersetzung und dem Sterben der Kulturen",[45] an anderer Stelle sollen sich angeblich ,,mit der Höherentwicklung der Zivilisation humanitäre Erwägungen immer mehr"[46] durchgesetzt haben, was in der These gipfelt, daß ,,auf dem Wege der Ritualisierung . . . die kulturelle Evolution die biologische (kopiert), was es uns erlaubt, die zukünftige Entwicklung vorauszusehen".[47] Darauf darf man gespannt sein.

Ob durch den Ausfall der Tötungshemmung infolge der Fernwaffen erst Kriege möglich wurden, ist ebenfalls zweifelhaft, müßten doch Soldaten nach Besichtigung eines Schlachtfeldes zu kämpfen aufhören. Das tun sie aber nicht. Für das anthropologische Phänomen der Aggression ist nämlich entscheidend, ,,daß der Mensch — und zwar nicht nur in pathologischen Grenzfällen — offenbar an der Schädigung anderer Mitmenschen eine spezifische Freude haben kann. Sie setzt voraus, daß das Individuum sich in das Opfer hineinversetzen, sich in seine Situation einfühlen kann. Diese Tatsache hat offenbar nichts mehr mit der intraspezifischen Aggression auf stammesgeschichtlicher Grundlage zu tun, sie ist auch nicht als Reaktion auf eine Frustration zu erklären, sie ist vielmehr eine weitgehend noch rätselhafte Neigung, deren Komponenten zwar teilweise entdeckt, deren motivationale Wurzeln jedoch noch weitgehend unbekannt sind. Aggression kann sich beim Menschen in subtilen Formen äußern, etwa in ‚overprotection' und scheinbar übermäßiger Bemühung um andere, in Vorurteilen oder in bestimmten aggressiven Phantasien, sie kann auch projiziert werden und als Mißtrauen vorkommen, sie kann schließlich autoaggressiv in Schuldgefühlen wie in schwerer Selbstschädigung bestehen. Nur ein kleiner Teil dieser oft unbewußten Aggressionen fällt unter gesellschaftliche Verbotsnormen, ein noch geringerer ist mit einer gesetzlichen Strafandrohung versehen.

Es scheint, daß es sich bei Krieg, Folter, Ächtung von Minderheiten und zahlreichen Akten individueller (zum Teil institutionell verbrämter) Gewalt nicht, wie zahlreiche Ethologen behaupten, um eine Entartung des stammesgeschichtlich erworbenen Aggressionstriebes handelt, sondern um eine genuin menschliche Verhaltensbereitschaft. Allerdings sind andererseits auch Altruismus und Mitleid beim Menschen vermutlich nicht nur im Zusammenhang mit Aggressionshemmung (Beschwichtigungsverhalten) bzw. anderen primären Motiven (Sexualität, Brutpflege) zu sehen, sondern stellen ebenso eine ursprüngliche Möglichkeit des Menschseins dar wie die Aggression im zuvor explizierten, anthropologischen Sinne. Dies wird, wie schon erwähnt, von der Ethologie zu wenig beachtet".[48]

Bei der ethologischen Theorie fehlt der Hinweis auf den Aspekt der Macht. In vielen Fällen wird Gewalt mit Aggression gleichgesetzt, was zu dem Trugschluß führt, daß Gewaltaktionen von Individuen und Kollektiven immer mit dem Auftreten aggressiver Impulse in den Beteiligten kausal verbunden wären. Der Mensch kann Aggression ausleben, ohne in irgendeiner Weise tätlich zu werden. Größtenteils vollzieht sich Gewalt an anderen untergründig oder sozusagen „strukturell". Oder aber wir leben Aggressionen symbolisch aus: in Filmen, Romanen, Theaterstücken simulieren wir gewalttätige Handlungen und genießen sie, ohne die Risken ausgelebter Aggression eingehen zu müssen. Und schließlich zeigen die unzähligen Beispiele von Krieg und Verbrechen, daß wir Gewalttaten recht sachlich ausführen können. Es wird also zuwenig zwischen Motivation und Handlung unterschieden. Die gesteigerte Lernfähigkeit des Menschen erhöht die Autonomie des individuellen Handelns. Die Autonomie hat eine größere Verhaltensunsicherheit der Individuen und eine gesteigerte Aktivität zur Folge, was die Wahrscheinlichkeit für Konfrontationen erhöht. Das wichtigste Korrektiv all dieser Interessendivergenzen ist die „Macht". Daneben folgen Menschen mit ihren Handlungen nicht allein vorgegebenen Impulsen, sie machen sich vielmehr eine Vorstellung vom Leben. Wenn auch diesen Vorstellungen vom Leben wiederum angeborene Motivationen zugrunde liegen, so hängen sie doch auch von rationalen Konstruktionen ab. „Das Verhältnis zu den imaginierten ‚Mächten' bildet den Ausgangspunkt der Bewertung sozialer Macht – jedes System der Ethik, Moral oder Religion stellt eine Variation dazu dar. Die Beziehung von Macht und Gewalt wird nunmehr von den normativen Gehalten jener Systeme bestimmt; der ‚Sinn' der Gewalt wird danach nicht mehr allein von den Imperativen der bio-sozialen Ordnung bestimmt. Das Handeln von Menschen kann somit in planvoller Weise dem Verfolgen solch abstrakter Ziele und Qualitäten wie ‚wakan', ‚djihad' u.a.m. gelten."[49]

Die Behauptung Eibl-Eibesfeldts, daß „die jüdisch-christliche Lehre, nach der alle Menschen Kinder Gottes und vor Gott gleich sind, in den letzten 2000 Jahren entscheidend zur Pazifizierung der Welt beigetragen" habe, „wobei die Religionen die Tatsache für sich verbuchen dürfen, daß sie auf friedlichem Wege für den Frieden werben",[50] entbehrt nicht nur jeder historischen Authentizität, sondern unterschätzt auch den aggressiven und machtgierigen Aspekt von Weltanschauungen.

Dementsprechend naiv muten auch seine „Lösungsvorschläge" an. „Wenn die Völker der Erde den Frieden wollen, dann müssen die wohl weiter als bis zum magischen Jahr 2000 planen und u.a. dafür Sorge tragen, daß nicht alle Leerräume be und übervölkert werden, damit jenen, die wegen klimatischer Änderungen in absehbarer Zeit zum Auswandern gezwungen sind, Leerräume zugeteilt werden können. Auch müßte eine Weltorganisation für die gerechte Verteilung der Rohstoffe sorgen."[51] Ja, wenn die Völker den Frieden bisher gewollt hätten, dann hätten wir das Problem nicht, das eben darin liegt, daß niemand weiß, was eine „gerechte Verteilung" der Güter auf Erden ist.

Wenig Erfolg verspricht auch sein löblicher Vorschlag, „Menschen, die Kommunikationsbarrieren errichten und ‚Gegner' verteufeln, über die Gefährlichkeit ihres Tuns aufzuklären und ebenfalls über Aufklärung weite Bevölkerungskreise gegen solche Indoktrinierung zu immunisieren".[52] Eibl-Eibesfeldt erhofft sich den Weltfrieden von internationalen Instanzen, „denen die Macht zugestanden wird, für Recht zu sorgen. Man wird nicht umhin können, eine internationale Polizeitruppe aufzustellen. . . . Sie müßte auch dafür sorgen, daß Reservegebiete freigehalten werden, um diese im Notfall jenen Völkerschaften zuzuweisen, deren angestammte Heimat aus irgendeinem Grund unbewohnbar wurde . . ."[53] Was tun aber, wenn es solche Reservegebiete nicht gibt? Hier tut sich eine Fülle von Fragen auf. Problematisch ist auch der Vorschlag der Delegierung aller Macht und Autorität an eine „internationale Instanz und Polizeitruppe". Sehr schnell kann es da mit der Freiheit Schluß sein. Stalin brauchte keinen Krieg, um in Säuberungen Millionen zu liquidieren. So ein System baut auf Angst und Gehorsam auf, zwei Eigenschaften, die beim Menschen besonders stark ausgeprägt sind und angeborene Dispositionen zur Grundlage haben.

Es erscheint zielführender, sich den sozialen Bedingungen und Funktionen des Krieges in konkreten historischen Situationen zuzuwenden.

Ob uns allerdings unser „Gewissen" und darauf basierend „eine vernunftgesteuerte Evolution zum Frieden führen"[54] werden, bleibt angesichts der Kriege und Grausamkeiten im 20. Jahrhundert, die uns die gleiche menschliche Vernunft beschert hat, fraglich.

Anmerkungen

1 Robert Ardrey, Adam und sein Revier, München 1972, S. 354.
2 Dieter E. Zimmer, Unsere erste Natur, Frankfurt/M. 1982, S. 283.
3 Gerolf Steiner, Vorwort. In: Konrad Lorenz, Vergleichende Verhaltensforschung, München 1982, S. 9.
4 Helmut Coing, Grundzüge der Rechtsphilosophie, Berlin 1976, S. 17.
5 Carl Schmitt, Der Begriff des Politischen, Berlin 1979, S. 59.
6 Rolf Denker, Aufklärung über Aggression, Stuttgart 1966, S. 95.
7 Josef Rattner, Aggression und menschliche Natur, Olten 1970, S. 30.
8 Wolf Lepenies und Helmut Nolte, Kritik der Anthropologie, München 1971, S. 10.
9 Ashley Montagu. In: Walter Hollitscher (Hg.), Aggressionstrieb und Krieg, Stuttgart 1973, S. 12.
10 Amélie Schmidt-Mummendey und Hans Dieter Schmidt, Aggressives Verhalten, München 1971, S. 13.
11 Irenäus Eibl-Eibesfeldt, Krieg und Frieden aus der Sicht der Verhaltensforschung, München [2]1984, S. 18.
12 Arnold H. Buss, The Psychology of Aggression, New York 1961, S. 1.
13 Friedrich Hacker, Aggression, Wien 1971, S. 79.
14 Eibl-Eibesfeldt (wie Anm. 11), S. 42.
15 Ebenda, S. 45, 46.
16 Erich von Holst und Ulrich von Saint-Paul, Vom Wirkungsgefüge der Triebe. In: Naturwiss. Rundsch. 18/1960, S. 409 – 422.
17 Konrad Lorenz, Vergleichende Verhaltensforschung, München 1982, S. 17.
18 H. Markl, Aggression und Altruismus. In: Klaus Immelmann, Wörterbuch der Verhaltensforschung, Berlin 1982, S. 18.
19 John Dollard et al., Frustration und Aggression, New Haven 1939.
20 Herbert A. Euler, Der Effekt von aggressionsabhängiger Strafreizung (Elektroschock) auf das Kampfverhalten von Leghorn-Hähnen. In: 28. Kongreß d. Deutschen Ges. Psychol., Okt. 1972, Gruppendynamik, 3, S. 311 – 318.
21 Eibl-Eibesfeldt (wie Anm. 11), S. 62.

22 Konrad Lorenz, Das sogenannte Böse, Wien 1963, S. 55.
23 Joseph P. Huston, Experimentelle Analyse aggressiven Verhaltens. In: Roger A. Stamm und Hans Zeier (Hg.), Lorenz und die Folgen, Zürich 1978, S. 1022.
24 Leonard Berkowitz, Aggression. A Social-Psychological Analysis, New York 1962, S. 4.
25 Vgl. z.B. W. H. Sweet et al., The Relationship of Violent Behavior to Focal Cerebral Disease. In: S. Garattini (Hg.), Aggressive Behavior, Amsterdam 1969.
26 Kirsti Lagerspetz, Interrelations in Aggression Research: A Synthetic Overview. In: Psykologiska Rapporter 4. Abo, Finland Presened at the International Soc. for. Res. on Aggression, Toronto 1974.
27 Eibl-Eibesfeldt (wie Anm. 11), S. 138.
28 Leonard Berkowitz, Some aspects of observed aggression. In: Journal of Personality and Social Psychology 2/1965, S. 359 – 369.
29 Stanley Milgram und Richard L. Shotland, Television and antisocial behavior: Field experiments, New York 1973.
30 David J. Armor, Measuring the effects of television on aggressive behavior, Santa Monica 1976.
31 Wilhelm Kalff, Die ethologische Auffassung der menschlichen Aggression aus psychologischer Sicht. In: Stamm/Zeier (wie Anm. 23), S. 544.
32 Eibl-Eibesfeldt (wie Anm. 11), S. 133.
33 Burrhus F. Skinner, Was ist Behaviorismus. In: Dieter E. Zimmer (wie Anm. 2), S. 203.
34 Wolfgang Schmidbauer (Hg.), Evolutionstheorie und Verhaltensforschung, Hamburg 1974, S. 179.
35 Jane van Lawick-Goodall, The Behaviour of the Chimpanzee. In: Gottfried Kurth und Irenäus Eibl-Eibesfeldt (Hg.), Hominisation und Verhalten, Stuttgart 1975, S. 81.
36 Eibl-Eibesfeldt (wie Anm. 11), S. 129.
37 Eike Winkler und Josef Schweikhardt, Expedition Mensch, Wien 1982, S. 61 – 62.
38 Eibl-Eibesfeldt (wie Anm. 11), S. 108.
39 Ebenda, S. 115.
40 Erik H. Erikson, Ontogeny of Ritualization in Man. In: Philos. Trans. Royal Soc., 251 B/1966 London, S. 337 – 349.
41 Eibl-Eibesfeldt (wie Anm. 11), S. 203.
42 Ebenda, S. 231.
43 Ebenda, S. 150.
44 Ebenda, S. 150 – 151.
45 Ebenda, S. 277.
46 Ebenda, S. 224.
47 Ebenda, S. 204.
48 Kalff (wie Anm. 31), S. 544.
49 Peter Meyer, Evolution und Gewalt, Berlin 1981, S. 87.
50 Eibl-Eibesfeldt (wie Anm. 11), S. 283.
51 Ebenda, S. 225.
52 Ebenda, S. 204.
53 Ebenda, S. 281.
54 Ebenda, S. 293.

EVOLUTION, NATUR, GESCHICHTE

KONRAD LIESSMANN

SELEKTIONEN. ZUM VERHÄLTNIS VON EVOLUTIONSTHEORIE UND GESCHICHTSPHILOSOPHIE

Zur Problemlage

Fraglos hat das Interesse an evolutionstheoretischen Konzepten in letzter Zeit spürbar zugenommen. Die Diskussion beschränkt sich dabei längst nicht mehr auf das Gebiet der organischen Evolution, die Rede ist von einer chemischen Evolution so gut wie von einer des Weltalls, über eine soziokulturelle Evolution wird ebenso diskutiert wie über die der Wissenschaften und des Geistes.[1] Die theoretische Biologie, die offensichtlich als Leitwissenschaft die Nachfolge der theoretischen Physik antreten will, hat durch den solcherarts ausgeweiteten Evolutionsbegriff eine Kategorie inauguriert, der eine nahezu universelle Erklärungskompetenz zugemutet wird. Für uns geht es allerdings nicht darum, zu fragen, inwieweit das Konzept der Evolution theoretisch ausgefeilt und empirisch abgesichert genug ist, um solch universalistischen Ansprüchen zu genügen, auch geht es nicht darum, die prinzipiellen erkenntnis- und wissenschaftstheoretischen Probleme, die an dem Evolutionsbegriff entfaltet werden könnten, zu thematisieren,[2] sondern allein darum, den Begriff der *soziokulturellen Evolution* im Spannungsfeld zwischen Biologie und Geschichte einer kritischen Analyse zugänglich zu machen. Ausgangspunkt bildet dabei die Überlegung, daß im Bereich dessen, was bislang als Gegenstand historischer Forschung im weitesten Sinn gegolten hat, eine Theorie der soziokulturellen Evolution zweifellos mit dem Bestand an den verschiedensten Theorien von Geschichtlichkeit konkurrieren müßte. Es stellt sich also die Frage nach dem möglichen Stellenwert von Evolutionskonzepten im Kontext der historischen Wissenschaften, im Hinblick auf eine beanspruchte Erklärungskompetenz für gesellschaftliche und kulturelle Prozesse so gut wie im Hinblick auf den Anspruch, diese selbst noch einmal unter dem Gesichtspunkt der Evolution deuten zu können.

Aktualisiert wurde diese Problemlage zweifellos durch eine vom Neodarwinismus stark geprägte Ethologie, die behauptet, zumindest grundlegende Faktoren des menschlichen Verhaltens und der gesellschaftlichen Entwicklung mit Hilfe eines Evolutionskonzeptes bestimmen zu können. Die sozialpolitischen Konsequenzen, die solche Autoren – wie Konrad Lorenz und seine Schüler – mitunter aus ihren Arbeiten glauben ziehen zu müssen, sowie die beträchtliche mediale Unterstützung, die popularisierte Derivate solcher Theorien allenthalben erfahren, treiben die Auseinandersetzung über einen innerwissenschaftlichen Diskurs hinaus in ideologiekritische sowie gesellschafts- und wissenschaftspolitische Dimensionen.

Die grundlegende Argumentationsfigur in diesem Zusammenhang ist wohl die einer Inanspruchnahme der vorgeblichen Natur des Menschen gegenüber vermeintlichen Versuchen, den Menschen zu ändern – was immer das heißen mag: „Einzig an Ideologien ausgerichtete Erziehungsprogramme, die blind für die menschliche Natur sind, können recht unmenschlich sein, weil sie den Menschen fortwährend überfordern."[3] Diese allgemeine Suche nach der Natur des Menschen als Abwehr gegenüber mißliebigen Veränderungen oder Beanspruchungen desselben, mutet, abseits aller sozialpolitischen Implikate, nahezu anachronistisch an in einer Zeit, in der nach Günther Anders, derjenige, der die „*Veränderbarkeit des Menschen* proklamiert", deshalb eine „gestrige Figur" ist, weil wir verändert *sind*. Diese, durch den Prozeß der Zivilisation produzierte Veränderung des Menschen muß als so fundamental bezeichnet werden, daß, „wer heute noch von seinem *Wesen* spricht, eine vorgestrige Figur ist"[4] – mit der Rede von der *Natur* des Menschen wird es sich womöglich nicht viel anders verhalten. Trotzdem: die evolutionstheoretisch motivierte Rekonstruktion einer Natur des Menschen, die den aktuellen Strukturen von Lebenswelten normativ entgegengehalten wird, läßt – abseits von der empirischen Begründbarkeit solcher Versuche –

gleichsam eine geschichtsphilosophische Deutung des neuzeitlichen Menschen erkennen, die unter dem Stichwort eines vermeintlichen Einklangs mit der Natur gerade in Zeiten des schmerzlich spürbaren Naturverlustes Sicherheit und Trost in einem verspricht. Nicht zuletzt rührt vielleicht daher die emotionale Betroffenheit, mit der Evolutionstheorien auch außerhalb der wissenschaftlichen Öffentlichkeit diskutiert werden.[5]

Geschichtskonzeptionen bei Darwin und im Neodarwinismus

In einem kruden Sinn – der in der Tat als Form eines reduktionistischen Biologismus zu kritisieren wäre – erweist sich die Idee einer soziokulturellen Evolution als einfache Übertragung einiger Prinzipien der organischen Evolution (wie vor allem des der Selektion durch Anpassung) auf die Bereiche des Human-Gesellschaftlichen. Mit dem Hinweis auf den unglückseligen Sozialdarwinismus des vergangenen Jahrhunderts wehren sich moderne Evolutionstheoretiker zwar gegen solche Unterstellungen, eine genauere Betrachtung zeigt allerdings, daß biologistische Interpretationen historischer Prozesse unterschwellig zumindest durchaus noch vorhanden sein können, ja es dürften gerade diese Vereinfachungen sein, die – mit ihren unreflektierten Rekursen auf Natur und auf die Invarianten menschlichen Verhaltens – für die Attraktivität dieser Konzepte in jüngster Zeit sorgen.[6]

Von Charles Darwin, dem Begründer der modernen Evolutionstheorie – was ohnehin ungenau genug ist – wird ja in diesem Zusammenhang stets behauptet, daß er sich in weiser Selbstbeschränkung immer davor gehütet hätte, seine Theorien über die Entstehung und Entwicklung der Arten auf das Gebiet des Menschen in unzulässiger Weise zu übertragen. Darwin soll diesbezüglich sozusagen ein „großer und unschuldiger Geist"[7] gewesen sein. Das mag zwar auf Darwins epochales Werk über „Die Entstehung der Arten durch natürliche Zuchtwahl" von 1859 zutreffen, keineswegs jedoch auf die 1871 erschienene Arbeit über „Die Abstammung des Menschen". Grundlegende Problemstellungen und Fehlschlüsse mit gravierenden Konsequenzen tauchen schon hier auf. Darwin legt in dieser Schrift zwar – wenn auch in unzulänglicher Weise – die Grundlagen für eine Theorie der Evolution des Menschen als Spezies, andererseits finden sich darin aber auch genügend Hinweise darauf, daß Darwin der Auffassung war, daß die Mechanismen der biologischen Evolution, vor allem der Druck der Umwelt als entscheidender Auslesefaktor, das soziale und kulturelle Verhalten des Menschen, das von einzelnen so gut wie das von Gruppen, auch weiterhin bestimmen. So ist für Darwin der Zusammenstoß von zivilisierten und nicht zivilisierten Rassen ein typisch evolutionärer Vorgang, bei dem die Unterlegenen, das heißt ‚die Primitiven', mit Recht wegselektiert werden: „Wenn zivilisierte Nationen mit Barbaren in Berührung kommen, so ist der Kampf kurz, es sei denn, daß ein tödliches Klima der eingeborenen Rasse zu Hilfe kommt."[8] Das solcherart provozierte Aussterben ganzer Völker und Rassen ist für Darwin dann auch „einer Art mit dem Problem, daß sich beim Aussterben irgendeines der höheren Tiere darbietet".[9] Und natürlich kennt Darwin genau jene Elemente des gesellschaftlichen Zusammenlebens, die den Selektionsvorteil der zivilisierten Völker ermöglichen: „Als ich die barbarischen Bewohner des Feuerlandes beobachtete, drängte sich mir plötzlich die Überzeugung auf, daß der Besitz eines bestimmten Eigentums, ein fester Wohnsitz und die Vereinigung vieler Familien unter einem Führer die unentbehrlichsten Grundlagen der Zivilisation seien".[10] Unstete, ohne Privateigentum und egalitär lebende Gruppen wären so von vornherein als Abfallprodukte der Evolution definiert. Man könnte dies leichthin als ein Moment der Ideologie des aufstrebenden British Empire abtun, knüpften nicht moderne neodarwinistische Gesellschaftstheoretiker – die allerdings nur mehr eine Minderheit ausmachen – daran an.

So etwa definierte der Ökonom Friedrich von Hayek das „Privateigentum" und die „Familie" dann auch als jene Faktoren, die einer Gemeinschaft einen Selektionsvorteil gegenüber anderen verschaffen, wobei dieser noch dazu eng biologisch als Steigerung der Vermehrungsrate definiert ist.[11] Hayek geht sogar so weit, zu behaupten, daß sich auch nur jene Religionen evolutiv hätten durchsetzen können, die „den Glauben an das Sondereigentum und den Glauben an die Familie vertreten haben".[12] Bei Hayek komt als geschichtsphilosophische Pointe allerdings noch hinzu, daß bei ihm der Markt, die Arbeitsteilung und deren Koordination durch Wettbewerbspreise jene Grundpfeiler unserer Kultur sind, die, auf evolutivem Wege, oder, wie Hayek es gerne formuliert, durch „Siebung" entstanden, den klassischen Vernunftbegriff obsolet scheinen lassen. „Die kulturelle Auswahl ist kein rationaler Vorgang", heißt es, sondern sie wird vom Erfolg gelenkt.[13] „Vernünftig" handeln heißt so, diesen erfolgsorientierten Marktmechanismen blind zu vertrauen: „Der Mensch hat sicherlich öfters gelernt, das Richtige zu tun, ohne zu verstehen, warum es richtig ist."[14] Der Marktmechanismus substituiert bei Hayek allerdings nicht nur die rationale, planende, bewußte und selbstbewußte Vernunft, sondern auch — und damit steht Hayek kontrovers zu einigen Ethologen — die „natürlichen Instinkte, die die Instinkte der Wilden sind", denen nur „domestizierte Barbaren" wie etwa revoltierende Studenten, nicht jedoch Menschen, die die Aufrechterhaltung der Gesellschaftsordnung als „Bürde der Kultur" begreifen, die getragen und weitergegeben werden muß, vertrauen.[15] Eigenartig, wie das Vertrauen in Evolution und Markt hier bruchlos übergeht in einen Appell zur Aufrechterhaltung von marktkonformen Werten und Normen unter Ausschaltung von Rationalität. Eine weitere Pointe an diesen Thesen zur Überflüssigkeit der Vernunft liegt dabei natürlich darin, daß Hayek, deskriptiv betrachtet, an der bürgerlichen Gesellschaft dasselbe Phänomen diagnostiziert wie seinerzeit Karl Marx: Daß die Menschen unter bestimmten ökonomischen Gesetzmäßigkeiten handeln, ohne daß sie davon ein Bewußtsein hätten: „Sie wissen das nicht, aber sie tun es."[16] Nur: Während Marx alles daran setzte, diesen Zustand der Bewußtlosigkeit aufzuheben, setzt Hayek alles daran, ihn zu erhalten bzw. zu verstärken. Nicht umsonst gelten Hayeks Attacken den Denkern, die Bewußtheit zur Norm erhoben, gerade indem sie das Nichtbewußte und Unbewußte betonten:

Marx und Freud.[17] Hayek möchte das Bewußtsein, das Denken, die distanzschaffende und damit Möglichkeiten und Utopien eröffnende Reflexion an die vorhandenen Umstände anpassen, was nicht zuletzt jede Form von Kritik, die eine nicht marktgerechte Praxis zur Folge hätte, eliminierte. Vielleicht ist dies der Punkt, wo Hayek am entschiedensten mit einem regressiv gewandten Begriff der Anpassung, wie er in einigen gängigen evolutionistischen und neodarwinistischen Gesellschaftskonzepten anklingt, korrespondiert.

Um nocheinmal kurz auf Hayeks konstitutive Kategorien der soziokulturellen Evolution, Familie und Privateigentum, zurückzukehren: Neben der offenen ideologischen und affirmativen Funktion solcher Behauptungen stört dabei vor allem ihre theoretische Inkonsistenz, die weder einer logischen noch einer empirischen Prüfung standhält. Daß — redet man schon von der Evolution sozialer Systeme — bei dieser gesteigerte Vermehrungsfähigkeit einer Population nicht das entscheidende Kriterium für die evolutive Durchsetzungskraft einer Variante sein kann, ahnte schon Darwin.[18] Doch darüber hinaus genügte etwa ein kurzer Blick auf die historische Entwicklung von Familienformen und Religionstypen, um den Hayekschen Ansatz entscheidend zu relativieren oder widerlegen zu können. Auch durchaus evolutionstheoretisch inspirierte Untersuchungen zur Religion müssen konstatieren, daß es „offensichtlich keine evolutionären Zwänge (gibt), die die Religionsentwicklung auf vorgezeichnete Bahnen führen".[19] Noch deutlicher konnte die historisch orientierte Familiensoziologie zeigen, daß weder biologisch-anthropologisch orientierte Definitionsvorschläge für den Begriff der Familie zielführend sind,[20] noch Familie schlechthin als Selektionsmerkmal für Gesellschaften gelten kann — eher ist das Verhältnis umgekehrt zu denken: „Denn Familie ist, obschon mit biologischen Gegebenheiten eng verbunden, ein gesellschaftliches Phänomen, dessen je konkrete Ausbildung sich mit der Entwicklung der Gesellschaft verändert, weshalb aus irgendwelchen ‚Urzuständen' wenig für die Gegenwart zu folgern sein dürfte."[21]

Evolution der Werte?

Ähnlich fragwürdig verhält es sich allerdings auch mit den Versuchen Bernhard Hassensteins, in der organischen Natur eine evolutiv bedingte Wertwelt zu entdecken, die der des Menschen zumindest analog sein soll. Aussagen wie: „Ohne die Evolutionsimpulse durch sexuelle Rivalität zwischen Männchen sänge die Nachtigall nicht besser als der Spatz"[22] diskreditieren sich durch die naive Projektion menschlicher Werturteile in die Tierwelt eigentlich von selbst. Die daraus abgeleitete Folgerung: „Die innerartliche Rivalität . . . erweist sich als stammesgeschichtliche Triebfeder für die Verwirklichung von Vielfalt und Schönheit"[23] unterstellt wieder einmal, daß spezifisch menschliche, gesellschaftlich und historisch vermittelte, deshalb auch höchst ambivalente Bewertungssysteme in der Natur zumindest angelegt sind. Die sich darin verankernde Denkfigur kann als charakteristisch für eine Reihe von evolutionstheoretischen Konzepten gelten: Zuerst werden bestimmte Formen normativer Vorstellungen über menschliches Wahrnehmen, Verhalten und Denken in die organische Natur hineinprojiziert, um dann, dort aufgefunden, zu Legitimation eben dieser Vorstellungen herangezogen zu werden. Auch für diese Vorgangsweise steht Darwin selbst Pate: Er hatte sich nicht gescheut, festzustellen, daß bei Singvögeln „das ästhetische Vermögen" höher entwickelt sein müsse als bei den „meisten Wilden", nach deren „scheußlichen Ornamenten und der gleich scheußlichen Musik" zu urteilen.[24]

Auch Konrad Lorenz versucht, ästhetisches Wertempfinden in zweifacher Hinsicht an die biologische Evolution rückzukoppeln: einmal funktional, indem die nicht degenerierte, das heißt wohl an die natürliche Umwelt optimal angepaßte Wildform von Tieren beim menschlichen Betrachter eine positive „Wertschätzung" zur Folge hat, die ein angeborener Auslösemechanismus sein könnte;[25] andererseits sucht Lorenz aber auch „nicht-teleonom programmierte" Wertempfindungen – d.h. bezüglich der Evolution dysfunktionale – im subhumanen Bereich zu verankern: Der Gesang der Lerche erscheint ihm „nicht zweckgebunden", so wie das autonome Kunstwerk des Menschen.[26] Solche Versuche sind so naiv wie fatal: sie vergessen einmal, daß die Natur als mögliches Objekt ästhetischer Wertung relativ spät in den Blick des Menschen geriet – in der Bildenden Kunst genaugenommen erst seit dem 15. Jahrhundert – und zum anderen, daß die Idee einer autonomen Kunst, einer entfunktionalisierten Schönheit, in der Reflexion zumindest nicht vor dem 18. Jahrhundert formuliert worden ist und von einer spezifischen kulturellen und sozialgeschichtlichen Entwicklung abhängig und bestimmt war. Schönheit in der Natur zu sehen bleibt unabdingbar an den Menschen und seinen jeweiligen Standort gebunden – ein Blick in die divergierenden Formen der Naturbetrachtung und Naturdeutung allein der abendländischen Gesellschaft hätte genügt, um dies festzustellen. Das mag noch nicht damit zu tun haben, daß die sinnesphysiologischen Grundlagen ästhetischer Wahrnehmung – etwa die immer wieder betonte Gestaltwahrnehmung – als neutrale Disposition realisiert wird: die Frage, welche Form als schön empfunden wird, ist immer eine von Geschichte und Kultur, nie eine der Biologie. Werden durch den Hinweis auf ein angeblich natürliches Wertempfinden bestimmte Werthaltungen favorisiert, handelt es sich um normative Vorschreibungen, die ihre Normativität verdecken wollen – letztlich also um Ideologie: um falsches Bewußtsein und Täuschung in einem.

Die Crux eines solchen Evolutionskonzeptes liegt nicht nur in der tautologischen Methode sondern auch in einem schiefen Erkenntnisinteresse. Diesem geht es offensichtlich darum, so etwas wie soziale und kulturelle Konstanten zu finden, die, weil sie der Menschheit oder einer bestimmten Gruppe innerhalb derselben einen Selektionsvorteil verschafft haben sollen, als anthropologische Invarianten aufzufassen wären. Diese sollen entweder ohnehin genetisch verankert sein oder zumindest zwingend tradiert werden. Es geht dabei, wie es Dieter E. Zimmer formuliert, um die „erste Natur" des Menschen,[27] um das angeborene, unveränderliche Verhaltensrepertoire, das den Menschen quer durch seine Geschichte prägen soll, es geht um den Menschen als ein Wesen, das evolutionsbedingt in „seinem Sozialverhalten in der Tat mit Vorprogrammierungen ausgerüstet zur Welt kommt."[28] Bezeichnend auch, was dann mitunter an solchen Konstanten aufgefunden wird: neben Trivialitäten wie Greifreflex und Kindchenschema, Tränenabsonderung und Disposition zum Lächeln vor allem sozioökonomische Institutionen wie Privateigentum und Familie, Formen des Verhaltens wie Fremdenangst und Konkurrenzstreben, Bedürfnisse wie das nach Verehrung und Religiosität, neuerdings auch bestimmte Prinzipien des Denkens (Kausalität, Widerspruchsfreiheit, Wahrscheinlichkeitserwartungen)[29] und nicht zuletzt bestimmte Formen der Sozialisation.

Die politischen Implikate einer Theorie der Invarianzen werden dabei dann deutlich, wenn diese anthropologischen Konstanten nicht als Dispositionen, sondern als inhaltlich bestimmte Verhaltensnormen definiert werden, etwa wenn die Menschenrechte als angeborene Empfindungen beschrieben werden: „Könnte nun also in solch pluralistischer Welt, wie wir sie ja wünschen, das Ethos nicht aus den universellen erblichen Strukturen des menschlichen Empfindens abgeleitet werden, enthalten nicht die angeborenen Lehrmeister des grundmenschlichen Empfindens, und zwar kulturunabhängig, gerade das, was wir in den Menschenrechten zu verteidigen trachten?"[30] Hier erweist sich biologisch-reduktionistisch inspiriertes Denken als zutiefst ahistorische Betrachtungsweise. Die komplexe Genese der Menschenrechtsidee, ihre sozialen, ökonomischen, politischen und geistigen Voraussetzungen werden nicht mehr mitreflektiert. Daß diese Idee sowohl zeitlich als auch örtlich begrenzt auftritt und Ausdruck einer ganz bestimmten gesellschaftlichen Verfaßtheit ist und bestenfalls als rational argumentierbares normatives Postulat für eine politische Praxis formuliert werden kann, entgeht notgedrungen einem Ansatz, dem die Differenz von biologischer Disposition und historisch vermittelter Ausdifferenzierung normativ besetzbarer Realisationsmöglichkeiten derselben fremd ist. Die theoretischen Schwierigkeiten, dieses Konzept durchzuhalten, sind dann auch beträchtlich. Denn klar ist, daß dieses angeblich angeborene Empfinden erst seit dem 18. Jahrhundert als philosophisch-anthropologischer Gedanke formuliert und in der Praxis tendenziell angestrebt wird. Entweder handelt es sich also um ein Potential des Menschseins, das in der Geschichte erst sich entfaltet — dann wird ohne teleologische und ontologische Implikate, die kontrovers zur Evolutionstheorie stehen, nicht auszukommen sein;[31] oder aber soziokulturellen Systemen gelang es, die angeborenen Empfindungen so zu unterdrücken, daß sie sich jahrtausendlang nicht zu regen vermochten: dann allerdings wäre genau das Gegenteil von dem bewiesen, was gezeigt hätte werden sollen: die Vorrangigkeit der ersten Natur. In beiden Fällen liegt der entscheidende Akzent nämlich auf der Geschichtlichkeit und nicht auf der vererbten Struktur des Verhaltens.

Ethologische Mißverständnisse

Zweifellos hat die Krise, in der die Begründungsversuche normativer Sätze seit geraumer Zeit stecken, hier ihre Spuren hinterlassen. Anstatt dieser Krise allerdings selbst historisch zu thematisieren und in die Reflexion miteinzubeziehen, wird auf ein Konzept ausgewichen, das in der Philosophie, der Ethnologie und in den Geschichtswissenschaften längst als überholt gilt: daß die Natur, gleichsam eine innere Stimme, ein angeborener Lehrmeister, dem Menschen schon sagt, was er in entscheidenden Situationen zu tun hat wie er zu leben hat. Alle historisch orientierten und kulturvergleichend angelegten Untersuchungen der letzten Jahrzehnte zeigen jedoch, daß es solch eine erste Natur, die imstande wäre, entscheidende soziale Organisationsprozesse zu präformieren, nicht gibt.[32] Ein Blick etwa auf die vielfältigen institutionalisierten und nicht institutionalisierten Formen sexuellen Verhaltens könnte dies dokumentieren und wird auch von Ethologen kaum mehr bestritten.[33] Die empirisch so kaum haltbare These über die Existenz sozialrelevanter anthropologischer Konstanten läßt sich dann auch in weiterer Folge nur mehr im Rückgriff auf ältere, quasi metaphysische Konzepte verteidigen, etwa durch die Wiederhereinnahme teleologischer Aspekte. Was sich aus der Evolution selbst nicht rekonstruieren läßt — etwa ein bestimmtes Bild vom Menschen — wird dann gleichsam als Ziel der Evolution apostrophiert. Wie sich das allerdings mit einer Grundprämisse der modernen Evolutionstheorie — nämlich mit der von der prinzipiellen Zukunftsblindheit und Ungerichtetheit evolutionärer Prozesse — verträgt, soll hier nicht mehr diskutiert werden. Das bedeutet natürlich nicht, daß der Blick auf die Natur als auf ein ökologisches System nicht bedeutsam werden könnte für die Selbstorganisation menschlichen Handelns: allerdings aber nicht als angeborenes, sondern als freies. Es kann, als solches, eben auch mißlingen.

Die inneren Widersprüche eines durch die organische Evolution inspirierten Modells von Geschichtlichkeit zeigten sich auch bei Konrad Lorenz. Einmal spricht er davon, daß die „Evolution den Menschen auf die Füße gestellt (hat), ihn in eine im tiefsten symbolischen Sinne instabile Lage gebracht und dann die Hände von ihm abgezogen (hat)",[34] zum anderen spricht er immer wieder von der Analogie zwischen der „Evolution von Kulturen" und den Zickzackwegen der „genetischen Evolution von Tier- und Pflanzenarten".[35] Abgesehen davon, daß der Analogieschluß logisch defizitär ist, fehlen alle genauen Bestimmungen desselben. Mit dem auf Spengler basierenden Hinweis darauf, daß Gesellschaften und Kulturen sich wie lebendige Organismen verhielten,[36] ist nicht viel getan und dort, wo es gilt, den sozioökonomischen Wandel durch solche Analogie zu begreifen, bleibt nichts als die Versicherung, die Kulturentwicklung gehorche „ähnlichen Gesetzen" wie die stammesgeschichtliche.[37] Auf eine Konkretisierung dieser Versicherung am historischen Material wird — aus welchen Gründen auch immer — verzichtet. Offensichtlich verbirgt sich dahinter ein entscheidendes Problem der Humanethologie überhaupt: die Feststellung einer Analogie zwischen Mensch und Tier funktioniert nur unter dem Verzicht der Berücksichtigung der tatsächlichen Variationsbreite menschlichen Verhaltens, die es gerade im Kontext einer Evolutionstheorie zu erklären gälte: „Wenn man wirkliche Gleichheit oder genaue Beziehungen zwischen biologischen Phänomenen finden will, sollte man ihre Unterschiede erforschen"[38] —

diese Maxime Susanne Langers wird von der Humanethologie offensichtlich selten beherzigt. Ausgewogen kritisiert auch Wolfgang Wieser den forschungspraktischen Wert der zentralen Kategorien „Homologie" und „Analogie": „Die Anwendbarkeit der Begriffe ‚Homologie' und ‚Analogie' auf Äußerungen des Verhaltens und der kulturellen Entwicklung (scheint) nur sehr begrenzt möglich zu sein, da diese Begriffe aus der Morphologie stammen und die Realität klar definierbarer *Baupläne* voraussetzen. Es gibt aber keine klar definierbaren Baupläne des Verhaltens und der Kulturen, und solche lassen sich nicht aus der Morphologie der jeweils sich verhaltenden und Kultur produzierenden Individuen herüberretten."[39] Damit allerdings ist die Human- und Kulturethologie eines entscheidenden methodologischen Instrumentariums beraubt. Eine wissenschaftstheoretisch konsistente Theorie der soziokulturellen Evolution muß auf den so populären und den Erfolg der Humanethologie tragenden Tier-Mensch Vergleich weitgehend oder gar vollständig verzichten.

Evolution und Systemtheorie

Avanciertere Versionen einer Theorie der soziokulturellen Evolution haben sich so auch längst schon von einer biologischen Interpretation soziokultureller Prozesse abgewandt. Für Stephen Toulmin etwa ist die entscheidende Frage, auf die evolutionstheoretische Konzepte eine Antwort geben sollten, gerade nicht die nach biologisch-anthropologischen Konstanten und Invarianten, sondern im obigen Sinne die, warum und wie es zu so vielen Varianten und Formen des Lebens und Denkens gekommen ist.[40] Eine bei Toulmin angelegte grundlegende Differenzierung zwischen angeborenen, aber inhaltlich unbestimmten Dispositionen des Menschen zu Sprache, Wahrnehmung und Denken und der historisch-kulturell vermittelten Vielfältigkeit ihrer Realisationsformen, um die es alleine gehen kann, weil sie unsere Lebenszusammenhänge ausmachen, scheint jeder Theorie einer ersten Natur überlegen. Der in der Soziologie gebräuchliche systemtheoretisch gewendete Begriff der soziokulturellen Evolution ging allerdings immer schon von dieser Differenz aus: Für Talcott Parsons sind die „organischen Fähigkeiten" zwar eine wichtige Voraussetzung für den „Erwerb und Gebrauch von Kultur durch ein menschliches Individuum", allein diese Fähigkeiten scheinen ihm durch ihre „Plastizität" ausgezeichnet: „Ihr organisches Fundament determiniert nicht den tatsächlichen Inhalt der allgemeinen Verhaltensformen, den ihre ‚Anwendung' ermöglicht."[41] Noch anders dimensioniert das Problem anthropologischer Invarianten ein anderer klassisch gewordener Theoretiker der kulturellen Evolution, Elman R. Service: „Das, was kulturübergreifend konsistent bleibt, sind nicht Institutionen; was konsistent bleibt, sind die gesellschaftlichen Probleme. Was in jeder Gesellschaft neu zutage tritt, sind die Lösungen dieser Probleme."[42] Die Sozialwissenschaften hatten dieses Problem stets in einer ähnlichen Perspektive gesehen: „Menschsein ist sozio-kulturell variabel. Mit anderen Worten: Eine biologische Natur des Menschen, die als solche sozio-kulturelle Gebilde und ihre Mannigfaltigkeit bestimmte, gibt es nicht. Menschliche Natur gibt es nur in Form anthropologischer Konstanten – zum Beispiel Weltoffenheit und Bildbarkeit des Instinktapparates . . . der Mensch macht seine eigene Natur – oder noch einfacher: der Mensch produziert sich selbst."[43]

Wenn in diesem Kontext Toulmin etwa darlegt, daß selbst solch grundlegende Faktoren wie die Farbwahrnehmung *nicht* kulturunabhängig ist,[44] deutet er erst einmal an, was eine Theorie soziokultureller Evolution zu leisten hätte: nämlich zu erklären, wie es zu den verschiedensten Formen und Inhalten von Wahrnehmung, Sprache und Denken, darüber hinaus von sozialen und kulturellen Verhaltensweisen und Lebensformen kommt. Ob dieses Forschungsprogramm mit den bisher gebräuchlichen einfachen Selektions/Anpassungs-Schemata befriedigend durchgeführt werden kann, muß allerdings bezweifelt werden. Denn wenn schon variante soziale und kulturelle Phänomene, wie sie neben – und nacheinander auftreten können, evolutionstheoretisch beschreibbar werden sollen, muß klar sein, daß diejenigen Kriterien, welche die organische Evolution beherrschen — Variation durch Gen-Mutation, Selektion durch „Servival of the fittest" — dafür nicht in Frage kommen können, ebensowenig wie simple Analogisierungen. Will die Rede von der soziokulturellen Evolution mehr sein als eine modernistische Paraphrasierung von dem, was seit jeher schon Entwicklung und Geschichte genannt wurde, ist nach einem Evolutionskonzept zu fragen, das allgemeinste Prinzipien formulierte, wobei organische und soziokulturelle Evolution Konkretionsweisen derselben darstellten, unmittelbar also in keinem kausalen oder genetischen Zusammenhang mehr stünden. Soziale oder kulturelle Evolution könnte so keinesfalls als geradlinige Fortsetzung der organisch-biologischen Evolution begriffen werden. Bestensfalls könnte von einem „heuristischen Nutzen des biologischen Modells" gesprochen werden, bei dem es jedoch „zweifelhaft (ist), ob es den Weg zu einer verallgemeinerten Evolutionstheorie zeigt, die für die natürliche und die kulturelle Entwicklung leichermaßen gelten kann."[45]

Einer der Versuche, ein Modell soziokultureller Evolution zu formulieren, ohne dabei auf biologische Implikate zurückgreifen zu müssen, stammt von dem Systemtheoretiker Niklas Luhmann. Für ihn handelt es sich bei der soziokulturellen Evolution „nicht um die besonderen Lebensbedingungen eines späten Zweiges der allgemeinen organischen Evolution", sondern „soziokulturelle Evolution ist Evolution eines ganz andersartigen Typus von System. Es geht nicht um eine Fortsetzung der Evolution des Lebens, es geht überhaupt nicht um ein lebendiges System." Nur unter dieser Voraussetzung ist es für Luhmann sinnvoll, „nach der entsprechenden Besetzung der Darwinschen Evolutionsfunktionen im Falle der soziokulturellen Evolution zu fragen."[46]

Ausgangspunkt bildet für Luhmann dabei die Vorstellung die Realität als eines „selbstreferentiellen Prozesses", der in der Form der Evolution „sich selbst die Bedingungen seiner eigenen Möglichkeiten schafft", und der im Selbstvollzug Systeme bildet, „die sich von ihrer Umwelt unterscheiden und sich zu dieser System/Umwelt-Differenz in Beziehung setzen können."[47] Diese Differenz, konstitutiv für die Analyse soziokultureller Evolution, führt dazu, daß — neben einem Zeitpunkt, der als Gegenwart definiert ist, — eine Systemreferenz gewählt werden muß, „für die alles andere Umwelt ist":[48] „Wenn eine Welt aus mehreren Systemen besteht, die für einander Umwelt sind, setzt *jede* Veränderung — die Frage der ersten Ursache wird damit also beliebig beantwortbar! — eine mindestens zweifache Wirkungsreihe in Lauf: Das Ereignis verändert ein System, und es verändert damit zugleich die Umwelt anderer Systeme." Als Konsequenz zeigt sich dann, daß die Umwelt so „dynamisch-komplex" wird, daß es für Systeme vorteilhaft wird, die eigenen Veränderungen als „selektive Anpassung an oder schließlich als selektiven Eingriff in die Umwelt zu steuern."[49] Ein Problem, das sich dabei einer biologisch inspirierten Interpretation soziokultureller Evolution stets stellt, nämlich was im Selektionsprozeß von Gesellschaften als sich evolutionierende Spezies, was als Selektionsdruck ausübende Umwelt zu betrachten sei, stellt sich so Luhmann erst gar nicht. Diese Schwierigkeit hatte ja unter anderem dazu geführt, da *Natur* im Verlauf der Menschheitsentwicklung immer weniger als für die Selektion entscheidender Umweltfaktor ausgemacht werden konnte, die soziokulturelle Evolution — analog zu ethologischen Befunden — als spezifische Form der „innerartlichen Konkurrenz"[50] oder „Gruppenselektion"[51] zu bezeichnen, wobei gruppeninterne Eigenschaften, wie Intelligenz, Gruppensolidarität, Altruismus, aber auch Bewaffnung jenen Selektionsdruck ausgeübt haben sollen, der organisch zur Entwicklung des Gehirns, sozial zur Bevorzugung bestimmter Gruppen, später Kulturen geführt haben soll. Vor solchen Spekulationen hütet sich der systemtheoretische Ansatz, wenn er den Ort der Systemreferenz vorerst einmal offenläßt und die entscheidenden Mechanismen soziokultureller Evolution völlig vom organischen Bereich abkoppelt. Analogien wie die zwischen Organismen und/oder Arten und Kulturgemeinschaften werden so erst gar nicht zugelassen. Was auf einer abstrakten Ebene der organischen und soziokulturellen Evolution dabei noch gemeinsam ist, ist, daß es sich bei beiden um einen „spezifischen Mechanismus für Strukturveränderungen" handelt, der als Induktion zu dieser den „Zufall" benutzt, wobei gilt: „Für ein System sind Ereignisse zufällig, wenn sie nicht im Hinblick auf das System produziert werden."[52] Um Evolution im allgemeinsten Sinne zu erzeugen, bedarf es nach Luhmann folgender Mechanismen: Variation, Selektion und Retention oder Stabilisierung.[53] Für die organische Evolution lassen sich die Konkretionen dieser Mechanismen dann angeben: Variation wird durch Mutation und durch genetische Rekombination mittels bisexueller Reproduktion, Selektion durch die natürliche Auslese, Stabilisierung durch die reproduktive Isolation von Populationen erreicht. Für die soziokulturelle Evolution sind diese Konkretionsformen als Hypothesen noch zu formulieren. Luhmann schlägt folgende Zuordnung vor: Der Variationsmechanismus soll „primär in der Sprache", der Selektionsmechanismus „primär in den Kommunikationsmedien", und der Stabilisierungsmechanimus „primär in den Systembildungen der Gesellschaft" zu sehen sein.[54] Aufgrund dieser Beschreibungen kommt Luhmann zu einer groben, diachronen Typik gesellschaftlicher Evolution. Er unterteilt in segmentäre, stratifizierte und funktional differnzierte Gesellschaften, die durch eine Zunahme des „Potentials für eine Stabilisierung von Neuerungen in Teilsystemen gekennzeichnet sind".[55]

Wenngleich gegen die Systemtheorie an sich, ob ihres tendenziell affirmativen Charakters, Einwände, auch ideologiekritische, angebracht sein können,[56] bietet dieses Konzept in Bezug auf die Theorie der soziokulturellen Evolution den Vorzug, einmal alle biologischen Interpretamente ausgeschaltet zu haben, und zum anderen klargestellt zu haben, daß es kein wie immer geartetes in der Evolution fundiertes Menschenbild geben kann. Luhmann will seine soziologische Theorie so angelegt sehen, daß sie den Rezipienten „so wenig wie nur möglich der Versuchung aussetzt, auf ein Menschenbild zu schließen". Im Gegenteil: „Jede Tendenz dieser Art wird zersetzt, wird in ihre Elemente aufgelöst."[57] Die Emphase mancher Evolutionstheoretiker, die glauben, mit dem Rückgriff auf die biologische Evolution ein „empirisches Wissen über den Menschen" zu erlangen, das die Voraussetzung dafür bilden soll, daß wir einmal in einer „humaneren

Welt"[58] leben werden, muß von diesem Standpunkt aus zurückgewiesen werden: „Es ist aber ein Irrtum zu glauben, daß der Weg zur Praxis durch ein Menschenbild geebnet wird. Schon die Transzendentalphilosophie und der Roman wußten es besser: Erst nach der Aktion weiß man, wer man ist."[59]

Ob allerdings der systemtheoretische Evolutionsbegriff, angewandt auf die Entwicklung sozialer und kultureller Systeme, stets halten kann, was er verspricht, muß vorerst dahingestellt bleiben. Einiges spricht dafür, daß ein Einwand, den Jürgen Habermas schon früh vorbrachte, Gewicht hat: daß dieses Modell der Evolutionstheorie nur „sehr schwache Erklärungsansprüche stellt" und so geradezu „eine Ergänzung durch historische Erklärungen" zu verlangen scheint.[60] Historiographische Arbeiten, die dem Ansatz der soziokulturellen Evolution verpflichtet sind und sich im wesentlichen mit dem Problem von Übergangsgesellschaften – etwa des Neolithikums – auseinandersetzen, weisen dann auch ein bestimmtes Maß an spekulativen Gehalt auf.[61] Dazu kommt noch, daß die Systemtheorie sozialer Evolution, wie ebenfalls schon Habermas monierte, vergißt, daß, während der Mutationsvorgang Variationen nach dem Zufallsprinzip erzeugt, die „Onthogenese von Bewußtseinsstrukturen ein hochselektiver und gerichteter Prozeß ist"; ebenso hat Habermas auf ein Problem hingewiesen, das allen Theorien einer soziokulturellen Evolution zueigen ist, nämlich, daß sich „keine eindeutig zu bestimmenden Zielfunktionen, an der sich die Ultrastabilität von Gesellschaft messen ließe" fixieren läßt.[62] Die Reflexionsarbeit des denkenden Subjekts kann diesem offenbar durch keinen Evolutionsmechanismus abgenommen werden. Allerdings muß dabei Luhmann zugute gehalten werden, daß er weiß, daß die „Evolutionstheorie auch kein ausreichendes Instrument (ist), um konkrete Gesellschaftszustände historisch und zwingend zu erklären oder gar vorauszusagen", und daß sie ihre Einheit eben erst durch die „Metaebene der Reflexivität" gewinnt. Und zudem zieht Luhmann – horribile dictu – zumindest die Möglichkeit der Substitution von gesellschaftlicher Evolution durch rationale Planung in Betracht.[63]

Ob Luhmanns eigene materiale Arbeiten — etwa seine Analyse der leidenschaftlichen Liebe als evolutionär generierter symbolischer Code [64] — kultur- und sozialgeschichtlichen Arbeiten — etwa zum generativen Verhalten im 18. Jahrhundert — erfolgreich konkurrenzieren oder ergänzen können, muß vorerst wohl der weiteren Diskussion überlassen bleiben.

Naturphilosophie heute

Die Ausformulierungen von Evolutionskonzepten, die Gemeinsamkeiten zwischen organischer und sozio-kultureller Evolution nicht mehr linear, höchstens auf einer strukturellen Metaebene zulassen, besagen natürlich nicht, daß Natur und Geschichte vollständig auseinanderzudividieren seien — eher verzichten sie einfach auf eine Thematisierung dieser Frage. Es könnte so vielmehr die These gewagt werden, daß im Begriff der Evolution und in der wissenschaftsstrategischen Konzentration auf diesen die eigentlichen Probleme des Verhältnisses von Natur und Geschichte noch gar nicht berührt erscheinen. In dem Maße, in dem das Konzept einer linearen Evolution, in der Geschichte als Fortsetzung von Natur, und das nicht einmal mit anderen Mitteln, begriffen werden soll, an seinen eigenen Widersprüchen scheitern muß,[65] und die systemtheoretische Variante von vornherein sich nur auf den Bereich der menschlichen Gesellschaft beziehen kann und will, bleibt eigenartigerweise die Frage, die auch unter dem Aspekt der ökologischen Krise am brennendsten interessieren müßte, die nach der Stellung des Menschen zur Natur, ein blinder Fleck. Eine theoretische Biologie, die ihre Kompetenzen überzieht, mißversteht diese Frage insofern, als sie an ihre Lösbarkeit ihm Rahmen einer empirischen Wissenschaft glaubt und daran festhalten will. Demgegenüber muß betont werden, daß die Struktur dieser Frage eher einer hermeneutischen denn einer empirischen nahekommt: es kann nicht darauf ankommen, wie, gleichsam schlecht ontologisierend, das Verhältnis des Menschen zur Natur — sei es auch durch den Evolutionsprozeß — festgeschrieben ist; eine solche Festschreibung mißachtete den Prozeß des Heraustretens des Menschen aus der Natur. Vielmehr müßte es um die Frage gehen, wie, unter welchen Voraussetzungen und nach welchen Kriterien der Mensch sein Verhältnis zur Natur denkt, deutet und vollzieht. Daß dabei Natur selbst, erste Natur, immer als vorausgesetzt zu denken war, auch am Menschen selbst und seinem Verhalten, war gerade einer reflektierten Geschichtsphilosophie immer bewußt gewesen. Allein, das Problem, das sich hier stellt, besteht ja nicht darin, daß der Mensch als Kulturwesen das Tier als Naturwesen ablöst, sondern darin, daß im Menschen so gut wie in seinen praktischen Tätigkeiten die Natur in und um ihm zu seinem Anderen, einem Äußeren wird, indem er Mensch nur dadurch wird, daß er sich von der Natur emanzipiert: „Der Mensch ist Tier, doch selbst in seinen tierischen Funktionen bleibt er nicht als in einem Ansich stehen wie das Tier, sondern wird ihrer bewußt, erkennt sie und erhebt sie, wie z.B. den Prozeß der Verdauung, zur selbstbewußten Wissenschaft. Dadurch löst der Mensch die Schranke seiner ansichseienden Unmittelbarkeit, so daß er deshalb gerade, weil er *weiß*, daß er Tier ist, aufhört, Tier zu sein, und sich das Wissen seiner als Geist gibt." [66] Erst solches Wissen erlaubt, Natur selbst zum Objekt zu machen, mit allen Konsequenzen, die früh schon Hegel, trotz oder vielleicht gerade wegen seiner unnachahmlichen Arroganz der Natur gegenüber erkannt und prägnant formuliert hatte: „Das praktische Verhalten (des Menschen) zur Natur ist durch die Begierde, welche selbstsüchtig ist, überhaupt bestimmt: das Bedürfnis geht darauf, die Natur zu unsrem Nutzen zu verwenden, sie abzureiben, aufzureiben, kurz, sie zu vernichten." [67] Nicht zuletzt waren es wohl die empirischen Naturwissenschaften und ihre technologischen Derivate, die solche Zerstörung unter anderem auch deshalb ermöglichten, weil sie glauben machten, daß auf den philosophischen Gedanken verzichtet werden könne. Angesichts dessen, was mit den Menschen und der Natur heutigentags passiert, ausgerechnet von einem Skandal der Philosophie zu sprechen, wird langsam ärgerlich. Im Gegenteil: Aus der Analyse der unhintergehbaren Differenz von Mensch und Natur war die Philosophie immer schon zu zwei Problemen vorgestoßen, die langsam erst jetzt, allerdings auf einem fast hoffnungslos zurückgebliebenen Reflexionsniveau, ins Bewußtsein dringen: Einmal, ob Natur an sich, ohne funktional an den Menschen gekoppelt zu sein, überhaupt zu denken sei, und zum anderen, ob die Differenz von Natur und Mensch je aufzuheben sei, bzw. ob Geschichte als der Prozeß dieser Aufhebung gedacht oder interpretiert werden könnte. An dieser Stelle müssen wir uns mit einigen Anmerkungen dazu begnügen.

Schon an Hegel ließe sich demonstrieren, wie sehr sogar in der Philosophie des Geistes schlechthin ein Bewußtsein davon aufbewahrt blieb, daß letztlich „die Natur als frei in ihrer eigentümlichen Lebendigkeit zu betrachten" sei[68] und daß auch dann und gerade dann, wenn die Natur begriffen wird als das „Negative der Idee", die Aufhebung der Trennung von Natur und Geist das Programm von Geschichte und ihrer philosophischen Reflexion schlechthin bleiben muß, wenn darin „dem Geiste die Erkenntnis seines Wesens in der Natur" gewährt werden soll.[69] Die Aufhebung dieser Entzweiung hatte schon vor Hegel der wunderliche und bis heute zu gering geschätzte Romancier und Ästhetiker Karl Philipp Moritz thematisiert: bei ihm deutet sich der menschliche Geist als Produkt der Natur, der das zustande bringt, was der Natur versagt bleibt: Selbstreflexion: „Wer kann sie (die Natur) fassen, wer kann sie lieben, als der Geist des Menschen?"[70] Doch im selben Atemzug weiß Moritz darum, daß der Geist des Menschen sich nicht notwendigerweise praktisch als Selbstreflexion der Natur auslegen muß: „Die herrschende Idee des *Nützlichen* hat nach und nach das Edle und Schöne verdrängt — man betrachtet selbst die große erhabne Natur nur noch mit kameralistischen Augen, und findet ihren Anblick nur interessant, insofern man den Ertrag ihrer Produkte überrechnet."[71]

Jene doppelte Bestimmung des Menschen als Naturwesen und als jenes Wesen, das Natur geradezu erst an sich erfährt, indem es sich von ihr distanziert, sie sich zum Gegenstand macht, findet sich auch wieder in der Geschichtsphilosophie des jungen Marx: „Daß das physische und geistige Leben des Menschen mit der Natur zusammenhängt, hat keinen anderen Sinn, als daß die Natur mit sich selbst zusammenhängt, denn der Mensch ist ein Teil der Natur" heißt es in den Manuskripten von 1844,[72] und dort auch wenig später: „Die Geschichte selbst ist ein wirklicher Teil der Naturgeschichte, des Werdens der Natur zum Menschen."[73] Es ist allerdings eine Geschichte, in der unter bürgerlichen Produktionsverhältnissen das praktische Verhältnis des Menschen zur Natur, das sich in der Arbeit realisiert, ein entfremdetes ist: „Die entfremdete Arbeit . . . entfremdet dem Menschen seinen eigenen Leib, wie die Natur außer ihm, wie sein geistiges Wesen, sein menschliches Wesen."[74] Der über die menschliche Arbeit vermittelte Zusammenhang der Natur mit sich selbst ist unter diesen Bedingungen ein zerrissener. Die Ausbeutung der Natur korreliert mit der Herrschaft des Menschen über seinesgleichen. Natur käme so nur mehr zu sich, wenn der Mensch zu sich kommt. Diese Einheit von Menschheits- und Naturgeschichte, die bei Marx als anthropologisches Postulat mißverstanden werden könnte, stellt sich allerdings als Aufgabe dar, untrennbar verbunden mit der Befreiung des Menschen von Entfremdung und Herrschaft. Jene *Gesellschaft*, die die „vollendete Wesenseinheit des Menschen mit der Natur", sein soll, die „wahre Resurrektion der Natur, der durchgeführte Naturalismus des Menschen und der durchgeführte Humanismus der Natur"[75] bleibt die Antizipation eines Zustandes, in dem als Resultat der gesellschaftlichen Selbstorganisation des Menschen Natur und Geschichte in eins fallen mögen. Solche Hoffnung, daß Natur im und durch den Menschen und seinen Technologien zu sich käme, nährte noch das späte Erbe der Marxschen Philosophie: „Technik", heißt es bei Adorno, „die, nach einem letztlich der bürgerlichen Sexualmoral entlehnten Schema, Natur soll geschändet haben, wäre unter veränderten Produktionsverhältnissen ebenso fähig, ihr beizustehen und auf der armen Erde ihr zu dem zu verhelfen, wohin sie vielleicht möchte."[76] Wenn heute wohl Skepsis gegenüber einem Denken angebracht sein muß, das geneigt ist, die denaturalisierende Funktion von Technik an sich zu übersehen, ist eine solche Utopie umso weniger hybrid, je mehr sie von den gegenwärtigen Zuständen denunziert wird. Unverzichtbar die dahinter stehende Einsicht, daß

Natur selbst Resultat von Geschichte ist. Eine Evolutionstheorie, die auch als eine Variante der Idee der Einheit von Menschheits- und Naturgeschichte interpretiert werden könnte, umgeht dieses Spannungsverhältnis von Mensch und Natur, wenn in ihr der Mensch auf ein Naturwesen reduziert werden soll, das er nie war. Die von Lorenz herbeigesehnte „Wildform" des Menschen,[77] die keine durch Selbstdomestikation verursachte Degenerationserscheinungen aufweisen soll, kann nur der Vormensch selbst gewesen sein. Die ideologische Unterstellung von Natur als letztem Substrat von Geschichte droht immer in einen Antihumanismus umzuschlagen. Wenn in solchen Konzeptionen schon nicht die Natur selbst, als dem Menschen angeborener „Lehrmeister"[78] für das Handeln der Menschen das hält, was ihre Protagonisten versprechen, so soll dann doch wenigstens, der, auch unter Ökologen beliebte Appell, man möge sich nur die Natur zum Vorbild nehmen und der in ihr angelegten und realisierten „Vernunft" folgen, jene verlorene Einheit noch einmal ohnmächtig beschwören. Vergessen wird, daß alles, was als Natur gedacht und vorgestellt, letztlich erlebt werden kann, Moment im Selbstauslegungsprozeß des Menschen ist. Das bedeutet allerdings nicht, daß die Reflexion darauf nicht handlungsorientierend sein könnte.

Die Perspektive auf die Verschränkung von Natur und Geschichte wird allerdings auch durch eine Konzeption verzerrt, die den Verwüstungen des Menschen an der Natur durch ein postuliertes Eigenrecht der Natur Einhalt gebieten will, wobei aller anthropozentrischen Argumente entraten werden soll, eine Haltung, deren reflektierte Vertreter wissen, daß sie nicht mehr rational, sondern, in einem weiten Sinn, höchstens theologisch argumentierbar ist: „Nur wenn der Mensch heute die anthropozentrische Perspektive überschreitet und den Reichtum des Lebendigen als einen Wert an sich zu respektieren lernt, nur in einem wie immer begründeten, religiösen Verhältnis zur Natur, einer ‚Ehrfurcht vor dem Leben', wird er imstande sein, auf lange Sicht die Basis für eine menschenwürdige Existenz des Menschen zu sichern." Ob allerdings in solch einer ehrfürchtigen Erstarrung vor dem Lebendigen Geschichte, in die Natur eingehen könnte, nicht selbst zum

Stillstand kommt, bleibt wohl offen.

Wie immer man solche Ansätze begründen, bewerten oder durchsetzen will, es bleibt eine Entscheidung der Menschen der Natur gegenüber, keine, die sich innerhalb eines einheitlichen Evolutionskonzeptes interpretieren ließe. Das, was Natur ist und zu was sie sich entfalten kann, hängt, wenn auch nicht ausschließlich, so doch auch davon ab, wie der Mensch jenseits der Evolution des Lebendigen sein Verhältnis zur inneren und äußeren Natur nicht nur definiert, sondern, vermittelt durch die gesellschaftlichen Organisationsformen und ihrer Instrumentarien, vollzieht. Alles Denken über das Verhältnis von Mensch und Natur wird sich also in Biologie nicht erschöpfen können, eher umgekehrt: es wird nicht anders möglich sein denn als eine Theorie der Gesellschaft.

Anmerkungen

1 Vgl. dazu exemplarisch Albert Unsöld, Evolution kosmischer, biologischer und geistiger Strukturen, Stuttgart 1981 – Hier wird der Anspruch eines *einheitlichen* Erklärungskonzeptes mit Deutlichkeit geleitet von den Gesetzen der Natur, von der *Urexplosion* zur Entstehung der *Galaxien* und der *Sterne*, der Bildung unseres *Sonnensystems* mit Sonne und *Erde*, zur Entstehung und Evolution des *Lebens*." (S. 138) – Klassisch dazu auch die große Arbeit von Andre Leroi-Gourhan, Hand und Wort. Die Evolution von Technik, Sprache und Kunst, Frankfurt/M. 1984 (2. Aufl., Erstausgabe 1964). Leroi-Gourhan geht es allerdings noch ausschließlich um die Evolution der species *homo sapiens,* deren Ende für ihn absehbar ist: „Befreit von seinen Werkzeugen, seinen Gesten und Muskeln, von der Programmierung seiner Handlungen und seines Gedächtnisses, befreit von der Phantasie, an deren Stelle die Perfektion des Fernsehens getreten ist, befreit auch von der Tier- und Pflanzenwelt, vom Wind, von der Kälte den Mikroben und dem Unbekannten der Gebirge und Meere, steht *homo sapiens* wahrscheinlich am Ende seiner Laufbahn" – was nicht das Ende des Menschen bedeuten muß, aber vielleicht eine neue Artbezeichnung erforderte. Die Hoffnung Leroi-Gourhans, daß der Mensch sich auch dazu entschließen könnte, *sapiens* zu bleiben, zeigt deutlich, wie der Umschlag von Evolution in Geschichte gedacht werden könnte (S. 496 ff.).

2 Daß, entgegen der Auffassung vieler seiner Vertreter, der Evolutionsbegriff als solcher und im speziellen in bezug auf den Bereich des Organischen immer noch legitimer Gegenstand nicht nur ideologiekritischer, sondern auch wissenschaftstheoretischer Auseinandersetzung ist, zeigen etwa Wolfgang F. Gutmann und Klaus Bonik, Kritische Evolutions-

theorie, Hildesheim 1981, oder die Arbeiten von Erwin Chargaff, Reinhard Löw und anderen in dem von Alfred Locker herausgegebenen Band: Evolution – kritisch gesehen, Salzburg/München 1983.

3 Irenäus Eibl-Eibesfeldt, Der vorprogrammierte Mensch. Das Ererbte als bestimmender Faktor im menschlichen Verhalten, München 1982, S. 10.
4 Günther Anders, Die Antiquiertheit des Menschen, Bd. II – Über die Zerstörung des Lebens im Zeitalter der dritten industriellen Revolution, München 1980, S. 9.
5 Vgl. dazu etwa die empörten Leserbriefe zu einer ohnedies vorsichtig formulierten Kritik des Verf. an Konrad Lorenz „Abbau des Menschlichen" (Profil 45/1983 ff.).
6 Es würde zu weit gehen, im Detail auf das komplizierte Verhältnis zwischen wissenschaftlichen Theorien und ihren popularisierten Formen einzugehen – daß manche Theorien ihre Attraktivität nicht nur ihrer Entstellung verdanken, scheint dabei aber offensichtlich zu sein.
7 Rudolf Haller, Entwicklung, Sprache und Erkenntnis. In: Rupert Riedl/ Franz Kreuzer (Hg.), Evolution und Menschenbild, Hamburg 1983, S. 213.
8 Charles Darwin, Die Abstammung des Menschen, Stuttgart 1982, S. 238.
9 Darwin (wie Anm. 8), S. 251.
10 Darwin (wie Anm. 8), S. 171.
11 Friedrich von Hayek, Die überschätzte Vernunft. In: Riedl/Kreuzer (wie Anm. 7), S. 164 ff. – Vgl. dazu auch Friedrich von Hayek, Die drei Quellen der menschlichen Werte, Tübingen 1979.
12 Hayek (wie Anm. 11), S. 185 ff.
13 Hayek, Die drei Quellen der menschlichen Werte, Tübingen 1979, S. 31.
14 Ebenda, S. 14.
15 Ebenda, S. 46.
16 Karl Marx, Das Kapital, Bd. I (MEW 23), S. 88.
17 Hayek (wie Anm. 13), S. 48.
18 So zitiert Darwin einen zeitgenössischen Ökonomen, der gezeigt hatte, daß sich der „sorglose, schmutzige, genügsame Irländer" zwar schneller vermehre als der „mäßige, vorsichtige, sich selbst achtende, ehrgeizige Schotte in seiner ernsten Sittlichkeit", aber Macht, Besitz, Intelligenz und Geld, die Garanten des gesellschaftlichen Erfolgs dennoch in Händen der wenigen Schotten wären. Darwin (wie Anm. 8), S. 177 f.
19 Niklas Luhmann, Funktion der Religion, Frankfurt/M. 1982, S. 38 – Luhmann merkt zwar an, daß unterschiedlichen Religionskonzepten von der gesellschaftlichen Entwicklung unterschiedliche Chancen zuerkannt werden, wobei er die zentrale Form der abendländischen Entwicklung in der „Form des Monotheismus" sieht, die die „*Transzendenz* als (verehrungswürdige) Person festzuhalten sucht" (S. 38).
20 Heidi Rosenbaum, Einleitung zu: Seminar: Familie und Gesellschaftsstruktur, Frankfurt/M. 1980, S. 9 f.
21 Ebenda, S. 12.
22 Bernhard Hassenstein, Evolution und Werte. In: Riedl/Kreuzer (wie Anm. 7), S. 71.
23 Ebenda, S. 71
24 Darwin (wie Anm. 8), S. 117.

25 Konrad Lorenz, Der Abbau des Menschlichen, München 1983, S. 117 f.
26 Ebenda, S. 130 f.
27 Vgl. dazu Dieter E. Zimmer, Unsere erste Natur. Die biologischen Ursprünge menschlichen Verhaltens (Ullstein Sachbuch o.O., o. J.).
28 Eibl-Eibesfeldt (wie Anm. 3), S. 11.
29 Dies krampfhaft nachzuweisen versucht nicht zuletzt die „evolutionäre Erkenntnistheorie". Vgl. dazu u.a. Rupert Riedl, Biologie der Erkenntnis, Berlin/Hamburg 1980, bes. S. 38 ff.
30 Rupert Riedl, Evolution und Erkenntnis, München 1982, S. 254.
31 Zum antiteleologischen Charakter der Evolutionstheorie vgl. Robert Spaemann/Reinhard Löw, Die Frage Wozu. Geschichte und Wiederentdeckung des teleologischen Denkens, München 1981, S. 213 ff. – Die Inauguration des dagegen allerdings abgeschwächten Teleonomiebegriffs durch Lorenz und Riedl zeigt, daß zumindest diese beiden Autoren einem zumindest kurzfristig und partiell präjudizierbaren telos der Evolution nicht abhold sind. Lorenz (wie Anm. 25), S. 27 ff., Riedl (wie Anm. 29), S. 160 ff.
32 Um ihre These von den angeborenen Verhaltensweisen und den Invarianten des Menschseins zu stützen, berufen sich manche Evolutionisten auch auf Ethnologen wie Claude Levi-Strauss oder Linguisten wie Noam Chomsky – so etwa Franz M. Wuketits, Evolutionäre Erkenntnistheorie – die neue Herausforderung. In: Konrad Lorenz/Franz M. Wuketits (Hg.), Die Evolution des Denkens, München 1983, S. 24 ff. Allein, zwischen dem, was für den Strukturalisten Levi-Strauss kulturelle Invarianten sein mögen und dem, was Evolutionisten daraus machen, liegen Welten. Auch die Beanspruchung von Chomsky, der sich selbst stets als Antievolutionist verstanden hat, grenzt an Ironie. (Zum Verhältnis Chomskys zur Evolutionstheorie vgl. auch Stephen Toulmin, Kritik der kollektiven Vernunft, Frankfurt/M. 1983, bes. S. 516 ff.)
33 Vgl. dazu etwa Wolfgang Wickler, Die Biologie der zehn Gebote, München 1981, bes. S. 127 und Dieter E. Zimmer (wie Anm. 27), S. 267 ff., sowie neuerdings auch Philippe Aries/Andre Bejin/Michel Foucault u.a., Die Masken des Begehrens und die Metamorphosen der Sinnlichkeit. Zur Geschichte der Sexualität im Abendland, Frankfurt/M. 1984.
34 Lorenz (wie Anm. 25), S. 18.
35 Ebenda, S. 67.
36 Ebenda, S. 71.
37 Ebenda, S. 19.
38 Zit. nach Wolfgang Schmidbauer, Biologie und Ideologie. Kritik der Humanethologie, Hamburg 1973, S. 95 f.
39 Wolfgang Wieser, Konrad Lorenz und seine Kritiker, München 1976, S. 100.
40 Stephen Toulmin, Kritik der kollektiven Vernunft, Frankfurt/M. 1983, bes. S. 373 ff. und S. 478 ff.
41 Talcott Parsons, Gesellschaften. Evolutionäre und komparative Perspektiven. Frankfurt/M. 1975, S. 56 f.
42 Elman R. Service, Ursprünge des Staates und der Zivilisation. Der Prozeß der kulturellen Evolution. Frankfurt/M. 1977, S. 32 – Service zitiert

hier aus „Comparative Functionalism" von Walter Goldschmidt.
43 Peter L. Berger, Thomas Luckmann, Die gesellschaftliche Konstruktion der Wirklichkeit. Eine Theorie der Wissenssoziologie, Frankfurt/M. 1980, S. 51 f. — Es gehört sicher zu den unfreiwilligen Pointen der Inkonsistenz ethologischer Gesellschaftstheorie, wenn Konrad Lorenz mehrmals zustimmend Berger/Luckmann zitiert, ohne offensichtlich zu bemerken, daß hier das Gegenteil von dem ausgeführt wird, wofür er und der Neodarwinismus an sich einstehen. Lorenz (wie Anm. 25), S. 198 und S. 242.
44 Toulmin (wie Anm. 40), S. 507 ff.
45 Jürgen Habermas, Zur Rekonstruktion des Historischen Materialismus, Frankfurt/M. 1982, S. 186.
46 Niklas Luhmann, Evolution — kein Menschenbild. In: Riedl/Kreuzer (wie Anm. 7), S. 198.
47 Niklas Luhmann, Geschichte als Prozeß und die Theorie sozio-kultureller Evolution. In: Karl Georg Faber/Christian Meier (Hg.), Theorie der Geschichte 2, Historische Prozesse, München 1978, S. 417.
48 Luhmann, Ebenda, S. 418.
49 Niklas Luhmann, Systemtheoretische Argumentationen. In: Jürgen Habermas/Niklas Luhmann, Theorie der Gesellschaft oder Sozialtechnologie, Frankfurt/M. 1971, S. 363.
50 Lorenz (wie Anm. 25), S. 48 ff. und S. 67 ff.
51 Carsten Bresch, Evolution aus Alpha-Bedingungen, Zufalls-Türmen und Systemzwängen. In: Riedl/Kreuzer (wie Anm. 7), S. 34 ff.
52 Luhmann (wie Anm. 47), S. 422.
53 Ebenda, S. 423.
54 Luhmann (wie Anm. 49), S. 364.
55 Luhmann (wie Anm. 47), S. 426.
56 Vgl. dazu die Beiträge von Jürgen Habermas. In: Habermas/Luhmann (wie Anm. 49), S. 142 ff.
57 Luhmann (wie Anm. 46), S. 204.
58 Robert Kaspar, Was sind anthropologische Konstanten? Die Frage nach dem spezifisch Menschlichen. In: Die Presse v. 30. 4./1. 5. 1983 (Spektrum, S. VII).
59 Luhmann (wie Anm. 46), S. 205.
60 Jürgen Habermas, Zum Thema: Geschichte und Evolution. In: Geschichte und Gesellschaft 2/1976, S. 313.
61 Vgl. dazu die Arbeiten von Parsons (wie Anm. 41), Service (wie Anm. 42) und Klaus Eder, Die Entstehung staatlich organisierter Gesellschaften. Ein Beitrag zu einer Theorie sozialer Evolution. Frankfurt/M. 1976.
62 Habermas (wie Anm. 45), S. 180 f.
63 Luhmann (wie Anm. 47), S. 439.
64 Niklas Luhmann, Liebe als Passion. Zur Codierung von Intimität, Frankfurt/M. 1982.
65 Das gilt auch for so weitgespannte und versierte Ansätze wie den von Leroi-Gourhan, wenn er etwa von Techniken meint, daß sie sich „in der Zeit wie lebende Arten verhalten". Leroi-Gourhan (wie Anm. 1), S. 188 — ob es sich hier um eine metaphorische Überzeichnung des Artbegriffs handelt oder um eine in der Tat legitimierbare Generalisierung des Evo-

lutionskonzeptes mag hier dahingestellt bleiben. Zum Verhältnis von Biologie und Geschichte bei Leroi-Gourhan vgl. auch Anm. 1.
66 G. W. F. Hegel, Vorlesungen über die Ästhetik I (Theorie-Werkausgabe Bd. 13), S. 112.
67 G. W. F. Hegel, Enzyklopädie der philosophischen Wissenschaft II (Theorie-Werkausgabe Bd. 9), S. 13.
68 Ebenda, S. 14.
69 Ebenda, S. 30 und S. 24.
70 Karl Philipp Moritz, Werke Bd. 3, hg. v. H. Günther, Frankfurt/M. 1981, S. 185.
71 Moritz, Werke Bd. 3, S. 187 — Vgl. dazu auch Konrad Liessmann, Natur und Menschengeist. In: STERZ 28/1984, S. 14 f.
72 Marx-Engels Werke (MEW), Erg. Bd. 1, S. 516.
73 MEW Erg. Bd. 1, S. 544.
74 MEW Erg. Bd. 1, S. 516 f.
75 MEW Erg. Bd. 1, S. 538.
76 Theodor W. Adorno, Ästhetische Theorie, Frankfurt/M. 1970, S. 107.
77 Lorenz (wie Anm. 25), S. 52 ff.
78 Riedl (wie Anm. 29), S. 33 ff.
79 Gunnar Skirbekk/Robert Spaemann, Die technologische und ökologische Krisenerfahrung als Herausforderung an die praktische Vernunft. In: K. O. Apel u.a. (Hg.), Praktische Philosophie/Ethik: Dialoge 1, Frankfurt/M. 1984, S. 408.

ROLAND GIRTLER

DIE EIGENSTÄNDIGKEIT DER „GEISTESWISSEN-SCHAFTEN" GEGENÜBER DEN NATURWISSENSCHAFTEN

Vorbemerkung

Dieser Aufsatz will die Problematik einer Gleichstellung von Natur- und Geisteswissenschaft diskutieren und darlegen, warum es notwendig ist, diese beiden Gebäude der Wissenschaften grundsätzlich voneinander zu trennen. Diese Fragestellung erscheint mir besonders wichtig, insofern, als alle jene Versuche und Orientierungen, die menschliches Handeln mit an die Naturwissenschaften sich anlehnenden Methoden und Konzepten erforschen – mit dem Anspruch, „Gesetzmäßigkeiten" zu finden –, dem Menschen zumindest subtil Gewalt antun. So waren es die Theorien des Rassismus, die naturwissenschaftlich argumentierende Menschen aufgrund ihrer ethnischer Abstammung degradierten und auch töteten. Der Mensch als der biologische andere, als der Jude u.ä. mußte sich den Konstruktionen beugen, die eine Wissenschaft erzeugt hatte, die von sich behauptete, die Gesetze des Menschen zu kennen. Auch jene Vorstellungen, die von einer Gesetzmäßigkeit der Entwicklung sprachen, richteten sich am naturwissenschaftlichen Modell aus, was, wie unten zu sehen sein wird, auch zu für den Menschen nicht unproblematischen Ergebnissen führen mußte. Schließlich ist es das Dilemma der modernen Soziologie u.ä. Disziplinen, wenn sie versuchen, menschliches Handeln Gesetzmäßigkeiten unterzuordnen.

Diese hier skizzierte Problematik ist Thema der folgenden Ausführungen. Es wird dabei versucht, die Wurzeln jener Entwicklung in ihren wesentlichen Zügen aufzuspüren, um schließlich deutlich zu machen, daß die Geisteswissenschaften, nämlich jene Wissenschaften, die den Menschen in seinem sozialen bzw. kulturellen Handeln zu erfassen suchen, nichts mit den Naturwissenschaften und ihrem Postulat der Gesetzmäßigkeit zu tun haben, bzw. daß jeder Versuch, die Geisteswissenschaften — zu denen ich hier vor allem die Soziologie und die Geschichtswissenschaft rechne — naturwissenschaftlich zu begreifen, zu problematisieren ist.

Verdienst und „Schuld" der Aufklärung

Die Aufklärung, die angetreten war, den Menschen in seiner Existenz zu ergründen, verband damit zunächst ein starkes und demonstratives Potential der Toleranz und des Humanismus.

Die im 17. Jahrhundert einsetzende Beschäftigung mit fremden Kulturen und Völkern, die durch die Nachrichten der Seefahrer überhaupt möglich geworden ist, führte zunächst zu einer Infragestellung der als absolut empfundenen Werte der eigenen Kultur. Dieses Umdenken, welches in Richtung einer Anerkennung und Akzeptierung fremder Kulturen und deren Menschen verlief, hatte die politische Konsequenz der Revolution, welche die Tradition überkommener Werte, Rechte und Privilegien zu hinterfragen begann.

Der hier sich zeigende Kulturrelativismus, also die Vorstellung von den verschiedenen gleichwertigen Möglichkeiten menschlichen Kulturschaffens, wird das erstemal deutlich in John Lockes „An Essay Concerning Human Understanding" (1690), in welchem ausgeführt wird, daß der menschliche Geist bei seiner Geburt ein „empty cabinet" sei und daß er erst in einem Prozeß, den man heute als „Enkulturation" bezeichnet, seine jeweils verschiedenen kulturellen Handlungsregeln lernt. Im Sinne der Aufklärung bezieht sich Locke in diesem Zusammenhang auch auf asiatische und indianische Gebräuche, um so die Relativität europäischer Wertvorstellungen darzutun. Es ist das Prinzip der Toleranz, welches Locke anleitet und welches er als das Merkmal der „wahren" Kirche betont.

In dieser Tradition stehen auch Vico, Voltaire, Montesquieu, Turgot, Helvetius usw. So betonte Turgot — den

Überlegungen der modernen Kulturanthropologie vorgreifend – die Bedeutung der jeweiligen Kultur für den Menschen, wodurch er den Vorstellungen von absoluten moralischen Verbindlichkeiten entgegentritt.

Es ist nun interessant, daß dieses Unternehmen, den Menschen aufklärerisch in den Mittelpunkt zu rücken, ihn also dem überlieferten Druck sozialer Zwänge zu entreißen, sich mit dem Verlangen verband, den Menschen und seine Geschichte „naturwissenschaftlich" zu studieren. Diese Absicht, die sich schließlich als fatal und als im Widerspruch zur Aufklärung stehend entlarvte, setzt bei Descartes Philosophie an. In seiner Arbeit „Traité de l'homme" (1632) wird die Lehre vom Menschen als Maschine wachgerufen, ein Gedankengang, der durch William Harveys Entdeckung des Blutkreislaufes (1628) Unterstützung fand. Diese naturwissenschaftliche Denkweise, die den Menschen mechanistisch bzw. mathematisch zu erfassen suchte, wird ergänzt durch das Prinzip der kulturellen Entwicklung, welches versuchte, gesetzmäßige Entwicklungsreihen zu erstellen. Dahinter stand die Überlegung von einem als ideal gedachten Zustand, zu dem die Kulturen fortschreiten, wobei mehr oder weniger implizit die sogenannten „primitiven" Gemeinschaften – ganz im Gegensatz zu Rousseau – als am Beginn der Entwicklung stehend und daher auch als minderwertig definiert wurden. Diese Tendenz erfuhr ihre Unterstützung durch die Entdeckung der Entstehung der Arten, wie sie bereits von Erasmus Darwin, dem Großvater Charles Darwins, und auch Goethe gegen Ende des 18. Jahrhunderts konzipiert worden war.

Durchaus in Einklang damit steht die Konzeption des Arztes Lamettrie, der ganz im Stile der aufkommenden Naturwissenschaften vermeinte, den Menschen auch in seinem sozialen Sein als Maschine erfassen zu können. In seinem Werk „L'Homme Machine" (1748) hilft er jenes Denken zu verfestigen, welches den Menschen als den „Naturgesetzen" (wie es auch D'Holbach sieht) unterworfen erklärt und zu erfassen sucht

Dieses mathematisch-naturwissenschaftliche Denken, welches freilich auch zur Abkehr von metaphysischen Paradigmen führte, steht also in engem Kontext zu dem

Glauben an den Fortschritt der Menschheit, welcher eben aus den naturwissenschaftlich relevanten Fakten abgeleitet gedeutet wird. Bei Condorcet u.a. sowie den Schottischen Moralphilosophen – vor allem bei Adam Ferguson – werden in diesem Sinn die menschlichen Gesellschaften und deren Entwicklung als etwas gedeutet, welches gleich den physikalischen Objekten studiert werden kann.[1]

In dieser Tradition stehen auch die für die Entstehung der Soziologie wichtigen Autoren Saint-Simon und Auguste Comte, welcher – getragen von dem humanistischen Auftrag, für das menschliche Leben die ihm adäquate „neue Moral" zu finden – das „Dreistadiengesetz" formulierte. Danach geht der Gang der Geschichte vom theologischen über das metaphysische zum positiven Stadium. Comte war dabei wesentlich an der Naturwissenschaft orientiert, was sich auch darin zeigt, daß er seine Methode als „soziale Physik" bezeichnete, welche die Gesetzmäßigkeit des sozialen Fortschritts behauptete und nach den Prinzipien suchen sollte, jene theoretischen und moralischen Prinzipien erarbeiten sollte, die eine dem Menschen entsprechende dauerhafte Ordnung zum Ziele hatte.[2]

Dieses positivistisch-naturwissenschaftliche Prinzip zeigt sich übrigens auch in der Statistik Quetelets und H. The. Buckles.

Das Problem der Rasse

Durch den Versuch der Aufklärung, gesellschaftliche bzw. kulturelle Entwicklungsreihen aufzustellen, kam es zu einem verhängnisvollen Problem, welches schließlich den humanistischen Sinn der Aufklärung ad absurdum führen sollte: nämlich die Verknüpfung von Rasse und Kultur. Vorbereitet wurde diese Tendenz durch die Arbeiten von Naturforschern wie Linné, Buffon, Blumenbach u.a., welche durch Messungen und vergleichende Studien auf dem Gebiet der physischen Anthropologie für ihre Zeit bestimmend waren.

Die Vorstellung von der gesetzmäßigen kulturellen Entwicklung verband sich nun mit der vollkommen irrigen Überlegung, daß man Kultur und Rasse miteinander in Zusammenhang bringen könne. So kam es auch zur Konstruktion von Sprachgemeinschaften, die mit Rasseeinheiten identifiziert wurden. Relikte dieser Absicht finden sich übrigens in den Bezeichnungen wie „Indogermanen" oder „Semiten"[3]. Diese nun aktuell werdenden Fragen, wie die nach dem Ursprung und der Entwicklung der Sprache, wurden nun zu den Schwerpunkten anthropologischer Reflexionen bis gegen Ende des 19. Jahrhunderts. Wesentlich war damit die Absicht verbunden, das Thema der Entstehung und Entwicklung der Rassen zu bearbeiten.

So war es das Programm der ersten größeren ethnologischen Gesellschaft, der „Société d'Ethnologie de Paris", welche im Jahre 1939 gegründet worden war, den Ursprung der Rassen zu behandeln, wie es im ersten Paragraphen ihrer Statuten postuliert ist. Die Konzentration auf die Rasse und das Problem ihrer Entstehung führte schließlich zu Arbeiten wie dem Werk „Essai sur l'inégalité des races humaines" (1855) von Graf Gobineau, der sich u.a. gegen Rassenvermischungen aussprach. Ohne daß dies von Gobineau so beabsichtigt war, hatte gerade dieses Buch negative und antihumanistische Folgen.

Die Rassenlehre wurde im 19. Jahrhundert zu einer Triebfeder der „Anthropologie" als der Wissenschaft vom Menschen und seiner kulturellen Entwicklung;[4] sie wurde zur höchst fragwürdigen Legitimation für den Kolonialismus.[5] Diesem Denken, welches durch die Betonung des Begriffs Rasse zu einer Klassifizierung des Menschen führte, entspricht auch die von Theodor Waitz verfaßte „Anthropologie der Naturvölker" (1859), in der die Frage aufgeworfen wird, ob nicht „ein Teil der Menschheit der Zoologie zu überweisen sei."[6] Diese und ähnliche Thesen bestimmen um die Mitte des vorigen Jahrhunderts das Diskussionsfeld der anthropologischen Wissenschaft. Die Konzeption des Evolutionismus, welche sich durch Charles Darwins Entdeckungen legitimiert sah, führte schließlich auch zu jener Arroganz des Europäers gegenüber dem „Primitiven", welche die Ausbeutung des letzteren legitimierte. Darwins „On the Origin of Species by Means of Natural Selection", welches ebenso wie das Werk von Waitz 1859 erschien, bewirkte, daß das Interesse an den

Anfängen der Menschheit und dem wunderbaren Aufstieg über primitive Stufen zur „höchsten Kultur" sich verfestigte.[7]

Die ursprünglich vom Europäer nicht bloß für sich selbst in Anspruch genommenen Postulate wie „Freiheit und Gleichheit" blieben so auf den Europäer beschränkt, der seine Kulturhöhe und „rassische Vollwertigkeit" nun „wissenschaftlich" beweisen konnte. Die Berufung auf „naturwissenschaftlich" gerechtfertigt erscheinende Konzepte, die Rasse und Kultur als von einander abhängige Variablen definierten, hatte sich also fatal ausgewirkt. Das Muster, welches menschliches Handeln bzw. Kultur von biologisch vorgegebenen Kategorien abhängig wußte, bestimmte schließlich die Desavouierung von Menschen durch Menschen bis in die jüngste Zeit.

Hierin liegt das in diesem Aufsatz angesprochene Problem, nämlich das unzulässige Nichtauseinanderhalten von Natur- und Geisteswissenschaften trotz ihrer verschiedenen Gegenstände – wie unten zu sehen sein wird. Gerade in der Rassentheorie zeigt sich deutlich die Vorstellung von der biologischen Gesetzmäßigkeit menschlichen Handelns und seiner kulturellen Ausprägungen. Ein Unternehmen, welches offensichtlich mit den Bestrebungen des Evolutionismus, also mit dem Prinzip der notwendig fortschreitenden Entwicklung der Kulturen, einherging.

Die Kritik am „Evolutionismus"

Das spekulativ-evolutionistische Denken, wie es u.a. auch für Comtes und Spencer bestimmend wurde, aber z. T. auch für Marx und Engels, wurde gegen Ende des 19. Jahrhunderts von einigen Seiten her vehement einer eingehenden Kritik unterworfen.

Für viele Historiker und Kulturwissenschafter war die Vorstellung von einer naturgesetzlich verlaufenden Geschichte, deren Gesetzmäßigkeiten bloß gefunden werden mußten, unbefriedigend.

Es war aber nicht nur dieses Denkschema von der Gesetzmäßigkeit der Entwicklung, welches sich an den

Naturwissenschaften anlehnte, sondern auch die statistischen Methoden, welche das gesellschaftliche Leben unter ein Gesetz zwingen wollten.

Gegen den Vorbildcharakter der Naturwissenschaften wandte sich nun vor und um 1900 eine Schule, die als neukantianische bezeichnet wird. Ihre Vertreter sind vor allem Dilthey, Windelband und Rickert, die von der Prämisse ausgingen, daß die Geisteswissenschaften, zu denen sie die historischen Wissenschaften, aber implizit auch die Soziologie zählen, sich von den Naturwissenschaften wesentlich unterscheiden. Klassisch für diese Position des Historismus ist die Auseinandersetzung zwischen Buckle und Droysen, welcher als Vorläufer Diltheys und Rickerts die Trennung von Natur- und Geisteswissenschaften konstatierte. Droysen warf Buckles „Geschichte der Civilisation in England" (1857) vor, sie würde die „historischen Tatsachen aus allgemeinen Gesetzen beweisen" wollen.[8] Nach Droysen kann es nicht die Betrachtungsweise einer historischen Wissenschaft sein, „verallgemeinernde Gesetzmäßigkeiten" herauszuarbeiten. Er stellt dazu fest,

„daß die Grundlage unserer Studien die Prüfung der Quellen ist, aus denen wir schöpfen. Es ist damit das Verhältnis der Historie zu den Vergangenheiten auf den wissenschaftlich maßgebenden Punkt gestellt. Diese kritische Ansicht, daß uns die Vergangenheiten nicht mehr unmittelbar, sondern in vermittelter Weise vorliegen, daß wir nicht objektiv die Vergangenheiten, sondern nur aus den Quellen eine Auffassung, eine Anschauung, ein Gegenbild von ihnen herstellen können, daß die so gewinnbare und gewonnene Auffassung und Anschauung alles ist, was uns von der Vergangenheit zu wissen möglich ist, daß also die Geschichte nicht äußerlich und realistisch, sondern nur so vermittelt, so erforscht und so gewußt da ist, das muß, so scheint es, der Ausgangspunkt sein, wenn man aufhören will, in der Historie zu naturalisieren" (Historik, hg. von R. Hübner, 4. Aufl., 1960, S. 387, Johann G. Droysen).

Droysen, der also der Vorstellung von Gesetzmäßigkeiten in der Geschichte widerspricht, geht nun im Sinne des Historismus von einer Individualgeschichte aus, die an eine gesetzmäßige Wiederholung von historischen Tatsachen nicht glaubt. Ganz ähnlich argumentiert auch Georg Simmel. Entsprechend diesem Konzept ist also jede geschichtliche Erscheinung einmalig.[9] Das bedeutet jedoch nicht, daß ein historisches Denken ohne begriffliche Verallgemeinerungen auskommen kann. Einen Verteidiger fand Buckle übrigens in Lamprecht, der ebenso eine Geschichtswissenschaft kritisierte wie das Individuelle hervorhebt.[10]

Es war vor allem Dilthey, der es unternahm, die Geschichtswissenschaft von der Naturwissenschaft abzugrenzen, als er dem für die Naturwissenschaft typischen „Erklären" das für die Geschichtswissenschaft eigentümliche „Verstehen" gegenüberstellte. Diltheys Absicht war es, Kants „Kritik der reinen Vernunft", die für die Naturwissenschaft konstitutiv ist, durch eine „Kritik der historischen Vernunft" zu ergänzen.[11] Dilthey wollte also das für die Geschichtswissenschaft leisten, was Kant für die Naturwissenschaft geleistet hat, nämlich den krassen Dogmatismus der spekulativen Geschichtsphilosophie (z.B. im Zusammenhang mit dem Evolutionismus und Rassentheorien, s.o.) durch eine exakte Geschichts- bzw. Geisteswissenschaft überwinden. In klarer Analogie zu der kantischen Frage fragt Dilthey nach den Kategorien der geschichtlichen Welt, die den Aufbau dieser Welt in den Geisteswissenschaften zu tragen vermöchten. Er kommt schließlich zu dem Schluß: „Die erste Bedingung für die Möglichkeit der Geschichtswissenschaft liegt darin, daß ich selbst ein geschichtliches Wesen bin, daß der, welcher die Geschichte erforscht, derselbe ist, der die Geschichte macht."[12] In Übereinstimmung mit Droysen (s. o.) wird also die historische Erkenntnis durch die Gleichartigkeit von Subjekt und Objekt ermöglicht (ähnlich formuliert es auch Bernheim in seinem „Lehrbuch der historischen Methode", wenn er die Berücksichtigung der „sozialpsychischen" Faktoren, die in jedem angelegt sind, fordert). Dilthey stellt also der „erklärenden" Methode der Naturwissenschaften, welche den „Zusammenhang in der äußeren Natur in seiner Verbindung abstrakter Begriffe den Erscheinungen unterlegt", die „verstehende" oder auch „heremeneutische" Methode gegenüber, die den „Zusammenhang in der geistigen Welt erlebt und nachversteht".[13] Diltheys geistesgeschichtliche Basis ist der Historismus, der von dem Schema von Ganzem und Teil ausgeht. Der einzelne Text dient demnach nur als Quelle für die Erkenntnis des „geschichtlichen Zusammenhanges". Aus den Teilen ist also das „Ganze" — als das die einzelnen Teile Umschließende — zu erarbeiten, und vom Ganzen her läßt sich schließlich der Teil einordnen bzw. „verstehen". Dilthey versucht demnach, methodisch zu verdeutlichen, daß nur aus dem Ganzen eines Textes das Einzelne verstanden werden kann und nur aus dem Einzelnen das Ganze. Damit findet sich diese Konzeption durchaus in Übereinstimmung mit den modernen soziologischen Ansätzen wie der des „symbolischen Interaktionismus" oder der Sprachsoziologie, für die soziale Situation es sind, aus denen die einzelnen Handlungen oder Worte „verstanden" werden können.

Die geisteswissenschaftliche Diskussion

Die Gegenüberstellung von Natur- und Geisteswissenschaften ist auch Thema von Windelband und Rickert. Rickert meint, daß es Wissenschaften gäbe, die „nicht auf die Aufstellung von Naturgesetzen, ja überhaupt nicht auf die Bildung allgemeiner Begriffe gerichtet sind, und das sind die historischen Wissenschaften im weitesten Sinne des Wortes".[14] Diese Wissenschaften sind auf die Erkenntnis des Besonderen und Individuellen, also Einmaligen, gerichtet. Durch die Betonung des „Besonderen" als Kriterium für die Geschichtswissenschaft versucht Rickert, spekulative „naturwissenschaftliche" Theoreme (z.B. das des Evolutionismus) zu überwinden. Rickert meint schließlich:

„Das Individuelle und Einmalige ist allein wirklich geschehen, und nur eine Wissenschaft, welche von dem einmaligen wirklichen Geschehen selbst redet, darf Geschichtswissenschaft genannt werden".[15]

Die Realität des Geschehens ist wesentlich, jeder Versuch, dem Gesetze zugrunde zu legen, wird dabei problematisiert. Windelband führt die Gedanken Rickerts und Diltheys weiter, wenn er die Geschichts- (bzw. Geistes-) wissenschaft als „idiographisch" und die Naturwissenschaft als „nomothetisch" bezeichnet. Das Besondere als Gegenstand der Geisteswissenschaft wird dem Allgemeinen der Naturwissenschaft gegenübergestellt. In diesem Sinn meint auch Rickert, daß die aufzuzeichnende Wirklichkeit „Natur wird, wenn wir sie betrachten mit Rücksicht auf das Allgemeine, sie wird Geschichte, wenn wir sie betrachten mit Rücksicht auf das Besondere".[16]

Diese in ihrem Kern richtige Überlegung ist allerdings von den Historikern, die versucht haben, das menschliche Handeln durch soziologische Begriffe zu erhellen (z.B. Max Weber) und Ursachen dafür zu finden, nicht unwidersprochen geblieben. Trotzdem ist der Gedanke des „Verstehens" für die Geisteswissenschaft ein ungemein wichtiger, da er darauf verweist, daß menschliches Handeln erst aus den Zusammenhängen und nicht losgelöst von diesen erkannt und interpretiert werden kann. Diese Methode des „Verstehens" ist also bei Dilthey u.a. die Erkenntnistheorie der Geisteswissenschaften schlechthin, auf welche der Ausdruck „Hermeneutik" übertragen wird. Die „Hermeneutik", die ursprünglich allein auf das Auslegen von Göttersprüchen bzw. das Auslegen kanonischer Texte bezogen war,[17] soll demnach die Vergangenheit durch die Erforschung überlieferter Texte für die Gegenwart darstellen und übermitteln. Dies wird möglich, weil Subjekt und Objekt gleichartig sind. Der „Lebensbezug" des einzelnen als vortheoretisches und gefühlsbedingtes Verhältnis des Menschen zu seiner Welt ist es, welches Erkenntnis möglich macht.

Die Hermeneutik bei Gadamer

Gadamer führt Diltheys Ansatz weiter und meint, daß die Geschichte nicht uns gehört, sondern wir der Geschichte gehören. Denn lange bevor wir uns in der Rückbesinnung selber verstehen, verstehen wir uns auf selbstverständliche Weise in Familie, Gesellschaft und Staat, in denen wir leben:

„Darum sind die Vorurteile des einzelnen weit mehr als seine Urteile die geschichtliche Wirklichkeit seines Seins."[18]

Dieses „selbstverständliche" Verstehen in unserer Lebenswelt (durch die „Lebensbezüge") wird in dem Begriff „Vorverständnis" verdeutlicht. Dieser Begriff soll besagen, daß das „Verstehen" vor dem eigentlichen klaren Bewußtsein liegt. Auch Heidegger meint, daß alles Verständnis von Seiendem „schon immer zuvor erleuchtet und geführt ist durch ein Verständnis des Seins des Seienden".[19] In diesem Sinn kann man sagen, daß alles menschliche Weltbegreifen, alles Erfahren usw., von einem Vorverständnis geprägt ist. Dies ist der bei Husserl sich findende „apriorische" Horizont, innerhalb dessen sich diese einzelnen Leistungen entwickeln.[20]

Genau genommen kann man bei der historischen Textinterpretation ein „mitgebrachtes" und ein „antizipierendes" Vorverständnis unterscheiden. Das „antizipierende" Vorverständnis ist das erste Erfassen des Textes, das dann durch die Arbeit der Deutung allmählich zur genaueren Bestimmtheit gebracht wird. In dieser Erkenntnis ist zugleich schon immer eine Fülle von Wissen und Können wirksam, ein allgemeines Welt- und Lebensverständnis, nämlich das „mitgebrachte Vorverständnis".[21]

Der Heidegger-Schüler Gadamer geht daher in seinem philosophischen Werk „Wahrheit und Methode" von der Unmöglichkeit eines voraussetzungslosen Aufbaus der Erkenntnis und einem vorauslaufenden leitenden Verständnis als „wesenhafte Vorurteilshaftigkeit alles Verstehens" aus, um zu einer „Rehabilitierung des Begriffs des Vorurteils zu gelangen".[22] Nach Gadamer ist es also für die Geschichtswissenschaft wesentlich, daß das „Verstehen" vorstrukturiert ist. Das Vorverständnis wird so zu der ersten hermeneutischen Bedingung, denn von ihm her bestimmt sich, was der Historiker erfaßt. Jeder Historiker, der einen Text deutet, ist dabei in der Rolle des letzten Historikers, der von seiner Lebenspraxis aus seine Interpretation versucht. Gadamer kommt schließlich zu dem Begriff der „Wirkungsgeschichte", der sich darauf bezieht, daß jedes wirklich historische Denken die eigene Geschichtlichkeit mitdenken muß. Damit kritisierte Gadamer auch den Historismus, in dem distanziert und ohne Reflexion der eigenen Geschichtlichkeit der historische Gegenstand darzustellen versucht wird.[23]

Der wirkliche Sinn eines Textes ist immer durch die historische Situation des Interpreten mitbestimmt, dessen Vorverständnis aber auch durch die Kette der vorhergegangenen Interpretationen strukturiert ist. Entsprechend der „Wirkungsgeschichte" eines Textes, die sämtliche bisherigen Interpretationen umfaßt, ergibt sich die Unabschließbarkeit des Sinnhorizonts. Der Gehalt von überlieferten Texten ist also „unausschöpfbar".[24] Die „Vorurteile" des Wissenschaftlers bilden den „Horizont", über den er nicht hinaussehen kann, wobei der gegenwärtige Horizont in dauernder Bildung begriffen ist, der die „Vorurteile" bzw. „Horizonte" der Vergangenheit miteinbezieht.

Mit diesen Überlegungen greift Gadamer auf jene Traditionen zurück, die ihre Wurzeln bei Dilthey, Rickert und Windelband haben, um die Geistes- bzw. Geschichtswissenschaft und die Naturwissenschaften auseinanderzuhalten. Wesentlich ist allen diesen Autoren, daß ein in einem Text festgehaltener sozialer bzw. kultureller Sachverhalt erst aus dem Zusammenhang, in dem er sich befindet, zu deuten ist. Das Verdienst Gadamers ist es, daß er sehr eingehend den Prozeß der Deutung als einen sozialen Akt, der Gegenstand der „Wissenssoziologie" ist, behandelt. Für die Geisteswissenschaften, zu denen auch die Soziologie u.ä. Disziplinen zu rechnen sind, bedeutet dies, daß es so etwas wie eine absolute und überall „richtige" verstehbare Interpretation nicht gibt.

Der „Idealtypus" – ein Instrument der Generalisierung in den Geisteswissenschaften (Max Weber)

Mit dem Instrument des „Idealtypus" unternimmt es Max Weber, über den Anspruch des Individualisierens bei Dilthey u.a. hinauszugehen, um generalisierende Aussagen in den Disziplinen vom sozialen bzw. kulturellen Handeln möglich zu machen. Die Prämisse dazu bildet für Weber die Feststellung, daß das rationale, also zweckorientierte Handeln des Menschen sich „erklären", d.h. mit allgemeinen Begriffen sich erfassen läßt. Weber hält also im Gegensatz zu Rickert fest:

„Wenn die kausale Erkenntnis des Historikers Zurechnung konkreter Erfolge zu konkreten Ursachen ist, so ist eine endgültige Zurechnung irgend eines individuellen Erfolges ohne die Verwendung ‚nomologischer' Kenntnis – Kenntnis der Regelmäßigkeiten der kausalen Zusammenhänge – überhaupt nicht möglich . . . Überall aber und so auch auf dem Gebiet komplizierter wirtschaftlicher Vorgänge ist die Sicherheit der Zurechnung umso größer, je gesicherter und umfassender unsere generelle Erkenntnis ist."[25]

Weber bekennt sich damit zur Notwendigkeit der Einsicht in das Generelle, welches er mit seinem Begriff des „Idealtypus" umfaßt. Dieser wird, so Weber, „durch einseitige Steigerung eines oder einiger Gesichtspunkte und durch Zusammenschluß einer Fülle von diffus und diskret vorhandener Einzelerscheinungen, die sich jenen einseitig herausgehobenen Gesichtspunkten fügen, zu einem in sich einheitlichen Gedankengebilde" gewonnen.

„In seiner begrifflichen Reinheit ist dieses Gedankengebilde nirgends in der Wirklichkeit empirisch vorfindbar, es ist eine Utopie, und für die historische Arbeit erwächst die Aufgabe, in jedem einzelnen Fall, wie nahe oder wie fern die Wirklichkeit jenem Idealbild steht."[26]

Damit begegnet Weber der Vorstellung, daß die Vielfalt und beständige Veränderung der historischen Objekte es nicht erlauben, feste Begriffe anzuwenden.

Der Idealtypus (z.B. „Herrschaft") hat die Aufgabe, die Vielfalt individueller Erscheinungen einem als „ideal" gedachten Prozeß zuzuordnen. Dazu meint Weber:

„Ob der empirisch-historische Verlauf der Entwicklung tatsächlich der konstruierte gewesen ist, wäre nun mit Hilfe dieser Konstruktion als heuristischem Mittel zu untersuchen im Wege der Vergleichung zwischen Idealtypus (z.B. die „Handwerksmäßigkeit" der mittelalterlichen Gesellschaft, Anm. d. Verf.) und ,Tatsachen'. War der Idealtypus ,richtig' konstruiert und entspricht der tatsächliche Verlauf dem idealtypischen nicht, so wäre damit der Beweis geliefert, daß die mittelalterliche Gesellschaft eben in bestimmter Beziehung keine streng ,handwerksmäßige' ist. Und wenn der Idealtypus in heuristisch ,idealer' Weise konstruiert war, dann wird er zugleich die Forschung auf den Weg lenken, der zu einer schärferen Erfassung jener nicht handwerksmäßigen Bestandteile der mittelalterlichen Gesellschaft in ihrer Eigenart und historischen Bedeutung führt ... Es war – in diesem Fall – die Erprobung einer Hypothese."[27]

Mit Hilfe des „Idealtypus" glaubte Max Weber auch, die Kluft zwischen historischer und theoretischer Schule der Nationalökonomie zu schließen, da er die abstrakten Gesetze und Theoreme der theoretischen Nationalökonomie als eine ziemlich reine Form von idealtypischer Konstruktion betrachtete, die, obwohl sie keine Wirklichkeit beschreiben, doch hervorragende Instrumente zu deren Erfassung darstellen. Die Entwicklung des „Idealtypus" sollte also die Brücke zwischen „nomothetischer" und „idiographischer", also naturwissenschaftlicher und geisteswissenschaftlicher Methode schlagen.[28]

Es ist festzuhalten, daß die „idealtypische" Methode keinesfalls etwas Neues war, denn kulturwissenschaftliche

Forschung hat, wenn auch nicht bewußt, auch früher so gearbeitet. Das Verdienst Max Webers war das Bewußtmachen der „Idealtypen", welche für die Sozial- und Geschichtswissenschaft einen deutlichen Erkenntnisfortschritt brachten, welcher das Element des „Erklärens" dem des „Verstehens", wie es Dilthey u.a. als wesentlich ansah, hinzufügt. In diesem Sinn heißt es in seiner Definition von Soziologie in „Wirtschaft und Gesellschaft":

„Soziologie soll heißen: eine Wissenschaft, welche soziales Handeln deutend verstehen und dadurch in seinem Ablauf und seinen Wirkungen ursächlich erklären will".[29]

Damit verbindet sich für Weber mit der historischen und soziologischen Arbeit die Pflicht, kausale Regeln herauszuanalysieren.

Max Weber geht zwar über die Neukantianer Dilthey, Windelband und Rickert hinaus, er verläßt aber nicht deren erkenntnistheoretische Grundlage; auch er lehnt es ab, in den von ihm formulierten „Idealtypen" den „eigentlichen Gehalt" der Geschichte bzw. ihr „Wesen" zu erkennen. Er warnt daher vor der Gefahr, Idealtypen zu „realen Kräften" der Geschichte zu hypostasieren. Max Weber steht somit in deutlichem Widerspruch zu jenen Tendenzen, die versucht haben, der Geschichte bestimmte Gesetze zu unterstellen oder menschliches Handeln an solche zu binden. Klar geht auch aus den Weberschen Ausführungen hervor, daß künftiges Handeln grundsätzlich nicht prognostizierbar ist. Man kann lediglich festhalten, es wäre für einen bestimmten sozialen Zustand „typisch", daß die Teilnehmer daran so und so handeln, was aber nicht heißt, daß sie unbedingt und immer so handeln werden.

Es ist charakteristisch für die Geisteswissenschaften, daß ihr Gegenstand, das kulturelle Handeln, nicht im voraus bestimmbar ist. Der Mensch ist also in seinen künftigen Handlungsvollzügen nicht zu berechnen und mehr oder weniger frei, ist allerdings die Handlung einmal abgeschlossen, so wird sie für den Soziologen oder Historiker interessant; er kann sie nun als „unfreie" und feststehende, über die man nicht mehr verfügen kann, interpretieren und analysieren.

Die Weiterführung des Ansatzes von Max Weber bei Alfred Schütz u.a.

Der Ansatz Max Webers vom „Verstehen" und „Erklären" sozialer Sinnbezüge wird u.a. von Alfred Schütz, weitergeführt, der wieder sehr wesentlich auf die modernen amerikanischen Richtungen der „Ethnomethodologie" und des „symbolischen Interaktionismus" (auf die aber hier nicht näher eingegangen werden kann) wirkte. Es sind dies Richtungen, die in einem deutlichen Gegensatz zu jenen Versuchen stehen, die die Sozialwissenschaften zu „Naturwissenschaften" machen wollen und ihnen die Suche nach „Gesetzmäßigkeiten" zuordnen.

Für Alfred Schütz war allerdings nicht nur Max Weber, sondern auch die Phänomenologie Edmund Husserls maßgeblich. Nach Husserl ist die „Welt" ein „Gebilde der miteinander in Kommunikation stehenden Subjekte", oder anders ausgedrückt: die „objektive Welt", wie sie eine Gruppe sieht, entspringt „einer intersubjektiv vergemeinschafteten Erfahrung". Es ist die „Lebenswelt" (Husserl) bzw. die „Alltagswelt" (Schütz), die dem Menschen eine Realität vermittelt, damit er entsprechend handeln könne. In diesem Sinn meint Schütz:

„Die Umgebung des Ich und die Umgebung des Du, unsere Umgebung also, ist eine einheitliche und gemeinsame. Die Welt des Wir ist nicht etwa meine oder deine Privatwelt, sie ist unsere Welt, die eine uns gemeinsame intersubjektive Welt, die uns da vorgegeben ist."[30]

Der Forscher hat also diese „Welt" der Handelnden zu erfassen, was nach meiner Ansicht methodisch am geeignetsten durch die „teilnehmende unstrukturierte Beobachtung" geschieht. [31]

Eine solche Soziologie, wie sie auf Weber und Schütz zurückgeht, versucht aus Handlungssituationen bzw. Handlungsprozessen das Handeln zu „verstehen" und zu „erklären", ein Vorgehen, welches nicht möglich ist, wenn ich im Sinne des naturwissenschaftlichen Modells nach Gesetzesaussagen (s.u.) suche, um sie zu „testen". Vielmehr ist es notwendig, von der Interpretation der Handelnden auszugehen, um herauszufinden, welche Regeln bzw. Wirklichkeiten ihrem Handeln zugrundeliegen. In einem solchen Ansatz liegt der essentielle Unterschied zu den Naturwissenschaften. In sehr anschaulicher Weise verdeutlicht Schütz diese angesprochene Problematik:

„Diese Sachlage hat ihren Grund in der Tatsache, daß ein wesentlicher Unterschied besteht zwischen der Struktur der gedachten Objekte oder geistigen Konstrukte, die von den Sozialwissenschaften, und jenen, die von den Naturwissenschaften hervorgebracht werden. Dem Naturwissenschaftler, und ihm allein, kommt es zu, in Übereinstimmung mit den Verfahrensregeln seiner Wissenschaft sein Beobachtungsfeld zu bestimmen und die Tatsachen, Daten und Ereignisse in ihm, die für seine Probleme oder vorgegebenen wissenschaftlichen Zwecke relevant sind, zu determinieren. Diese Fakten und Ereignisse sind weder vorab ausgewählt, noch ist das Beobachtungsfeld im voraus interpretiert. Die Welt der Natur, wie sie von den Naturwissenschaftlern erforscht wird, ‚bedeutet' für die Moleküle, Atome und Elektronen in ihr nichts. Das Beobachtungsfeld des Sozialwissenschaftlers jedoch, nämlich die soziale Realität, hat für die menschlichen Wesen, die in ihr leben, agieren und denken, eine spezifische Bedeutungs- und Relevanzstruktur. Durch eine Reihe von Common-sense-Konstruktionen haben sie diese Welt, die sie als die Realität ihres täglichen Lebens erfahren, vorab ausgewählt und vorab interpretiert. Diese hier gedachten Objekte sind es, die ihr Verhalten determinieren, indem sie es motivieren. Die gedachten Objekte, die von den Sozialwissenschaftlern konstruiert werden, um diese soziale Welt zu fassen, müssen auf den gedachten Objekten beruhen, die vom Common-sense-Denken der Menschen, die ihr tägliches Leben in ihrer sozialen Welt leben, konstruiert werden."[32]

Mit diesen Überlegungen widersetzt sich Schütz geradezu vehement all' den Versuchen, Soziologie mit naturwissenschaftlichen Instrumentarien, wie es die diversen quantifizierenden Verfahren anbieten, zu verknüpfen. In diesem Sinn meint auch Blumer:

„Mit deprimierender Häufigkeit wird ‚Methodologie' heute in den Sozialwissenschaften mit dem Studium moderner quantitativer Vorgehensweisen gleichgesetzt".[33]

Um „verstehen" zu können, was sich im Handeln des Menschen ereignet bzw. welche „Realitäten" hinter dem Handeln stehen, sind also die Vorgänge nachzuvollziehen, in denen Menschen jeweils ihre Situation definieren. Das erfordert engste Vertrautheit mit jenem Bereich empirischer Wirklichkeit, der wissenschaftlich erarbeitet werden soll.[34] Blumer meint ergänzend dazu, indem er die „operationalen Verfahren" in den Sozialwissenschaften, bei denen vorab Theorien oder Hypothesen erstellt werden, um sie dann zu testen, kritisiert:

"Das entsprechende Verfahren oder die Vorgehensweise können der Gebrauch eines Tests, einer Skala, eines Meßinstruments oder einer standardisierten Befragungsart sein. Das Verfahren ‚operationalisiert' die theoretische Annahme oder die Konzeption . . . Tatsächlich zeigt aber eine nur kurze sorgfältige Überlegung, daß operationales Vorgehen in keiner Weise den Nachweis einer empirischen Gültigkeit dessen, was operationalisiert wurde, darstellen kann. Die operationalisierte Konzeption oder Annahme . . . bezieht sich auf etwas, von dem man annimmt, daß es in der empirischen Welt in verschiedenen Formen und verschiedenen Umgebungen vorhanden ist . . . Es soll direkt klar sein, wie lächerlich und unbegründet es ist zu glauben, daß die Operationalisierung ein zufriedenstellendes Bild zu liefern vermag."[35]

Wesentlich, dies sollte hier angedeutet werden, ist also für die Kulturwissenschaften bzw. Geisteswissenschaften (wie Soziologie und Geschichte), daß sie danach zu fragen haben, wie die Menschen ihre „Welt" sehen bzw. wie die „Realitäten" sind, die ihr Handeln bestimmen. Dabei, eben weil sich der Mensch als Handelnder in einem andauernden Deutungsprozeß mit seiner Umwelt befindet, ist es ganz und gar unrichtig bzw. inadäquat, dem Handeln des Menschen so etwas wie „Gesetze", wie sie charakteristisch für die Naturwissenschaften sind, zu unterstellen. Vor diesem Hintergrund ist der Ansatz des ‚kritischen Rationalismus', wie er auf Popper, Albert u.a. zurückgeht, für die Sozial- bzw. Kulturwissenschaften zu problematisieren.

Zur Problematik des Ansatzes des „kritischen Rationalismus" für die Geistes- (Kultur-)wissenschaften

Hans Albert – ein Schüler Poppers – versucht vor allem in seiner Auseinandersetzung mit Habermas im „Positivismusstreit" der 70er Jahre darzulegen, daß es für die Sozialwissenschaften nur eine „unkritische" erfahrungswissenschaftliche Methode, nämlich die, die die exakten Naturwissenschaften zum Vorbild hat, geben könne. Eine solche Methode hat sich im Sinne Poppers der „trial and error"-Strategie zu bedienen, in deren Verlauf eine Vielzahl von Hypothesen mit Hilfe empirischer Falsifikationsversuche deduktiv geprüft (bzw. „getestet") wird. Albert kommt daher zu einer Rechtfertigung nomologischer

Theorien für die Soziologie u.ä. Wissenschaften, womit er eine eigenständige Wissenschaftstheorie für die „Humanwissenschaften" ablehnt. Albert hat mit seinem Bemühen wesentlich auf die heutige Methodologie der Sozialwissenschaften eingewirkt, obwohl diese eben, wie zu sehen sein wird, ungemein problematisch ist.

Albert bestreitet zwar nicht, daß das „verstehende" Verfahren Ergebnisse zeitigen kann, die mit dem nomologischen Verfahren nicht gewonnen werden können, sie haben jedoch nur den „Status prüfungsbedürftiger Hypothesen".[36] Der Verstehensakt wird danach wissenschaftstheoretisch in die Vorstufe des Erkenntnisverfahrens versetzt. Albert reduziert damit das „Verstehen" auf einen nomologischen Teilprozeß. Solche Überlegungen stellte bereits vor Albert Theodore Abel in seinem berühmt gewordenen Aufsatz „The operation called Verstehen" an, der eben den Verstehensakt auf die Lieferung von Hypothesen zurückführt. Für die analytische Wissenschaftstheorie ist somit das Verstehen im Vorfeld der endgültigen kausalen Erklärung anzusiedeln. Gestützt wird dieses wissenschaftstheoretische Modell Alberts und Abels durch die Überlegungen Hempels, der von seiner „Covering-Law-These" ausgehend dem Sonderstatus der Geschichts- und auch der Sozialwissenschaften widerspricht. Die zentrale Aussage Hempels ist, daß ein zu erklärendes Ereignis (explanandum) durch eine Gruppe von Aussagen (explanans) erklärt wird, die ein allgemeines Gesetz und sogenannte Ausgangsbedingungen enthalten (=covering-law-These):

G: Gesetzesaussage
A: Anfangs- (oder Randbedingungen)   Explanans
E: Explanandum

Folgender Fall verdeutlich dieses Schema: G: Wenn in einer Gruppe X die soziale Isolierung größer ist als in einer Gruppe Y, dann ist auch die Selbstmordrate in Gruppe X höher als in Gruppe Y. A: In der Stadt W ist die soziale Isolierung größer als in der Stadt L. E: In W ist die Selbstmordrate höher als in L.[37] Hempel widerspricht nun den Historikern und Sozialwissenschaftlern, die meinen, ihre Disziplinen hätten es nicht mit solchen ausgewiesenen Gesetzmäßigkeiten zu tun. Er stellt fest, daß gerade der Historiker ohne den Gebrauch von Gesetzen nicht auskomme, denn er bediene sich, zumeist unbewußt, z.B. des Hinweises auf sozialpsychologische Reaktionen.[38] Diese Covering-Law-These (wie sie genannt wird, weil ein spezieller Fall unter ein Gesetz subsumiert wird) bestimmt zwar heute ein weites Feld soziologischer Methodologie, wurde jedoch in ihrer Logik von dem Wissenschaftstheoretiker Karl-Otto Apel sehr deutlich für die „Geisteswissenschaften" in Frage gestellt.

Apel wendet sich in seinem Aufsatz „Szientistik, Hermeneutik, Ideologiekritik" schlüssig gegen die Vorstellung der Einheitswissenschaft, wie sie von Popper, Albert und Hempel repräsentiert wird. Apel weist zunächst auf die Schwierigkeit der neopositivistischen Konzeption hin, nach der die Feststellung, daß die Gewinnung einer Erklärungshypothese mit Hilfe des Verstehens durch einen Historiker ihrer Natur nach überhaupt nicht wie eine Subsumtion von Ereignissen oder Zuständen unter allgemeine Gesetze aufgefaßt und bestätigt werden kann. Anknüpfend an W. Dray[39] meint Apel schließlich, daß historische (und auch soziologische) Erklärungen die Bedingungen einer Subsumtion unter allgemeine Gesetze aus prinzipiellen Gründen nicht erfüllen. Dazu folgendes Beispiel: Ein Historiker könnte zwar die Unpopularität Ludwigs XIV. in der Zeit vor seinem Tod dadurch erklären, daß der König eine Politik verfolgt habe, die den nationalen Interessen Frankreichs abträglich war. Wenn hier eine Kausalerklärung im Sinne der „Logic of science" vorliegen würde, dann müßte der Logiker das allgemeine Gesetz, das der Historiker implizit voraussetzt, ausdrücklich formulieren können; etwa so: „Herrscher, die eine gegen die Interessen ihrer Untertanen gerichtete Politik betreiben, werden unpopulär". Der Historiker wird indessen diese Unterstellung als unzutreffend ablehnen (weil es genug Bespiele gibt, in denen es nicht so war), und er wird auch jeden Versuch einer Spezifizierung der Gesetzeshypothese als ungenügend ablehnen — mit Ausnahme allenfalls folgender Formulierung: „Jeder Herrscher, der die Politik Ludwig XIV. unter den genau gleichen Bedingungen wie er durchführt, verliert seine Popularität". Dieser Satz — der nicht das individuelle Explanandum auf ein allgemeines Explanans zurückführt, sondern im Explanans selbst auf Individuelles rekurriert — ist aber, logisch betrachtet, überhaupt keine allgemeine Gesetzeshypothese, sondern nur die formale Behauptung der Notwendigkeit eines individuellen Ereignisses ohne jeden Erklärungswert.[40]

Soziales Handeln als Gegenstand der „Geisteswissenschaft"

In Übereinstimmung mit bereits oben Festgestelltem ist hier noch einmal festzuhalten, daß eine soziologische bzw. historische Erklärung zwar eine Beziehung zwischen einem Ereignis und den Bedingungen dieses Ereignisses herstellen kann. Sie kann aber keineswegs aus der Kenntnis der gegenwärtigen Bedingungen Prognosen für künftige Ereignisse stellen, denn die Bedingungen eines sozialen bzw. kulturellen Ereignisses sind insofern nicht „Ursachen", sondern „rationale Gründe" für das Handeln. Und diese „Gründe" müssen für den Soziologen und Historiker aus der Situation des Handelnden „verstanden" werden. Sie können daher nicht genauso behandelt werden wie kausale Bedingungen und Wirkungen im naturwissenschaftlichen Kontext einer Prognose auf Grund von Gesetzen. Denn Gesetzeshypothesen werden durch negative Instanzen falsifiziert, Verhaltensmaximen dagegen, welche sich auf rationale Gründe beziehen, können nicht durch Tatsachen falsifiziert werden.[41]

Schließlich ist festzustellen, daß historische oder soziologische Erklärungen nur im Rahmen einer gegebenen Gesamtsituation notwendige Bedingungen von Ereignissen (Handlungen) erschließen. Dabei darf nicht vergessen werden, daß der Forscher in einer „verstehenden" Auseinandersetzung mit der betreffenden Handlungssituation ist und sie von den Individuen her zu verstehen sucht. Dieses Vorgehen unterscheidet einen solchen Forscher vom Naturwissenschaftler, dem die Daten objektiv gegeben sind und der mit ihnen nicht in Kommunikation tritt. Erst die Kommunikation (z.B. direkt durch „teilnehmende Beobachtung" oder indirekt durch Auseinandersetzung mit einem Text) mit den betreffenden Individuen kann das herausfinden, was Gegenstand der „Geistes-(Kultur-) wissenschaften" ist, nämlich der „deutende Interaktionsprozeß" der handelnden Individuen.[42]

Eine Soziologie, die sich von außen ihrem Forschungsobjekt nähert und z.B. äußerlich gleiche Handlungen als gleich definiert, steht vor dem Problem, nicht zu sehen, daß solche Handlungen eine verschiedene Bedeutung für die Handelnden haben können und oft auch haben. Ein naturwissenschaftliches Vorgehen (z.B. in der Soziologie) übersieht demnach, daß es nicht Gesetze sind, die die Handlungen bzw. das kulturelle Tun vorantreiben, sondern eben die Realitäten und Wissensbestände (die „Alltagswelt"), die dem Individuum zwar Handlungsanleitungen vorgeben, die sich aber nach den Handlungssituationen ausrichten. Um menschliches Handeln „verstehen" zu können, ist demnach das Kennen der jeweiligen Gesamtsituation notwendig. Ziel des Forschenden kann es nur sein, typische Regeln, die für die jeweiligen Situationen bestimmend sein können, zu erarbeiten. Prognosen des Handelns im Sinne von Gesetzen – ähnlich denen der Naturwissenschaften – sind jedoch unmöglich. Als Sozial- oder Kulturwissenschaftler – dies sei noch einmal betont – vermag ich das abgelaufene Handeln, welches bereits abgeschlossen, nicht mehr „frei" ist, zu interpretieren und nach den „typischen" Regeln zu erklären. Ich habe eingangs darauf verwiesen, daß die Verbindung des gesellschaftlichen bzw. kulturellen Handelns des Menschen (oder: der Menschen) mit Gesetzen ungemein problematisch sein und sich gegen den Menschen richten kann, so etwa wenn behauptet wird, daß rassische oder andere biologische Kategorien – wobei der Begriff Rasse durch die aktuelle Anthropologie nicht zureichend geklärt ist – das menschliche Handeln determinieren. Ähnlich verhält es sich mit der Annahme, daß Gesellschaften sich gesetzmäßig weiterentwickeln. Dabei können soziale Einheiten, die auf anderen „Entwicklungsstufen" stehen, desavouiert werden. Strategien, die den Menschen in seinem Handeln in Gesetzmäßigkeiten pressen wollen, übersehen, daß der Mensch sich seine Wirklichkeiten selbst schafft und seine Lebenswelten auch wechseln kann. Der Mensch ist keine „Maschine", wie es im 18. Jahrhundert der Arzt Lamettrie behauptet hatte und es manche heute auch noch zu meinen scheinen, wenn sie glauben, "soziologische" oder "geschichtliche" Gesetze formulieren zu müssen, die allerdings, wie sich zeigt, menschliches Handeln gar nicht adäquat erfassen können.[43]

Anmerkungen

1 Siehe dazu näher bei: Wilhelm Mühlmann, Geschichte der Anthropologie, Frankfurt a.M. 1968; außerdem: Marvin Harris, The Rise of Anthropological Theory, London 1968, S. 29 ff.
2 Vgl. Rene König, Emile Durkheim zur Diskussion, München 1978, S. 48 ff.
3 Siehe näher bei: Roland Girtler, Kulturanthropologie, München 1979, S. 54 ff.
4 Vgl. Justin Stagl, Kulturanthropologie und Gesellschaft, München 1974, S. 27.
5 Stagl (wie Anm. 4), S. 26.
6 Theodor Waitz, Anthropologie der Naturvölker, Leipzig 1859, I., S. 8.
7 Vgl. näher bei: Mühlmann (wie Anm. 1), S. 96 ff.
8 Johann G. Droysen, Historik, Vorlesungen über Enzyklopädie und Methodologie der Geschichte, hg. von R. Hübner, 4. Aufl., Darmstadt 1960, S. 387.
9 Vgl. Hans-Georg Gadamer, Wahrheit und Methode, Grundzüge einer philosophischen Hermeneutik, 2. Aufl. Tübingen 1965.
10 Karl Lamprecht, Das Arbeitsgebiet geschichtlicher Forschung. In: Die Zukunft. Jg. IV, Nr. 27 v. 4. April 1896.
11 Gadamer (wie Anm. 9), S. 206.
12 Wilhelm Dilthey, Gesammelte Schriften, Bd. VII, Leipzig-Berlin 1929, S. 278.
13 Ders., Der Aufbau der geschichtlichen Welt in den Geisteswissenschaften, Frankfurt a. M. 1970, S. 142.
14 Heinrich Rickert, Kulturwissenschaft und Naturwissenschaft, 6./7. Aufl., Tübingen 1926, S. 58.
15 Ders., Die Grenzen der naturwissenschaftlichen Begriffsbildung. Eine logische Einleitung in die historischen Wissenschaften, 2. Aufl., Tübingen 1913, S. 217.
16 Rickert (wie Anm. 15), S. 224.
17 Vgl. auch Jana und Josef Salat, Ethnologie-Ethnohistorie-Hermeneutik. In: Wiener Ethnohistorische Blätter, Heft 6, 1973.
18 Gadamer (wie Anm. 9), S. 261.
19 Zitiert bei: Otto Friedrich Bollnow, Philosophie der Erkenntnis, Stuttgart, 1970, S. 104.
20 Bollnow (wie Anm. 19), S. 104 f.
21 Friedrich Kümmel, Verständnis und Vorverständnis. Subjektive Voraussetzungen und objektiver Anspruch des Verstehens. In: Neue Pädago-

gische Bemühungen, Heft 22, Essen 1965, S. 35 ff.
22 Gadamer (wie Anm. 9) S. 256 ff.
23 Ebenda, S. 283.
24 Jürgen Habermas, Zur Logik der Sozialwissenschaften, Frankfurt a.M. 1971, S. 266.
25 Max Weber, Gesammelte Aufsätze zur Wissenschaftslehre, 2. Aufl., Tübingen 1951, S. 179.
26 Weber (wie Anm. 25), S. 191.
27 Ebenda, S. 203 f.
28 Wolfgang Mommsen, Max Weber, Gesellschaft, Politik und Geschichte, Frankfurt a.M. 1974, S. 225.
29 Max Weber, Wirtschaft und Gesellschaft, München 1922, S. 51.
30 Alfred Schütz, Verstehen und Sozialwelt. In: Walter K. Bühl (Hg.), Verstehende Soziologie, München 1972, S. 123.
31 Dazu näher auch bei: Roland Girtler, Die Methoden der qualitativen Sozialforschung, Wien 1984.
32 Alfred Schütz, Concepts and Theory Formation in Social Sciences. In: Journal of Philosophy, II, 1954, S. 266 f.
33 Herbert Blumer, Der methodologische Standort des symbolischen Interaktionismus. In: Arbeitsgruppe Bielefelder Soziologen (Hg.), Alltagswissen, Interaktion und gesellschaftliche Wirklichkeit, Reinbek 1973, S. 104.
34 Tomatsu Shibutani, Human Nature and Collective Behavior: Papers in honor of Herbert Blumer, Englewood Cliffs 1970, S. VII.
35 Blumer (wie Anm. 33), S. 112 f.
36 Hans Albert, Traktat über kritische Vernunft, 2. Auf., Tübingen 1969, S. 150 f.
37 Karl-Dieter Opp, Methodologie der Sozialwissenschaften – Einführung in Probleme und Theoriebildung, Reinbek 1970, S. 30 f.
38 Carl G. Hempel, The function of general laws in history. In: Gardiner (Hg.), Theories of history, 1959, S. 149.
39 William Dray, Laws and Explanation in History, Oxford 1957.
40 Karl-Otto Apel, Szientistik, Hermeneutik, Ideologiekritik. In: Hans-Joachim Lieber (Hg.), Ideologie, Wissenschaft, Gesellschaft, Darmstadt 1976, S. 317 ff.
41 Apel (wie Anm. 40), S. 329.
42 Vgl. auch Schütz (wie Anm. 32).
43 Vgl. Girtler (wie Anm. 31).

HERTA NAGL-DOCEKAL

EVOLUTIONÄRE ERKENNTNISTHEORIE? *

Vorbemerkung zum Verhältnis von Philosophie und Biologie

Wenn die von Vertretern der modernen Biologie konzipierte evolutionäre Erkenntnistheorie von seiten der Philosophie in Frage gestellt wird, so mag zunächst eine Erläuterung des Verhältnisses von Philosophie und Biologie im allgemeinen angebracht sein. Dies kann hier nur in Form einer knappen Vorbemerkung geschehen, und dafür bietet sich Kants „Weltbegriff" der Philosophie als Grundlage an. Kant führt aus, daß sich das gesamte Unternehmen der Philosophie auf drei Fragen zurückführen läßt: „Was kann ich wissen?", „Was soll ich tun?" und „Was darf ich hoffen?", und ergänzt, daß diese letztlich auf die eine Grundfrage „Was ist der Mensch?" zurückgehen.[1] Die Philosophie stellt sich damit als die methodische Form der menschlichen Selbstreflexion dar. So gehört es, im Sinne der ersten Frage, zu den zentralen Aufgaben der Philosophie, die menschliche Erkenntnis auf die Bedingungen ihrer Möglichkeit bzw. auf ihre Grenzen hin zu hinterfragen (Erkenntnistheorie). In der weiteren Konsequenz dieser Fragestellung sind die verschiedenen Wissenschaften hinsichtlich ihrer jeweiligen methodischen Grundlagen zu untersuchen (Philosophie der Wissenschaften, Wissenschaftstheorie).

Die Stellung der Philosophie zu den Naturwissenschaften soll nun an einem Beispiel dargestellt werden, das so gewählt wurde, daß es auch der folgenden Auseinandersetzung mit den neueren Entwicklungen der evolutionären Erkenntnistheorie dienlich ist. Für die naturwissenschaftliche Erforschung des sprechenden Menschen stehen gegenwärtig eine ganze Reihe verschiedener naturwissenschaftlicher Disziplinen zur Verfügung. Die Physik erlaubt z.B., die vom Sprechenden ausgesandten Schallwellen zu messen, und die praktische Bedeutung solcher Messungen liegt auf der Hand. Der Sinn der gesprochenen Worte ist im Rahmen physikalischer Untersuchungen allerdings nicht erfaßbar. Die diversen, im Laufe ihrer Wissenschaftsgeschichte entwickelten Forschungsmethoden der Physik beruhen auf der von Galilei initiierten methodischen Grundsatzentscheidung, „zu messen, was meßbar ist, und meßbar zu machen, was (noch) nicht meßbar ist".[2] Der Sinn der Worte, der – obwohl er sich nur über empirisch erfaßbare Träger, wie Schallwellen, vermitteln kann – selbst nichts sinnlich Wahrnehmbares ist und sich damit dem messenden Zugang entzieht, kann also grundsätzlich nicht Gegenstand der Physik sein. Physikalische Untersuchungen vorzunehmen bedeutet demnach, der bestimmten Fragestellung, die der genannte methodische Grundsatz definiert, zu folgen und somit an der Wirklichkeit (z. B. des sprechenden Menschen) einen bestimmten Aspekt herauszupräparieren. Die Physik ist damit bestimmte methodische Abstraktion, d.h., der Preis für ihre Exaktheit ist das systematisch Ausgeblendete. Wenn der Physiker im Falle der Messungen von Schallwellen weiß, daß es sinnvolle Sätze sind, an denen er diese Messungen vornimmt, so stammt dieses Wissen nicht aus seiner Wissenschaft, sondern aus der dieser vorausgesetzten alltagssprachlichen Auffassung der Wirklichkeit.

Der sprechende Mensch ist auch in zahlreichen anderen naturwissenschaftlichen Disziplinen Gegenstand der Untersuchung. Aus dem Bereich der Biologie sei etwa die Erforschung von Kehlkopf, Zunge und Lippen und der für das Sprechen maßgeblichen Partien des Nervensystems erwähnt. Auch in diesem Fall wird ein notwendiges Moment des Sprechens untersucht, und auch hier ist der praktische Nutzen offensichtlich, man denke nur an die Bedeutung solcher Forschungen für das Beheben gewisser Ausfallserscheinungen. Andererseits ist neuerlich festzustellen, daß der vom Sprechenden ausgedrückte Sinn mit den Mitteln der Naturwissenschaft, diesmal der Biologie, grundsätzlich nicht erfaßbar ist. Auch die biologische Auseinandersetzung mit dem sprechenden Menschen präsentiert sich als eine methodische Abstraktion. Es wird jeweils ein bestimmter Aspekt ausgefällt, entsprechend den Fragestellungen, die den einzelnen Methoden von der Biophysik und Biochemie über die Physiologie bis zur Verhaltensforschung zugrundeliegen.

Hier wird nun das Verhältnis von Philosophie und Biologie deutlich. Zu den genuinen Aufgaben der Philosophie gehört eben dies: klarzustellen, daß die diversen biologischen Disziplinen in bestimmten Fragestellungen fundiert sind und so jeweils nur einen Aspekt der Wirklichkeit erfassen, und im weiteren den Konsequenzen, die sich daraus ergeben, nachzugehen. Dabei ist nicht nur zu erörtern, welche prinzipiellen Grenzen der Erkenntnis sich aus der jeweiligen methodischen Grundentscheidung ergeben, sondern auch, in welcher Weise die im Rahmen der diversen biologischen Disziplinen systematisch ausgeblendeten Aspekte, wie der Sinn des Gesprochenen im Falle des angeführten Beispiels, von diesen Disziplinen selbst vorausgesetzt werden, auch wenn sie in ihnen nicht thematisiert sind.

Diese Unterscheidung der Forschungsbereiche von Philosophie und Biologie unterliegt bedauerlicherweise häufig dem Mißverständnis, sie impliziere eine Entgegensetzung von Personenkreisen. Sie bezieht sich aber lediglich auf die Grenze zwischen den verschiedenen Wissenschaften und nicht auf eine Barriere zwischen Personen. Der Naturwissenschaftler kann selbstverständlich die Voraussetzungen seiner Disziplin selbst reflektieren und wird vermutlich gar nicht umhin können, dies zu tun, doch steht er dabei nicht auf dem Boden seiner Methode. Wenn Galilei den zitierten Grundsatz formuliert, so tut er dies nicht mit physikalischen Begriffen, und Analoges gilt für die Biologen, die nach ihren methodischen Grundlagen fragen respektive nach dem diesen vorausgesetzten (und auf deren Basis nicht mehr erfaßbaren) alltagssprachlich definierten Begriff des Lebens.[3] Mit Erörterungen wie diesen treten die Naturwissenschaftler vielmehr in den philosophischen Diskurs ein und es wird damit unumgänglich, ihre Aussagen auf die im Rahmen der Philosophiegeschichte entwickelten einschlägigen Differenzierungen zu beziehen. Legt sich von hier aus die interdisziplinäre Debatte als die adäquate Form der Klärung derartiger Fragen nahe, so ist der thematische Umfang dieser

Debatte nicht zu unterschätzen. Beispielsweise betreffen eine Reihe der im Zusammenhang der evolutionären Erkenntnistheorie formulierten Thesen (obwohl sie häufig als rein innerbiologisch mißverstanden werden) nicht nur die Philosophie der Erkenntnis und der Wissenschaften, sondern auch die anderen durch die Fragen Kants umschriebenen Bereiche der Philosophie, insofern auch Fragen der Ethik und der Religionsphilosophie angesprochen werden, worauf noch zurückzukommen sein wird.

Die Problematik des Evolutionsbegriffs am Beispiel der Frage des Entwicklungszusammenhangs zwischen Anorganischem und Organischem

Da sich die Vertreter der evolutionären Erkenntnistheorie auf die gesamte neuere Entwicklung der Evolutionstheorie berufen, ist für die Auseinandersetzung mit ihrer Konzeption eine Untersuchung der Validität des Evolutionsbegriffs im allgemeinen eine notwendige Voraussetzung. Dabei liegt die Aufgabe der Philosophie, ihrem Charakter entsprechend, nicht darin, die Ergebnisse der empirischen Forschung, etwa der Paläontologie, zu kontrollieren, sondern darin, die mit diesen Ergebnissen verbundenen Folgerungen zu überprüfen. Hier kann daher so vorgegangen werden, daß die zeitliche Aufeinanderfolge des Auftretens der Arten bzw. des Unbelebten, des Lebendigen und schließlich des Menschen als bestätigt angenommen wird, denn die entscheidende Frage liegt darin, ob die Feststellung der zeitlichen Aufeinanderfolge einen hinreichenden Beleg für die Annahme einer kontinuierlichen Entwicklung abgibt.

In diesem Zusammenhang sind die Forschungen von Eigen/Winkler und Schuster zu berücksichtigen, mit denen der Anspruch verbunden wird, das erste Auftreten des Lebens mit den Mitteln der Chemie erklären zu können.[4] Es ist von der Entdeckung auszugehen, daß sich Leben nur dort feststellen läßt, wo ein bestimmter Komplexitätsgrad der chemischen Struktur gegeben ist, wo nämlich die Reduplikationsfähigkeit der DNS mit den

Leistungen der Proteine verbunden ist; und es gilt zu überlegen, ob diese Entdeckung in der Tat als missing link die Theorie vom evolutiven Übergang vom Anorganischen zum Organischen befestigt. Dabei zeigt sich zunächst, daß zwei verschiedene Interpretationen möglich sind, und es stellt sich schließlich heraus, daß beide in Aporien führen.

A) Die eine Interpretationsmöglichkeit liegt darin, das erste Auftreten von Lebewesen ausschließlich als das Erreichen eines bestimmten Grades der physikalisch-chemischen Komplexität aufzufassen. Dann geht man von der These aus, daß Lebewesen nichts anderes sind als komplexer strukturierte Materie. Dabei gerät man aber in folgende Schwierigkeit: Einerseits stellt sich die Frage nach der Entstehung des Lebens, auf deren Lösung die Hyperzyklentheorie abzielt, nur unter Voraussetzung der für die Alltagsorientierung bestimmenden Unterscheidung von Anorganischem und Organischem – andererseits wird in dem eben referierten Erklärungsversuch diese Differenz nivelliert. Das heißt, daß man gerade das nicht erklärt hat, was man erklären wollte.

Man mag nun versucht sein, den mit der Hyperzyklentheorie verbundenen Erklärungsanspruch dadurch zu retten, daß man die alltagssprachlich formulierte Unterscheidung als korrekturbedürftig bzw. als wissenschaftlich widerlegt betrachtet. Geht man aber der Argumentation nach, die diese wissenschaftliche Widerlegung leisten soll, so erweist sie sich als nicht tragfähig. Hier werden die Überlegungen relevant, die im Zusammenhang mit dem Beispiel von der naturwissenschaftlichen Untersuchung des sprechenden Menschen angestellt wurden. Weder die Physik noch die Chemie ist in der ihrer Methode zugrundeliegenden Fragestellung am Leben als solchem orientiert. Daher können diese Disziplinen auch in ihren Forschungen an Organismen grundsätzlich zu keinen lebensspezifischen Aussagen gelangen; ihre Ergebnisse sind methodische Abstraktionen. Diese Feststellung bedeutet, wie bereits betont wurde, keineswegs eine Abwertung der exakten Naturwissenschaften, sie hat vielmehr deskriptiven Charakter, indem sie klarlegt, daß der jeweilige Forschungsbereich dieser Disziplinen, in dem sie auch ihre genuinen und unbestreitbaren Leistungen erbringen, ein grundsätzlich begrenzter ist. Die Problematik, die kritisch aufzudecken ist, beginnt erst dort, wo die Aussagen von Physik und Chemie als die einzig legitimen aufgefaßt werden. Dies geschieht z. B. dann, wenn aus der Hyperzyklentheorie die These ,,abgeleitet" wird, die in der Formulierung ,,Alles Leben ist Chemie" Popularität erlangt hat. Dabei wird der eben erläuterte Charakter der Chemie außer Acht gelassen (um es noch einmal deutlich zu machen: es wird übersehen, daß die Chemie von ihrer methodischen Grundlage her einen Aspekt der Wirklichkeit zum Gegensatnd hat, in dem Leben als solches nicht vorkommt, so daß sie grundsätzlich keine Aussagen über das Leben machen kann); die Vertreter dieser These haben den Boden der Chemie verlassen und eine metaphysische Aussage gemacht, die von der Chemie her grundsätzlich nicht zu fundieren ist. Da dieser Übergang jedoch unreflektiert bleibt, ergibt sich ein philosophischer Reduktionismus, indem die Organismen nur durch ihren chemischen Aspekt bestimmt werden. Ohne eine solche Überschreitung der Grenze der Naturwissenschaft müßte die populäre Formel durch die korrekte Version ersetzt werden: ,,Alles, was die Chemie über das Leben sagen kann, sind dessen chemische Aspekte".

Im Rahmen der Philosophie gilt es, derartigen Reduktionismen gegenüber eine adäquate Bestimmung des Lebens bzw. der Differenz von Anorganischem und Organischem zu entwickeln, wobei die gegenwärtige Debatte von Differenzierungen ausgehen kann, die in der Philosophiegeschichte bereits geleistet wurden und die schon bei Aristoteles ihre wesentliche Grundlegung erfuhren. Dabei ist vor allem auszuführen, in welcher Weise in den Organismen die physikalisch-chemischen Prozesse auf ein übergeordnetes Prinzip bezogen (nicht aber außer Kraft gesetzt) sind. In diesem Zusammenhang ist der teleologische Begriff des Organischen relevant, demzufolge alles Lebendige durch Zweckhaftigkeit charakterisiert ist, so daß es also der jeweilige Naturzweck ist, der die physikalisch-chemischen Prozesse in seinen Dienst stellt.[5] Diese Konzeption des Organischen, die in der Philosophie weiterbestimmt werden muß, ist übrigens auch diejenige, welche die Biologie voraussetzt. Dies gilt selbst für jene

Biologen, die der Auffassung sind, daß eine Definition des Lebens auf physikalischer oder chemischer Basis mit der Biologie kompatibel ist. Sobald Begriffe wie Ernährung, Wachstum, Regeneration und Fortpflanzung verwendet werden, ist man über derartige Reduktionismen bereits hinausgegangen. Desgleichen sind bestimmte Methoden der Biologie wie die Physiologie oder die Verhaltensforschung nur unter Voraussetzung eines nicht-reduktionistischen Lebensbegriffs möglich. Deshalb wurden auch von seiten der Biologen zahlreiche Beiträge zu einer adäquaten Bestimmung des Lebens vorgelegt, auf die an dieser Stelle allerdings nicht näher eingegangen werden kann.[6] Hier ist vielmehr entscheidend, daß sich von diesen Überlegungen her die Frage, wie der evolutive Übergang vom Anorganischen zum Organischen gedacht werden soll, radikalisiert.

B) Die zweite Möglichkeit, die Hyperzyklentheorie als einen zentralen Beleg für das Hervorgehen des Lebens aus dem Unbelebten zu interpretieren, läßt sich in folgende These zusammenfassen: Wenn das Anorganische einen bestimmten Grad an Komplexität erreicht hat, so kommt es zu einem qualitativen Sprung. Diese Interpretationsvariante versucht also, der eben umrissenen Differenz von Anorganischem und Organischem gerecht zu werden. In diesem Sinn prägte Lorenz den Terminus Fulguration (von lat. fulguratio = der Blitzstrahl) zur Bezeichnung des plötzlichen Auftretens neuer Qualitäten. Und Lorenz kritisiert von hier aus den nivellierenden Charakter der von der Spieltheorie her formulierten Evolutionskonzeption Eigens: „Es ist nämlich von dem Moment, wo die Reduplikation da ist, wo also Überleben möglich ist, das Spiel ein etwas anderes Spiel. Weil es nämlich ein Spiel um etwas ist ... im Augenblick, wo der Gewinn Überleben und das Verlieren Tod bedeutet."[7]

Die These vom qualitativen Sprung führt allerdings ihrerseits in eine gravierende Frage. Wenn das Leben plötzlich auftritt, wie soll es dann dennoch in einem Entwicklungszusammenhang mit dem Anorganischen stehen? Genau genommen ist hier nur von notwendigen, nicht aber von den zureichenden Bedingungen des Lebens die Rede. Es wird lediglich festgestellt, daß Leben nur dort auftreten kann, wo sich DNS und Proteine in der von der Hyperzyklentheorie näher erläuterten Weise verbunden haben. Damit muß aber der Anspruch, die Entstehung des Lebens selbst mittels der Hyperzyklentheorie erklären zu können, aufgegeben werden. Das bedeutet allerdings nicht weniger, als daß die These vom qualitativen Sprung die Evolutionstheorie gerade nicht zu fundieren vermag. Es stellt sich so heraus, daß der Terminus Fulguration im Grunde nur der Name für ein Problem ist.

Abschließend ist daher festzustellen, daß beide Interpretationsvarianten ihrem eigentlichen Anspruch nicht gerecht werden, was sich folgendermaßen pointieren läßt: im einen Fall wird L e b e n nicht erklärt, im anderen wird Leben nicht e r k l ä r t .

Das Dilemma der evolutionären Erkenntnistheorie

Geht man nun der Frage nach, ob sich das Auftreten des Menschen evolutionstheoretisch erklären läßt, so stößt man auf analoge Probleme. Zunächst ist zu beachten, daß auch diese Frage die für die Alltagsorientierung maßgeblichen Unterscheidungen zur Voraussetzung hat. Nur dann nämlich, wenn man, wie es im Alltag selbstverständlich ist, annimmt, daß sich der Mensch durch gewisse Spezifika vom Tier unterscheidet, kann sich überhaupt die Frage stellen, ob es einen evolutiven Zusammenhang zwischen Tier und Mensch gibt. Diese Unterscheidung von Mensch und Tier, welche die Alltagsorientierung prägt, erfährt ihre nähere Explikation allerdings erst in der Philosophie — genauer gesagt ist die begriffliche Bestimmung des Menschen die eigentliche Aufgabe der Philosophie, wie sich an Kants Fragen gezeigt hat. Stehen dabei Begriffe wie Selbstbewußtsein, Vernunft, Sprache, Theorie (Erkenntnis), Praxis (Freiheit) und Geschichte im Zentrum, so geht es, wie in der Erörterung des Verhältnisses von Naturzweck und Anorganischem, abermals um die Formulierung eines übergeordneten Prinzips, worauf noch zurückzukommen sein wird.

Die evolutionäre Erkenntnistheorie, die im folgenden untersucht werden soll, insofern sie die jüngste Entwicklung in der Geschichte der Versuche einer evolutionstheoretischen Erklärung des Menschen darstellt, setzt die Differenz zwischen Mensch und Tier übrigens nicht bloß implizit voraus; ihre Vertreter verwenden vielmehr ihrerseits eine Reihe der eben aufgezählten Termini zur Charakterisierung des Menschen.[8] Damit wird umso deutlicher, daß ihr Anspruch darin besteht, den Menschen als solchen stammesgeschichtlich abzuleiten.

Als Beleg für den Entwicklungszusammenhang vom Tier zum Menschen werden vor allem die neueren Forschungen am Gehirn angegeben. Dabei wird darauf verwiesen, daß das Gehirn des Menschen mit demjenigen der Primaten durchaus vergleichbar ist, sich jedoch durch seine größere Komplexität unterscheidet. Hier gibt es nun wieder zwei Interpretationsmöglichkeiten, analog zu den bereits bekannten. Die eine liegt darin, das erste Auftreten des Menschen mit dem Entstehen seines Gehirnes aus den älteren, einfacheren Formen zu identifizieren. Dann geht man davon aus, daß die besonderen Fähigkeiten des Menschen der besonderen Verfassung seines Gehirns zuzuschreiben sind. In diesem Sinne heißt es z.B. bei Vollmer, die „Leistungsfähigkeit seines Gehirns . . . ist das eigentlich Menschliche am Menschen",[9] und von der gleichen Überlegung geht Riedl aus, wenn er äußert, „daß unser Gehirn das einzige Extremorgan ist, welches die Chance hat, sich selbst wahrzunehmen".[10]

Es bedarf wohl kaum mehr der Erläuterung, daß es sich hier um einen reduktionistischen Begriff des Menschen handelt. Überlegungen wie die eben zitierten sind dadurch gekennzeichnet, daß die Ausgangsbedingungen der Gehirnforschung außer Acht gelassen werden. Es bleibt unberücksichtigt, daß der Hirnphysiologe zwar, seinem Alltagsverständnis entsprechend, den Menschen mit seinen spezifischen Kompetenzen voraussetzt, daß er aber ausschließlich mit der bestimmten Fragestellung, die seine Methode konstituiert, an denselben herangeht und seine Untersuchungen so, bei aller Diffizilität, auf gewisse organische Aspekte beschränkt, so daß die Ergebnisse seiner Forschung grundsätzlich abstraktiven Charakter haben. In diesem Zusammenhang gewinnt das eingangs ausgeführte Beispiel neuerlich Relevanz: so wie der Sinn gesprochener Sätze in der physiologischen Analyse des sprechenden Menschen nicht thematisierbar ist, so fallen die spezifischen Fähigkeiten des Menschen, also Sprechen, Erkennen, Handeln, etc., insgesamt nicht in den Gegenstandsbereich der Physiologie.

Demgegenüber mag es sich nahelegen, auf Ausfallserscheinungen in der Folge organischer Schäden hinzuweisen. Auf diese Art versucht z. B. Vollmer seine Erklärung des Menschen auf hirnphysiologischer Basis plausibel zu machen.[11] Doch hier muß abermals die Differenz zwischen notwendigen und hinreichenden Bedingungen zur Geltung gebracht werden. An den genannten Ausfallserscheinungen läßt sich lediglich demonstrieren, daß der Mensch die ihm spezifisch zukommenden Leistungen ohne die Funktionstüchtigkeit gewisser Organe nicht erbringen kann. Wer würde leugnen, daß man ohne Stimmbänder, Zunge und Lippen nicht sprechen und ohne Gehirn nicht denken kann? Aber damit ist noch nicht gesagt, daß Worte und Gedanken von diesen Organen hervorgebracht werden. Um es noch deutlicher zu machen: Wer würde leugnen, daß man ohne Fahrzeug nicht fahren kann? Heißt das aber, daß sich eine Reise aus dem Fahrzeug erklären läßt? Bezeichnenderweise verwendet die Alltagssprache den Terminus Verkehrsmittel, und um ein analoges Verhältnis handelt es sich auch in der eben erörterten Problematik. Die organischen Prozesse sind notwendige Mittel für die Realisierung der spezifisch menschlichen Kompetenzen. Das heißt, sie sind in einen übergeordneten Zusammenhang eingebunden, aus dem sie erst sekundär auf dem Wege der Abstraktion isoliert werden können.

Es ergibt sich also: Wenn der Mensch nur durch die Komplexität seines Gehirns bestimmt wird, so wird der abstraktive Charakter der Physiologie unterschlagen. Biologen, die so vorgehen, haben die Grenze ihrer Wissenschaft überschritten und die Ergebnisse ihrer Forschung als umfassende und d.h. philosophische Bestimmungen umgedeutet respektive mißverstanden. Das Ergebnis ist eine reduktionistische Philosophie des Menschen, wie sie ähnlich schon in der Antike versucht und auch, bereits durch Sokrates, widerlegt wurde.[12] Die Problematik eines solchen Reduktionismus springt an dem zitierten Versuch Riedls, das menschliche Selbstbewußtsein durch das Gehirn zu erklären, unmittelbar ins Auge. Es ist nicht das Gehirn, das sich selbst denkt („ich bin ein Hirn"), sondern es ist der Mensch, der sich mittels seines Gehirns seiner selbst bewußt ist. Dementsprechend ist die Behauptung Vollmers, im Gehirn „das eigentlich Menschliche am Menschen" erfassen zu können, auf die wesentlich anspruchslosere Version einzuschränken, daß der Physiologe, der nach Besonderheiten des Menschen sucht, lediglich die Komplexität bestimmter Organe wie des Gehirns feststellen kann.

Es könnte nun versucht werden, diesen Reduktionismusvorwurf mit dem Hinweis auf die zentrale Kategorie der Funktion zu parieren. Häufig werden ja die dem Menschen spezifisch zukommenden Leistungen nicht schlicht mit den am Gehirn beobachtbaren physiologischen Prozessen identifiziert, sondern vielmehr als Funktionen derselben bezeichnet. Doch damit vermehren sich die Probleme nur. Zunächst ist festzustellen, daß der Begriff Funktion hier in zweifacher Hinsicht akzentuiert wird. Zum einen soll er eine Differenz markieren und zum anderen bezeichnet er ein Abhängigkeitsverhältnis. Das führt aber in folgende Frage: Wie kann mit den Mitteln der Physiologie festgestellt werden, daß Phänomene, die selbst nicht in den Gegenstandsbereich der Physiologie fallen, nachdem sie in Differenz zu demselben bestimmt wurden, von physiologischen Prozessen abhängig sind? Es liegt hier also dieselbe Grenzüberschreitung vor, die eben aufgezeigt wurde. Der Begriff Funktion ist demnach lediglich geeignet, durch seine Mehrfachbedeutung den harten Kern der Problematik zu verschleiern. (Reduktionismen, die sich durch den Funktionsbegriff tarnen, sind im übrigen nicht nur von der Biologie her möglich. Wenn Broda äußert, das Denken sei eine Funktion der Materie, so klammert er auch noch die organische Seite des Menschen aus.[13])

Die Konsequenzen, die sich aus alledem für die Beurteilung der ersten Variante der stammesgeschichtlichen Ableitung des Menschen ergeben, liegen auf der Hand: Der Hinweis auf die kontinuierliche Komplexitätszunahme in der Entwicklung des Gehirns rechtfertigt lediglich die Feststellung, daß die spezifischen Kompetenzen des Menschen erst auftreten, wenn ein gewisser Entwicklungsgrad des Gehirns erreicht ist. Da sich aber jene Kompetenzen nicht aus dem Gehirn erklären lassen, leistet diese Feststellung das nicht, was sie leisten soll, nämlich den Menschen als solchen in die Kontinuität der Stammesgeschichte zu stellen.

Die zweite Interpretationsvariante, die man hier antrifft, ist wieder diejenige der Fulguration. Es wird dann angenommen, daß es mit der Ausbildung bestimmter Strukturen im Gehirn zu einem qualitativen Sprung und somit zu einem plötzlichen Auftreten des Menschen kam. Daß diese Denkfigur jedoch den Entwicklungszusammenhang, der aufgezeigt werden soll, gerade problematisiert, wurde bereits dargelegt.

Die zentralen Aussagen der evolutionären Erkenntnistheorie werden aber nicht nur unter Bezugnahme auf die Hirnphysiologie formuliert und daher erscheint es als notwendig, sie auch unter Absehung von der eben erörterten Problematik zu reflektieren. Dabei rückt insbesondere die These von der Kontinuität des Lernens in den Vordergrund. Sie beruht darauf, daß die frühesten Lebewesen als Träger minimaler Informationen bestimmt und die später auftretenden Arten durch einen jeweils höheren Informationsstand charakterisiert werden. In diesem Sinne spricht Lorenz von einem „erkenntnisgewinnenden Prozeß".[14] Der Mensch wird von hier aus als die Art mit den bislang reichsten Informationen dargestellt und die Geschichte der Menschheit, insofern in ihr Wissen tradiert und weiterentwickelt wird, als die bruchlose Fortsetzung des Weges von den niedrigeren zu den höheren Arten.

Auch in dieser Version erweist sich aber der Versuch, einen evolutiven Übergang vom Tier zum Menschen nachzuweisen, als mißglückt. Dies zeigt sich, wenn man den Argumentationsgang im einzelnen verfolgt: Den Ausgangspunkt bildet die Feststellung, daß Erkennen und Lernen („Lernen durch Einsicht", wie Vollmer sich ausdrückt[15]) Kompetenzen des Menschen sind, die ihn vom Tier unterscheiden. Sodann werden bestimmte, an Organismen beobachtete Phänomene mit diesen Kompetenzen verglichen, und es kommt zu Analogisierungen. Eine solche Analogisierung ist freilich keine Identifizierung; Analogie bedeutet stets zugleich Identität und Differenz. Darauf gehen auch die Vertreter der evolutionären Erkenntnistheorie mitunter explizit ein. So wies z.B. Riedl anläßlich eines von der biophysikalischen und der philosophischen Gesellschaft Wien gemeinsam veranstalteten Vortrages darauf hin, daß man bei Pantoffeltierchen von Lernen nur unter Anführungszeichen sprechen könne. Die Vorgangsweise der Analogisierung als solche ist demnach noch nicht der Punkt, an dem sich dieses Evolutionskonzept als problematisch erweist.

Gerade weil die Differenz des jeweils Verglichenen nicht unberücksichtigt bleibt, sind Analogien ein zulässiges Mittel zur Beschreibung bestimmter Phänomene. So geht auch der Begriff des Naturzwecks auf eine Analogisierung zurück, indem er die Eigenständigkeit des Organismus vom menschlichen Zwecksetzen her bestimmt. Kant macht in seiner „Kritik der Urteilskraft" zudem darauf aufmerksam, daß für die Auseinandersetzung mit dem Organischen Vergleiche mit dem spezifisch menschlichen Bereich nicht nur zulässig, sondern unumgänglich sind. Kant führt aber ebenso aus, wie groß die Differenz bei aller Vergleichbarkeit dennoch ist: „Man sagt von der Natur und ihrem Vermögen in organisierten Produkten bei weitem zu wenig, wenn man diese ein Analogon der Kunst nennt; denn da denkt man sich den Künstler (ein vernünftiges Wesen) außer ihr. Sie organisiert sich vielmehr von selbst."[16]

Die evolutionäre Erkenntnistheorie geht jedoch über die Analogisierung hinaus und darin liegt ihre Problematik. Ihr nächster Argumentationsschritt besteht darin, daß die menschlichen Fähigkeiten Erkennen und Lernen, die zunächst nur als Vergleichsbasis für die Beschreibung des Weges von den niedrigeren zu den höheren Lebensformen gedient hatten, nun ihrerseits in diesen Entwicklungszusammenhang hineingestellt bzw. als sein bislang jüngstes Resultat aufgefaßt werden. Das bedeutet aber, daß die Analogie als eine simple Identifizierung mißverstanden wird. Der entscheidende Unterschied, daß die zunehmende Differenzierung, die sich bei den später auftretenden

Arten feststellen läßt, nicht wie die Erweiterung der Erkenntnis beim Menschen auf ein lernendes Subjekt zurückzuführen ist — dieser Unterschied, der zunächst noch zumindest andeutungsweise („Lernen durch Einsicht") angesprochen wurde, wird nun nivelliert. Die Anführungszeichen, die man zuerst selbst gesetzt hat, werden nun übersehen. Wird aber die menschliche Erkenntnis damit unter einen Prozeß subsumiert, den man „Lernen von Natur aus" nennen könnte, so entspricht dies einer bereits bekannten Vorgangsweise: der Bestimmung des Menschen von der Biologie her, die als Reduktionismus zu distanzieren ist.

Die Problematik dieser Unterbestimmung des Menschen setzt sich in der Geschichtsauffassung der Vertreter der evolutionären Erkenntnistheorie fort. Wenn Riedl die kulturelle Tradition darauf zurückführt, daß es dem Menschen als einziger Art möglich sei, auch erworbene Eigenschaften zu vererben,[17] so läßt er dabei außer Acht, daß sowohl die Kontinuität als auch das jeweils Neue in der Geschichte durch die denkende und handelnde Auseinandersetzung jeder neuen Generation mit dem jeweiligen Stand der Verhältnisse auf allen Gebieten des menschlichen Lebens geleistet wird. Ebenso ist gegenüber Monods These von der „Evolution der Ideen"[18] geltend zu machen, daß die Tradition des Wissens von denkenden Subjekten getragen ist und daher nicht als eine kontinuierliche Fortsetzung nicht-bewußter organischer Differenzierungsprozesse bestimmt werden kann.[19]

Erweist sich somit auch dieser Argumentationsgang der evolutionären Erkenntnistheorie als problematisch, so trifft dies auch die daraus abgeleiteten Folgerungen. Darunter verdient vor allem die häufig geäußerte Einschätzung Beachtung, daß die evolutionäre Erkenntnistheorie die marginale Stellung des Menschen in der Welt, als ein Spätprodukt der Evolution, aufgezeigt und daher jeden Versuch, den Menschen durch eine wie immer definierte Sonderstellung zu bestimmen, als einen ungerechtfertigten Anthropozentrismus widerlegt habe. Diese Einschätzung stellt sich nun ihrerseits als ein Reduktionismus dar, und es ist ihr gegenüber folgendes zu bedenken: Gewiß kann der Mensch unter biologischen Untersuchungsbedingungen nur als eine Art von Organismus unter unzähligen anderen erscheinen, und dies gilt für die Biologie im allgemeinen, also auch dann, wenn man von der speziellen Problematik evolutionstheoretischer Konzeptionen einmal absieht; doch es darf nicht unberücksichtigt bleiben, daß der Mensch diesen Forschungen in einer anderen Weise vorausgesetzt ist, als er in ihnen thematisiert wird. Nur weil nämlich der Mensch mit spezifischen Kompetenzen wie Vernunft, Selbstbewußtsein und Sprache ausgestattet ist, ist er überhaupt in der Lage, Theorien über seine Stellung in der Welt zu entwerfen, sogar solche, in denen er sich selbst auf seinen organischen Aspekt reduziert.

Die Mißdeutung des Charakters von Analogien ist übrigens nicht nur an der evolutionären Erkenntnistheorie festzustellen, sondern z.B. auch am gängigen Verständnis der vergleichenden Verhaltensforschung und der Soziobiologie. Auch hier wird die Differenz des Verglichenen zunächst noch zur Kenntnis genommen und schließlich nivelliert. So spricht man etwa zuerst mit Bezug auf Tiere von „moralanalogem Verhalten"[20], während man dann dazu übergeht, die Moralität des Menschen auf eine kontinuierliche Weiterentwicklung dieses an Tieren beobachteten Verhaltens zurückzuführen. Das Ergebnis ist eine Auffassung vom Menschen, die diesem selbst nur mehr „moralanaloges Verhalten" zugesteht. Moralische Handlungen werden dann, ungeachtet des Selbstverständnisses dessen, der sie setzt, auf Triebe wie denjenigen zur Selbsterhaltung oder zur Arterhaltung zurückgeführt. Es wird nicht berücksichtigt, daß der Begriff Moral überhaupt nicht gebildet werden hätte können ohne die Erfahrung von Situationen, in denen man Entscheidungen treffen kann bzw. muß und damit in der Dimension der Verantwortung steht — von Situationen also, die sich von triebbestimmten Prozessen grundlegend unterscheiden und in denen, im Gegenteil, auch Triebe Gegenstand von Entscheidungen sein können. Und es ist, über die Frage der Moralität hinaus, generell gegenüber Versuchen einer verhaltensmäßigen Bestimmung des Menschen einzuwenden, daß die spezifischen Kompetenzen des Menschen nicht den Charakter von Artmerkmalen haben. Dabei sollte die

Unhaltbarkeit dieser Konzeption schon angesichts ihres Widerspruchs zu einer anderen von der Biologie her aufgerollten Thematik ins Auge springen: Wenn nämlich gegenwärtig zahlreiche Biologen unter Berufung auf ökologische Forschungen ein Umdenken bzw. die Veränderung des Handelns mit Bezug auf die Natur fordern, so setzen sie dabei die Entscheidungskompetenz des Menschen voraus. Solche Appelle beruhen auf der Annahme, daß Selbsterhaltung und Arterhaltung beim Menschen eben nicht von der Natur her gesichert sind, sondern in ganz verschiedener Weise Gegenstand von Handlungen sein können.

Der besondere Charakter der Fähigkeiten des Menschen bedeutete übrigens für Darwin noch ein gravierendes Problem. In seiner ,,Abstammung des Menschen" heißt es: ,,In welcher Weise sich die Geisteskräfte in den niedrigsten Organismen zuerst entwickelt haben, ist eine nicht weniger hoffnungslose Frage, als die, wie das Leben selbst zuerst entstanden ist." [21] Es wäre daher zu wünschen, daß das Gedenken Darwins zum Anlaß wird, auch die hoffnungslosen Fragen, auf die der Altmeister hingewiesen hat, wieder ernst zu nehmen.

Anmerkungen

*Dieser Artikel beruht auf einem Vortrag, der am 12. Mai 1982 im Rahmen des vom Außeninstitut der TU Wien veranstalteten Symposiums zum 100. Todestag von Charles Darwin, ,,Das Phänomen Evolution", gehalten wurde.

1 I. Kant, Kritik der reinen Vernunft (Philosophische Bibliothek 37 a), Hamburg 1976, I, S. 691.
2 Vgl. dazu Galilei, Sämtliche Werke, Florenz 1842 – 1856, XII.
3 F. Schaller hat im Rahmen der seit Jahren im Stift Zwettl abgehaltenen interdisziplinären philosophisch-biologischen Lehrveranstaltung stets betont, daß die methodischen Instrumente der Biologie zwar Lebensphänomene zu erfassen erlauben, nicht aber das Leben selbst.
4 M. Eigen, R. Winkler, Das Spiel, München-Zürich 1975.
5 Zur philosophischen Bestimmung des Naturzwecks vgl. Aristoteles, Physik, bes. II.; G. W. Leibniz, Neues System über die Natur, über den Verkehr zwischen den Substanzen und über die Verbindung zwischen

Seele und Körper; I. Kant, Kritik der Urteilskraft, 2. Teil (Kritik der teleologischen Urteilskraft); P. Baumanns, Das Problem der organischen Zweckmäßigkeit, Bonn 1965; R. Spaemann–R. Löw, Die Frage Wozu? Geschichte und Wiederentdeckung des teleologischen Denkens, 1981.

6 K. E. v. Baer, Welche Auffassung der lebenden Natur ist die richtige? In: Aus baltischer Geistesarbeit 1, Riga 1908. Ders., Über den Zweck in den Vorgängen der Natur. In: ders., Reden, 2. Teil, Petersburg 1876; ders., Über die Zielstrebigkeit in den organischen Körpern insbesondere, ebenda; H. Driesch, Der Vitalismus als Geschichte und als Lehre, Leipzig 1905; ders., Philosophie des Organischen, Leipzig 1921; ders., Das Wesen des Organischen, Leipzig 1931; ders., Die Maschine und der Organismus, Leipzig 1935; L. v. Bertallanffy, Kritische Theorie der Formbildung, Berlin 1928.

7 So K. Lorenz im Gespräch mit Franz Kreuzer in der Fernsehsendung „Leben ist lernen" am 9. 5. 1980. Vgl. ORF-Nachlese Mai 1980.

8 Vgl. G. Vollmer, Thesenpapier „Ansätze zu einer evolutionären Erkenntnistheorie", Wien 1982; und ders., Evolutionäre Erkenntnistheorie, Stuttgart 1981, S. 74.

9 G. Vollmer, Evolutionäre Erkenntnistheorie (wie Anm. 8), S. 83.

10 R. Riedl, Die biologischen Grundlagen unserer „faulen Vernunft". In: Wiener Journal, August 1980, S. 28.

11 Vollmer (wie Anm. 8), S. 87.

12 Platon, Phaidon.

13 E. Broda äußerte sich dahingehend z.B. in seinem Vortrag im Rahmen der von der Biophysikalischen und der Philosophischen Gesellschaft Wien gemeinsam veranstalteten Vortragsreihe in den Jahren 1980/81.

14 Lorenz im Gespräch mit Franz Kreuzer (wie Anm. 7).

15 Vollmer (wie Anm 8), S. 78.

16 Kant (wie Anm. 5), B 293/A 289.

17 Riedl (wie Anm. 10), S. 28.

18 J. Monod, Zufall und Notwendigkeit, München 1975, S. 141.

19 In diesem Sinne sind auch eine Reihe österreichischer Schulbücher zu kritisieren, in denen die Geschichte als „geistige Evolution des Menschen" bzw. als „soziale Vererbung" dargestellt wird (vgl. die AHS-Lehrbücher Linder, Teil 3, S. 99 ff., und Mandl-Reuer, Teil 3, S. 120 ff.).

20 H. Schaefer, P. Novak, Anthropologie und Biophysik. In: H. G. Gadamer, P. Vogler (Hg.), Neue Anthropologie, Stuttgart 1975. I, S. 22.

21 C. Darwin, Die Abstammung des Menschen und die geschlechtliche Zuchtwahl, Halle o.J , S. 84.

JOHANN DVORAK

NATURERKENNTNIS UND GESELLSCHAFT

Vorbemerkung

Wenn heute — im Zusammenhang mit biologistischen Weltbildern — Ideologien wieder aktualisiert werden, die mit der militärischen Niederlage des Nationalsozialismus endgültig untergegangen schienen, dann sind sie oft nicht mehr ohne weiteres durch das Aufzeigen ihrer Funktion in der NS-Zeit zu diskreditieren. Kritik dieser Art wird mit dem Hinweis auf die nunmehrige Wissenschaftlichkeit und somit exakte Beweisbarkeit diverser Theoreme begegnet.

Und die Aufspaltung der wissenschaftlichen Welterkenntnis in zwei wesentlich verschiedene Bereiche — Natur und Gesellschaft — ist uns heute in einem Maße selbstverständlich geworden, daß Natur-Gesetze als ewig und unveränderlich gelten. So mag denn gegenüber Aussagen auf dem Gebiete der Biologie Ideologie-Verdacht angemeldet werden, sobald sie für die Gestaltung der Gesellschaft Bedeutung erlangen, als reine naturwissenschaftliche Aussagen blieben sie akzeptiert.

Gegenüber den erneuerten Vererbungs- und Rassenlehren, die als gesicherte Ergebnisse exakter Wissenschaften ausgegeben werden, erweist sich herkömmliche Ideologiekritik als seltsam hilflos.

Die Kritik wäre als methodologische und wissenschaftstheoretische auf dem Felde der Naturwissenschaften selber durchzuführen. Dies um so mehr, als die Biologie zunehmend als neue naturwissenschaftliche Zentraldisziplin (in dieser Rolle die Physik ablösend) interpretiert wird und dazu in der „evolutionären Erkenntnistheorie" ein Ansatz umfassender Erklärung aller Erkenntnisprobleme (d.h. auch *alle* Wissenschaften betreffend) zur Verfügung steht: auf biologistischer Grundlage wird eine Einheit der wissenschaftlichen Erkenntnis der Natur und der

Menschenwelt rekonstruiert.

Es ist bemerkenswert, daß auch im Marxismus im 20. Jahrhundert die Aufspaltung der wissenschaftlichen Erkenntnis in die Bereiche „Natur" und „Gesellschaft" Eingang gefunden hat: die Natur gilt als Reich der Notwendigkeit mit ewigen, ehernen Gesetzen, während die Gesellschaft das mögliche Reich der Freiheit darstellt . . .

Georg Lukacs etwa wollte in seinem 1923 erschienenen Buch „Geschichte und Klassenbewußtsein" die Gültigkeit der dialektischen Methode auf die Gesellschaft beschränkt wissen:

„Diese Beschränkung der Methode auf die historisch-soziale Wirklichkeit ist sehr wichtig. Die Mißverständnisse, die aus der Engelsschen Darstellung der Dialektik entstehen, beruhen wesentlich darauf, daß Engels . . . die dialektische Methode auch auf die Erkenntnis der Natur ausgedehnt hat. Wo doch die entscheidenden Bestimmungen der Dialektik: Wechselwirkung von Subjekt und Objekt, Einheit von Theorie und Praxis, geschichtliche Veränderung des Substrats der Kategorien als Grundlage ihrer Veränderung im Denken etc. in der Naturerkenntnis nicht vorhanden sind." [1]

Mit Recht kann daher gefragt werden:

„Ist ein Marxist . . . Materialist für die Geschichtswahrheiten, aber Idealist für die Naturwahrheiten? Ist sein Denken gespalten zwischen einem dialektischen Wahrheitsbegriff, an dem die Zeit wesentlich teilhat, und einem undialektischen Wahrheitsbegriff von zeitloser Observanz?" [2]

Im Gefolge des in den letzten 100 Jahren entwickelten Erkenntnis-Dualismus in der Wissenschaft und der mangelnden Reflexion der gesellschaftlichen Bedingungen der Naturwissenschaft besteht die erleichterte Möglichkeit der erneuten Propagierung von inhumanen Ideologien im wissenschaftlichen Gewande, ausgehend von der Biologie und um sie gruppierten Disziplinen.

Materialismus, Dialektik und die Einheit der Wissenschaft

„Sodann wendete sich das Gespräch auf das Wesen der Dialektik. — Es ist im Grund nichts weiter, sagte Hegel, als der geregelte, methodisch ausgebildete Widerspruchsgeist." [3]

> „In ihrer mystifizierten Form ward die Dialektik deutsche Mode, weil sie das Bestehende zu verklären schien.
> In ihrer rationellen Gestalt ist sie dem Bürgertum und seinen doktrinären Wortführern ein Ärgernis und ein Greuel, weil sie in dem positiven Verständnis des Bestehenden zugleich auch das Verständnis seiner Negation, seines notwendigen Untergangs, einschließt, jede gewordene Form im Flusse der Bewegung, also auch nach ihrer vergänglichen Seite auffaßt, sich durch nichts imponieren läßt, ihrem Wesen nach kritisch und revolutionär ist."
>
> Karl Marx, 1873[4]

Schon in den frühesten Schriften setzt sich Marx mit Fragen der wissenschaftlichen Erkenntnis der Welt und ihrer praktischen Gestaltung auseinander; ausgegangen wird hiebei nicht bloß von Ideen, von irgendwelchen Vorstellungen über die Welt, sondern von der menschlichen Tätigkeit, Arbeit, Produktion – von der gesellschaftlichen Praxis.

„Die Voraussetzungen, mit denen wir beginnen, sind keine willkürlichen, keine Dogmen, es sind wirkliche Voraussetzungen, von denen man nur in der Einbildung abstrahieren kann. Es sind die wirklichen Individuen, ihre Aktion und ihre materiellen Lebensbedingungen, sowohl die vorgefundenen wie die durch eigene Aktion erzeugten. Diese Voraussetzungen sind also auf rein empirischem Wege konstatierbar."[5]

„Die Frage, ob dem menschlichen Denken gegenständliche Wahrheit zukomme – ist keine Frage der Theorie, sondern eine praktische Frage. In der Praxis muß der Mensch die Wahrheit, i.e. Wirklichkeit und Macht, Diesseitigkeit seines Denkens beweisen."[6]

Zum Wesen des Marxschen Materialismus gehört, daß die Frage, ob und was denn der Mensch überhaupt erkennen könne, ebenso bedeutungslos wird wie die, ob eine Welt unabhängig vom menschlichen Bewußtsein existiere: für den Menschen erfolgt die Erkenntnis der Welt nicht bloß durch Anschauung und Spekulation, sondern durch tätige Aneignung, durch Arbeit. Daher existiert für den Menschen niemals die Welt an sich, die äußere Natur an sich, als bloßes Objekt der Betrachtung, der reinen Erkenntnis, sondern stets schon als vom Menschen bearbeitete Welt, als durch menschliche Arbeit angeeignete Natur.

Daraus ergibt sich sowohl die materielle Einheit der Welt wie die Möglichkeit, ja Notwendigkeit der Einheit der Welterkenntnis.

„Die Naturwissenschaft wird später ebensowohl die Wissenschaft von dem Menschen wie die Wissenschaft von dem Menschen die Naturwissenschaft unter sich subsumieren: es wird *eine* Wissenschaft sein."[7]

Wesentlich dabei ist, daß Natur und menschliche Gesellschaft als historisch geworden und daher auch veränderbar angesehen werden, d.h. die Welt als eine von den Menschen gestaltete und so auch weiter gestaltbare und verbesserbare betrachtet wird. Es gibt keine absolute Wahrheit, keine absolute Gewißheit theoretischer Erkenntnis — aber die Möglichkeit einer theoretisch reflektierten gesellschaftlichen Praxis, einer vernünftigen und humanen Gestaltung menschlichen Lebens und Zusammenlebens.

Im Zusammenhang mit der materialistischen Wissenschaftsauffassung wird bei Karl Marx ebenso wie bei Friedrich Engels häufig der Begriff „Dialektik" verwendet; er bedeutet bei ihnen keineswegs ein starres Denkschema; Dialektik war für sie ein methodisches Hilfsmittel, ein Denkwerkzeug zur Erkenntnis und Beförderung des Wandels in Natur und Gesellschaft.

Friedrich Engels hat in der Einleitung zum „Anti-Dühring" noch einmal die Bedeutung der Hegelschen Philosophie kurz charakterisiert und dann die neue Qualität des von ihm und Karl Marx vertretenen „modernen Materialismus" hervorgehoben:

„Das Hegelsche System war die letzte, vollendetste Form der Philosophie, insofern diese als besondre, allen andren Wissenschaften überlegne Wissenschaft vorgestellt wird. Mit ihm scheiterte die ganze Philosophie. Was aber blieb, war die dialektische Denkweise und die Auffassung der natürlichen, geschichtlichen und intellektuellen Welt als einer sich ohne Ende bewegenden, umbildenden, in stetem Prozeß von Werden und Vergehn begriffenen. Nicht nur an die Philosophie, an a l l e Wissenschaften war jetzt die Forderung gestellt, die Bewegungsgesetze dieses steten Umbildungsprozesses auf ihrem besondern Gebiet aufzuweisen. Und dies war das Erbteil, das die Hegelsche Philosophie ihren Nachfolgern hinterließ."[8]

„Gegenüber der sowohl bei den Franzosen des 18. Jahrhunderts wie bei Hegel herrschenden Vorstellung von der Natur als eines sich in engen Kreisläufen bewegenden, sich gleichbleibenden Ganzen mit ewigen Weltkörpern, wie sie Newton, und unveränderlichen Arten von organischen Wesen, wie sie Linné gelehrt hatte, faßt er (= der moderne Materialismus) die Fortschritte der Naturwissenschaft zusammen, wonach die Natur ebenfalls ihre

Geschichte hat, die Weltkörper wie die Artungen der Organismen, von denen sie unter günstigen Umständen bewohnt werden, entstehn und vergehn, und die Kreisläufe, soweit sie überhaupt zulässig sind, unendlich großartigere Dimensionen annehmen. In beiden Fällen ist er wesentlich dialektisch und braucht keine über den andern Wissenschaften stehende Philosophie mehr. Sobald an jede einzelne Wissenschaft die Forderung herantritt, über ihre Stellung im Gesamtzusammenhang der Dinge und der Kenntnis von den Dingen sich klarzuwerden, ist jede besondre Wissenschaft vom Gesamtzusammenhang überflüssig. Was von der ganzen bisherigen Philosophie dann noch selbständig bestehn bleibt, ist die Lehre vom Denken und seinen Gesetzen — die formelle Logik und die Dialektik. Alles andre geht auf in die positive Wissenschaft von Natur und Geschichte."[9]

Aber auch die „Lehre vom Denken und seinen Gesetzen" ist keine Lehre von ewig-gültigen Wahrheiten und Denkgesetzen. In der „Dialektik der Natur" verweist Engels darauf:

„Die Wissenschaft vom Denken ist also, wie jede andre, eine historische Wissenschaft, die Wissenschaft von der geschichtlichen Entwicklung des menschlichen Denkens. Und dies ist auch für die praktische Anwendung des Denkens auf empirische Gebiete von Wichtigkeit. Denn die Theorie der Denkgesetze ist keineswegs eine ein für allemal ausgemachte „ewige Wahrheit", wie der Philisterverstand sich dies bei dem Wort Logik vorstellt."[10]

„Für den Metaphysiker sind die Dinge und ihre Gedankenabbilder, die Begriffe, vereinzelte, eins nach dem andern und ohne das andre zu betrachtende, feste, starre, ein für allemal gegebene Gegenstände der Untersuchung. Er denkt in lauter unvermittelten Gegensätzen ... Positiv und negativ schließen einander absolut aus: Ursache und Wirkung stehn ebenso in starrem Gegensatz zueinander."[11]

Bei genauerer Betrachtung der Vorgänge in der Welt finden wir dagegen,

„daß die beiden Pole eines Gegensatzes, wie positiv und negativ, ebenso untrennbar voneinander wie entgegengesetzt sind, und daß sie trotz aller Gegensätzlichkeit sich gegenseitig durchdringen; ebenso, daß Ursache und Wirkung Vorstellungen sind, die nur in der Anwendung auf den einzelnen Fall als solche Gültigkeit haben, daß sie aber, sowie wir den einzelnen Fall in seinem allgemeinen Zusammenhang mit dem Weltganzen betrachten, zusammengehn, sich auflösen in der Anschauung der universellen Wechselwirkung, wo Ursachen und Wirkungen fortwährend ihre Stelle wechseln, das was jetzt oder hier Wirkung, dort oder dann Ursache wird und umgekehrt.

Alle diese Vorgänge und Denkmethoden passen nicht in den Rahmen des metaphysischen Denkens hinein. Für die Dialektik dagegen, die die Dinge und ihre begrifflichen Abbilder wesentlich in ihrem Zusammenhang, ihrer Verkettung, ihrer Bewegung, ihrem Entstehn und Vergehn auffaßt, sind Vorgänge wie die obigen, ebensoviel Bestätigungen ihrer eignen Verfahrensweise."[12]

Die dialektisch-materialistische Denkweise ist in der Lage, die Vielfalt in der Welt wahrzunehmen, Teilbereiche im Detail zu erforschen, Zusammenhänge herzustellen — zur theoretischen und praktischen Gestaltung der Welt beizutragen. Marx und Engels verstanden sich durchaus in einer bestimmten Tradition der neuzeitlichen Wissenschaft, die stets mit dem Materialismus verbunden war; so ist ihnen Francis Bacon der „wahre Stammvater des *englischen Materialismus und aller modernen experimentierenden Wissenschaft*" und bei ihm birgt der Materialismus noch auf eine naive Weise die Keime einer allseitigen Entwicklung in sich".[13]

Was den Beginn der neuzeitlichen Wissenschaft häufig auszeichnete, war ja die Verbindung von Hand- und Kopfarbeit; die Verbindung von theoretischer Überlegung mit Experiment und sinnlicher Erfahrung; und schließlich die angestrebte Verbindung von wissenschaftlicher Erkenntnis und der Verbesserung des alltäglichen Lebens möglichst aller Menschen.[14]

Die Menschen sollten durch Erkenntnis in praktischer Absicht in die Lage versetzt werden, sowohl Gestalter und Beherrscher der Natur als auch (und vor allem) ihres eigenen Schicksals zu sein.[15]

Karl Marx und Friedrich Engels haben in ihrer dialektisch-materialistischen Konzeption von Wissenschaft Programme aus der Frühzeit der modernen Wissenschaft wieder aufgenommen, an in der Zwischenzeit verdrängte ältere Strömungen des Materialismus angeknüpft. Sie hatten aber auch mit einem zeitgenössischen „Materialismus" zu tun, mit dem sie sich durchaus kritisch auseinandersetzten. Hiebei war es bedeutsam, daß durch das „Modewerden des Darwinismus" einige deutsche Gelehrte (wie z. B. Ludwig Büchner oder F. A. Lange) trachteten, „diese Naturtheorie auf die Gesellschaft anzuwenden und den Sozialismus zu reformieren"[16] und deren Schriften einigen Einfluß auf die Arbeiterbewegung ausübten.

Karl Marx äußert sich über F. A. Lange, dem Verfasser einer „Geschichte des Materialismus", folgendermaßen:

> „Herr Lange hat nämlich eine große Entdeckung gemacht. Die ganze Geschichte ist unter ein einziges Naturgesetz zu sublimieren. Dies Naturge-

setz ist die Phrase (der Darwinsche Ausdruck wird in dieser Anwendung bloße Phrase –) ‚struggle for life', ‚Kampf ums Dasein' . . . Statt also den struggle for life, wie er sich geschichtlich in verschiedenen bestimmten Gesellschaftsformen darstellt, zu analysieren, hat man nichts zu tun, als jeden konkreten Kampf in die Phrase ‚struggle for life' . . . umtusetzen."[17]

Marx und Engels kritisierten immer wieder Versuche, konkrete Analysen, Verbindung von empirischer Forschung mit theoretischer Reflexion durch die Einführung ewiger, überzeitlicher Prinzipien und „Gesetze" natur-, geschichts- oder sozialphilosophischer Art zu ersetzen[18] und wandten sich daher auch gegen naturalistische Interpretationen gesellschaftlicher Vorgänge. Friedrich Engels registrierte ja auch feinfühlig den eigenartigen Konservatismus der Naturwissenschaften bald nach ihren revolutionären Anfängen, „die Ansicht von der absoluten Unveränderlichkeit der Natur".[19] (Es ist bemerkenswert, daß im späten 19. Jahrhundert Vorstellungen nicht von einer unveränderlichen Natur, aber dafür von unveränderlichen „Naturgesetzen" wiederum wirksam wurden, bis heute wirksam sind, und in ihrer Übertragung auf die menschliche Gesellschaft stets dazu dienten, das Ausmaß des gesellschaftlich Machbaren zu verringern, um so bestehende soziale Zu- und Übelstände zu erhalten.)

Die Entwicklung der Vorstellungen über die Zustände in der Natur hängt eng zusammen mit den Zuständen in der jeweiligen Gesellschaft; es gibt keine objektive, von der menschlichen Gesellschaft und der menschlichen Arbeit unabhängige Naturerkenntnis: die Konzepte von der Gestaltung und Entwicklung der Natur sind „erst durch unsere Reflexion in die Natur hineingetragen" worden – „diese Erkenntnis macht den Kernpunkt der dialektischen Auffassung der Natur aus".

Engels weist darauf hin, daß die Resultate der Zusammenfassung der massenhaften Einzelerfahrungen der Wissenschaft Begriffe sind, „daß aber die Kunst, mit Begriffen zu operieren, nicht eingeboren und auch nicht mit dem gewöhnlichen Alltagsbewußtsein gegeben ist, sondern wirkliches Denken erfordert, welches Denken ebenfalls eine lange erfahrungsmäßige Geschichte hat, nicht mehr und nicht minder als die erfahrungsmäßige Naturforschung."[20]

Wissenschaftliche Methode bei Darwin und Haeckel

> „I worked on tru Baconian Principles, and without any theory collected facts."
> „. . . without the making of theories I am convinced there would be no observation."
> „My industry has been nearly as great as it could have been in the observation and collection of facts. I have had the strongest desire to understand or explain whatever I observed – that is, the group all facts under some general laws."
> Charles Darwin
>
> „. . . millionaires are a product of natural selection acting on the whole of men to pick out those who can meet the requirement of certain work to be done."
> William Sumner [21]

Charles Darwin versuchte – unter Benützung großer Mengen empirischer Fakten – darzustellen, daß die existierenden Organismen sich aus wenigen früheren einfacheren Formen entwickelt hätten; darüber hinaus bemühte er sich, eine rationale Erklärung der Ursachen dieser historischen Entwicklung (oder: Evolution) in der Natur zu liefern: und er fand sie in der „natürlichen Auslese". Was die Darwinische Evolutionstheorie vor allem auszeichnet, ist, daß die Evolution bei ihr kein Ziel hat, keinem göttlichen oder natürlichen Plan entspricht; die „natürliche Auslese" dient keinen höheren Zwecken. Darwin meinte:

„If I saw an angel coming down to teach us good, and I was convinced from others seeing him that I was not mad, I should believe in design".[22]

Das anarchische Element in Darwins Naturtheorie war und ist nicht verträglich mit christlicher Religion und es wurde auch von vielen seiner Anhänger nicht akzeptiert; dagegen war die Vorstellung von einer ziel- und planlosen – „ungeordneten" – Natur durchaus in Übereinstimmung mit Konzepten der fortgeschrittensten Physik des späten 19. Jahrhunderts: Boltzmann z.B. gründete seine Gastheorie auf die Annahme, daß Moleküle „zufallsbewegt" sind („Hypothese der Unordnung").

Darwin äußerte sich auch äußerst vorsichtig bezüglich der ungebrochenen Übertragung des Prinzips der natürlichen Auslese auf die menschliche Gesellschaft:

"Important as the struggle for existence has been and even still is, yet as far as the highest part of man's nature is concerned there are other agencies more important. For the moral qualities are advanced, either directly or indirectly, much more through the effects of habit, the reasoning powers, instruction, religion, & c. than through natural selection".[23]

Manche von Darwins Anhängern waren nicht so vorsichtig. Ernst Haeckel z.B., Naturforscher, Autor popularwissenschaftlicher Werke und bedeutender Vertreter des Darwinismus in Deutschland, war der Überzeugung, daß es objektive, feststehende, ewige Naturgesetze gäbe, die unabhängig von den Menschen existierten und eben von den Menschen aufgefunden, entdeckt werden müßten:

"Der große Triumph der fortgeschrittenen Naturerkenntnis im 19. Jahrhundert, ihr theoretischer Wert für die Begründung einer vernünftigen Weltanschauung . . . beruht in erster Linie auf der absoluten Anerkennung fester Naturgesetze."[24]

Und er betonte:

"Wir müssen klar beweisen, daß das Naturgesetz seine Herrschaft über die gesamte uns zugängliche Erscheinungswelt erstreckt."[25]

Problematisch bei derartigem Bemühen ist vor allem, daß übernatürliche, göttliche Prinzipien durch umfassende Natur-Prinzipien abgelöst werden sollen, daß die Natur-Gesetze vorgestellt werden geradezu als die Prinzipien, die Vorgänge in der Welt bewirken. Dies bedeutet die Ablösung einer älteren Metaphysik durch eine neue Metaphysik. Die Gesetzesmetapher, das Konzept von "Natur-Gesetzen" wurde in die neuzeitliche Wissenschaft eingebracht, um die *Berechenbarkeit* von Vorgängen in Natur und Gesellschaft zu gewährleisten, um Zusammenhänge zwischen Vorgängen herstellen zu können – und so aus einer Vielzahl von Einzelbeobachtungen und Einzelprozessen ein möglichst umfassendes Bild und möglichst umfassende Gestaltungsmöglichkeiten der Welt zu gewinnen. Ernst Haeckel wendet sich zwar gegen ältere Formen der Metaphysik, gegen ein "Übernatürliches", das der Natur gegenüberstehen soll, doch zugleich eliminiert er durch die Zurückführung der Gesellschaft auf Natur[26] die schöpferischen, aktiven, dynamischen Momente, die der neuzeitlichen Wissenschaft innewohnten.

Haeckel ist auch beispielhaft als Wegbereiter einer Auffassung von Naturwissenschaft, die alle wissenschaftlichen Bemühungen zunehmend um die Biologie herum gruppiert und an ihr orientiert sehen möchte. Nicht weiter verwunderlich daher, wenn er meint, daß wir „Bau und Leben des sozialen Körpers, d.h. des Staates . . . nur dann richtig verstehen" lernen, „wenn wir naturwissenschaftliche Kenntnis von Bau und Leben der Personen besitzen, welchen den Staat zusammensetzen, und der Zellen, welche jene Personen zusammensetzen",[27] und wenn er in „der biologischen Zurückführung der Gesellschaftsregeln auf die Naturgesetze der Vererbung und Anpassung"[28] das korrekte wissenschaftliche Verfahren sieht.

Die *Biologie* soll die herkömmliche naturwissenschaftliche Zentraldisziplin der Physik ablösen und ihre Erkenntnisweise soll maßgebend für alle wissenschaftliche Erkenntnis sein.

Wissenschaft, Natur und Gesellschaft – von Ernst Mach zum Wiener Kreis

> „Wenn also der dialektische Materialismus sich immer bemüht, die Auffassungen, die in der Wissenschaft einer Epoche herrschen, in Verbindung mit den sozialen Zuständen dieser Zeit zu bringen, so sagt er damit ohne Zweifel über wirkliche Vorgänge etwas aus, die einer Wissenschaftsauffassung entgehen, die im vorhinein das Denken des Forschers als einen der übrigen Welt getrennt gegenüberstehenden Vorgang betrachtet."
> Philipp Frank[29]

> „Man is a social being. He seems to interpret nature not only according to the needs but also after the patterns of society."
> Edgar Zilsel[30]

Ernst Haeckels Versuche einer einheitlichen-monistischen-wissenschaftlichen Welterklärung muß vor dem Hintergrund wissenschaftstheoretischer und weltanschaulicher Kontroversen im Mitteleuropa der Jahrhundertwende gesehen werden. Das herkömmliche, „mechanistische", Weltbild der Physik war im Verlauf des 19. und zu Beginn des 20. Jahrhunderts in eine Krise geraten. Im Rahmen der mechanistischen Vorstellung ist die Natur als eine riesige Maschine gedacht worden, deren Bestandteile „gesetzmäßig" miteinander verbunden sind und in den Erscheinungen wie Bewegung, Stoß, Druck und Zug beobachtet werden können; dieses Weltbild war zunehmend aufgelöst worden durch Aussagen über elektromagnetische Wechselwirkungen, über das Verhalten von Gasen, die Einsteinsche Relativitätstheorie und die Atomtheorie von Niels Bohr: zunehmend schien die Natur von höchst unmechanischen Gesetzen regiert zu werden.

Dies wurde nicht nur als Krise bestimmter physikalischer Konzeptionen, sondern als Krise jeglicher wissenschaftlichen, rationalen Weltbetrachtung überhaupt ausgelegt und da gerade in Mitteleuropa die um die Jahrhundertwende erstarkende Arbeiterbewegung sich auf rationale und gesetzmäßige Welterkenntnis berief, entledigte sich das Bürgertum gerne der Traditionen der Aufklärung und des Materialismus und flüchtete sich in irrationalistische Weltschau, in religiöse Weltanschauungen und Kunst als Ersatzreligion. Versucht wurde die systematische Begründung der Aufspaltung der wissenschaftlichen Welterkenntnis in zwei grundverschiedene Bereiche: in Geistes- und Natur-Wissenschaften. Die „materialistisch" ausgerichteten Naturwissenschaften galten dann als letztlich flach, seicht, niedrig, eines nach Höherem — etwa nach geisteswissenschafter Erkenntnis — strebenden Menschen unwürdig, als verwandt mit Technik, Industrie und damit verbundener Industriearbeiterschaft.[31]

Gegen die Aufspaltung der Einheitlichkeit der Welterkenntnis wandte sich Ernst Haeckel; er betonte „die Einheit der Natur und die Einheit der Wissenschaft"[32] als Grundsatz seiner monistischen Lehre und gründete 1906 den Deutschen Monistenbund, der „für eine einheitliche, auf Naturerkenntnis gegründete Welt- und Lebensanschauung wirken, ihre Anhänger sammeln und in Verbindung setzen"[33] wollte. Die Schriften des Monistenbundes und der mit ihm verbundenen Wissenschaftler hatten einige Bedeutung für die Arbeiterbewegung: viele lesende Arbeiter bezogen aus ihnen eine a-religiöse, atheistische, wissenschaftliche Weltauffassung, eine materialistische Erklärung der Vorgänge in Natur und Gesellschaft.[34]

Haeckel selbst scheint der Meinung gewesen zu sein, daß seine Anschauungen mit denen der zeitgenössischen Physik völlig übereinstimmen. Die damalige Physik aber ging bereits daran, sich ihrer metaphysischen Ursprünge und ihrer metaphysischen Reste systematisch zu entledigen: alle Vorstellungen, die an übernatürliche Prinzipien und Wesenheiten gemahnten, wurden kritisiert und ausgeschieden; kritisiert wurden aber auch Vorstellungen, die besagten, daß es in der Natur waltende Prinzipien gäbe, die den Ablauf von Naturvorgängen bewirkten.

Ernst Mach z.B. hielt es für äußerst wichtig, „zwischen Begriff und Gesetz einerseits und Tatsache andererseits scharf zu unterscheiden".[35] Die Bildung von Begriffen und die Formulierung von Aussagen über Regelmäßigkeiten und Gesetzmäßigkeiten bei Vorgängen in Natur und Gesellschaft sind Versuche der Menschen, die Wirklichkeit in den Griff zu bekommen, sie gestaltbar zu machen.

„Unsere Naturgesetze bestehen ... aus einer Reihe für die Anwendung bereit liegender, für diesen Gebrauch zweckmäßig gewählter Lehrsätze. Die Naturwissenschaft kann aufgefaßt werden als eine Art *Instrumentensammlung* ..."[36]

„Die Naturgesetze", meint Mach, „sind ein Erzeugnis unseres *psychologischen* Bedürfnisses, uns in der Natur zurecht zu finden" und er weist in der Folge darauf hin, daß dieses Bedürfnis ebenso wie der jeweilige *„Kulturzustand"* ihren Niederschlag in den Gesetzes-Idealen finden. Und:

„Es ist sehr natürlich, daß in Zeiten geringer Schärfe der erkenntnistheoretischen Kritik die psychologischen Motive in die Natur projiziert und dieser selbst zugeschrieben worden sind. Gott oder die Natur strebt nach Einfachheit und Schönheit, dann nach strenger Gesetzmäßigkeit und Bestimmtheit, endlich nach Sparsamkeit und Ökonomie in allen Vorgängen, nach Erzielung aller Wirkungen mit dem kleinsten Aufwand."[37]

All das bedeutet nun keineswegs, daß die sogenannten Naturgesetze „bloße subjektive Vorschriften" sind, „an welche die Wirklichkeit nicht gebunden ist",[38] sondern vielmehr, daß wissenschaftliche Natur-Erkenntnis ein

Prozeß der aktiven Auseinandersetzung mit der Natur ist. Gesetze werden nicht in der Natur vorgefunden, entdeckt, sind auch keine Vorschriften an die Natur, ihre Formulierung ist Ergebnis einer Verbindung von sinnlicher Wahrnehmung, Erfahrung und theoretischer Anstrengung – und Folge bereits geleisteter gesellschaftlicher Arbeit, die ihren Niederschlag in Begriffen gefunden hat:

„Die Tatsachen sind *nicht* genötigt, sich nach unseren Gedanken zu richten. Aber unsere Gedanken, unsere Erwartungen richten sich nach anderen Gedanken, nach den *Begriffen* nämlich, welche wir uns von den Tatsachen gebildet haben."[39]

Die Natur, die Wirklichkeit, ist auch nicht vorstellbar als ein Reich der Ordnung und der Notwendigkeit, als eine Art von großem Uhrwerk – bei dem man nur allmählich erkennen kann, wie ein Rad ins andere greift. Wird die Welt nicht länger als ein gewaltiger Mechanismus mit strengen Gesetzen vorgestellt, sondern als Chaos, dann bedeutet wissenschaftliche Tätigkeit zunächst das theoretische Ordnen, das Strukturieren der unstrukturierten Natur, schließlich aber die praktische Gestaltung der Welt.[40]

In den 20er und frühen 30er Jahren unseres Jahrhunderts wurde im Zusammenhang mit der wissenschaftlichen Weltauffassung des Wiener Kreises das Programm einer Wissenschaft konzipiert, die nicht länger abgetrennt vom Alltagsleben der Masse der Bevölkerung betrieben werden sollte. Angestrebt wurde, „die Leistungen der einzelnen Forscher auf den verschiedenen Wissenschaftsgebieten in Verbindung und Einklang zu bringen", „Denkwerkzeuge für den Alltag zu formen, für den Alltag der Gelehrten, aber auch für den Alltag aller, die an der bewußten Lebensgestaltung irgendwie mitarbeiten".[41]

Die Naturwissenschaft wurde auch keineswegs als Bereich der von gesellschaftlichen Vorgängen unabhängigen, reinen, objektiven Erkenntnis betrachtet; in den wissenschaftssoziologischen und wissenschaftshistorischen Arbeiten Edgar Zilsels wurde gezeigt, wie sehr naturwissenschaftliche Theoriebildung und ihre Veränderung mit gesellschaftlichen Umwälzungen verbunden war. Die Auflösung des herkömmlichen mechanistischen Weltbildes geriet den Vertretern der wissenschaftlichen Weltauffassung (wie Philipp Frank, Otto Neurath, Edgar Zilsel, aber auch Moritz Schlick) nicht zur „Sinnkrise" – die Ablösung absolut sicherer Aussagen über die Wirklichkeit durch Wahrscheinlichkeitsaussagen wurde sogar geradezu zur Grundlage der Möglichkeiten der Welterkenntnis.

So schrieb Edgar Zilsel schon 1916 in seinem Buch „Das Anwendungsproblem", daß „unter Wahrheit die Bestimmung eines Unbestimmten, die Rationalisierung eines Irrationalen"[42] zu verstehen wäre. Gerade die Abwechslung, die Verschiedenheit in der Natur, der Mangel an Ordnung und Regelmäßigkeit sind ihm Bedingungen für die Welterkenntnis: Die Natur ist in ihrer Mannigfaltigkeit eigentümlich strukturiert und dies steht in engem Zusammenhang mit dem Gesetz der großen Zahlen, das besagt, „daß die Vagheiten und Schwankungen der Einzelfälle in großen Mengen einander aufheben und einen konstanten Durchschnittstypus ergeben".[43]

„Die Welt bleibt zwar immer ein Schwankendes, zum Teil ineinander Verfließendes, diese Schwankungen aber kompensieren einander gegenseitig immer mehr, diese Unbestimmtheiten sind so glücklich verteilt, daß wir Menschen in der Welt trotz aller Vagheit ganz präzise Beziehungen feststellen können . . . Diese glückliche Verteilung der Unbestimmtheiten ist also Vorbedingung der Erkennbarkeit der Welt."[44]

Philipp Frank definiert die wissenschaftliche Erkenntnis als „die Ordnung der Erlebnisse durch ein System logisch zusammenhängender Aussagen' und bezeichnet die Vorstellung von einer „wahren Welt", „außerhalb unserer Erlebnisse" als unsinnig – die „wahre Welt" ist ihm „eine sinnlose Zusammenstellung von Schriftzeichen oder Lauten".[45]

Otto Neurath schrieb in seinem Buch „Empirische Soziologie":

„Jede wissenschaftliche Aussage ist eine Aussage über eine gesetzmäßige Ordnung empirischer Tatbestände. Alle wissenschaftlichen Aussagen sind miteinander verknüpfbar und bilden einen einheitlichen Bereich, der nur Aussagen über beobachtbare Tatbestände umfaßt. Für ihn wird hier der Name Einheitswissenschaft vorgeschlagen."[46]

Die Einheitswissenschaft ist „der Schatz aller miteinander verknüpfbaren, also auch logisch verträglichen Gesetze, das heißt der Formulierungen von Ordnung." „Die Entfaltung der modernen Wissenschaft, die schließlich das ganze Leben einbezieht, festigt die enge Verbindung der Theoretiker mit den Praktikern . . . An die Stelle des ‚Philosophierens' tritt denn ‚Arbeit an der

Einheitswissenschaft". Alle Bemühungen um Klarheit und Selbstbesinnung sind dann nicht verselbständigt, sondern eingefügt in einen handwerklichen Betrieb, „der ein Werkzeug des Lebens bauen hilft".[47]

Otto Neurath betonte immer wieder, daß es die absolute Sicherheit der Erkenntnis, die absolute Wahrheit nicht gäbe und daß es falsch wäre, eine „Gegenüberstellung von Erkenntnis und Wirklichkeit" zu betreiben: Die Erkenntnis der Welt, der Natur ist keine bloß theoretische Tätigkeit, sondern ein Arbeitsprozeß, in dessen Verlauf Natur selbst gestaltet wird; es ist also eine strenge Trennung zwischen Erkenntnisgegenstand und erkennendem Subjekt vernünftigerweise gar nicht möglich. Sicherheit der Erkenntnis ist nicht allein theoretisch begründbar; Erkenntnisgewißheit kann nur im Zusammenhang mit der Anwendung von Erkenntnissen erlangt werden; maßgeblich also ist das Kriterium der Praxis.

Über einen Zeitraum von 90 Jahren, von Marxens Jugendschriften bis zur Programmatik des Wiener Kreises war Wissenschaft immer wieder als mögliches gesellschaftliches und vergesellschaftetes (d.h. im Besitze möglichst aller Menschen sich befindliches) Instrument zur Gestaltung und Verbesserung der Welt gedacht worden; alle Reste metaphysischen Denkens, alle Vorstellungen von göttlichem, übernatürlichem Einwirken auf die Welt waren beseitigt worden; die eine, diesseitige Welt vermochte gemäß einheitlich und umfassender wissenschaftlicher Prinzipien erklärt und praktisch gestaltet zu werden: Versuche der Aufspaltung der Erkenntnisbereiche wurden ebenso kritisiert wie neue metaphysische Ansätze, die der Natur selber immanent waltende Prinzipien zu unterschieben trachteten. Im Zusammenhang mit der wissenschaftlichen Weltauffassung des Wiener Kreises (aber auch der ähnlich gesonnenen Gelehrten in Europa und den USA) war schließlich der Versuch unternommen worden, in systematischer Weise die Zersplitterung der wissenschaftlichen Welterkenntnis in Einzeldisziplinen durch die kollektive Arbeit an einer enzyklopädischen Einheitswissenschaft zu überwinden, Zusammenhänge zwischen den Einzelerkenntnissen herzustellen und die Trennung zwischen Wissenschaft und Alltagsleben aufzuheben.

Dieses Wissenschaftsprogramm war ohne eine radikale Veränderung der Gesellschaft kaum zu verwirklichen und so hofften eine Reihe von Wissenschaftlern auf eine weitgehende Umgestaltung der Gesellschaft durch die erfolgreichen Arbeiterbewegungen.[48] Der Faschismus bereitete durch die physische Vernichtung oder erzwungene Emigration (und dadurch verursachte Isolation und Einflußlosigkeit) zahlreicher Gelehrter, aber auch durch die Zerstörung der Arbeiterbewegung insbesondere in Mitteleuropa (einer Arbeiterbewegung, die traditionell eng verbunden mit wissenschaftlicher Denkweise gewesen war) derartigen Vorstellungen ein Ende.

Abgebrochen und beseitigt wurde dadurch aber auch eine Tradition anti-metaphysischer, materialistischer Ausrichtung der Wissenschaft: und wenn nunmehr die um die Biologie gruppierten Wissenschaftsdisziplinen (von der vergleichenden Verhaltensforschung bis zur evolutionären Erkenntnistheorie) für alle Bereiche (pflanzliche, tierische, menschliche) des Lebendigen geltende Natur-Konstanten, – Prinzipien und – Gesetze *entdecken*, dann ist eine *umfassende* Kritik dieses neueren Biologismus wohl nur möglich unter bewußtem Anknüpfen und Weiterführen jener älteren Wissenschaftstradition.

Anmerkungen

1 Georg Lukacs, Geschichte und Klassenbewußtsein, Berlin 1923, S. 17.
2 Alfred Sohn-Rethel, Geistige und körperliche Arbeit, Frankfurt/M. 1972, S. 15 f.
3 J. P. Eckermann, Gespräche mit Goethe, dtv, München 1976, S. 669 f.
4 Karl Marx, Das Kapital, Bd. 1, Nachwort zur 2. Auflage 1873. In: Karl Marx/Friedrich Engels, Werke (=MEW), Bd. 23, S. 27 f.
5 MEW (wie Anm. 4), Bd. 3, S. 20.
6 Ebenda, S. 5.
7 Karl Marx, Ökonomisch-philosophische Manuskripte (1844). In: MEW (wie Anm. 4), Ergänzungsband 1, S. 544.
8 MEW (wie Anm. 4), Bd. 20, S. 23.
9 Ebenda, S. 24.
10 Ebenda, S. 330.
11 Ebenda, S. 20 f.
12 Ebenda, S. 21 f.
13 Karl Marx/Friedrich Engels, Die heilige Familie. In: MEW (wie Anm. 4), 2, S. 135.

Naturerkenntnis und Gesellschaft 281

14 Gerade in den Anfängen der neuzeitlichen Wissenschaft wurde immer wieder hervorgehoben, daß Wissen nicht bloß um des Wissens willen, sondern zwecks Verbesserung des menschlichen Daseins erworben werden sollte.
Francis Bacon meinte:
„Science . . . must be known by works. It is by the witness of works, rather than by logic or even observation, that truth is revealed and established. Whence it follows that the improvement of man's mind and the improvement of his lot are one and the same thing."
Zit. n.: B. Farrington, The Philosophy of Francis Bacon, Liverpool 1964.

15 Charakteristisch dafür der folgende Text von John Milton:
„So at length, when universal learning has once completed its cycle, the spirit of man, no longer confined within this dark prisonhouse, will reach out far and wide, till it fills the whole world and the space far beyond with the expansion of its divine greatness.
Then at last most of the chances and changes of the world will be so quickly perceived that to him who holds this stronghold of wisdom hardly anything can happen in his life which is unforeseen of fortuitous. He will indeed seem to be one whose rule and dominion the stars obey, to whose command eyrth and sea hearken, and whom winds and tempests serve, to whom, lastly.
Mother Nature herself has surrendered, as if indeed some god had abdicated the throne of the world and entrusted its rights, laws, and administration to him as governor."
Zit. n.: C. Webster, The great Instanration, London 1975, S. 1.

16 Friedrich Engels, Dialektik und Natur. Hg. von D. Rjazanov. In: Marx-Engels-Archiv II, Frankfurt/M. 1928, S. 151.

17 Zit. n.: Engels (wie Anm. 16), S. 131.

18 „In der antiken Welt resultiert die Entwicklung des Handels und die Entwicklung des Kaufmannskapitals stets in Sklavenwirtschaft. . . . In der modernen Welt dagegen läuft sie aus in die kapitalistische Produktionsweise."
Karl Marx, Das Kapital, Bd. III. In: MEW (wie Anm. 4), 25, S. 344.
„Ereignisse von einer schlagenden Analogie . . . führten also zu ganz verschiedenen Ergebnissen. Wenn man jede dieser Entwicklungen für sich studiert und sie dann miteinander vergleicht, wird man leicht den Schlüssel zu dieser Erscheinung finden, aber man wird niemals dahin gelangen mit dem Universalschlüssel einer allgemeinen geschichtsphilosophischen Theorie, deren größter Vorzug darin besteht, übergeschichtlich zu sein."
Karl Marx, Brief an die Redaktion der „Otetschestwennyje Sapiski". In: MEW (wie Anm. 4), 19, S. 111 f.

19 Engels (wie Anm. 16), S 242.
„Im Gegensatz zur Geschichte der Menschheit, die in der Zeit sich entwickelt, wurde der Naturgeschichte nur eine Entstehung im Raum zugeschrieben.
Alle Veränderung, alle Entwicklung in der Natur wurde verneint. Die anfangs so revolutionäre Naturwissenschaft stand plötzlich vor einer durch und durch konservativen Natur, in der alles noch heute so war,

wie es von Anfang an gewesen, und in der bis zum Ende der Welt oder in Ewigkeit – alles so bleiben sollte, wie es von Anfang an gewesen." Ebenda, S. 242 f.
Es darf nicht vergessen werden, daß zwischen der Englischen Revolution 1640 – 1660 und der Französischen Revolution von den Herrschenden auch diesbezüglich der Geschichte von der ewigen Wiederkehr des immer Gleichen geträumt wurde und ohne die großen Revolutionen der Gedanke der Veränderung und des Fortschritts in der Geschichte nicht aufgetaucht wäre.

20 Friedrich Engels, Vorwort zum „Anti-Dühring" von 1894. In: MEW (wie Anm. 4), 20, S. 14; Vgl. Ernst Mach, Erkenntnis und Irrtum, Leipzig 1926, S. 453 – 457.
21 Zit. n.: Wilma Goerge, Darwin, Fontana Paperbacks, Glasgow 1982, S. 140 f., 92.
22 Ebenda, S. 103.
23 Charles Darwin, The Descent of Man, and Selection in Relation to Sex, London 1882, S. 618.
24 Ernst Haeckel, Die Lebenswunder. Gemeinverständliche Studien über Biologische Philosophie, Stuttgart 1904, S. 62.
25 Ebenda, S. 63.
26 „Wie unser Monismus als Naturalismus oder Naturphilosophie das Gesamtgebiet der Wissenschaft, so umspannt nach unserer Ansicht der Begriff der N a t u r die gesamte, wissenschaftlich erkennbare Welt." „Die Menschenkunde (im weitesten Sinne genommen!) ist . . . nur ein Specialzweig der Thierkunde . . . Die Psychologie des Menschen ist untrennbar mit der vergleichenden Psychologie der Thiere . . . verknüpft. Die Völkergeschichte . . . und ihr höchster Zweig, die Culturgeschichte, schließt sich durch die moderne Vorgeschichte des Menschen, die prähistorische Forschung, unmittelbar an die Stammesgeschichte der Primaten und der übrigen Säugethiere . . . an." Ebenda, S. 98.
27 Ernst Haeckel, Die Welträthsel. Gemeinverständliche Studien über Monistische Philosophie, 1899; zit. n.: Volksausgabe, Stuttgart o.J., S. 9.
28 Haeckel (wie Anm. 24), S. 549.
29 Philipp Frank, Das Kausalgesetz und seine Grenzen, Wien 1932, S. 123.
30 Edgar Zilsel, The Genesis of the Concept of Physical Law. In: The Philosophical Review (1942), S. 279.
31 Edgar Zilsel hat in seinen Arbeiten immer wieder auf die gesellschaftlichen Wurzeln der Preisgabe der einheitlichen rationalen Welterkenntnis durch das Bürgertum hingewiesen: Philosophische Bemerkungen. In: Der Kampf (1929), S. 178 – 186;
Soziologische Bemerkungen zur Philosophie der Gegenwart. In: Der Kampf (1930), S. 410 – 424;
Materialismus und marxistische Geschichtsauffassung. In: Der Kampf (1931), S. 68 – 75;
Partei, Marxismus, Materialismus, Neukantianismus. Ebenda, S. 213 – 220. Die geistige Situation der Zeit? In: Der Kampf (1932), S. 168 – 176;

Naturerkenntnis und Gesellschaft

32 Haeckel (wie Anm. 24), S. 4.
33 Rudolf Eisler, Geschichte des Monismus, Leipzig 1910, S. 144.
34 Vgl. Dieter Langewiesche, Zur Freizeit des Arbeiters, Stuttgart 1980 und Friedrich Stadler, Vom Positivismus zur ,,Wissenschaftlichen Weltauffassung", Wien 1982.
35 Ernst Mach, Erkenntnis und Irrtum, Leipzig 1926, S. 456.
36 Ebenda, S. 455.
37 Ebenda, S. 453 f.
38 Ebenda, S. 458.
39 Ebenda, S. 455 f.
40 Vgl. die Schlußpassagen in Mach (wie Anm. 35).
41 Rudolf Carnap, Hans Hahn, Otto Neurath, Wissenschaftliche Weltauffassung — Der Wiener Kreis", Wien 1929, S. 14 f.
42 Edgar Zilsel, Das Anwendungsproblem, Leipzig 1916, S. 165.
43 Ebenda, S. 167.
44 Ebenda, S. 169.
45 Frank (wie Anm. 29), S. 269 f.
46 Otto Neurath, Empirische Soziologie, Wien 1931, S. 2, 17 f.
47 Ebenda.
48 Vgl. Johann Dvorak, Otto Neurath und die Volksbildung — Einheit der Wissenschaft, Materialismus und umfassende Aufklärung. In: Friedrich Stadler (Hg.), Arbeiterbildung in der Zwischenkriegszeit, Wien-München 1982, S. 149 — 156.

Vgl. auch: Johann Dvorak, Edgar Zilsel und die Einheit der Erkenntnis, Wien 1981; insbesondere 4. — 6. Kapitel.

DORIS BYER

„NATION" UND „EVOLUTION" — ASPEKTE EINER „POLITISCHEN ANTHROPOLOGIE" IM AUSTRO-MARXISMUS

Gerade weil die sozialistische Gesellschaftstheorie sich nicht vorrangig auf biologische Lehrmeinungen beruft, sind jene Bereiche, in denen sich eine emanzipatorische „Kulturbewegung" auf die „Natur" beruft, von besonderem Interesse. Die gesellschaftspolitische Funktion biologistischer Argumentation erhält gerade dadurch ihre besondere Charakteristik, weil sie sich von der politischen Theorie in ihrer Gesamtheit abhebt. Es ergeben sich dadurch auch gewisse Akzentverschiebungen gegenüber dem traditionellen ideologiekritischen Ansatz. Wenn innerhalb der Arbeiterbewegung mit angeblichen Naturgesetzen sozialpolitische Ziele gerechtfertigt werden, so geschieht dies auch, aber nicht immer um Herrschaftsinteressen zu ‚legitimieren". Die ‚Natur" ist seit der Mitte des 19. Jahrhunderts zu allem herangezogen worden, auch zur revolutionären Agitation.

Es war die Arbeiterbewegung, die Darwins „Kampf ums Dasein" zuerst politisch nutzbar machte. Besondere Bedeutung kamen Friedrich Albert Lange in den Sechzigerjahren und Karl Kautsky in den Achtzigerjahren zu, die im „Rassenkampf" die Vorbedingung zum „Klassenkampf" sahen und beides durch den „natürlichen" Kampf ums Dasein begründeten. Im Abbau der Klassenprivilegien sahen sie die Vorbedingung für die Durchsetzung eines „natürlichen" Selektionsprinzips das als Garant für eine „Höherentwicklung" der Menschheit angesehen wurde. Dieser grundsätzliche Konsens mit der liberalen Theorie der Zeit wurde durch die unterschiedlichen Ansichten über Verhältnis von „Selektoren" und „Selektierten" gestört. Für Liberale lief das sozialistische Postulat von der Gleichheit aller Menschen in ihren Fähigkeiten und Bedürfnissen einem „natürlichen" Ungleichheitsprinzip zuwider, Kautsky hingegen befand die kapitalistische Klassenstruktur „naturwidrig" und einem „natürlichen" Wettbewerb hinderlich. Für erstere waren jene Menschen, die für die bestehende gesellschaftliche Ordnung die „besten" waren, Sieger eines „natürlichen" Selektionsprozesses, für Kautsky war es die Arbeiterschaft. In deren geringerer „Degeneration" und ausgeprägteren „sozialen Instinkten" sah er den entscheidenden selektiven Vorteil.

Erst auf dem Höhepunkt des deutschen Imperialismus wurde Darwins Selektionsprinzip zu einem bürgerlichen Dogma. Ernst Haeckel allerdings, dem ein Mitglied des Preußischen Abgeordnetenhauses sozialistische Ideen unterstellt hatte, verteidigte sich dagegen schon 1878 mit einer eindeutigen Parteilichkeit der „Natur": Die „natürliche" Selektion Darwins entspräche am ehestem einem elitären („aristokratischen") Gesellschaftsprinzip.[1] Haeckel war es auch, der 1900 ein von Krupp gesponsertes Preisausschreiben der Öffentlichkeit übergab: „Was lernen wir aus den Prinzipien der Deszendenztheorie in Bezug auf die innerpolitische Entwicklung und die Gesetzgebung der Staaten?". Die Preisrichter, ein Zoologe, ein Historiker, ein Ökonom, zeichneten neben Arbeiten der „Rassenhygieniker" Lenz und Schallmayer auch eine des deutschen abtrünnigen Sozialdemokraten Ludwig Woltmann aus: „Politische Anthropologie. Eine Untersuchung über den Einfluß der Deszendenztheorie auf die Lehre von der politischen Entwicklung der Völker".

In westlichen Industrieländern hatte die Verschärfung der Klassengegensätze im Zuge der Industrialisierung und die politische Brutalität des Kolonialismus eine Flut von biologisch-anthropologischer Rechtfertigungsliteratur zur Folge. In der Habsburgermonarchie hingegen war es das „Nationalitätenproblem" Ende des 19. Jahrhunderts, das darwinistisches und rassistisches Gedankengut auf breitester Basis nach sich zog. Nahezu jeder tagespolitische Konflikt wurde mit „naturgegebenen" Eigenschaften der beteiligten Volksgruppen begründet. Ob von einer „Volksseele", von einem „Nationalcharakter" oder von intellektuellen Fähigkeiten eines „Rassetypus" die Rede war, in jedem Fall sollte eine Überlegenheit der deutschen Volksgruppe über andere Völker der Monarchie erwiesen werden.

In westlichen Industrieländern hatte die Verschärfung der Klassengegensätze im Zuge der Industrialisierung und die politische Brutalität des Kolonialismus eine Flut von biologisch-anthropologischer Rechtfertigungsliteratur zur Folge. In der Habsburgermonarchie hingegen war es das „Nationalitätenproblem" Ende des 19. Jahrhunderts, das darwinistisches und rassistisches Gedankengut auf breitester Basis nach sich zog. Nahezu jeder tagespolitische Konflikt wurde mit „naturgegebenen" Eigenschaften der beteiligten Volksgruppen begründet. Ob von einer „Volksseele", von einem „Nationalcharakter" oder von intellektuellen Fähigkeiten eines „Rassetypus" die Rede war, in jedem Fall sollte eine Überlegenheit der deutschen Volksgruppe über andere Völker der Monarchie erwiesen werden.

In der historischen Literatur wird zumeist ein rassistischer bürgerlicher Nationalismus im Gegensatz zum humanistisch-idealistischen Menschenbild der Sozialdemokratie gesehen.[2]

Der Nationsbegriff der Austromarxisten sei demnach von einer deutschliberalen Tradition von 1848 bestimmt worden. Demgegenüber wird dieser Beitrag darlegen, daß dies nur bedingt und vorwiegend für die ältere Generation sozialdemokratischer Führer zutrifft. Zumindest ab 1907 jedoch war die Theorie der „Nation" für die Austromarxisten einer jener Bereiche, in dem Darwin'sche Naturgeschichte zur Begründung politischer Geschichte herangezogen wurde. Während die nationalistischen Separationsbewegungen zumeist mit rassetheoretischen Schlagworten operierten, war das recht unklare Verhältnis von „Natur" und „Kultur" des austromarxistischen Nationsbegriffs auf ein zweifaches politisches Ziel zugeschnitten: Den „Wirtschaftsgroßraum" des Vielvölkerstaates in irgendeiner Weise, wenn nötig auch unter dem Haus Habsburg (Renner) zu erhalten, gleichzeitig aber den Forderungen nach nationaler Souverenität der einzelnen Völker mit Konzeptionen zu einer „Autonomie" entgegenzukommen. Den deutschösterreichischen sozialdemokratischen Denkern ging es dabei vorrangig um die deutsche Arbeiterschaft, deren günstigere sozialökonomische Bedingungen nur innerhalb dieses „Wirtschaftsgroßraums" zu sichern waren. Gleichzeitig durften die Parteien der anderen Völker nicht gänzlich vor den Kopf gestossen werden.

Die sozialdemokratischen Theorien der ,,Nation" standen in der evolutionistischen Denktradition, die ein etwas verspätetes Importprodukt des Preußischen Kulturkampfes der Siebzigerjahre war. Darwins ,,Entstehung der Arten durch natürliche und geschlechtliche Zuchtwahl" war für alle dem Absolutismus oppositionell gegenüberstehende Gruppen die Grundlage für ihre gesellschaftspolitischen Ziele: Abbau der religiös begründeten hierarchischen Staatsstrukturen und Entwicklung in Richtung einer nationalen Integration.

Dessen ungeachtet wohnt dem Konzept des Evolutionismus, ob er nun biologisch oder kulturanthropologisch begründet wird, immer eine Ambivalenz innc. Der humanistischen und emanzipatorischen Annahme einer Gleichheit aller Menschen in ihren inhärenten Fähigkeiten und Bedürfnissen steht die antiemanzipatorische Überzeugung gegenüber, daß einige Menschen, entsprechend ihrer ,,höheren" Entwicklungsstufe, ,,besser" sind als die anderen. Die Rassentheorien sehen zumeist in einer ,,anthropologischen Konstanz" die Ursache für eine unveränderliche naturgegebene Ungleichheit der Völker. Damit begründen sie auch politische Abhängigkeitsverhältnisse oder gar Genozide. Die evolutionistische Anthropologie liefert demgegenüber mit ihrer Annahme, daß alle Menschen befähigt und berufen seien, sich in Richtung europäischer Zivilisation ,,höher" zu entwickeln, den Vorwand, ,,zurückgebliebene" Völker zu verwalten und wie Kinder zu ,,erziehen" oder ihnen zu ,,helfen", sich nach den Vorstellungen ihrer ,,Schutzmächte" zu organisieren.[3]

Die austromarxistischen Ideen zur Nation standen im Spannungsfeld von Rassenanthropologie und Evolutionismus, von denen sie jene Elemente entliehen, die bei ihren politischen Zielgruppen Überzeugungskraft erwarten ließ.

Die ältere Führungsgeneration: Kautsky, Victor Adler, Pernersdorfer

Sowohl Liberale als auch Sozialisten sahen in der Entstehung von Nationalstaaten nach 1848 einen notwendigen Fortschritt in der Geschichte. Durch die Besonderheiten des habsburgischen Reiches war die österreichische Sozialdemokratie in eine zwiespältige Situation geraten. Der Tradition von Karl Marx und Ferdinand Lasalle entsprach die Überzeugung, daß der Nationalismus als Produkt einer bestimmten Entwicklungsstufe des Kapitalismus zwangsläufig dem Sozialismus in die Hände spielen müsse. Für Österreich-Ungarn war dieses Konzept jedoch nicht anwendbar, zeichnete sich doch bereits in den Neunzigerjahren die Zersetzung des Vielvölkerstaates durch nationalistische Autonomiebestrebungen an, ohne daß eine proletarische Revolution auch nur in Sichtweite war.[4] In Opposition zu den Separationsbewegungen suchte die Sozialdemokratie Möglichkeiten zur „Modernisierung" und „Demokratisierung" des Habsburgerstaates. Sie geriet damit in eine Interessensparallelität mit gewissen dynastischen Kreisen, berief sich dabei jedoch auf sozialistischen Internationalismus.[5] Gleichzeitig mußte sie den Autonomiebestrebungen der Völker Rechnung tragen, entsprachen diese doch auch realen ökonomischen Interessen ihrer Arbeiterschaft: Die deutschen Arbeiter wollten die billige Konkurrenz tschechischer und slowakischer Arbeitskräfte unterbinden, die nichtdeutsche Arbeiterschaft wollte der binnenkolonialistischen Ausbeutung entgehen. Die Unterstützung dieser Autonomiebestrebungen konnten die Sozialdemokraten ebenfalls mit Marx und Lasalle begründen.

Das Brünner Nationalitätenprogramm von 1898 entstand aus dieser Interessenskoalition. Es sah einen „demokratischen Nationalitätenbundesstaat" innerhalb der Grenzen der Donaumonarchie vor. Die Verfassung und die Grenzen dieser „Nationalitäten" sollten jedoch zentralistisch festgelegt werden. Ein Recht auf Lostrennung, die eigentliche Vorbedingung für einen freiwilligen Zusammenschluß zu einem „Bund", war nicht vorgesehen.[6]

Das Brünner Programm gilt als Sieg des „Territorialitätsprinzips". Für jedes Volk war ein geschlossenes Gebiet vorgesehen, für „Minderheiten" anderer Völker innerhalb dieser Grenzen entsprechende Sonderrechte. Nun entspricht dieses „Territorialitätsprinzip" am ehesten dem westlichen Nationsbegriff im Gefolge der bürgerlichen Revolutionen. Demnach ist eine „Nation" als politische Einheit innerhalb feststehender Grenzen aufzufassen, und wird durch das Volk innerhalb dieser Grenzen repräsentiert.[7]

Die älteren sozialdemokratischen Politiker und Theoretiker, Karl Kautsky, Victor Adler und auch Ludo Moritz Hartmann, hingen alle diesem Territorialitätsprinzip an. Entsprechend ihrer deutschnationalen Tradition begründeten sie es allerdings nicht politisch, sondern mit einer bürgerlichen Kulturtradition. In unserem Zusammenhang ist von Bedeutung, daß diese Generation noch nicht biologistisch argumentierte, ungeachtet ihrer zum Teil ausgeprägten Überzeugung von einer deutschen Überlegenheit. Viczor Adler etwa identifizierte das Nationale mit einer „geistigen Lebenshaltung" und sah darin die kulturelle Überlegenheit des „Deutschtums" begründet. Doch sah er gerade diese „Lebenshaltung" durch den rassistischen Machtkampf der Bürgerlichen gefährdet. Der Gedanke an eine nationale Herrschaft lag ihm ebenso fern wie eine biologistische Begründung derselben. Aber auch sein Lehrmeister Karl Kautsky, der in historischen und ethischen Fragen nur allzugern darwinistisch argumentierte, faßte „Nation" als eine „durch Sprache gebildete Kulturgemeinschaft" auf. In diesem Sinne sah er auch ihre historische Veränderbarkeit, denn „Sprachen sind erlernbar".

Sogar 1927, als er bereits wieder in Wien lebte und die österreichische Sozialdemokratie die Heimstätte seiner alten Tage geworden war, stellte er sich gegen Bauer und Renner, indem er einen „Nationalcharakter" als geschichtsbestimmenden Faktor eindeutig ablehnte.[8] In den Neunzigerjahren sah er den Streit der habsburgischen Völker als einen „österreichischen Sprachenkampf", für den er allerdings auch keine Lösung wußte: Das Muster der Schweiz könne man nicht anwenden, da es sich in Österreich-Ungarn nicht um „gleichwertige Kultursprachen" handle. Eine Loslösung der Deutschen aber würde einen Zerfall des Reiches nach sich ziehen und jeden gesellschaftlichen und politischen Fortschritt hemmen.[9]

Der Historiker und engagierte Volksbildner L. M. Hartmann, der 1901 von den Fabiern zur Sozialdemokratie gewechselt war, sah ebenfalls in der deutschen Klassik die Letztbegründung für deutsche Überlegenheit. Er setzte die „Nationalitätengrenze" mit „Kulturgrenze" gleich, die er auch mit Hilfe der Analphabetenstatistik festlegen zu können glaubte.[10] Allerdings begründete Hartmann seine strikte Ablehnung jeder nationalen Minoritätsschule auf dem Parteitag in Innsbruck 1911 grob sozialdarwinistisch: zweckmäßig sei, was lebensfähig ist, lebensfähig sei aber nur der Stärkere. Die Sozialdemokratie dürfe daher nur die „natürlichen Entwicklungsprinzipien" unterstützen, die Hartmann offenbar durch die Errichtung von Schulen eingeschränkt sah.[11]

Kautskys und Hartmanns Konzept eines demokratischen Einheitsstaates mit gewissen Selbstverwaltungsbefugnissen der einzelnen Bundesländer entsprach den Vorstellungen nationaler Integration in Deutschland oder viel früher schon in Frankreich. Es blieb ihnen allerdings nicht verborgen, daß die Realität der Donaumonarchie eine andere war. Hartmann sah in diesem Bundesstaat ohnehin nur eine Übergangslösung für den „historisch notwendigen Anschluß" Deutschösterreichs an das Reich, von dem er bis zu seinem Tode 1923 überzeugt war. Schweren Herzens und vorübergehend distanzierte er sich um 1910 vom großdeutschen Traum, um der Parteilinie gerecht zu werden. In einem Vortrag im Akademischen Freibung in München erläuterte er präzise das Dilemma der deutschösterreichischen Partei: Man könne nicht gleichzeitig die Vorherrschaft als Staatspartei *und* den Anschluß an das Deutsche Reich wollen. Als österreichische „Ordnungspartei" arbeite die Sozialdemokratie an einer politischen Lösung der Nationalitätenfrage, als gleichzeitige Feindin dieses Staates jedoch behauptete sie, daß nur der Klassenkampf die Nationalitätenfrage lösen werde.[12]

Engelbert Pernerstorder, wohl der rechteste unter den Sozialdemokratischen Führern jener Zeit und bekannt wegen seiner antisemitischen Äußerungen gegenüber linkeren Parteigenossen, etwa in seiner Schrift „Der Typus Danneberg", machte für die deutsche Überlegenheit einen unveränderbaren „Volkscharakter" geltend, wie ihn die Deutsche Romantik geprägt hatte. Das Besondere an den Deutschen sei ihre Fähigkeit zu organisatorischer, wissenschaftlicher und künstlerischer Leistungsfähigkeit. Als einzige Erbin dieser deutschen Größe sah er die Sozialdemokratie an.[13]

Im Dilemma zwischen Separatismus und Zentralismus blieben die älteren sozialdemokratischen Parteiführer unentschlossen. Einem Zerfall der Donaumonarchie waren sie jedenfalls weniger abgeneigt als die jüngeren „Austromarxisten". Noch 1911 wurde Victor Adler scharf wegen seiner Unentschlossenheit von Otto Bauer kritisiert, der „rücksichtslosen Kampf" gegen die Separationsbewegungen forderte. Adlers Unentschlossenheit entsprach jedoch seiner dilaorischen Taktik. Er wußte sehr genau, daß jede Festlegung eine Zerreißprobe für die von nationalistischen Spannungen erschütterte Partei bedeutet hätte. Die Ausklammerung sämtlicher tagespolitischer Fragen, wie sie sich auch im Brünner Nationalitätenprogramm manifestierte, konnte jedoch keine dauerhafte Lösung sein. Die Konsequenz war eine schwere Niederlage der Partei bei den Reichsratswahlen von 1901. Besonders in Böhmen und Mähren mußten die Sozialdemokraten drei Mandate an die erst vor kurzem gegründete separatistische „Nationalsozialistische deutsche Arbeiterpartei" abgeben.[14] Bis 1907 war die Sozialdemokratie als Staatspartei durch die Erreichung des allgemeinen gleichen Männerwahlrechts zwar auf dem Höhepunkt ihres Erfolges, gleichzeitig aber durch die Fehden besonders mit der tschechischen Fraktion bis an ihre Grundfesten erschüttert. Fragen der Protokoll- und Verhandlungssprache, der Errichtung von tschechischen Schulen und der Kandidatur der tschechischen Partei in mehrheitlich deutschsprachigen Gebieten bildeten die sichtbare Auseinandersetzung, deren tiefere Ursachen in sozialökonomischen Interessenskonflikten innerhalb der Arbeiterschaft zu finden waren. Die Separationsbewegungen drohten nicht nur den Staat sondern noch vor diesem die Partei auseinanderzubrechen.

In dieser Situation entstand Otto Bauers berühmtes Werk „Die Nationalitätenfrage und die Sozialdemokratie". Es wurde 1924 wieder aufgelegt und gilt auch in der Ersten Republik als das sozialdemokratische Standardwerk schlechthin. Bauer selbst formulierte den pragmatischen Zweck seiner Arbeit: Eine Arbeiterklasse im „großnationalen Kampfe" benötige eine „Theorie über das Wesen der Nation". Die Zugehörigkeit zu einer nationalen Gemeinschaft bestimme den Willen der kämpfenden Arbeiterschaft, und es sei daher bedeutend zu ergründen, „in welcher Weise dies geschehe".[15]

Der Darwinismus in Bauers Nationsbegriff und sein Bezug zur politischen Theorie

Otto Bauer selbst beschrieb die „Kreuzpunkte, die durch Marxens und Darwins Richtlinien des Denkens" von den Austromarxisten gebildet wurden.[16] Dabei nannte er Kautskys Konzept der Ethik, das darauf beruhe, daß „auf einer bestimmten Stufe der Produktionsentwicklung nur die mit sozialen Instinkten ausgestatteten Menschen den Daseinskampf überleben und sich fortpflanzen können". Weiters erwähnte er Kautskys Erklärung gewisser Eigenarten der Juden. Diese seien durch die Bedingungen des Daseinskampfes vor vielen Jahrhunderten angezüchtet und durch natürliche Vererbung auf die Nachkommen übertragen worden". Und schließlich erklärte er seine eigene „Theorie der Nation als Naturgemeinschaft als eine „Verknüpfung der Methode Marxens und Darwins".

Gehen wir diesen „Schnittpunkten nach und untersuchen wir Bauers „Wesen der Nation", so finden wir es zunächst durch einen „Nationalcharakter" der „Volksgenossen" definiert: „Die Nation ist eine durch Schicksalsgemeinschaft erwachsene Charaktergemeinschaft."[17] Bauers „Nation" ist zum einen bestimmt durch eine „Natur" als Prinzip der Konstanz, durch die „natürliche Vererbung", zum anderen durch eine „Natur" als Prinzip der Veränderung, durch „Anpassung und Auslese im Kampf ums Dasein". In diesem „natürlichen Prinzip der Veränderung" sieht Bauer gleichzeitig das historische und kulturbestimmende Moment.

„Der Nationalcharakter ist durch die Gesamtheit einer Nation eigentümlichen, die Volksgenossen untereinander vereinigenden, sie von anderen Nationen scheidenden körperlichen und geistigen Merkmale gekennzeichnet."[18]

So wie Woltmann in seiner „Politischen Anthropologie" sieht auch Bauer einen Zusammenhang von körperlichen Merkmalen und geistigen Eigenschaften und in diesem Zusammenhang einen kulturbestimmenden Faktor. Dies wird, wie so oft in biologistischer Argumentation mit einer Art Alltagserfahrung als evident angesehen und nicht mehr hinterfragt:

„Erfahrungsgemäß ist die Verschiedenartigkeit des körperlichen Baus begleitet entweder unmittelbar von einer Verschiedenartigkeit der Entschließung . . . unter gleichen Umständen oder von einer Verschiedenartigkeit der Erkenntnisfähigkeit und der Erkenntnisart . . ."[19]

Darin verbirgt sich unter anderem die Grundannahme der zeitgenössischen rassistischen „Phrenologie", wonach intellektuelle Leistungsfähigkeit an den Formen und Maßen des Schädels erkennbar sei. Zur Untermauerung seiner Behauptung zieht Bauer den gesunden Menschenverstand des − Antisemiten − heran:

„Nur dies, daß die Verschiedenheit anthropologischer Merkmale von einer Verschiedenheit psychischer Merkmale . . . begleitet ist, mach uns die körperlichen Merkmale irgendeines anthropologischen Typus interessant. Selbst dem Antisemiten wäre die Judennase gleichgültig, wäre er nicht der Meinung, daß mit dem körperlichen Typus der Juden stets bestimmte psychische Merkmale verbunden sind."[20]

Zum Unterschied von den Rassisten seiner Zeit sieht Bauer jedoch diese Zuordnung bestimmter psychischer Merkmale zu einem körperlichen Typus nicht nur durch eine unveränderliche Erbmasse fixiert. Sie sei ein „funktionaler Zusammenhang, hinter dem sich ein ursächliches Verhältnis verbirgt". Späteren Ausführungen können wir entnehmen, daß Bauer einen solchen „funktionalen Zusammenhang" etwa in der Stellung und Ausbildung des Mundes und der Zunge mit der Sprachentwicklung sieht. Das „ursächliche Verhältnis" beinhaltet jedenfalls die Möglichkeit zu seiner Veränderung: Es liege in der „Geschichte" begründet. „Geschichte" aber ist nach Bauers Vorstellungen die „natürliche und geschlechtliche Zuchtwahl" im Rahmen bestimmter Lebensbedingungen.

„Betrachten wir beispielsweise ein Nomadenvolk, das von Jagd und von Viehzucht lebt . . . Vermehren das Hirtenvolk und ebenso die benachbarten Hirtenvölker ringsum ihre Zahl, so wird jedem dieser Völker der Boden zu eng, und zwischen ihnen entsteht ein erbitterter und dauernder

Kampf um Futterplätze und Weidegründe (Der Kampf um den Nahrungsmittelspielraum). In diesen Kämpfen haben nun offenbar diejenigen Individuen, welche zufällig durch individuelle Variation für den Kampf besonders geeignet sind, am meisten Aussicht zu überleben und sich fortzupflanzen. Die Feigen und die Trägen, diejenigen, deren Faust zu schwach und deren Augen nicht scharf genug sind . . . werden am ehesten zugrundegehen, sie werden am wenigsten Aussicht haben, Kinder zu zeugen . . . Nun vererbt sich aber die Art des Vaters auf den Sohn. Haben an der Fortpflanzung des Volkes die wehrhaften Individuen größeren Anteil . . . so wird die kommende Generation zum größten Teil aus wehrhaften Individuen bestehen. Bleiben die Lebensbedingungen unverändert, so wird schließlich das ganze Volk sich aus wehrhaften Individuen zusammensetzen, die minder Wehrhaften werden durch ihre fortwährende Ausscheidung in den Kämpfen fast völlig verschwinden."[21]

Diesen Ausführungen Bauers liegen mehrere Prämissen zugrunde, die bereits zu seiner Zeit von der sozialistischen Theorie verworfen worden waren. Das „Bevölkerungsgesetz" von R. Malthus aus dem Jahre 1798, das eine geometrische Vermehrung der Menschen einer arithmetischen Vermehrung des „Nahrungsmittelspielraums" gegenüberstellte, war damals sogar schon von Kautsky verworfen worden. Gesellschaftlich organisierte ökonomische Verhältnisse werden bei Bauer zu Umweltbedingungen. Ebenso übernimmt er die völlig ungeklärten Fragen der „Vererbung" und der Wirkungsweise zwischen Selektoren und Selektierten von den Darwinisten seiner Zeit. Die „positive Auslese" durch den Kampf war im übrigen auch das Argument der Imperialisten für ihre angeblich artverbessernde Kriegspolitik. Diese „natürliche Zuchtwahl" durch den „Kampf um den Nahrungsmittelspielraum" sieht Bauer durch die „geschlechtliche Zuchtwahl" verstärkt:

„Es werden nun die Frauen demjenigen am liebsten ihre Gunst schenken, der im Ansehen des Volkes am höchsten steht, also wieder dem wehrhaften Mann."[22]

Auf diese Weise kommt Bauer mit denselben Voraussetzungen wie Darwin zu seiner „Entstehung der Arten", zur Entstehung des „Nationalcharakters". Es ist zu betonen, daß in diesem darwinistischen Zusammenhang seine vielzitierte Aussage von der „Nation als Erzeugnis der Geschichte" fällt:

„In den ererbten Charaktermerkmalen späterer Generationen spiegeln sich die Produktionsbedingungen früherer Geschlechter wider . . . Die Angehörigen einer Nation sind also körperlich und geistig einander ähnlich, weil sie von denselben Ahnen durch den Kampf ums Dasein im Wege der natürlichen und geschlechtlichen Zuchtwahl angezüchtet ... worden sind. So begreifen wir die Nation als Erzeugnis der Geschichte ... Die ererbten Eigenschaften einer Nation sind nichts anderes als der Niederschlag ihrer Vergangenheit, gleichsam erstarrte Geschichte."[23]

Das unklare Verhältnis von Natur und Kultur wird besonders deutlich in Bauers Ausführungen über die „nationale Kulturgemeinschaft". Auch bei dieser „Kulturgemeinschaft fällt als erstes der völlig ahistorische Charakter auf. Da gibt es zunächst eine „nationale Kulturgemeinschaft der Germanen". In dieser Zeit des „Sippschaftskommunismus" hat jedermann durch „Anpassung und Auslese" gleichermaßen Zugang zur „nationalen Kultur". Diese nomadische „germanische Nation" wird jedoch allmählich seßhaft und dadurch in „Stämme" gespalten. „Unter dem Druck der wachsenden Volkszahl" vereinigen sich später wieder diese Stämme um „ihren Landhunger durch Eroberung alter kulturgetränkter Gebiete des altersschwachen Römerreiches zu stillen". In dieser Zeit gibt es „keine germanische Nation mehr und noch keine deutsche".

Die deutsche Nation nimmt ihren Anfang als Kulturgemeinschaft einer siegreichen Ritterschaft. Die deutschen Bauern jedoch, die Hintersassen, hatten keinen Anteil daran. Kultur ist also für Bauer nur höfische Kultur. Und aus dieser Situation des Feudalismus zieht er unmittelbare politische Schlußfolgerungen für die Gegenwart des 20. Jahrhunderts:

„Im Grunde ist es auch heute noch so, daß die nationale Kultur die Kultur der herrschenden Klasse ist, daß die großen Massen der Nation, die nur noch als Kulturgemeinschaft begriffen werden kann, nicht dazugehören, sondern nur die Hintersassen der Nation sind, auf deren Ausbeutung freilich das stolze Gebäude nationaler Kultur beruht, von der sie selbst immer noch ausgeschlossen sind."[24]

Die „Nation" ist demnach bis ins Mittelalter durch „Abstammung und Auslese" bedingt, um sich dann in der „Kulturüberlieferung" einer Elite fortzusetzen. Um sich von rassistischen Argumentationen abzusetzen, betont Bauer bei den Deutschen die „Kulturgemeinschaft". Bei den Franzosen jedoch wird wieder darwinistisch argumentiert:

"So haben die Franzosen gewisse Eigenschaften der Gallier, der Römer und der Germanen ererbt. Das bedeutet aber nichts anderes, als daß diese drei Völker durch die Art ihres Daseinskampfes angezüchteten Eigenschaften im Charakter der Franzosen wieder erscheinen."[25]

Wichtiger aber als diese Willkürlichkeiten sind die politischen Konsequenzen, die sich aus Bauers Nationsbegriff ergeben: Da nationale Kultur nur als elitäre Hochkultur begriffen wird, wird der Sozialismus zur Strategie für den Nationalismus. Erst im Sozialismus werden die Lebensbedingungen der arbeitenden Menschen es erlauben, *wieder* an der nationalen Kultur teilzuhaben.

"Muße und sichere Befriedigung der unmittelbaren Lebensbedürfnisse ist aber die Voraussetzung aller geistigen Kultur. Erst durch den demokratischen Sozialismus kann darum die ganze Bevölkerung in die nationale Kulturgemeinschaft einbezogen werden."[26]

An anderer Stelle unterscheidet Bauer die auf "Abstammungsgemeinschaft beruhende Nation der alten Germanen" und die moderne Nation als "Erziehungsgemeinschaft". Während erstere bereits den "Keim des Zerfalls" in sich getragen hätte durch die "örtliche Scheidung der Nachkommen", die dadurch "verschiedenen Bedingungen des Daseinskampfes" ausgesetzt waren, habe die moderne Nation als "Erziehungsgmeinschaft" den Vorteil einer tendenziell verstärkten Integration:

"Alle ihre Kinder unterwirft die Nation gemeinsamer Erziehung, alle ihre Genossen arbeiten zusammen in den Werkstätten der Nation, wirken miteinander an der Bildung des Gesamtwillens der Nation, genießen miteinander die Kulturgüter der Nation. So trägt der Sozialismus in sich auch die Gewähr der Einheit der Nation."[27]

Auch Adolf Hitler beklagt in "Mein Kampf", daß die "bürgerliche Mitwelt" sich zwar "über den Mangel an nationaler Begeisterung" der Arbeiterschaft empöre, den Gründen dafür jedoch völlig verständnislos gegenüberstehe. Hitler hingegen versteht:

"Die Frage der "Nationalisierung eines Volkes ist mit in erster Linie eine Frage der Schaffung gesunder sozialer Verhältnisse als Fundament einer Erziehungsmöglichkeit des Einzelnen. Denn nur wer durch Erziehung und Schule die kulturelle, wirtschaftliche, vor allem aber politische Größe des eigenen Vaterlandes kennengelernt, wird auch seinen inneren Stolz gewinnen, Angehöriger eines solchen Volkes sein zu dürfen."[28]

Natürlich gibt diese Textstelle nicht die Gesamtheit nationalsozialistischer Ideologie wieder, bei der ja eine unveränderbare Erbmasse der „Volksgenossen" die dominante Rolle spielte. Die darin angesprochene enge Verknüpfung von nationalem und sozialem Engagement hat in den Achtzigerjahren des vorigen Jahrhunderts ihre Wurzeln. Aus der rasch zerfallenen Deutschnationalen Partei waren in der Folge die politischen Führer aller im Reichsrat vertretenen Parteien hervorgegangen: der Alldeutschen, der Deutschfortschrittlichen, der Christlichsozialen und der Sozialdemokraten. [29]

Die moderne Nation sieht Bauer als eine Wiedererstehung der „nationalen Gemeinschaft zur Zeit des Sippschaftskommunismus" auf einer höheren Stufe. Die Analogie zu Marxens Vorstellungen von der Entwicklung der Gesellschaftsformationen liegt auf der Hand. Die zukünftige sozialistische Gesellschaft wird demnach auch eine auf höherer Stufe vollzogene Wiederholung des Urkommunismus sein.

Zwischen der nationalen Kultur des Sippschaftskommunismus und der modernen Nation liegt nach den Vorstellungen Bauers eine „geschichtslose Zeit":

„Geschichtslos nennen wir diese Nationen vielmehr nur darum, weil ihre nationale Kultur in jenem Zeitalter, in dem bloß die herrschenden Klassenträger einer solchen Kultur waren, keine Geschichte, keine Weiterentwicklung kennt."[30]

Bauers Vorstellung der modernen Nation als Erziehungsgemeinschaft geht weit über die oft zitierte Ansicht hinaus, er habe an den Bestand des Nationalstaates *auch* im Rahmen einer sozialistischen Gesellschaft geglaubt. [31] Die sozialistische Gesellschaft ist für Bauer die Voraussetzung für die moderne Nation.

Man könnte erwarten, daß spätestens der Erste Weltkrieg den entscheidenden Bruch zwischen deutschnationalen und sozialdemokratischen Vorstellungen vom „Wesen der Nation" verursacht hätte. Dem war nicht so. 1927 hatten bereits faschistische Wehrverbände Morde an Arbeiterfunktionären verübt, die politische Atmosphäre war unter Seipels „antimarxistischer Einheitsfront", die auch nationalsozialistische Splittergruppen umfaßte, aufs äußerste gespannt, bis schließlich aus Protest an der Klassenjustiz an den Mördern der Schattendorfer Demonstration der Justizpalast brannte. Die sozialdemokratische

Partei allerdings schien immer noch zu glauben, den Völkischen und Nazis beweisen zu müssen, die besseren Nationalisten in ihren Reihen zu haben. Bürgerlichen Einwänden gegen den Sozialismus, die sich auf den Internationalismus der Partei bezogen, begegnete sie mit Bauer aus dem Jahre 1907:

„Was wissen unsere Arbeiter von Kant, unsere Bauern von Goethe, unsere Handwerker von Marx? . . . Erst wenn der Arbeiter von seiner sozialen Knechtung und geistigen Unterdrückung befreit sein wird, kann er wirklich an der nationalen Kulturgemeinschaft teilnemen."[32]

In seiner Schrift „Deutschtum und Sozialdemokratie", die im selben Jahr wie sein umfangreiches Werk zur Theorie der Nation erschien, versuchte Bauer noch ausführlicher eine Verbindung von sozialistischem Klassenkampf und deutschnationalen Interessen herzustellen. Er übernimmt darin den — biologistischen— Glaubenssatz des zeitgenössischen Imperialismus:

„Die Macht jeder Nation hängt von ihrer Volkszahl ab . . . Die Volkszahl der eigenen Nation zu vermehren ist daher das Ziel jeder nationalen Politik."[33]

Die Volkszahl der Deutschösterreicher ist nach Bauer durch die Überreste feudaler und durch kapitalistische Ausbeutung an ihrem natürlichen Wachstum gehindert, daher gilt es diese zu beseitigen. In den Alpenländern muß zuerst der „Masse der alpenländischen Bevölkerung das Recht auf Ehe erstritten werden", das durch die ehefeindliche Dienstbotenordnung und das Anerbrecht beschränkt ist. In den Industriegebieten Böhmens hingegen stellt sich die Situation anders dar:

„Da das Wachstum der deutschen Nation durch die kapitalistische Ausbeutung mehr gehemmt wird als das Wachstum anderer Völker, so kommt jede Milderung der Ausbeutung den Deutschen mehr zugute als den anderen Nationen."[34]

Die Verminderung der Sterblichkeitsrate durch verbesserte Bedingungen der Industriearbeit ist für Bauer daher die einzig mögliche Politik, „sollen die Deutschen im Verhältnis zu den Tschechen nicht von Jahr zu Jahr an Volkszahl und Macht verlieren." Eine mangelnde Solidarität der tschechischen Arbeiterschaft erscheint verständlich, liest man Bauers Aufruf zum Klassenkampf:

„Wollen wir die Volkszahl und Macht des deutschen Volkes vermehren, uns vollen Anteil an der deutschen Kultur erringen, die freie Selbstbestimmung der deutschen Nation erkämpfen, so müssen wir im Bunde mit der arbeitenden Klasse der anderen Nationen die Ausbeuter und Unterdrücker aller Nationen bekämpfen und besiegen."[35]

Hier wird schlichtweg einbekannt, daß bei gleichen sozialen Voraussetzungen die Deutschen gegenüber den Tschechen im Vorteil wären. Zum Unterschied von nationalradikalen Ansichten gründet sich nach Bauer die Überlegenheit der Deutschen allerdings nicht auf eine rassische oder charakterliche Komponente, sondern auf ihre bessere sozialökonomische Situation. Seine Ansicht jedoch, daß diese Überlegenheit notwendig mit der Kopfzahl zunehmen müsse, folgt durchaus der Argumentation der Rassentheorien.

In seinen politischen Überlegungen zur Lösung der Nationalitätenfrage blieb Bauer im Rahmen des Brünner Nationalitätenprogramms und damit im Rahmen der bestehenden Staatsgrenzen. Ebenso wie Renner sah er eine Autonomie für „nationale Kulturbedürfnisse" vor und wollte diese rechtlich durch ein „Personalitätsprinzip" verwirklicht sehen, das über die Grenzen der einzelnen Bundesländer hinaus wirksam sein sollte. Privat rechnete Bauer dennoch bereits 1913 mit einem Zerfall des „Nationalitätenstaates" im Gefolge des drohenden Krieges oder einer Revolution.[36] Öffentlich hingegen dachte er erst ab 1917 separatistisch, als er am Nationalitätenprogramm der Linken mitwirkte. Freilich erfolgte dieser Gesinnungswandel gewissermaßen post festum. Die Länder der Monarchie waren längst im Begriff, eigene Staaten zu bilden – ganz ohne Erlaubnis der deutschösterreichischen Sozialdemokraten.

Betont sei jedoch, daß Bauers Bemühungen um einen Anschluß an das sozialdemokratische Deutschland 1918, wie immer man diese beurteilen mag,[37] von politischen und ökonomischen Überlegungen getragen wurden und kaum mit stammesrechtlichen oder kulturellen Traditionen des Mittelalters begründet wurden. 1938 allerdings forderte er aus seinem Pariser Exil eine „gesamtdeutsche Revolution, die allein mit den anderen deutschen Stämmen auch den österreichischen Stamm der Nation von der Gewaltherrschaft der Zwingherren befreien" könne ...[38]

Der Berufung auf eine Bindung des Blutes scheint eine Art magische Kraft innezuwohnen, die auch einem der politischen Analyse verpflichteten Politiker Parolen ermöglicht, die jenseits aller Realität liegen.

Karl Renners ,,organische Auffassung" der Nation

Seit der Jahrhundertwende beschäftigte sich Karl Renner detailliert mit staatsrechtlichen Konzeptionen zur Lösung der ,,Nationalitätenfrage" der Donaumonarchie. Seine diesbezüglichen Pläne wurden noch in der Historiographie der Sechzigerjahre als ,,einzig mögliche Grundlage zur Rettung des im Herzen Europas so notwendigen übernationalen Rahmens" angesehen. Die ,,Verblendung der damals herrschenden Klasse" habe Renners Ideen jedoch ,,absurd" empfunden und damit den Untergang des Vielvölkerreiches besiegelt.[38]

Auch bei Renner entsprach die Gegenüberstellung eines ,,westlichen Nationalstaates" und eines ,,östlichen Nationalitätenstaates" der Vermischung eines westeuropäischen politischen Nationsbegriffs mit dem Beriff ,,Volk". Bereits zu Beginn des 19. Jahrhunderts war in Deutschland unter dem Einfluß der Französischen Revolution einerseits und durch die Verhinderung einer entsprechenden nationalen Integration in Deutschland andererseits, die Diskussion um das ,,Wesen der Nation" auf die Bereiche der Volkskunde und der Mythologie abgedrängt worden. Erst in den Neunzigerjahren wurde das ,,Volk" biologisiert und allmählich zur ,,Rasse". Und schließlich wurde von der politischen Anthropologie ,,Rasse" mit ,,Nation" kurzgeschlossen.

Auch für Renner ist Nation ,,eine Gemeinschaft kraft Natur und Geschichte".[40] Auch er sucht mit dieser Dichotomie seine politischen Zielvorstellungen zu untermauern:

,,Die Nation ist Naturtatsache, der Staat rechtliche Tatsache, die Nationalität ist vorstaatlich und vorrechtlich, sie ist organisch und faktisch nicht aufgehoben und geändert, wenn wir den Staats- und Rechtsverband zerstört oder gewechselt denken (Eroberung, Auswanderung).[41]

Der Naturtatsache entsprach ein „Personalitätsprinzip", wie es bereits von der tschechischen Partei in Opposition zum Zentralismus und zum „Territorialitätsprinzip" des Brünner Parteitagbeschlusses vorgeschlagen worden war. Renner versucht, mit beiden Prinzipien zu argumentieren. Er hoff, zwischen Zentralismus und Separatismus zu vermitteln, indem er dem einen rechtliche, dem anderen natürliche Kathegorien zuordnet:

> „Wir müssen das Land zweimal vermessen nach verschiedenen Grundsätzen, ein doppeltes Netz in die Landkarte eintragen, ein ökonomisches und ein ethnisches, wir müssen einen Schnitt durch die Summe der Staatstragenden machen, nationale und politische Geschäfte scheiden, die Bevölkerung zweimal organisieren, einmal national, das andere Mal staatlich."[42]

Dieser Schnitt durch die „Staatstragenden" soll die theoretisch gedachte Trennung von Natur und Kultur, eines an sich untrennbaren spezifisch menschlichen Wirkungszusammenhanges, politisch und praktisch umsetzen. die beiden Hälften der „Staatstragenden", die dadurch entstehen – eine nationale und eine politische – wirken zwar gleichzeitig, begründet werden sie jedoch entsprechend Renners evolutionistischen Menschenbildes mit verschiedenen Entwicklungsstufen in einer zeitlichen Abfolge:

> „In ihrer reinen dumpfen Körperlichkeit sind die Nationen sehr alt, aber bewußt selbständig sind sie erst seit nicht allzulanger Zeit."[43]

Man müsse, meint Renner, die „entwicklungsgeschichtlichen Übergänge" wohl unterscheiden:

> „Sprach- und Kulturgemeinschaft liegt am Ende der Entwicklung, davor ist die Blut- und Siedlungsgemeinschaft."[44]

Versuchen wir also festzustellen, für welche Zeit Renner die Trennung von Natur und Kultur ansetzt. Auffallend ist, daß Renner zwar immer wieder betont, Nation sei ein Begriff der politischen Wissenschaften, gleichzeitig benützt er diesen Betriff ähnlich wie Bauer in völlig ahistorischer Weise. Die „Nation" existiert danach jedenfalls lange bevor sie ein Begriff der politischen Wissenschaft geworden war. Die magische Zeit ist auch bei Renner das „Mittelalter". Aber schon davor gibt es die Nationen in einer „Sphäre des rein Physischen". Sie „wachsen heran" aus „ihrer reinen, dumpfen Körperlichkeit" „in einer Atmosphäre des zweifachen Universalismus von Kirche und Kaiser".[45]

„Die Nation ist nunmehr aus der Sphäre des rein Physischen (Blut- und Siedlungsgemeinschaft) und des passiven Zusammengehörigkeitsempfindens (Nationalgefühl) in die Sphäre des selbstbewußten Entschlusses (Nationalbewußtsein) hinaufgehoben."[46]

Statt Nation würde Renner eigentlich lieber den Ausdruck „aktive und passive Volkheit" bevorzugen. Die passive Volkheit entspräche Meineckes „vegetativem Zustand der Nation", die „aktive Volkheit" dem modernen Nationsbegriff. Der Übergang von passiver und aktiver Volkheit entspricht Bauers (Marxens, Lasalles, etc.) „Erwachen der geschichtslosen Nationen". Diesem in der sozialistischen Theorie bedeutsamen „Erwachen" widmet Renner mitten im Krieg 1916 ein Kapitel, das gut die politische Funktion des Begriffs „geschichtslose Nationen" dokumentiert:

„Der Krieg im Osten, wie immer er auch enden mag, wird ein Instrument des Fortschritts sein, denn er wird an die hundert Völker dem abendländischen Kulturkreis einverleiben. Das Feld aber, das der Sozialismus im Frühjahr bestellen soll, muß der Kapitalismus im Vorherbst pflügen."[47]

Die Rolle der „dumpfen Körperlichkeit" ist bei Renner schwerer festzumachen als bei Bauer. Sie ist gleichzeitig überall und nirgends. Im Zusammenhang mit „Rassenbildung" können wir lesen, daß „für die geschichtliche Zeit die Abstammungsgemeinschaft als verhältnismäßig stabil und ausschlaggebend angesehen werden kann", . . . „die großen Rassen" hätten „ihre Hauptmerkmale aus der Urheimat im Wege der Abstammung fortvererbt".[48] und 1922 findet Renner so wie Bauer 1938 „österreich ist ein Stamm der deutschen Nation".[49] Ist nun eine Abstammungsgemeinschaft, ein „Stamm", gleichzusetzen mit „Rasse"? Sind daher die Österreicher als „Stamm" eine „Rasse"? Andererseits lesen wir auch, daß die „geschichtliche Zeit" offenbar nur bis ins Mittelalter reich:

„Seit dem Mittelalter sind die rassenmäßigen Urbestandteile durcheinandergemischt und nicht mehr geschichtsbildend. Sie werden von Nationen abgelöst, die soziale Gebilde von ganz anderer Wesenheit sind."[50]

Auch dort, wo Renner verstärkt die Terminologie Kautskys anwendet, bleibt er durch das Betonen einer zeitlichen Abfolge widersprüchlich interpretierbar:

„. . . Nationen sind durch Sprachgleichheit vermittelte historische Kulturgemeinschaften und folglich nicht zu verwechseln mit Stamm oder Rasse."

ABER:

"Die Sprache ist von Haus aus bloß Sozialisierungsmittel, nicht Sozialisierungsursache. Und so ist auch die Vorstufe der Nation nicht durch die Sprache gesetzt, sondern durch die Abstammungs- und Siedlungsgemeinschaft."[51]

Die Nation entwickelt sich demnach aus einer Abstammungs- und Siedlungsgemeinschaft durch die Sprache als Sozialisierungsmittel zur "Sozialen Gemeinschaft höchster Ordnung". 1916 lernen wir auch noch von anderen Kriterien. Auffallend ist, daß "Nationalitäten" im Krieg wieder "Volksstämme" geworden sind:

"Die Geschichte hat die Volksstämme nicht in gleicher Ausstattung unserem Zeitalter hinterlassen. Einige brachten nichts mit als Bauernwirtschaft".

Als Beispiel führt Renner Tschechen und Ukrainer an.

"Ihr Widerspiel sind die Juden, die nur handeltreibendes Stadtvolk umfaßte . . . Andere Stämme besaßen neben der Bauernschaft noch ihren eigenen Landadel und städtisches Kleinbürgertum."[52]

Die vitalistische Tendenz ist unverkennbar: Ein "Stamm" "besitzt" seine Stände. Dazu zählt Renner die Magyaren, aber auch Polen und Italiener werden solcherart zu "Stämme" ernannt. Doch alle diese "Volksstämme" können nach Renner keine "vollen Nationen" sein, "weil sie keine volle Klassenordnung entwickelt" haben. Eine "volle Nation" können daher nur — die Deutschen in Österreich sein. Diese Feststellung, meint Renner, entspräche den historisch empirischen Tatsachen seit 1867 und habe nicht das geringste mit Wertung zu tun . . .

Eine Sprachregelung allerdings hält Renner bis zum Schluß, bis 1938, durch: Er verbindet zwar "Stamm" mit "Nation" und er verbindet "Stamm" mit "Rasse", nie aber nennt er "Rasse" in Zusammenhang mit "Nation". Das überläßt er den Faschisten. Renner betont zwar immer wieder, "Nation ist ein politischer Begriff", in seinem theoretischen Ansatz klammert er jedoch jeden machtpolitischen Zusammenhang aus. Er ersetzt ihn durch ein kunstvolles Sprachspiel mit aktiven und passiven Verbalformen. "Volksstämme" *werden* von der "Geschichte" mit einer bestimmten Ausstattung *hinterlassen*. Nationen *bilden* eine "volle Klassenordnung" *aus*. Die drei Phasen, die die "Nation" durchlebt, sind analog zu Evolutions-

phasen des Menschen gedacht:
1. Die „rein physische" Phase: Blut- und Siedlungsgemeinschaft
2. Die Phase des „geistig-individuellen" Empfindens: Sprach- und Kulturgemeinschaft
3. Die Phase des „selbstbewußten Entschlusses", des „Nationalbewußtseins".

Renner untermauert seinen „organischen Nationsbegriff durch eine bemerkenswerte Argumentation: da er nicht auf westliche Nationen anwendbar ist, erklärt Renner, daß es diese eigentlich gar nicht gibt. Frankreich ist kein „Nationalstaat", denn „die Franzosen haben einen wichtigen Teil ihrer Nation in Belgien sitzen". England ebenfalls, „ihr engstes Staatsgebiet schließ die Iren ein, ihr weitestes die Vereinigten Staaten aus". Und die USA sind überhaupt der Prototyp eines „übernationalen Staates". Notwendig kommt Renner zu dem Schluß, der „Nationalstaat" existiere, von einigen unbedeutenden Kleinstaaten abgesehen, eigentlich nur in der Phantasie bürgerlich-nationalistischer Extremisten.[53]

Man kann Renner immer mit Renner widerlegen. Die Vieldeutigkeit seines Nationsbegriffs hat ihre wichtige Funktion darin, den wechselnden politischen Zielvorstellungen jeweils gerecht zu werden. Diese Ziele jedoch richteten sich nach den Interessen der Deutsch-Österreicher. Renners Rettungsvorschlag für die Großraumordnung der Monarchie machte einen unpolitischen und ahistorischen Nationsbegriff notwendig. Acht „nationale Regierungen" sollten nach dem „Personalitätsprinzip" gewählt werden und in „kulturellen Fragen" völlige Autonomie besitzen. Bei der rechtlichen Organisation dieser „Personalautonomie" schwebten Renner gewisse Analogien mit den Religionsgemeinschaften vor.[54] Von diesen „nationalen Regierungen" unabhängig sollten acht übernationale „Gubernien" innerhalb der Grenzen eine gewisse Autonomie in wirtschaftlichen Fragen haben. Sie wären nur nach „sozialen und wirtschaftlichen Interessen" aufzubauen und sollten einander geographisch und wirtschaftlich ergänzende Gebiete zu einer Verwaltungseinheit zusammenschließen. Es war wohl abzusehen, welche Volksgruppe bei einer arbeitsteiligen „Ergänzung" von Industriegebieten und rohstoffproduzierenden Gebieten bei der bestehenden Deutschlastigkeit der industriellen Zentren im Vorteil gewesen wäre. Die acht Gubernien würden nach Renners Vorstellungen in weitere vier Verwaltungseinheiten zerfallen, die den sozialen und wirtschaftlichen Hauptgebieten Österreichs entsprächen und ihre Verwaltungssitze in Prag, Lemberg, Wien und Triest haben sollten. Politische Agenden für den gesamten Großraum wären einer föderativen Macht unter der Krone vorbehalten gewesen. Einem Kanzler und einem Ministerkabinett sollten die auswärtigen und militärischen Angelegenheiten, das Rechtswesen und auch das Wohlfahrtswesen unterstellt sein. In diesen Bereichen sollten „nationale Fragen" keine Rolle spielen dürfen. Ein Bundesrat sollte zwar aus den nationalen Verwaltungsebenen bestellt werden, aber auch nicht nach einem nationalen Proporz sondern „nach fachlichen Qualifikationen". Überdies käme ihm ohnehin nur eine beratende Funktion zu.

Nun war den Führern der Sozialdemokratie die enge Verzahnung von sozialen und wirtschaftspolitischen Interessen mit nationalen Fragen der Donaumonarchie sehr wohl bewußt. Sie wurde in zahllosen Publikationen und Reden auch von Renner erörtert. Die Annahme liegt daher nahe, daß durch seinen „Schnitt durch die Staatstragenden" diese Interessensgegensätze ihrer Sprengkraft beraubt werden sollten. Der „Staat" wäre gerettet gewesen.

Dem Staat diente Renner dann auch während des Krieges, als er Leiter des von der Regierung eingesetzten Versorgungsamtes wurde. Jetzt nährte Renner großdeutsche Hoffnungen und begründete seine Annäherung an Friedrich Naumanns „Mitteleuropa"-Pläne ebenfalls mit sozialistischem Internationalismus. Naumann, ein „gemäßigter" deutscher Kriegszielpolitiker, hatte in seinem 1915 erschienenen Buch einen Bund des Deutschen Reiches mit Österreich vorgeschlagen, dem die Länder des Ostens durch entsprechende wirtschaftspolitische Maßnahmen, unter anderem auch einer Zollunion, angegliedert werden sollten. Wenn auch 1848 für das vormärzliche deutsch-österreichische Bürgertum ein Zusammenschluß mit einem ersehnten konstitutionell regierten deutschen Reich revolutionäre Aspekte gehabt haben mochte – 1915, mitten im dynastischen Krieg zeugte der Wunsch nach einem Zusammenschluß mit dem Wilhelminischen Deutschland wahrlich nicht von sozialistischer Gesinnung. Er sollte vielmehr, wie Renner es selbst ausdrückte, eine „tausendjährige Wirklichkeit" beschwören. [55]

Noch 1922 verteidigte Renner Naumanns Pläne zur Kriegszielpolitik. Die „Völker des Ostens" sollten zwar „souverän", aber mit Deutschland verbunden sein. In diesem Sinne begrüßte Renner auch den Einmarsch der deutschen Truppen in Warschau als einen wichtigen Schritt für den fortschrittlichen „Prozeß des Erwachens geschichtsloser Völker". Und so wie die westlichen Mächte die Völker ihrer Kolonien verstärkt zum Objekt ihrer Wissenschaften machten, um die aufwendige und gefährdete militärische Herrschaft durch Einbeziehung lokaler Herrschaftstraditionen zu „reformieren", forderte Renner von der „Deutschen Nation, die Völker des Ostens genau zu studieren". Um der Führungsaufgabe gerecht zu werden, sei eine „Erneuerung des deutschen Geistes" notwendig, eine Abkehr von Machtpolitik und territorialen Annexionen, die durch eine „verstärkte Wirtschafts- und Kulturpolitik" abgelöst werden sollten. [56]

In unserem Zusammenhang muß betont werden, daß Renner seine Anschlußforderung an das sozialdemokratische Deutschland nach dem Krieg, die er mit allen anderen Parteiführern teilte, nicht wie Bauer politisch begründete. Er berief sich nur auf eine kulturelle Tradition des Bürgertums und darauf, daß „Österreich ein Stamm der deutschen Nation" sei. Durch das Anschlußverbot der Entente-Mächte sah Renner nicht etwa nur wirtschaftspolitische Nachteile. Er fürchtete, daß „der deutsche Nationalgeist zurückgeworfen" werde auf die Zeit vor 1750, vor Klopstock, Lessing, Kant, Fichte, . . .

„Und eines ist sicher vor allem: ein Volk, das sich geistig selbst aufgegeben hat, ist gewißlich verloren! Es ist der Verwesung preisgegeben, wie der Körper ohne Seele!" [57]

Um dieser „Verwesung" zu entkommen, forderte Renner die Revision der Friedensverträge auf einem „Welt-Staaten-Kongreß". Erst wenn auch dieser Kongreß erfolglos bliebe, könne man an Gewalt denken . . . [58]
Ein Rückfall in die „reine dumpfe Körperlichkeit" ohne

"Seele" bedrohte natürlich auch andere deutsche Volksgruppen, etwa die Sudetendeutschen in der Tschechoslowakei. 1926 erhebt Renner schwere Anschuldigungen gegen den von den Friedensverträgen festgesetzten Minoritätenschutz. Insbesondere die Bedürfnisse der Deutschen in Tschechoslowakei seien nicht gewährleistet. Eine Nation werde „durch die Summe der Personen gebildet". Diese Summe habe als „organisierte Gesamtheit" ihre Rechte zu vertreten. Die Sudetendeutschen sind nicht einmal ein „Stamm der deutschen Nation". Die Tschechoslowakei ist nach Renners Sprachregelung des Jahres 1926 „ein Verband aus sechs Nationen dreier Rassen".[59]

Aus dieser Denktradition ergibt sich nahezu zwangsläufig Renners Haltung zu Hitlers „Deutschtumspolitik" und ihren außenpolitischen Konsequenzen. Er erscheint als ein zweifelhafter Dienst am österreichischen Staatsgedanken der Zweiten Republik, daß diese Haltung von der offiziellen Geschichtsschreibung offenbar nicht wahrgenommen werden will. Renners Broschüre von 1938, „Deutschösterreich, der Anschluß und die Sudetendeutschen", hatte ein mehr als eigenartiges Schicksal. Sie wurde erst 1970 im Internationalen Institut für Sozialgeschichte in Amsterdam aufgefunden und sogar dann übergangen, ja sogar in ihrer Echtheit angezweifelt. Die darin zum Ausdruck gebrachte Begeisterung Renners für das Münchener Abkommen zwischen Hitler und Chamberlain sollte besser in ihrem Begründungszusammenhang analysiert als einfach verdrängt werden. Diese nach Renner „volle Lösung des sudetendeutschen Problems" sei durch die „Beharrlichkeit und Tatkraft der deutschen Reichsführung und die Staatsklugheit der Regierung Großbritanniens" zustandegekommen. Diese „Lösung" lieferte allerdings die Tschechoslowakei gänzlich Hitlers Expansionsdrang aus und bedeutete die physische Vernichtung der DSDAP, die sich immer vehement gegen einen Anschluß des Sudetenlandes an Hitlers Reich ausgesprochen hatte. Renner lobte das Münchener Vertragswerk, das ohne Krieg und Kriegsopfer zustandegekommen sei.[60] In der Tat machte dieses Abkommen ebenfalls ein „Personalitätsprinzip" zur rechtlichen Grundlage des Nationsbegriffs.

Daß Renner für das Münchener Abkommen war, macht ihn natürlich noch nicht zu einem Faschisten. So wenig man aber Hitlers Schergen mit dem Hinweis auf eine Tradition von 1848 exkulpieren kann, so wenig kann man mit demselben Hinweis Renners politische Position von 1938 neutralisieren. Natürlich wollte Renner den darauffolgenden Weltkrieg nicht. Aber er „fügte sich in das Unabwendbare" mit einer vertrauten Argumentation: Durch die Schuld der ungerechten Friedensverträge sei die „enttäuschte Menschheit" wieder in den „Urzustand des Kampfes aller gegen alle zurückgefallen" [61] ...

Ähnliches gilt für Renners öffentliches „Ja" zur Annexion Österreichs durch die Hitlertruppen. Vieles wurde spekuliert um seine Beweggründe, dabei scheinen sie auf Grund seiner reichen Publikationsarbeit ziemlich klar — auch ohne seine Erklärung in der Londoner World Review vom Mai 1938.[62] In diesem Artikel resümierte er nur seine Gedanken und Wertmaßstäbe, die seine Politik bestimmt hatten. Wie oftmals vorher polemisierte er darin gegen das Anschlußverbot der Entente-Mächte nach dem Ersten Weltkrieg. Er trauerte dem britischen Plan einer „Economic Danubian Entente" nach. Es sei nicht seine Schuld, daß der Anschluß an Deutschland nicht auf demokratischem Weg erfolgt sei. Renner stimmte „Ja", obwohl ihn „die Hitlerdiktatur schmerzte". Er stimmte „Ja", da „der 10. April eine Rückkehr zu einer tausendjährigen Tradition" bedeute. Er stimmte „Ja" im vollen Bewußtsein, „Systeme wechseln, Nationen bleiben". Renners „Ja" zu Hitlers Einmarsch in Österreich war kein „politischer Irrtum", keine „Gesinnungslosigkeit" und auch keine „taktische" Frage. Es war auch nicht „erzwungen".[63] Es war die Konsequenz seiner politischen Zielvorstellung seit 1907, die Vormachtstellung der Deutschen im Donauraum. Er begründete dieses Ziel mit einem Nationsbegriff, der in seiner Mischung aus Vitalismus und Darwinismus jedem machtpolitischen Entstehungszusammenhang entrückt wurde. Daß Renner sogar vor der Nazidiktatur als Erfüllungsgehilfe nicht zurückschreckte, zeigt neben anderen Faktoren wohl auch die ungeheure ideologische Kraft einer biologistischen Argumentation.

Die erwähnte Rezeption läßt die Vermutung zu, daß Renners Nationsbegriff auch heute noch in Kreisen der Sozialdemokratie lebendig ist. Von anderen Parteien sei in diesem Zusammenhang gar nicht die Rede. Mit Rücksicht auf die „Vereinten Nationen", die sich in Wien organisieren und in Anbetracht des neuen Rechtsextremismus scheint es doch an der Zeit, auch umgangssprachlich für eine „Nation" als politische Einheit mit größerer Entschiedenheit einzutreten. Ihr traditioneller Rahmen dürfte mit den Ideen der bürgerlichen Revolution in Frankreich von 1791/1875 wahrlich weit genug gesteckt sein.

Anmerkungen

1. Ernst Haeckel, Freie Wissenschaft und freie Lehre. Eine Entgegnung auf Rudolf Virchows Münchner Rede über „Die Freiheit der Wissenschaft im Modernen Staat", zit. nach Hans-Georg Marten, Sozialbiologismus. Biologische Grundpositionen der politischen Ideengeschichte, Frankfurt 1983.
2. Vgl. z.B. Hans Mommsen, Die Sozialdemokratie und die Nationalitätenfrage im Habsburgischen Vielvölkerstaat, Wien 1963.
3. Ausführlicher zu dieser Thematik vgl. Doris Byer, Sozialbiologie und Austromarxismus. Die natürliche Evolution in Gesellschaftstheorie und Politik, Diplomarbeit, Wien 1984.
4. Hans Mommsen (wie Anm. 2), s. 303.
5. Vgl. Peter Kulemann, Am Beispiel des Austromarxismus. Hamburg 1979, S. 122.
6. Ebenda.
7. Vgl. Hans Mommsen (wie Anm. 2), S. 303.
8. Karl Kautsky, Die Materialistische Geschichtsauffassung, Bd. 1, Berlin 1927, S. 517 f.
9. Nach Hans Mommsen (wie Anm. 2), S. 307.
10. Ludo Moritz Hartmann, Österreichs Deutschtum und Freiheit, München 1910, S. 3.
11. Vgl. Peter Kulemann (wie Anm. 5), S. 137.
12. Ludo Moritz Hartmann (wie Anm. 10), S. 5.
13. Vgl. Peter Kulemann, Am Beispiel des Austromarxismus, Hamburg 1979, S. 132.
14. Hans Mommsen (wie Anm. 2), S. 390.
15. Otto Bauer, Die Nationalitätenfrage und die Sozialdemokratie, Wien 1907, S. 113.
16. Otto Bauer, Marx und Darwin. In: Der Kampf, Wien 1909, S. 269.
17. Otto Bauer, Die Nationalitätenfrage und die Sozialdemokratie. Im folgenden zitiert nach der Werksausgabe, Bd. 1, Wien 1979, S. 170.
18. Ebenda.

19 Ebenda, S. 171.
20 Ebenda.
21 Ebenda, S. 84 f.
22 Ebenda.
23 Ebenda, S. 87.
24 Ebenda, S. 115.
25 Ebenda, S. 88.
26 Ebenda, S. 163.
27 Ebenda, S. 169.
28 Adolf Hitler, Mein Kampf. München 1938, S. 34.
29 Vgl. Hans Mommsen (wie Anm. 2), S. 107.
30 Otto Bauer (wie Anm. 17), S. 247.
31 Vgl. z.B. Peter Kulemann (wie Anm. 13), S. 126 f.
32 Argumente gegen den Sozialismus. Bürgerliche Einwände und sozialistische Antworten von Friedrich Weiß, Wiener Sozialistische Bücherei, Wien 1927.
33 Otto Bauer, Deutschtum und Sozialdemokratie, Wien 1907, S. 1.
34 Ebenda, S. 8.
35 Ebenda, S. 13.
36 Vgl. Peter Kulemann (wie Anm. 13), S. 129.
37 Über die ambivalente Haltung Bauers in dieser Frage vergleiche Hanns Haas, Otto Bauer und der Anschluß 1918/19. In: Helmut Konrad (Hg.), Sozialdemokratie und „Anschluß", Wien 1978.
38 Otto Bauer, Nach der Annexion. In: Der sozialistische Kampf, Paris 1938, Nr. 1., S. 5, zit. nach Norbert Leser, Zwischen Reformismus und Bolschewismus. Der Austromarxismus als Theorie und Praxis, Wien 1968, S. 327.
39 Etwa Robert Kann, Das Nationalitätenproblem der Habsburgermonarchie, Graz – Köln 1964 und Norbert Leser, Zwischen Reformismus und Bolschewismus. Der Austromarxismus als Theorie und Praxis, Wien 1968.
40 Karl Renner, Das nationale Problem in der Verwaltung. In: Der Kampf, 1907/08, zit. nach Helmut Konrad, Nationalismus und Internationalismus am Beispiel der österreichischen Arbeiterbewegung vor dem Ersten Weltkrieg, Wien 1976, S. 90.
41 Ebenda.
42 Karl Renner (R. Springer), Der Kampf der Österreichischen Nationen um den Staat, Erster Teil, Wien und Leipzig 1902, zit. nach Helmut Konrad (wie Anm. 40), Wien 1976.
43 Karl Renner, Das Selbstbestimmungsrecht der Nationen, Wien 1928, Bd. 1, S. 7.
44 Ebenda, S. 11.
45 Ebenda, S. 8.
46 Ebenda, aber auch in Renners Werk, Die Nation: Mythos und Wirklichkeit, das er 1936 verfaßte aber erst 1964 posthum herausgegeben wurde, S. 28 wörtlich gleichlautend.
47 Karl Renner, Österreichs Erneuerung, Bd. 3, Wien 1916, Kapitel: Das Erwachen der geschichtslosen Nationen, S. 186 f.
48 Karl Renner, Mensch und Gesellschaft, Grundriß einer Soziologie, hg. v.

J. Hannak, Wien 1952, S. 57 f.
49 Karl Renner, Österreich, Deutschland und die Völker des Ostens, Berlin 1922, S. 17 f.
50 Karl Renner (wie Anm. 48), S. 58.
51 Ebenda, S. 186.
52 Karl Renner, Österreichs Erneuerung, Bd. 1, Wien 1916, S. 59.
53 Ebenda, S. 55.
54 Vgl. dazu Hans Mommsen (wie Anm. 2), S. 328. Meine Darstellung Renners Konzeptionen folgt Robert Kann (wie Anm. 39), Bd. 2, S. 146.
55 Karl Renner, Österreichs Erneuerung, Bd. 1, Wien 1916, S. 158.
56 Karl Renner (wie Anm. 49), S. 5.
57 Karl Renner, Der Tag der Deutschen, Berlin 1923, S. 23.
58 Ebenda.
59 Karl Renner, Das nationale und ökonomische Problem der Tschechoslowakei, Prag 1926, S. 1.
60 Karl Renner, Die Gründung der Republik Deutschösterreich, der Anschluß und die Sudentendeutschen, Dokumente eines ‚Kampfes ums Recht', hg, eingeleitet und erläutert von   , 1938, S. 7, zit. nach Karl Loew, in: Neues Forum, Oktober 1977, S. 34.
61 Ebenda, zit. nach Günther Nenning, in: Neues Forum, Oktober 1977, S. 36. Bemerkenswerter Weise führt Nenning diese Äußerung Renners zu dessen ‚Entlastung' an.
62 Karl Renner, Why I woted „Ja", in: World Review, London, Mai 1938.
63 Diese Meinungen werden in der angeführten Reihenfolge vertreten von: Karl Stadler, Dr. Karl Renner. Wissenschaftler, Politiker, Staatsmann, Wien 1970.
Günther Nenning, in: Neues Forum, Oktober 1977, S. 36.
Oskar Helmer, 50 Jahre erlebte Geschichte, Wien 1957.
Robert Kann (wie Anm. 39), Bd. 1., Anm. 19.

BIOLOGISTISCHE ANSÄTZE IN GESCHICHTE UND GEGENWART

HORST SEIDLER

RASSISTISCHE ANSÄTZE IN GESCHICHTE UND GEGENWART. ASPEKTE DES PROBLEMFELDES

Spricht man von Rassismus und von Rassenideologie, so assoziiert man zumeist mit diesen Begriffen die Nürnberger Blutgesetze und den Massenmord an ethnischen Minderheiten durch die nationalsozialistische Diktatur. Wenn uns aber daran liegt, rassistische Tendenzen in Gegenwart und Zukunft auszuschließen, ist es notwendig, sich besonders intensiv der Erforschung jener Strömungen in Natur- und Geistesgeschichte zu widmen, die nach meiner Ansicht wesentlich zur Entstehung des nationalsozialistischen Staats beigetragen haben. Um dieser Fragestellung aber wirklich gerecht werden zu können, wäre eine breit angelegte interdisziplinäre Forschungsarbeit unerläßlich. In gemeinsamer Arbeit sollten Vertreter der Geschichtswissenschaft, Philosophie, Zoologie, Botanik, Theologie und Anthropologie jene Anfänge und Ursprünge aufzeigen, die für unser Jahrhundert so verhängnisvolle Folgen zeitigten. Eine besonders wichtige Aufgabe in diesem Zusammenhang wäre die wissenschaftliche Aufarbeitung der Zeit der deutschen Romantik. *Ludwig Schemann* schrieb in seinem dreibändigen Werk „Die Rasse in den Geisteswissenschaften" bereits Ende der Zwanzigerjahre des 20. Jahrhunderts, „daß die deutsche Romantik wohl ein ergiebiges Feld für den Nachweis eines ausgeprägten rassischen Denkens abgeben müsse".

Aus dem Studium der Sekundärliteratur ergibt sich daraus folgende Hypothese: die Überlegungen zum Rassengedanken des 18. und 19. Jahrhunderts wurden von zwei Hauptströmungen getragen. Die eine Richtung verfolgte konsequent ein humanitäres, idealistisches Gedankengut, in dem die Idee, daß alle Menschen unabhängig von Rasse und sozialer Herkunft gleichgeachtet in einer großen Familie leben sollten, im Mittelpunkt stand. Die Bestrebungen der zweiten Hauptrichtung galten einem elitären Menschenbild, in dem die einzelnen Rassen nach ihren Wertigkeiten und Beiträgen zur europäischen Kulturgeschichte hierarchisch strukturiert waren. Die geistige Auseinandersetzung beider Strömungen gleicht einem ideologischen Balanceakt, bei dem zunächst nicht vorauszusehen war, welche Ideologie sich weiterentwickeln und welche gleichsam „abstürzen" würde. Nach Meinung des Autors haben wirtschaftliche und politische Faktoren dazu geführt, daß der elitäre Rassengedanke sich durchsetzen konnte und im Staatssystem des Nationalsozialismus endgültig politisch realisiert wurde.

Zum Begriff der Rasse

An dieser Stelle ist es notwendig, wenigstens kurz einige Worte zum Begriff der Rasse einzufügen.
Heute definiert man in der physischen Anthropologie den Begriff „Rasse" wie folgt:

„Eine Rasse ist eine Gruppe von Individuen, die einen bestimmten Anteil ihres Erbanlagen-Bestandes gemeinsam hat, wodurch sie sich von anderen Rassen unterscheidet.[1]

Diese populationsgenetische Definition ist aber erst das Resultat der humangenetischen Grundlagenforschung unseres Jahrhunderts. Früher war „Rasse" gleichsam ein Synonym für Schönheit, Vaterlandsliebe, Verläßlichkeit, Treue und besonderes Ansehen. In diesem Sinn wird ja auch heute noch das Eigenschaftswort „rassig" in der Umgangssprache verwendet.

Dieses begriffliche Konglomerat prägte zum Teil auch noch den Rassengedanken der Romantik und dann weiter die Vorstellungswelt vieler Natur- und Geisteswissenschafter des 19. Jahrhunderts. Wahrscheinlich ist es nur aus dieser Begriffstradition heraus zu verstehen, daß das Wort „Rasse" nicht nur für andere, ethnisch fremde Menschengruppen Verwendung fand, sondern vor allem seit dem 19. Jahrhundert auch gegen jene Menschen als politische Waffe und Machtinstrument gebraucht wurde, die dem Schönheits- bzw. Zukunftsideal der eigenen Volksgruppe durch ihre „Auffälligkeiten" hindernd im Wege standen (rassenhygienisch-eugenische Überlegungen und Zwangsmaßnahmen gegen sogenannte Minderwertige, Asoziale, Erbkranke, Kriminelle u.a.m.). Wenn nun hier von rassistischen Ansätzen und Rassenideologien gesprochen wird, so müssen die gesellschaftspolitischen Auswirkungen des Rassengedankens nach zwei Kriterien hin differenziert werden: Rassenhygiene nach außen (Schutz vor fremdartigen bzw. niederwertigen Rasseneinflüssen etwa im Sinne von Ehegesetzen) und Rassenhygiene nach innen (Fortpflanzungsbeschränkungen von „Minderwertigen" des eigenen Volkes bzw. der eigenen Rasse).

Im Rahmen dieser Darstellung kann auf die historische Entwicklung des eugenischen bzw. rassenhygienischen Gedankengutes nur kurz im Anhang eingegangen werden. Vielmehr soll versucht werden, anhand einiger, vielleicht weniger bekannter Beispiele, den Verlauf jener Wissenschaftsgeschichte aufzuzeigen, die das nationalsozialistische Schreckensregime überhaupt erst ermöglichte.

Rassengedanken in der Literatur des 18. und 19. Jahrhunderts

Erste systematische Versuche

In der ersten Hälfte des 18. Jahrhunderts finden wir die ersten naturwissenschaftlich-systematischen Versuche, über den Weg der Gruppentypologie Ordnung in die Vielfalt der Spezies Homo sapiens zu bringen. Der große schwedische Botaniker *C. v. Linné*, dessen binäre Nomenklatur heute noch den zentralen Ordnungsbegriff in den Naturwissenschaften darstellt, beschrieb im Jahre 1743 vier Unterarten der Gattung Mensch: Homo americanus, Homo europeus, Homo asiaticus, Homo afer. Im Jahre 1781 fügte *Linné* dann noch die „malayische Varietät" hinzu.

J. F. Blumenbach knüpft 1779 an *Linné* an und beschreibt fünf Varietäten (Causasiae, Mongolicae, Aethiopicae, Americanae, Malaicae). Die wichtigste Varietät stellen für ihn die Kaukasier (heute: Europäer) dar, die er auch an die Spitze seines Systems stellt, da sich von den Kaukasiern erst später alle übrigen Rassen abgespalten hätten. Bei *Blumenbach* findet man schon eindeutige Wertungen. Die kaukasische Rasse sei die schönste, sie habe die schönste Kopfform; die häßlichsten Rassen seien die mongolische und äthiopische.

Seit dem Jahr 1757 hielt *Emanuel Kant* seine Vorlesungen über „Physische Geographie" (publiziert 1802). *Kant* gibt wahrscheinlich die erste durchdachte und umrissene Definition dessen, was man als Rasse zu verstehen hat:

„Unter den Abartungen, d.i. den erblichen Verschiedenheiten der Thiere, die zu einem einzigen Stamm gehören, heissen diejenigen, welche sich sowohl bei allen Verpflanzungen (Versetzungen in andere Landstriche) in langen Zeugungen unter sich beständig erhalten, als auch in der Vermischung mit anderen Abarten desselben Stammes halbschlächtige Junge erzeugen, Racen."

Kant unterscheidet:[2]

1. die Rasse der Weißen (alle Bewohner Europas, die Mauren Afrikas, Araber, Perser und Vorderasiaten)
2. die Negerrasse (Neger Afrikas und „vermuthlich" auch die Einwohner Neuguineas)
3. die kalmückische (mongolische oder hunnische) Rasse (Koschitten, Mongolen, Hunnen, Torgöts, Dsingoren)
4. die hindostanische (hinduische) Rasse, die in Indien verbreitet ist.

Wichtig ist *Kants* Definition aus dem Jahre 1785:

„Der Begriff einer Race enthält also erstlich den Begriff eines gemeinsamen Stammes, zweitens notwendig erbliche Charaktere des klassischen Unterschiedes der Abkömmlinge desselben voneinander . . . Der Begriff einer Rasse ist also: der Klassenunterschied der Thiere eines und desselben Stammes, sofern er unausbleiblich erblich ist."

Die überaus modern anmutenden Kant'schen Überlegungen zu einer wissenschaftlichen Rassenkunde sind stellenweise stark von den philosophischen Wertvorstellungen der Zeit geprägt. Zum einen ist Kant vom Humanitätsideal der Zeit beeinflußt; dies zeigt sich in seiner Auseinandersetzung mit *Maupertius*, den *W. Scheidt* (1925) als ersten Erblichkeitstheoretiker bezeichnet hat. *Maupertius* forderte die Auslese der Tüchtigen. Durch deren Isolation sollte ein besonders leistungsfähiges Geschlecht herangezüchtet werden. Darauf antwortete *Kant:*

„Auf der Möglichkeit, durch sorgfältige Aussonderung der ausartenden Geburten von den einschlagenden endlich einen dauerhaften Familienschlag zu errichten, beruhte die Meinung des Herrn *von Maupertius*, einen von Natur edlen Schlag Menschen in irgend einer Provinz zu ziehen, worin Verstand, Tüchtigkeit und Rechtschaffenheit erblich wären. Ein Anschlag, der meiner Meinung nach an sich zwar thunlich, aber durch die weise Natur ganz wohl verhindert ist, weil eben in der Vermengung des Bösen mit dem Guten die grossen Triebfedern liegen, welche die schlafenden Kräfte der Menschheit ins Spiel setzen und sie nöthigen, alle ihre Talente zu entwickeln und sich der Vollkommenheit ihrer Bestimmung zu nähern."

Andererseits ist *Kant* bereits durchaus als Vorkämpfer der Rassenreinheit zu sehen. In der „Anthropologie in pragmatischer Hinsicht"(1789) steht:

„Soviel ist wohl mit Wahrscheinlichkeit zu urteilen: daß die Vermischung der Stämme (bei großen Eroberungen), welche nach und nach die Charaktere auslöscht, dem Menschengeschlecht, alles vorgeblichen Philanthropismus ungeachtet, nicht zuträglich sei."

Apodiktisch wertende Aussagen

Die zweite Hälfte des 18. Jahrhunderts ist wissenschaftsgeschichtlich in unserem Zusammenhang dadurch zu charakterisieren, daß zunehmend mehr apodiktisch gehaltene Wertungen den Rassengedanken dominieren. So sezierte *Soemmering* im Jahre 1784 „mit Muße mehrere Mohrenkörper", um die Aussage treffen zu können, „daß im allgemeinen, im Durchschnitt die afrikanischen Mohren doch in etwas näher ans Affengeschlecht als die Europäer grenzen". In dem „Grundriß der Geschichte der Menschheit" (*Ch. Meiners*, 1785) wird der Grundgedanke der Überlegenheit der Europäer besonders deutlich formuliert. *Meiners* schreibt:

„Eines der wichtigsten Kennzeichen von Stämmen und Völkern ist Schönheit oder Hässlichkeit, entweder des ganzen Cörpers oder des Gesichtes . . . Nur der Kaukasische Völker-Stamm verdient den Namen des Schönen und der Mongolische mit Recht den Namen des Häßlichen . . . Die Haupt-Ursache der Schönheit ist das Klima, dessen Wirkungen zwar durch ungünstige physische und moralische Ursachen geschwächt, aber da, wo es am mächtigsten ist, nie ganz getilgt werden können. Man kann daher nicht ohne Grund behaupten, daß Schönheit in gewissen Gegenden eine einheimische Blume, und anderswo Hässlichkeit ein unausrottbares Unkraut sey."[3]

Diese Gedankengänge sind wohl als Grundlage für die wertende Rassenkunde des 19. Jahrhunderts anzusehen.

Bevor auf die rassenideologische Entwicklung des 19. Jahrhunderts kurz eingegangen wird, muß noch *J. G. v. Herder* genannt werden. Wenn in der Einleitung von einem ideologischen Balanceakt gesprochen wurde, so trifft dies meiner Meinung vor allem auf Herder zu. Es wäre wichtig, wissenschaftlich zu prüfen, weshalb das Herder'sche Menschenbild im Rassengedanken keine Chance hatte, sich gegen das elitäre durchzusetzen. *Herders* Ausführungen sind heute noch aktuell, besser gesagt, sie sollten dies sein. Deshalb mögen einige Sätze aus den „Briefen zur Beförderung der Humanität" (*Riga* 1793– 1797), insbesondere aus dem 116. Brief „Grundsätze zu einer Naturgeschichte der Menschheit' zitiert werden:

„Vor allem sei man unparteiisch wie der Genius der Menschheit selbst: man habe keinen Lieblingsstamm, kein Favoritvolk auf der Erde. Leicht verführt eine solche Vorliebe, daß man der begünstigten Nation zu viel Gutes, anderen zu viel Böses zuschreibt. Wäre vollends das geliebt Volk bloß ein kollektiver Name (Kelten, Semiten, Juschiten u.f.), der vielleicht nirgends existiert hat, dessen Abstammung und Fortpflanzung man nicht erweisen kann, so hätte man ins Blaue des Himmels geschrieben . . .

Der Naturforscher setzt keine Rangordnung unter den Geschöpfen voraus, die er betrachtet; alle sind ihm gleich lieb und werth. So auch der Naturforscher der Menschheit. Der Neger hat so viel Recht, den Weißen für eine Abart, einen geborenen Kackerlacken zu halten, als wenn der Weiße ihn für eine Bestie, ihn für ein schwarzes Thier hält . . .

Am Wenigsten kann also unsere Europäische Kultur das Maß allgemeiner Menschengüte und Menschenwerthes sein; sie ist kein oder ein falscher Maßstab . . .

Zu dieser Anerkennung der Menschheit im Menschen führen treue Reisebeschreibungen viel sicherer als Systeme . . ."

Elitär – hierarchisch orientierte Erklärungsansätze

Im 19. Jahrhundert gewinnen dann jene Wissenschaftler zunehmend an Bedeutung, die dem elitär-hierarchisch strukturierten Rassenbild anhängen. Auffallend ist nun, daß – auch hier müßte die interdisziplinäre Forschung Antwort und Aufklärung bieten können – offenbar gezielt und bewußt Rassenfragen und politische Werthaltungen miteinander verbunden werden. *H. Spencers* „Principien der Biologie" (1876) geben darüber Aufschluß. Für *Spencer* war die soziale Strukturierung der Gesellschaft nichts anderes als Ausdruck der biologischen Evolution. Nach *Spencers* Überzeugung – und das war nun wieder gesellschaftspolitisch bedeutend – steht die Evolution jeder revolutionären gesellschaftlichen Veränderung entgegen.

> "Jede Evolution führt nach *Spencer* u.a. auch zu einer Differenzierung. Hier liegt der nächste Punkt, an dem er sich ganz und gar als Anhänger der Ideologie der herrschenden Klasse zeigt. Mit dieser Aussage begründete *Spencer* nämlich die Existenz von Klassen, an denen nicht zu rütteln sei. Die Parole vom Klassenfrieden ist die notwendige Folgerung hieraus. Die bewegende Kraft der Evolution sieht *Spencer* schließlich im survival of the fittest. Er verwendete diesen Begriff schon vor *Darwin*, allerdings im Hinblick auf die menschliche Gesellschaft nicht etwa aufgrund eines eingehenden Studiums derselben und dabei gewonnenen Einsichten, sondern allein aufgrund von hypothetischen Prämissen. *Spencer* spricht auch bereits das Prinzip der natürlichen Auslese an, das bei ihm discline of nature heißt. Was sich aus alldem ergibt, ist auch hier: Die individuelle Auslese im Kampf ums Dasein ist ein mit naturhafter Gesetzmäßigkeit ablaufender Prozeß, der durch keinerlei Eingriffe des Menschen behindert werden darf."[4]

Ideologien, die von der Existenz von minderwertigen und höherwertigen Menschen, Gruppen, Rassen usw. ausgehen und die im allgemeinen Sprachgebrauch dem Begriff „Sozialdarwinismus" zugeordnet werden, müßten aus dem Blickwinkel der Wissenschaftsgeschichte eigentlich treffender als „Sozialspencerismus" bezeichnet werden.

Der Historiker *F. v. Hellwald* übertrug die Prinzipien der Selektion (oder das, was er dafür hielt) ebenfalls auf die menschliche Gesellschaft. Bei ihm hat die Rasse bereits einen zentralen gesellschaftspolitischen Wert. Die einzelnen sozialen Klassen sind gleichsam Produkt einer naturhaften Evolution. Die Bedeutung der Rasse kommt deshalb zum Tragen, weil die gesellschaftliche Entwicklung Spiegelbild einer Rassenentwicklung darstellt. Die Angehörigen einer höherwertigen Rasse sind im Adel konzentriert und durch eine Reihe genetisch bedingter Merkmalskomplexe definiert: körperliche und seelisch-geistige Vorzüge.

Die Menschen der unteren sozialen Schichten, die Armen also, sind schon von der Geburt an biologisch zum Dienen bestimmt. Freilich, dieser Gedanke war auch nicht besonders originell und geht wahrscheinlich auf *Boulainvilliers* zurück. *Boulainvilliers* leitet die Privilegienberechtigung der Aristokratie auch auf dem Umweg über den Rassengedanken ab. Die Abstammung der Adeligen scheint ihm von der höherstehenden Rasse der germanischen Franken nachweisbar. Die germanischen Franken hätten die Gallier von der römischen Herrschaft befreit und den kulturellen Aufstieg Frankreichs ermöglicht. In dem Zusammenhang ist es interessant zu erwähnen, daß der Mythos vom großen, weißen und blonden Menschen sogar bei *Rousseau* zu finden ist:

"Jetzt, da die Handelschaft, die Reisen und die Eroberungen die verschiedenen Völker vereinigen und ihre Lebensart durch einen beständigen Umgang immer näher zusammenkommt, bemerkt man, daß die National-Unterschiede abgenommen haben; zum Exempel, jeder wird finden, daß die jetzigen Franzosen, nicht mehr die großen weißen und blonden Körper sind, dadurch sie uns die lateinischen Geschichtsschreiber bezeichnen, obgleich die Zeit und die Vermischung der Franken und Normänner, die selbst blond und weiß waren, das hätten wiederum herstellen können, was unter dem Einflusse des Climas in die Leibesbeschaffenheit und Farbe der Einwohner durch den Umgang mit den Römern ist benommen worden."[5]

Eindeutig rassistische Komponente wurde von *L. Gumplowicz* eingebracht. Auch bei ihm gilt als Tatsache, daß die gesellschaftliche Ordnung Folge einer natürlichen Selektion ist. Durch angeborene Merkmalskombinationen ist der Adel zur Herrschaft bestimmt. Die Überlegungen dazu sind unter anderen Schriften vor allem in "Der Rassenkampf" (1883) zu finden. *Gumplowicz* "betrachtet die Menschheit als einen unfreien Bestandteil der Natur und forscht nach den Naturgesetzen, nach denen dieser Bestandteil in ewiger Notwendigkeit die ihm vorgezeichneten, natürlichen Bahnen durchläuft". Die soziale Strukturierung eines Gesellschaftssystems läßt sich "bei einigermaßen eingehender historischer Analyse als mit einstigen, heterogenen ethnischen Gegensätzen zusammenhängend" nachweisen. Bei *Gumplowicz* finden wir auch schon Aussagen wie "die Abscheu gegen fremdes Blut". Einer der Kernsätze lautet: "Rassenbildung mit allen ihren Begleiterscheinungen ist der wesentlichste Kern der sogenannten Weltgeschichte".[6]

Hier knüpft *Gumplowicz* an *A. Gobineau* an. Es ist sicher kein Zufall, daß aus *Boullainvilliers* germanischen Franken nun bei *Gobinaeu* hochwertige Arier werden, die "geschichtsmächtig" auf den Plan treten. In allen Völkern, die kulturschöpfend waren, sind es nach *Gobineau* die Arier gewesen, die historische Leistungen ermöglicht hatten. Wenn nun Völker und Kulturen verschwunden sind, so lagen die Gründe niemals in irgendwelchen politischen und sozialen Veränderungen, sondern nach *Gobineau* einzig und allein an rassischen Faktoren: in dem Ausmaß, in dem arisches Blut durch fremdrassige Beimischung aufgesogen, gleichsam verdünnt werde, nehme die kulturelle und schöpferische Leistungsfähigkeit ab. Das Endergebnis bestehe dann in rassischer Gleichheit und erbärmlicher Mittelmäßigkeit. Diese und ähnliche Überzeugungen sind es, die direkt den Weg in den nationalsozialistischen Rassenstaat mit der Ideologie der Überwertigkeit des Nordischen Menschen gebahnt haben.

Gesellschaftspolitische Konsequenzen des Rassengedankens im ausgehenden 19. Jahrhundert

Es ist geradezu selbstverständlich und nur konsequent, daß der im 19. Jahrhundert so heftig vertretene elitäre Rassengedanke auch seinen Niederschlag in der gesellschaftlichen Realität finden mußte. Wenn Rassen verschiedenwertig sind und wenn Rassenmischung eine „reale" Gefährdung darstellt, so ist der Staat dazu verpflichtet, jene Maßnahmen zu setzen, die eine im Hinblick auf völkische Komponenten günstigere Zukunft sichern können.

Das am 9. April 1865 in den Vereinigten Staaten von Amerika erlassene 1. Civil rights-Gesetz hätte – zumindest auf dem Papier – Modell für eine Gesellschaft sein können, in der sich Ideale der Humanität und Toleranz verwirklichen können. Dieses Gesetz sieht vor:

„Alle Personen, die in den Vereinigten Staaten geboren sind und nicht einer auswärtigen Macht unterstehen, ausgenommen nicht besteuerte Indianer, werden hierdurch zu Bürgern der Vereinigten Staaten erklärt. Alle Bürger gleich welcher Rasse und Farbe und unabhängig vom früheren Sklavenverhältnis . . . erhalten folgende gleiche Rechte in jedem Staat und Territorium der Vereinigten Staaten . . ."

Am 28. Juli 1868 wurde ergänzt:

„Alle Personen, die in den Vereinigten Staaten geboren oder eingebürgert sind und ihre Regierungsgewalt unterliegen, sind Bürger der Vereinigten Staaten sowie desjenigen Einzelstaates, innerhalb dessen sie ihren Wohnsitz haben. Kein Staat darf ein Gesetz erlassen oder durchführen, durch das die Rechte der Bürger der Vereinigten Staaten beeinträchtigt werden."

Die Realität aber war eine andere. Aus rassenhygienischen Gründen waren in vielen amerikanischen Bundesstaaten Ehen zwischen Weißen (Kaukasier in der Gesetzgebung) und Farbigen nicht nur verboten, sondern zum Teil auch als „schweres Verbrechen" unter Strafe gestellt. Im Jahre 1881 führte der Oberste Gerichtshof im Staate Alabama bei einer Ehelichkeitsanfechtung aus:

„Das Ergebnis könnte die Verschmelzung der beiden Rassen sein, das Entstehen einer Mischlingsbevölkerung und einer degenerierten Zivilisation. Das muß durch eine gesunde Politik verhindert werden, die die höchsten Interessen von Gesellschaft und Staat im Auge hat."

Aus einem Entscheid des höchsten Gerichtshofes in Virginia, 1878:

„Die Reinerhaltung der Sittlichkeit, die moralische und körperliche Wohlfahrt beider Rassen und die fortschrittliche Weiterentwicklung der wohlgehegten Zivilisation unseres Südens, in deren Rahmen zwei deutlich unterschiedene Rassen ihr gottgegebenes Schicksal teilen und erfüllen müssen – all dies fordert ihre strenge Trennung. Beziehungen, die so unnatürlich sind, daß Gott und Natur sie zu verbieten scheinen, sollten auch durch das positive Recht ausnahmslos untersagt werden."[7]

Welche prinzipiellen Unterschiede ergeben sich aus dem Inhalt dieser Zeilen eigentlich zu den Aussagen in der nationalsozialistischen Rassengesetzgebung? Diese und ähnliche Gerichtsurteile spiegeln aber nicht nur den Geist der Zeit wieder. Sie waren auch Grundlage dafür, daß bis etwa 1930 viele amerikanische Bundesstaaten rassenbiologisch begründete Ehegesetze erlassen haben. Dazu einige Beispiele:

Missouri, 1929: Verboten sind Ehen zwischen Weißen mit solchen, die mehr als 1/8 Negerblut aufweisen. Eheschließungen trotz des Verbotes werden mit Gefängnis zwischen drei Monaten und zwei Jahren belegt.

Nebraska, 1922: Verboten sind Heiraten zwischen Weißen und Menschen, die mehr als 1/8 Neger-, Japaner- oder Chinesenblut aufweisen. Die Bestrafung sieht eine Geldstrafe bis 100 Dollar und sechs Monate Gefängnis vor.

Nevada, 1912: Ehen zwischen Weißen mit Negern, Mongolen oder Malaven gelten als „gross misdemeanor"; Gefängnis zwischen sechs und 12 Monaten und Geldstrafe zwischen 500 und 1000 Dollar.

Virginia, 1923: Ehe zwischen Kaukasiern und Menschen, die auch nur eine Spur Negerblut haben, oder die mehr als 1/16 Indianerblut haben, sind verboten. Gefängnis zwischen zwei und fünf Jahren.[8]

Wesentlich sind hier auch jene Gesetze, die zwischen 1880 und 1900 erlassen wurden: die sogenannten Jim-Crow-Laws. Hier wurde die gesellschaftliche Rassentrennung verordnet. Als Beispiel dazu einige Auszüge aus der

Endfassung der Jim-Crow-Laws in Maryland, 1924:

§ 432. Alle Eisenbahngesellschaften, die Wagen zur Beförderung von Personen in Betrieb halten, sind verpflichtet, getrennte Wege für die Beförderung weißer und farbiger Personen bereitzustellen. Jedes Abteil eines Wagens, das durch eine gute und feste Wand abgeteilt ist, und eine Tür oder einen sonstigen Ausgang besitzt, gilt als getrennter Wagen. Jeder getrennte Wagen muß an einer auffälligen Stelle und in klaren Buchstaben eine Bezeichnung tragen, aus der sich deutlich ergibt, ob er für weiße oder farbige Personen bestimmt ist.[9]

Der sogenannte Sozialdarwinismus und der nordische Gedanke

Die bahnbrechenden Leistungen der Naturwissenschafter des 19. Jahrhunderts bewirkten einen jähen Bruch mit dem bis dahin die gesellschaftlichen Wertvorstellungen prägenden klerikal-konservativen Dogmatismus. An die Stelle der „Konstanz der Arten" trat *Charles Darwins* Modell der „Entstehung der Arten durch natürliche Zuchtwahl". Der biblische Schöpfungsbericht wurde durch die Selektionsprinzipien und den „Kampf ums Dasein" verdrängt. Ein neues, bisher unbekanntes Hochgefühl eines befreiten Geistes beherrschte die intellektuelle Welt. Zu faszinierend waren die Ideen, die von *Charles Darwin* in England und *Ernst Haeckel* in Deutschland ausgingen.

Wie sehr aber ist vor allem *Charles Darwin* von Zeitgenossen und der Nachwelt mißverstanden und mißgedeutet worden! Heute noch spricht man von Sozialdarwinismus und meint damit die unkritische Übertragung sozialbiologischer Vorgänge und Beobachtungen aus dem Tierreich auf menschliche Gesellschaften. Diese Übertragung aber ist mit all jenen Konsequenzen verbunden, die zu Intoleranz und Inhumanität führen: Der Stärkere, der besser Angepaßte überlebt auf Kosten des Schwächeren, des weniger Tüchtigen.

Wegen dieser Konsequenzen aber muß in diesem Zusammenhang darauf hingewiesen werden, daß hier in einer geradezu erbarmungslosen Traditon *Charles Darwin* Unrecht getan wird. Wie vorher bereits erwähnt, wäre es inhaltlich und wissenschaftsgeschichtlich richtig, nicht von

Sozialdarwinismus, sondern von Sozialspencerismus zu sprechen. Wie und wozu man die Arbeiten *Charles Darwins* mißbrauchte, kann am Beispiel einer Schrift von *Kirchhoff* aus dem Jahre 1910 gut aufgezeigt werden: ,,Darwinismus angewandt auf Völker und Staaten." Schon aus der Einleitung ist zu entnehmen, in welch unkritischer Art und mit welcher Zielrichtung *Darwins* Lebenswerk verwendet wurde. Die ,,nordische Bewegung", die seit der zweiten Hälfte des 19. Jahrhunderts immer stärker wurde, hatte nun ihre ,,wissenschaftliche" Rechtfertigung. Der ,,Kampf ums Dasein" und die ,,natürliche Zuchtwahl" wurden ihres wissenschaftlichen Grundgehaltes beraubt, waren nur mehr leere Worthülsen, mit denen schlagwortgleich die hohe Bedeutung des Germanentums untermauert wurde.

Diese die politischen Werthaltungen im Deutschland des beginnenden 20. Jahrhunderts bestimmenden Tendenzen treten deutlich zutage, wenn *Kirchhoff* gleichsam eine anthropologische Beschreibung von *Charles Darwin* versucht. Anlaß war die Erinnerung an die Verleihung des fridericianischen Ordens pour le merite an *Darwin* durch König *Wilhelm I.* von Preußen im Jahre 1867. Es war dies übrigens die einzige hohe Auszeichnung, die *Darwin* zu Lebzeiten bekam. Ob es Zufall war, daß Preußen diesen Orden verlieh? *Kirchhoff* schreibt:

,,Wie schön erinnert jener höchste Orden, den Deutschland für wissenschaftliche Großtaten zu verleihen hat, an *Darwins* innige Beziehung zu unserem Vaterland! Mit den Genossen von Hengist und Horsa werden wohl seine Ahnen einstmals aus unserem Nordwesten nach Britannien gesegelt sein; denn urdeutsch war sein Typus: blond, lichthäutig und blauäugig. Deutsche Gutherzigkeit war ihm auf das sinnende Antlitz geschrieben und blickte aus seinen helleuchtenden Augen unter den buschigen Brauen, über denen sich, eigentümlich rosa überhaucht wie das ganze Gesicht, die mächtige Denkerstirn zum früh kahl gewordenen Scheitel wölbte. Vornehmlich aber durch sein Lebenswerk, das ihn so untrennbar tief mit deutschen Geistern verflocht, ist er weit mehr als ein Newton, ein Faraday der Unsrige geworden."[10]

Im Jahre 1882 starb *Charles Darwin*; er konnte sich gegen seine Eindeutschung nicht mehr wehren.

Das große Mißverständnis zwischen der neuen Evolutionstheorie und politischen Werthaltungen zeigt folgendes Zitat *Kirchhoffs* besonders deutlich:

Rassistische Ansätze

„Der beharrliche Wettbewerb unter den Völkern drängt naturnotwendig von Zeit zu Zeit zu kriegerischer Explosion, und eben dann findet die große Abrechnung des Schicksals statt. Nicht der physisch Stärkste, sondern der Beste siegt. Gäbe es nicht die Vielzahl der Völker, gäbe es keine internationalen Reibungen, wo bleibe da die Gewähr für Fortschritt der Menschheit? Historiker haben wohl davon geredet, daß der rasch sich vollziehende Eroberungszug europäischer Kultur über die ganze Erde als Menschengeschlecht allmählich zu einer Weseneinheit zusammenschmieden müsse, in der die Individualitäten der Völker und ihrer Staaten erlöschen würden. Solchen Propheten ist die Macht der Ländergebilde auf Dissoziierung unseres Geschlechts noch nicht aufgegangen. Eine derartige Verwischung der Völkergegensätze müßte ja den internationalen Daseinskampf vernichten, den Erstarrungszustand des ewigen Friedens mit unheimlicher Friedhofstille über die Erde breiten. . . . Ein tüchtigeres Volk tritt an die Stelle des gesunkenen, aber ungehemmt bleibt der Fortschritt der Menschheit. So will es die unantastbare Gerechtigkeit des Daseinskampfes. Die Weltgeschichte ist das Weltgericht."[11]

Wie ähnlich sind diese Worte jenen, die das politische Geschehen in Deutschland nach 1933 prägten!

Vor allem nach 1918 erfolgte eine geradezu unübersehbare Flut von rassenkundlichen Arbeiten. Der verlorene erste Krieg brachte für Deutschland Not und Elend und für viele Deutsche den Verlust ihrer Identität. Sozialisten, Marxisten, Liberale und Juden wurden als Novemberverbrecher bezeichnet. Mit der „jüdischen Weltverschwörung" und dem „Überhandnehmen minderwertiger Rassenelemente" wurde die deutsche Katastrophe begründet.

Der Mythos vom ehrlichen, aufrechten aber verratenen Deutschen, dem nordisch-arischen Deutschen selbstverständlich, begann zu blühen. Aus der politischen Enttäuschung gelang die Flucht in die Ideenwelt der nordischen Adelsrasse. Mag sein, daß es allzu vereinfachend klingt, aber eine Handvoll renomierter Wissenschafter bereitete mit ideologisierender, wertender Rassenkunde das Dritte Reich vor. *Fritz Lenz* etwa, der auf anderen Gebieten der anthropologischen Wissenschaft bahnbrechende Arbeiten schuf, schrieb 1923:

„Das deutsche Volk ist der letzte Hort der nordischen Rasse. Nicht nur das Werk von Jahrhunderten, das von Jahrtausenden bräche mit ihr zusammen."[12]

Wissenschaftliche Publikationen in zahlreichen, zum Teil neugegründeten Zeitschriften sowie eine unübersehbare Menge populärwissenschaftlicher Literatur übten ihre beeinflussende Wirkung aus. Darf es heute wundern, wenn über eine geradezu perfekte Medienmanipulation wirklich sehr viele Menschen davon überzeugt wurden, daß die nordische Rasse und ihre Erhaltung das höchste und wertvollste Gut für das deutsche Volk bedeute?

Rassenmischung und Rassenhaß

Am 24. Februar 1920 verkündete die Nationalsozialistische Deutsche Arbeiterpartei ihr Programm und ihre Ideologie: „Die Schwächung der Abwehrkraft des Deutschen Volkes erfolgt durch Rassenmischung mit Fremdblütigen, insbesondere mit Juden." Gerade in den zwanziger Jahren unseres Jahrhunderts gab es sehr viele „wissenschaftliche" Arbeiten, die sich mit den schädlichen Auswirkungen der Rassenmischung auseinandersetzten. Die Mischung Deutscher mit Juden stand dabei aber noch nicht so sehr im Vordergrund. An die intellektuelle Tradition *Gobineaus* anknüpfend, galt ganz allgemein die Vermischung von Menschen differenter ethnischer Zugehörigkeit als biologisch schädlich. Dies belegt eine Studie aus Norwegen (1926), die dann in der nationalsozialistischen rassenkundlichen Literatur recht häufig als Beleg zitiert wurde: Mischlingsnachkommen zwischen Norwegern und Lappen seien überzufällig häufig asozial. Die beiden Autoren *Mjoen* und *Bryn* berichteten bereits 1920 recht instruktiv über die Konsequenzen unharmonischer Rassenkreuzungen:

„Ein norwegischer Bezirksarzt (der über 60 Jahre alt wurde) hatte mit seiner Frau, Norwegerin, die über 80 Jahre alt wurde, einen Sohn und eine Tochter. Der Sohn ist ebenfalls beamteter Arzt, gesund, über 65 Jahre alt, mit mehreren tüchtigen und gesunden Kindern. Die Seitenverwandtschaft dieser Familie bezeichnete sich als besonders normal und kräftig aus. Der Vater hat nun außer seinen geschilderten Kindern noch einen Sohn mit einer Lappin. Diese hatte andererseits mit einem gesunden Lappen drei gesunde Kinder, und auf der Lappenseite finden wir in der weiteren Verwandtschaft ebenfalls nur zuverlässige normale Kinder. Der Mischling ist einen Kopf größer als sein norwegischer Vater, seine Gestalt ist norwegisch, Haar-, Augen- und Hautfarbe lappisch. Er lügt, trinkt und stiehlt. Seine Halbgeschwister beiderseits beweisen, daß dies aus den Erbanlagen seiner Eltern nicht zu erklären ist. Also ist der Schluß wohl zulässig, daß dieser Mischling das Resultat einer unharmonischen Kreuzung ist zwischen Lappen und Norwegern."[13]

Es ist nicht notwendig, diese Textstelle aus der Sicht der modernen Sozialpädagogik zu kommentieren; für die damalige Zeit allerdings gilt sie uns als Beleg für das, woran viele glaubten. Wenn schon Rassenmischung zwischen Norwegern und Lappen zu sozialem Fehlverhalten bei den Nachkommen führt, in welch höherem Maße mußte dann nach Auffassung dieser „Wissenschaft" eine Gefährdung in einer Vermischung zwischen Deutschstämmigen und Juden zu sehen sein! Die Schicksalsfrage des deutschen Volkes wurde zur Judenfrage. Ganz im Sinne der wissenschaftlichen Überzeugungen der Zeit, mit anderen stilistischen Mitteln freilich, beschrieb *Hitler* in „Mein Kampf" jene rassenbiologische Gefahr, die von den Juden droht:

„Der schwarzhaarige Judenjunge lauert stundenlang, satanische Freude in seinem Gesicht, auf das ahnungslose Mädchen, das er mit seinem Blut schändet und damit seinem, des Mädchens Volk, raubt. Mit allen Mitteln versucht er die rassischen Grundlagen des zu unterjochenden Volkes zu verderben. So wie er selber planmäßig Frauen und Mädchen verdirbt, so schreckt er auch nicht davor zurück, selbst in größerem Umfange die Blutschranken für andere einzureißen. Juden waren und sind es, die den Neger an den Rhein bringen, immer mit den gleichen Hintergedanken und klaren Zielen, durch die zwangsläufig eintretende Bastardierung die ihnen verhaßte weiße Rasse zu zerstören, von ihrer kulturellen und politischen Höhe zu stürzen und selber zu ihrem Herrn aufzusteigen."

Man macht es sich heute in vielen Diskussionen zu leicht, wenn man diese und andere Aussprüche des „Führers" als wirre, haßerfüllte und paranoide Äußerungen abtut. *Hitler* sagte letztlich nichts anderes, als das, was die führenden Rassenkundler in ihren wissenschaftlichen Arbeiten darlegten. Die führenden Anthropologen gaben dem Nationalsozialismus die wissenschaftliche Rechtfertigung. Dazu nur ein Beispiel: *Th. Mollison*, Direktor des traditionsreichen Anthropologischen Institutes in München, schrieb 1934:

„ . . . die Mischung ist natürlich immer gegenseitig, es dringt nicht nur Blut des Wirtsvolkes in das Judentum ein, sondern in viel höherem Maße umgekehrt. Das ist aber gerade das, was wir verhüten müssen, und zugleich auch das, was unsere Maßnahmen besonders erschwert . . . Ein solches Eindringen orientalischer Elemente mag vielleicht ein Volk ertragen können, das durch weitüberwiegenden Gehalt an nordischer Rasse in seinem Empfinden so selbstsicher ist, daß das fremde Empfinden überhaupt keinen Boden findet, oder andererseits ein Volk, dem es allzu fremd ist. Wie sehr aber gerade in unserem Volke solch fremdrassiges Empfinden und fremdrassiger

Geschmack vor allem auf die völkisch Entwurzelten suggestiv wirkt, das haben wir an den Kulturäußerungen des letztvergangenen Jahrhunderts schauernd erlebt."[14]

Mit unvorstellbar großem bürokratischen Aufwand ging man im Dritten Reich daran, das nordische Element im deutschen Volk zu erhalten: Ariernachweis und eine Flut von Gesetzen; weitgehend unbemerkt wohl von den meisten Menschen zog man die letzte Konsequenz: den Massenmord an Millionen „Minderwertigen".

Freilich muß in diesem Zusammenhang festgehalten werden, daß es zumindest einen führenden Anthropologen gab, der den politischen, menschenfeindlichen Mißbrauch der nationalsozialistischen Rassenkunde nicht mitmachte.

Es war dies Professor *Walter Scheidt*, dessen Civilcourage offenbar nicht mit politischer Verfolgung im Dritten Reich verbunden war. Dies möge als Argument gegen all jene „Ausreden" gelten, die da lauten: „Man konnte ja nicht gegen den Strom schwimmen, ohne sich selbst und seine Familie zu gefährden".

Für die Information um *Walter Scheidt* bin ich Herrn Univ. Doz. Dr. *Thomas Weinert* zu größtem Dank verpflichtet.

Scheidt's Stellungnahme zur Rassenkunde dokumentiert sich besonders eindrucksvoll in einem Schriftstück, das er hinsichtlich einer Stellungnahme für die Medizinische Fakultät der Universität Würzburg im Jahre 1941 verfaßte:

Würzburg, den 2. 12. 1941

Die
Medizinische Fakultät
der
Julius-Maximilians-Universität Würzburg

Herrn
Prof. Dr. Scheidt
Hamburg-Höpen 36
Institut für Rassenbiologie

Sehr geehrter Herr Kollege!

Nachdem die Professur für Rassenbiologie an der hiesigen Universität durch den Tod von Prof. Ludwig Schmidt, der leider in Rußland vor dem Feind gefallen ist, frei geworden ist, bitte ich Sie um geeignete Vorschläge und besonders auch um ein Gutachten über Herrn Prof. Keiter, z. Zt. Assistent in Würzburg.

Heil Hitler!
Unterschrift unleserlich
Der Dekan

5. Dezember 1941

An den
Herrn Dekan der Medizinischen Fakultät
W ü r z b u r g

Das erbetene Gutachten zur Neubesetzung der dortigen Professur für Rassenbiologie erfordert zunächst eine kurze Schilderung der allgemeinen Lage, in der sich die Rassenbiologie befindet.

Unmittelbar nach der Machtübernahme vor ganz neue Aufgaben gestellt, hat die Rassenbiologie damals ihre wissenschaftliche Forschungstätigkeit unterbrochen. Für viele von diesen Aufgaben, insbesondere die Begutachtung der rassischen Beschaffenheit einzelner Personen und Familien, war und ist sie noch nicht ganz reif. Die neuen Anforderungen rassenkundlicher Lehre aber wurden von Anfang an in ein Fahrwasser gedrängt, das die spezielle Rassenkunde vorhandener, wissenschaftlich äußerst fragwürdiger Lehrgebäude in den Vordergrund rückte und darüber die zuerst notwendigen allgemein biologischen Grundlagen vernachlässigte. Zahllose unberufene „Lehrer" der Rassenkunde brachten es sehr bald und sehr gründlich zu einem völligen Kreditverlust der Rassenbiologie in weitesten Kreisen der öffentlichen Meinung. Es wäre damals die Aufgabe der wissenschaftlichen Rassenbiologen gewesen, diesen Gefahren voreiliger praktischer Anwendung und unsolider propagandistischer Lehre mit aller Entschiedenheit entgegenzutreten, die Forderung rassenbiologischer Allgemeinbildung durch Ratschläge für die endliche Reform des Naturkundeunterrichtes an den höheren Schulen und Hochschulen zu erfüllen, die Durchführung derjenigen wissenschaftlichen Untersuchungen sicherzustellen, welche für eine praktische rassenkundliche Gutachtertätigkeit unerläßlich sind, und die spezielle Rassenkunde ausschließlich der weiteren wissenschaftlichen Forschung vorzubehalten. Leider fanden sich nur ganz wenige Männer, welche diese natürlich schwierige und unbequeme Haltung einnahmen. Die Mehrzahl der älteren und, so weit ich sehe, alle jüngeren Vertreter des Faches haben sich, mit mehr oder weniger hilflosen Ausreden, in das aus falschen Vorstellungen entspringende Fahrwasser drängen lassen. Darum besteht heute die einzige noch übriggebliebene Tätigkeit der meisten rassenbiologischen Institute in einer wissenschaftlich ungenügend unterbauten, dafür umso ausgedehnteren und einträglicheren Gutachtertätigkeit und in einer Teilnahme an dem m.E. in der Anlage verfehlten rassenbiologischen Unterricht für Medizinstudierende. Da sich die Zweifelhaftigkeit des Wertes dieser beiden Tätigkeitsgebiete auf die Dauer nicht wird verheimlichen lassen, die wissenschaftliche rassenbiologische Forschung aber ganz erlegen oder auf Abwege geraten ist (worüber eine sorgfältige kritische Arbeit von *F. Lenz* „Über Wege und Irrwege rassenkundlicher Untersuchungen" in der Zeitschrift für Morphologie und Anthropologie 1941, Bd. XXXIX, S. 385 ausgezeichnet unterrichtet), wird man sich über kurz oder lang vergeblich nach Substand und Inhalt dieses Faches umsehen.

Ein Rückblick auf die geschichtliche Entwicklung der Rassenbiologie an den deutschen Universitäten seit der Mitte des vorigen Jahrhunderts wird dann zeigen, daß dieser Forschungszweig nie ein „Fach" im engeren Sinne des Wortes war, sondern immer nur dort zu eigenen Lehr- und Forschungsstätten kam, wo irgend ein Mann mit einer genetischen Blickrichtung neue Gedanken herausstellte und Forschungen vornahm, welche in keinem der bestehenden Fächer Platz und Beachtung fanden. Die Lehre aber trat immer und überall nur da selbständig auf, wo der Biologieunterricht genetische Lücken zeigte. Da die experimentelle Erblichkeitslehre mittlerweile in keinem botanischen und in keinem zoologischen Institut mehr fehlt und rassenhygienische Gedankengänge von allen Hygienikern und Psychiatern, aber auch von vielen anderen Fachvertretern aufgenommen worden sind, verschwanden bereits sehr viele von diesen Lücken. Diese Entwicklung ist natürlich noch lange nicht abgeschlossen. Aber sie wird notwendig dahin führen müssen, daß auch alle Zweige der allgemeinen und speziellen Pathologie und, außerhalb der Naturkunde, auf den sogen. geisteswissenschaftlichen Gebieten alle historischen Fächer im Sinne der Genetik ergänzt und umgebaut werden. Dann wird in der Wissenschaft jene Forderung erfüllt sein, die man heute außerhalb derselben als Umprägung des individualistischen Denkens bezeichnet und propagiert, ohne die Tragweite dieser Forderung auch nur annähernd zu ermessen.

In einer normalen Fortentwicklung hätte man sich diesem Ziel so angenähert, daß immer wieder einzelne Forscher mit der Neuheit und Fruchtbarkeit ihrer genetischen Gedanken überzeugt und durch solide Forschung den Weg bereitet hätten. Jede Sorge um die wissenschaftliche Rassenbiologie kann deshalb m. E. heute nur danach trachten, diese normale Entwicklung und damit nach und nach auch den verlorenen Kredit der Rassenbiologie wieder zu gewinnen. Im Einzelfall verlangt das einen Mann, der neue Ideen hat und die dazu notwendigen forscherischen Qualitäten aufweist. Die Frage nach einem solchen Mann im jüngeren Nachwuchs des Faches kann ich nicht beantworten, weil ich keinen sehe, der den geschilderten und unter den früheren Lebensbedingungen der Rassenbiologie selbstverständlichen Anforderungen genügt. Natürlich könnte es sein, daß etwa vorhandene solche Fähigkeiten in den letzten Jahren nur nicht hervorgetreten sind. Andererseits hätte gerade der Sturm auf die Rassenbiologie Gelegenheit gegeben, die für wissenschaftliche Rassenforscher notwendige Haltung zu zeigen. . . . "

Moderner Rassismus

Seit einiger Zeit betreibt eine österreichische Tageszeitung, die öfters angibt, die auflagenstärkste zu sein, bezahlte Werbung für zwei Wochenschriften: „Deutscher Anzeiger für deutsch-denkende Österreicher" und „Deutsche Nationalzeitung".

Im „Deutschen Anzeiger", für den in besagter Tageszeitung am 11. 2. 1983 geworben wurde, findet sich auch ein bewegtes Plädoyer für den Nazimörder *Klaus Barbie:*

„Der von Bolivien mittels eines Tricks an Frankreich ausgelieferte *Klaus Barbie*, ein fast 70jähriger alter Mann, der einst Polizeichef von Lyon war, steht nun im Mittelpunkt ausschweifiger Horrorphantasien und dumpfer Haßgefühle ... Seit Herbst letzten Jahres herrscht in La Paz eine linksradikale Diktatur, die sich um die Einhaltung genormten Rechtes nicht schert".

Auf derselben Seite erfolgt eine unfaßbare Diskriminierung unserer Kärntner Slowenen. Die dicke Balkenüberschrift lautet: „Homos, Lesben und Slowenen". Der nationale oder sympathisierende Leser erfährt dann: „Allen Ernstes glauben Kärntner Slowenen, die politische Wunderwaffe gefunden zu haben: Künftig wollen sie in ihrem Volkstumskampf gegen die überwältigende deutsche Mehrheit des Landes mit Hilfe von Homosexuellen und Lesbierinnen streiten."

In dieser Zeitung findet sich auch eine Eigenwerbung für die „Initiative für Ausländerbegrenzung". In deren Programm heißt es auszugsweise: „Es bedroht den deutschen Charakter Deutschlands und die volkliche Einheit der Bundesdeutschen mit den Österreichern und Mitteldeutschen, wenn in manchen Ballungsgebieten der Bundesrepublik Deutschland ein Viertel der Bevölkerung und die Hälfte der Neugeborenen Ausländer sind."

Diese Ausländerhetze geht aber nicht nur auf das Konto deklarierter nationaler Organisationen. Es ist wieder so weit: Wissenschafter verhelfen unter dem Deckmantel demokratischer Besorgnis den alten Vorurteilen zu neuen, schwerwiegenden Bedeutungen.

Das Vorgehen dabei ist es wert, kurz analysiert zu werden. Am 17. Juni 1981 erregte das sogenannte Heidelberger Manifest großes Aufsehen. Eine Gruppe von Hochschulprofessoren hatte sich zusammengefunden, um mit Vorschlägen zur Lösung des „Ausländerproblems" an die Öffentlichkeit zu treten.

Es gab aber nicht nur Zustimmung zu den Manifest-Vorschlägen, sondern auch heftige Ablehnung und Kritik von seiten verschiedener Printmedien. Ab dem Februar 1982 regnete es nur so die Dementis und Distanzierungen. Mit diesem Text hätten die Unterzeichner nichts zu tun, sie seien Opfer böswilliger linker Propaganda. Diese Dementierwut hält an; niemand soll glauben, man hätte etwas mit der Schrift vom 17. Juni 1981 zu tun.

Im Verhältnis zu diesem Propagandaaufwand hat sich aber etwas ereignet, was von der Öffentlichkeit kaum bemerkt wurde: Ein neues Heidelberger Manifest vom Februar 1982, zu dem sich die Unterzeichner dieses Mal auch voll bekennen. Dieses Manifest unterscheidet sich inhaltlich nicht und stilistisch nur kaum von der ersten Fassung. Um zu entschärfen, wurde beispielsweise einmal das Wort „Treue" durch den neutralen (?) Begriff Solidarität ersetzt; ja, es ist stellenweise sogar schärfer geworden. So wird nun die Gastarbeiterfrage zur Schicksalsfrage stilisiert.

Dieses Pamphlet ist aus zwei Gründen gefährlich: Berühmte, im öffentlichen Dienst stehende Wissenschafter haben es unterzeichnet und die Professoren berufen sich auf ihre Pflicht als Lehrer und auf das Grundgesetz.

Die Distanzierung vom Nazismus, die Betonung der edlen demokratischen Grundhaltung ist übrigens in beiden Fassungen vorsichtshalber vorhanden.

Hier nun der vollständige, autorisierte Text des Manifestes, wie er in der Deutschen Tagespost vom 17. 2. 1982 veröffentlicht wurde:

„Mit großer Sorge beobachteten wir einen Vorgang, der – ausgelöst durch eine euphorisch-optimistische Wirtschaftspolitik – dazu führte, daß inzwischen fünf Millionen Gastarbeiter mit ihren Familien in unserem Land leben und arbeiten. Offensichtlich ist es nicht gelungen, trotz Anwerbestopp den Zustrom zu begrenzen. Im Jahre 1980 hat allein die Zahl der gemeldeten Ausländer um 309.000 zugenommen, davon 194.000 Türken. Die Lage wird erschwert dadurch, daß nur wenig mehr als die Hälfte der Kinder geboren werden, die für ein Nullwachstum der deutschen Bevölkerung erforderlich wären; die Erneuerung der generativen Funktion der deutschen Familie ist dringend nötig.

Bereits jetzt fühlen sich viele Deutsche in ihren Wohnbezirken und an ihren Arbeitsstätten fremd in der eigenen Heimat, ebenso wie die Gastarbeiter Fremde sind in ihrer neuen Umgebung. Der Zuzug der Ausländer wurde von der Bundesregierung aus Gründen des heute als fragwürdig erkannten hemmungslosen Wirtschaftswachstums gefördert. Die deutsche Bevölkerung wurde bisher über Bedeutung und Folgen nicht aufgeklärt. Sie wurde auch nicht darüber befragt. Deshalb halten wir die Gründung einer parteipolitisch unabhängigen Arbeitsgemeinschaft für nötig, die eine möglichst allseitige Lösung eines Problems angeht – im Gespräch mit den verantwortlichen Politikern –, das gelöst werden muß, soll es nicht zur Schicksalsfrage für Gastarbeiter und Gastland werden. Was die Lösung dieses Problems erschwert, ist die Tatsache, daß in der öffentlichen Diskussion die notwendigen Fragen nicht mehr gestellt werden können, ohne daß gegen die Fragesteller der Vorwurf des Nazismus erhoben wird. Wir betonen daher, daß wir bei allen Bemühungen um eine Lösung entschieden auf dem Boden des Grundgesetzes stehen und uns nachdrücklich gegen ideologischen Nationalismus, Rassismus und Rechts- und Linksextremismus wenden.

Die Integration großer Massen nichtdeutscher Ausländer ist ohne Gefährdung des eigenen Volkes, seiner Sprache, Kultur, Religion nicht möglich. Jedes Volk, auch das deutsche Volk, hat ein natürliches Recht auf Erhaltung seiner Identität und Eigenart in seinem Wohngebiet. Die Achtung vor anderen Völkern gebietet ihre Erhaltung, nicht aber ihre Einschmelzung („Germanisierung"). Europa verstehen wir als eine lebendige Gemeinschaft von Völkern und Nationen, die durch Kultur und Geschichte eine Ganzheit höherer Art bilden. „Jede Nation ist die einmalige Facette eines göttlichen Plans" (*Solschenizyn*). Die Vielvölkernation Schweiz hat am 5. 4. 1981 mit ihrer in freier Abstimmung der Wähler erzielten Entscheidung ein Modell gegeben.

Obgleich wir um den Mißbrauch des Wortes Volk wissen, müssen wir mit allem Ernst daran erinnern, daß das Grundgesetz vom Begriff „Volk", und zwar vom deutschen Volk, ausgeht, und daß der Bundespräsident und die Mitglieder der Bundesregierung den Amtseid leisten: „Ich schwöre, daß ich meine Kraft dem Wohle des deutschen Volkes widme, seinen Nutzen mehren, Schaden von ihm wenden werde". Wer diesem Eid seinen Sinn läßt, wird sich nicht dagegen wehren können, daß es das deutsche Volk ist, um dessen „Erhaltung" es geht. Wer aus diesem Begriff folgert, daß es auch nichterhaltenswerte Völker gäbe, interpretiert gegen die Regeln wissenschaftlicher Hermeneutik und mißdeutet gröblich unser Anliegen.

Wir scheuen uns nicht, daran zu erinnern, daß das von der Präambel des Grundgesetzes als Verpflichtung aufgegebene Ziel der Wiedervereinigung durch die praktizierte Ausländerpolitik auf schwerste gefährdet werden könnte. Wie soll Wiedervereinigung möglich bleiben, wenn sich die Teilgebiete ethnisch fremd werden?

Welche Zukunftshoffnung verbleibt den Hunderttausenden von Gastarbeiterkindern, die heute sowohl in ihrer Muttersprache wie in der deutschen Sprache Analphabeten sind? Welche Zukunftshoffnung haben unsere eigenen Kinder, die in Klassen mit überwiegend Ausländern ausgebildet werden? Allein lebendige und lebensfähige deutsche Familien können unser Volk für die Zukunft erhalten.

Da die technische Entwicklung Möglichkeiten bietet und in gesteigertem Ausmaß bieten wird, die Beschäftigung von Gastarbeitern überflüssig zu machen, muß es oberster Grundsatz zur Steuerung der Wirtschaft sein: nicht die Menschen zu den Maschinen zu bringen, sondern die Maschinen zu den Menschen. Das Übel an der Wurzel zu packen heißt, durch gezielte Entwicklungshilfe die Lebensbedingungen der Gastarbeiter in ihren Heimatländern zu verbessern – und nicht hier bei uns. Die Familienzusammenführung der Gastarbeiter in ihre angestammte Heimat – selbstverständlich ohne Zwangsmaßnahmen – wird unser überindustrialisiertes und an Umweltzerstörung leidendes Land entlasten.

Nahezu keiner der Verantwortlichen und Funktionäre der großen gesellschaftlichen Körperschaften hat es gewagt, die Dinge beim Namen zu

nennen, geschweige denn ein realisiertes Konzept einer langfristigen Politik vorzuschlagen. Wir halten deshalb die Bildung einer überparteilichen Arbeitsgemeinschaft für notwendig, die allen Verbänden, Vereinigungen usw. die sich der Erhaltung unseres Volkes, seiner Sprache, Kultur, Religion und Lebensweise widmen, aber auch Einzelpersonen Mitarbeit ermöglicht. Gerade wir Hochschullehrer, zu deren vornehmer Aufgabe und Pflicht es nach wie vor gehört, Ausländern (insbesondere aus der sogenannten Dritten Welt) eine zweckentsprechende und sinnvolle Ausbildung in unserem Lande zu ermöglichen, müssen aufgrund unserer beruflichen Legitimation auf den Ernst der Lage und die bedrohlichen Konsequenzen der im Gang befindlichen Entwicklung in aller Öffentlichkeit hinweisen.
Prof. Dr. phil. M. Bambeck (Frankfurt), Prof. Dr. rer. pol. R. Fricke (Karlsruhe), Prof. Dr. phil. W. Haverbeck (Vlotho), Prof. Dr. rer. nat. J. Illies (Schlitz), Prof. Dr. theol. P. Manns (Mainz), Prof. Dr. jur. H. Rasch (Bad Soden), Prof. Dr. rer. nat. W. Rutz (Bochum), Prof. Dr. rer. nat. Th. Schmidt-Kaler (Bochum), Prof. Dr. med. K. Schürmann (Mainz), Prof. Dr. phil. F. Siebert (Mainz), Prof. Dr. phil. G. Stadtmüller (München)."

Die Verantwortung der Wissenschafter

Das wohl für die Öffentlichkeit stärkste Argument dieses, nach Ansicht des Autors eindeutig rechtsextremistischen Machwerkes, liegt in folgendem Satz: „Wie soll Wiedervereinigung (beider deutscher Staaten, Anm. d. Verf.) möglich bleiben, wenn sich die Teilgebiete ethnisch fremd werden?"

Wie ist es überhaupt möglich, verständlich, daß derartige rassistische Ansätze nach den grauenhaften Erfahrungen im Nationalsozialismus, der sich selbst rechtlich als angewandte Rassenkunde definierte, heute wieder möglich sind?

Daß Sätze mit eindeutig rassistischem Hintergrund („Die Integration großer Massen nichtdeutscher Ausländer ist ohne Gefährdung des eigenen Volkes, seiner Sprache, Kultur und Religion nicht möglich", autorisierte Manifest-Fassung) nicht nur noch möglich sind, sondern auch geglaubt werden, liegt zu einem guten Teil am Versagen der anthropologischen Wissenschaft.

Denn nun muß auf einen kaum mehr gut zu machenden Fehler, auf ein gewaltiges Versäumnis hingewiesen werden. Die aktuelle rassistische Reaktion ist auch darauf zurückzuführen, daß es nach dem Ende des Dritten

Reiches zu keiner ernsthaften Rassenforschung kam. Statt in besonders intensiver Arbeit den Mißbrauch der Rassenbiologie zu widerlegen, war dieses Thema streng tabuisiert. Wir stehen heute vor dem Phänomen, daß auch in neuen Lehrbüchern und Lexika die Rassengruppierungen Europas, oder das, was man nach wie vor dafür hält, zum Teil aus dem Schrifttum jener Wissenschafter stammt, die dem Nationalsozialismus angepaßt und ergeben waren.

Dazu kommt noch der Versuch, die Bedeutung der Anthropologie und ihrer Vertreter für den Nationalsozialismus zu verdrängen: „Ihre nicht geringe politische Erheblichkeit wurde der Anthropologie in Deutschland in der nationalsozialistischen Ära zum Verhängnis. Mehrere deutsche Anthropologen dieser Zeit machten zwar keine, nur äußerliche oder nur geringfügige (die eigene Existenz sichernde) Zugeständnisse an die Forderungen des Regimes, und das Regime hat seinerseits die Anthropologie als Hochschulfach wenig gefördert doch wurden rassenideologisch und pseudogenetisch motivierte Massenmorde später der Anthropologie als solcher angelastet".[15]

Die anthropologische Rassenkunde verwendet heute nach wie vor unbekümmert und unreflektiert den Begriff der nordischen Rasse. Im Lexikon der Anthropologie, 1959, finden wir unter Europa: Nordide, Dalofälische, Osteuropide, Mediterranide, Alpine und Dinaride. Die Norditen werden folgend beschrieben: „Schlank/hochgewachsen, langköpfig, schmalgesichtig mit weiß-rosiger Haut, (gold) blonden Haaren und blauen bis grauen Augen." *Knußmann* spricht 1980 ebenfalls von Norditen, die er zusätzlich als Nordische oder Germanische Rasse bezeichnet.[16]

Interessant ist dabei, daß sich alle Autoren (hier wurden aus Platzgründen nur zwei Zitate gebracht) auf *Egon Freiherr von Eickstedt,* 1934 berufen. Was mag das nur für eine Wissenschaft sein, in der sich seit 1934 nichts mehr geändert hat?

Eickstedts Arbeit, die als wichtige Grundlage immer wieder genannt wird, heißt „Rassenkunde und Rassengeschichte der Menschheit" und ist deskriptiv, ohne Wertungen verfaßt. Was allerdings nicht erwähnt wird, ist die Tatsache, daß im selben Jahr (1934) von *Eickstedt* ein zweites Buch herausgegeben wurde: „Die rassischen Grundlagen des Deutschen Volkes". Dieses Buch liest sich schon ganz anders. Hier beschreibt *Eickstedt* die nordische Rasse folgend: „Der Nordische ist der aktive Tatmensch mit stetem Temparament und zurückhaltendem, kühlsachlichem Wesen. In seinen Neigungen unternehmungslustig und kämpferisch, voll tiefem Gefühlsleben, gutmütig, Freiheitsliebe, Reinlichkeit. Dazu ein tatkräftiger, zäher, entschlossener Wille und objektives, klares und zielbewußtes, organisatorisches Denken."

Zu den Juden heißt es: „Und so selbstverständlich dem Japaner oder Franzosen oder auch Juden die eigene Art die wertvollste und zusagendste ist, genau so selbstverständlich gilt das für den Deutschen. So ist es nur natürlich und gesund, daß ein Volk die Überfremdung, Zersetzung oder Beherrschung durch ein andersartiges mit aller Kraft abwehrt und daß es dagegen seine eigene Art liebt und fördert, weil es eben seine eigene ist."[17]

Der Schlußsatz des Buches lautet: „Von der Kinderzahl der Gesunden und Tüchtigen und Besten des Volkes, von ihr und ihr allein hängt alles ab: Zukunft, Glück und Schicksal eines ganzen Volkes – unseres deutschen Volkes!"

Es ist deshalb notwendig, an dieser Stelle die Eickstedt-Aussagen ausführlicher zu zitieren, weil sie zeigen, daß der Begriff der nordischen Rasse kein ausschließlich typologisch-biologischer ist, sondern eine eindeutige ideologische Funktion hat.

Verwendet man heute den Begriff der nordischen Rasse als „wissenschaftliche Tatsache" in Publikationen und Lehrbüchern, so macht man sich zumindest schwerer Unterlassungen schuldig. Wenn man schon unbedingt von „nordisch" sprechen möchte, so ist es doch ein Gebot wissenschaftlicher Anständigkeit, auch auf den Mißbrauch hinzuweisen, der damit verbunden war.

Wenn man schon über eine Rasseneinteilung Europas schreibt, so wäre es dem unbefangenen und interessierten Leser gegenüber nur fair, auf folgende Tatsachen hinzuweisen:
1. Seit Jahrzehnten gibt es keine empirischen Untersuchungen mehr, die zu einer derartigen Rassensystema-

tik Europas berechtigen würden.
2. Rassentypologisches Denken (nordisch, dinarisch, ostisch usw.) hat dazu geführt, daß zu morphologischen Merkmalsbeschreibungen auch Wertigkeiten postuliert wurden, die sich gegen die Grundsätze von Humanität und Toleranz gerichtet haben.
3. Viele der Autoren, die heute zitiert werden, standen aktiv im Dienst der nationalsozialistischen Machthaber.

Erst dann, wenn diese Informationen gegeben wurden, sollte man in modernen Arbeiten den Begriff „nordisch" verwenden, falls man überhaupt das Bedürfnis hat, dies zu tun.

Ausblick

F. Vogel schreibt 1961 über die drei Hauptrassen der Menschheit (Negride, Mongolide, Europide):

„Wie lange die Siedlungsgebiete der Hauptrassen ihren Sondercharakter werden erhalten können, darüber sind Voraussagen unmöglich. Es hängt aber von der zukünftigen politischen Entwicklung dieser Bereiche entscheidend ab. Für den Fall aber, daß die Menschheit überhaupt noch eine lange Zukunft vor sich hat und daß sie sich nicht selbst eines (vielleicht nahen) Tages umbringt, liegt doch die allgemeine Tendenz wohl unverrückbar fest: Die rassenspezifischen Unterschiede werden immer mehr abnehmen und endlich ganz eingeebnet werden."[18]

Überträgt man diese fundamentale Überlegung, die Großrassen betreffend, nun auf die Versuche einer rein europäischen Rassensystematik, so wird die Unzulänglichkeit einer persistierenden Unterteilung in nordisch, alpin, ostbaltisch usw. endgültig klar.

Man sollte sich viel mehr an eine der besten Rassendefinitionen halten: Rassen sind Populationen in statu nascendi; die Merkmalskonfigurationen, die heute etwa einer Gruppe von Menschen zugeschrieben werden, können morgen durch Migration, Veränderung der Heiratsgewohnheiten und durch soziale Einflüsse ganz anders sein. Haben wir es dann mit einer neuen Rasse zu tun?

Dennoch, Rassenforschung und Rassenbiologie sind wichtig und ein legitimes wissenschaftliches Anliegen.

Es müssen nur die Inhalte und Zielsetzungen geändert werden. Ein ausschließlich typologisches Denken und

Vorgehen engt den Blickwinkel ein und muß zwangsläufig zu Wertungen führen.

In einer modernen, von humanitären Bestrebungen getragenen Rassenkunde müßte man bemüht sein zu zeigen, daß alle Menschen einer großen Familie angehören, deren Angehörige miteinander verwandt, aber natürlich nicht gleich sind. Eben diese Ungleichheit in Aussehen und Kultur schuf die faszinierende Vielfalt der Spezies Homo sapiens. Diese Vielfältigkeit aber ist es, die unsere großartige Kulturentwicklung überhaupt erst ermöglicht hat.

ANHANG

Das eugenische Konzept im 19. Jahrhundert

Der Begriff „Eugenik" wurde in der zweiten Hälfte des 19. Jahrhunderts durch Francis Galton geprägt. Damals schon wurde wie folgt definiert:

„Die Eugenik handelt einerseits von all den Einflüssen und Maßnahmen, die die erblichen Eigenschaften des Menschen verbessern; sie soll sich andererseits mit jenen Einflüssen beschäftigen, die die erblichen Eigenschaften zu ihrer bestmöglichen Entfaltung bringen."[19]

Galton, der zu Recht als Wegbereiter methodischexakten, naturwissenschaftlichen Forschens gerühmt wird, mag als demonstratives Beispiel dafür dienen, wie schwierig es für einen Wissenschafter sein kann, persönliche Weltanschauung und Forschung voneinander zu trennen.
Dazu schreibt 1961 der Humangenetiker F. Vogel:

„Galton schließt aus seinen Erhebungen auf einen sehr hohen Stand der Vererbung auf die geistige Begabung. Nachdem er u.a. auf soziologische Hindernisse hingewiesen hat, die die Eheschließung und Fortpflanzung gerade der Begabtesten und Erfolgreicheren erschweren, entwirft er die Utopie einer Gesellschaft, ‚in welcher man ein System wettbewerbsmäßiger Prüfung für Mädchen wie für junge Männer ausbildet, das jede wichtige Eigenschaft von Geist und Körper enthält und in der jährlich eine große Summe dazu bestimmt wird, solchen Ehen eine Aussteuer zu geben, von denen zu erwarten ist, daß die aus ihnen hervorgehenden Kinder einmal zu hervorragenden Staatsdienern heranwachsen werden'. Galton malt dann eine Zeremonie aus:

der Oberbeauftragte dieses Aussteuerfonds hält zehn tieferrötenden jungen Männern eine Rede, in der er ihnen mitteilt, die Kommission habe sie als die besten befunden und jedem von ihnen eine zu ihm passende Frau ausgesucht; sie gebe ihnen eine Aussteuer und zahle die Ausbildung ihrer Kinder."[20]

Ziel dieser neuen wissenschaftlichen Richtung war es, vom Staat jene Leistungen zu fordern, die die Heranzüchtung einer Elite garantierten. Die Vorstellungen der herrschenden Klasse in der vorrevolutionären Zeit, wie sie etwa durch Arthur Schopenhauer formuliert wurden, erfuhren nun eine bedrückende Aktualisierung:

> Könnte man alle Schurken kastrieren und alle dummen Gänse ins Kloster stecken, den Leuten von edlem Charakter einen ganzen Harem beigeben und allen Mädchen von Geist und Verstand Männer, und zwar ganze Männer, verschaffen, so würde bald eine Generation entstehen, die ein mehr als perikleisches Zeitalter darstellte."[21]

Im Jahre 1869 schreibt Galton:

> „Wenn es ... leicht ist, durch sorgsame Auslese eine beständige Hunde- oder Pferderasse zu erhalten ..., müßte es ebenso möglich sein, durch wohlausgewählte Ehen ... eine hochbegabte Menschenrasse hervorzubringen, die den modernen Europäern geistig und moralisch ebenso überlegen wäre, als die modernen Europäer den niedrigsten Negerrassen überlegen sind."[22]

Galton's Werk übte starken Einfluß auf die Zeitgenossen aus. Generell verbreitete sich ein Kulturpessimismus: das Verschwinden der Eliten durch das Aufkommen der Minderwertigen (Asoziale, Kranke, Schwachsinnige). Wesentlich scheint die Tatsache zu sein, daß diese Ideen vor allem in den Vereinigten Staaten von Amerika und in Deutschland auf fruchtbaren Boden fielen.

In Deutschland war es zunächst der Arzt W. Schallmayer, der die Verbindung zwischen Biologie (Rassenbiologie und Vererbungslehre) und Politik popularisierte. Sein Buch mit dem bezeichnendem Titel „Über die drohende Entartung der Kulturmenschheit" erschien 1891 und wurde durch viele Jahre hinweg als Standardwerk zitiert. Eine ebenfalls prominente Rolle spielte der Arzt A. Ploetz. Er prägte den Begriff „Rassenhygiene", der nun mehr und mehr das von Galton 1883 verwendete Wort „Eugenik" ablöste. Zum besseren Verständnis dazu kurz ein Kommentar von F. Vogel und P. Propping, 1981:

> „In den angelsächsischen Ländern faßte man die Bestrebungen unter dem von Francis Galton geprägten Begriff der Eugenik zusammen. Auch in Deutschland gab es starke sozialdarwinistische Bestrebungen, hier meist unter dem von A. Ploetz geprägten Begriff ‚Rassenhygiene'. Hört man heute

diesen Begriff, so steigen Assoziationen und Reminiszenzen herauf — von einer Säuberung von ‚fremdrassigen' Elementen bis zu dem Holocaust des Zweiten Weltkrieges. Die Rassenhygieniker um Ploetz verstanden unter ‚Rasse' jedoch nicht die Systemrassen der Anthropologen und hatten auch weder die Deutschen noch die Menschen germanischer Abstammung besonders im Sinn. Obwohl sich auch bei Ploetz gelegentlich ‚rassistische' Bemerkungen finden, verstand er unter ‚Rasse' die gesunde, leistungsfähige und ‚schöne' Bevölkerung. Deren biologische Qualität sollte erhalten und gefördert werden. Die Begriffe Rassenhygiene und Eugenik hatten also etwa die gleiche Bedeutung..."[23]

Das Werk von Ploetz, das für die weitere Entwicklung der Rassenhygiene wegweisend war, trug den Titel: „Grundlagen einer Rassenhygiene. 1. Teil: Die Tüchtigkeit unserer Rasse und der Schutz der Schwachen. Ein Versuch über Rassenhygiene und ihr Verhältnis zu den humanen Idealen, besonders zum Sozialismus", 1895; das Motto des Buches war aus dem Werk F. Nietzsche's gewählt: „Aufwärts geht unser Weg, von der Art hin zur Überart. Aber ein Grauen ist uns der entartete Sinn, welcher spricht: Alles für mich". Ploetz gründete die wissenschaftliche Zeitschrift, „Archiv für Rassen- und Gesellschaftsbiologie", die dann später eines der wesentlichen Publikationsorgane nationalsozialistischer Wissenschaftler wurde.

Rassenhygiene in den Vereinigten Staaten

Das wissenschaftliche Zentrum der Rassenhygiene in Amerika bildete der im Jahre 1906 gegründete „Ausschuß für Rassenhygiene" der „American Breeders Association". Unter anderem stellte sich der Ausschuß die Aufgabe, die Öffentlichkeit über den Wert der erblichen Tüchtigkeit zu informieren und auf die Gefahren der erblichen Minderwertigkeit hinzuweisen. Dazu war es aber zunächst notwendig, einschlägiges „Tatsachenmaterial" über die Minderwertigen zu sammeln. So gab es etwa das „Volta Bureau for the Increase und Diffusion of Knowledge Relating to Deaf" (Gründer: Graham Bell, der Erfinder des Telephons), das Daten über Taubstumme sammelte — Angaben über mehr als 50.000 Kinder bis 1912.

John D. Rockfeller gründete 1911 ein Bureau für „Sozialhygiene", das sich mit „Tatsachenforschung" über Prostituierte zu befassen hatte. Im Jahre 1910 wurde das „Eugenics Record Office" gegründet. Unter der Leitung von C. B. Davenport und H. H. Laughlin wurden umfangreiche Familienstudien betrieben. Im „American Breeders Magazine" heißt es 1912: „Eines der Wunder des neuen Jahrhunderts ist die überaus rasche Verbreitung rassenhygienischer Kenntnisse".

In dem zeitgeschichtlich wichtigen Buch „Die Rassenhygiene in den Vereinigten Staaten von Nordamerika" schreibt G. v. Hoffmann 1913:

„Galtons Traum, die Rassenhygiene werde zur Religion der Zukunft, geht in Amerika seiner Verwirklichung entgegen. In einem Siegeslauf, desgleichen sich bisher keine Lehre rühmen kann, erobert sie die Neue Welt und wenn sie auch die recht zahlreichen Religionen nicht verdrängt hat, ergänzt und stärkt sie bereits bei einem großen Teil der Bevölkerung eine andere, nicht minder starke Idee: die Vaterlandsliebe. Das amerikanische Volk soll sich stets verjüngen, stets veredeln, die vorhandenen Schäden ausmerzen, von außen nur tüchtige Menschen aufnehmen: das sind die Wege, auf denen Amerika eine neue, ideale, weltbeherrschende Rasse heranzüchten will. Der ohnehin unerschöpfliche Optimismus, die oft an Hochmut streifende Vaterlandsliebe der Amerikaner findet eine kräftige Nahrung in den nicht unbegründeten, durch die Rassenhygiene wachgerufenen Hoffnungen auf eine ruhmvolle, glückliche Zukunft."[24]

Die Intentionen der rassenhygienischen Bestrebungen lagen darin, bei den Minderwertigen „die Geburtenzahlen drastisch einzuschränken bzw. überhaupt die Reproduktionstätigkeit unmöglich zu machen. Aus dem Schrifttum ist zu entnehmen, welche Menschen „minderwertig" sind: Schwachsinnige; Unterstützungsbedürftige; die Verbrecherklasse; Epileptiker; Geisteskranke; körperliche „Schwächlinge"; Personen, die zu gewissen Krankheiten inklinieren; Blinde, Taubstumme usw.

Einschränkende Ehegesetze (Heiratsverbote) wurden in vielen Bundesstaaten erlassen. In vier Bundessstaaten (Delaware, Indiana, Maine und Vermont) war die Ehe zwischen Personen, die der Armenpflege zur Last fallen, verboten. In Washington durften Gewohnheitsverbrecher nicht heiraten. „Mangel an Verstand" als Ehehindernis galt in Arkansas, Nevada, New York, Nord Carolina und Oregon. In Indiana waren Menschen, die an „übertragbaren Krankheiten" litten, vom Eheverbot betroffen. Die

Gesetzgeber waren sich aber der Tatsache bewußt, daß Eheverbote rassenhygienisch nur wenig wirksam sind und bestenfalls erzieherische Bedeutung haben. Deshalb wurde vom Gesetzgeber in vielen Bundesstaaten die Unfruchtbarmachung Minderwertiger angeordnet: die ersten Gesetze „Zur Verhütung erbkranken Nachwuchses"!

Im Bundesstaat Indiana beispielsweise gab es schon 1907 ein Gesetz zur Unfruchtbarmachung. Zu entscheiden hatte ein Ausschuß über die Unfruchtbarmachung des Minderwertigen. In diesem Gesetz, das eindeutig rassenhygienischen Charakter hatte war der operative Eingriff (beliebige Operation!) bei Schwachsinnigen, Notzuchtverbrechern und unverbesserlichen Verbrechern geregelt.

In Oregon, 1913, konnte die Unfruchtbarmachung über eine „beliebige Operation" durch das staatliche Gesundheitsamt bei Gewohnheitsverbrechern, „sittlich entarteten" oder geschlechtlich verkommenen Insassen in den staatlichen Irren- und Strafanstalten durchgeführt werden.

Im „Archiv für Rassen- und Gesellschaftsbiologie" (1940) ist unter Notizen nachzulesen:

„Einer neuerlichen Veröffentlichung der Human Betterment Foundation: Human Sterilization today (Pasadena 1939) können wir Zahlen der bis zum 1. Januar 1939 in Nordamerika durchgeführten Unfruchtbarmachungen aus erbpflegerischen Gründen entnehmen: Danach sind bis zu diesem Zeitpunkt in 29 Bundesstaaten Nordamerikas auf Grund der dort geltenden Gesetze 30690 Unfruchtbarmachungen erfolgt . . . Von einem energischen Vorgehen kann eigentlich nur in Kalifornien die Rede sein, wo bis zum 1. Januar 1939 12941 Unfruchtbarmachungen durchgeführt worden sind . . . Die neue Veröffentlichung der Human Betterment Foundation weist darauf hin, daß gut unterrichtete Fachleute die Zahl der Erbkranken in Nordamerika auf rund sechs Millionen schätzen. Allein in Kalifornien belaufen sich die Kosten für anstaltsbewahrte Geisteskranke und Schwachsinnige auf jährlich rund zwei Millionen Dollar. Angesichts dieser Tatsachen erklärt die Human Betterment Foundation mit Recht die Frage der Verhütung erbkranken Nachwuchses für das z. Z. bevölkerungspolitisch wichtigste Problem."[25]

Aus dem Vorwort der Kommentare „Zur Verhütung erbkranken Nachwuchses", Gesetze vom 14. Juli 1933 von A. Gütt, E. Rüdin und F. Ruttke des nationalsozialistischen Deutschland:

„Das deutsche Volk ist nicht nur vor Verbrechern zu schützen, sondern noch höher steht die Zukunft der Nation, die Vorsorge für das kommende Geschlecht, das von Erbkrankheiten, Mißbildungen und vererbbaren Verbrecheranlagen durch diese ... Gesetze bewahrt werden soll."[26]

Rassenhygiene in Europa am Beispiel der Schweiz

Die Unfruchtbarmachung aus rassenhygienischen Gründen wurde auch im Europa der zwanziger Jahre als unerläßlich angesehen. Jahre vor der Machtergreifung durch die Nationalsozialisten kannten viele europäische Staaten, so vor allem Skandinavien, derartige Sterilisationsgesetze. Vom Inhalt und Wortlaut her sind diese Gesetze und Richtlinien einander ziemlich ähnlich. Als Beispiel mögen nun einige Zitate der entsprechenden Sanitätsgesetze der Schweizer Kantone Waadt und Bern wiedergegeben werden: Kanton Waadt: Sanitätsgesetze vom 1. Jänner 1929:

„Art. 28 bis. Eine Person, die an Geisteskrankheit oder Geistesschwäche leidet, kann Gegenstand ärztlicher Maßnahmen sein, die zum Zwecke haben, die Kindeserzeugung zu verhindern, sofern diese Person unheilbar ist und sie aller Voraussicht nach nur entartete Nachkommenschaft haben kann ..."

Aus den Kommentaren zur Motivierung dieses Gesetzes aus dem Frühjahr 1928:

„... Zuerst zeigt die Erfahrung, daß der Schwachsinn meist vererbt wird, desgleichen die Moralidiotie (moral insanity) ... Deshalb legt unser Entwurf die Entscheidung über die Wünschbarkeit solcher Operationen in die Hände des Gesundheitsrates und speziell auch die Entscheidung, ob die Gefahr besteht, daß die vom Gesetz Betroffenen anormale Kinder erzeugen und dadurch die Zahl der Degenerierten in unserem Land vermehren. Es ist sicher, daß die Zahl der Personen, die in Anstalten untergebracht werden müssen, regelmäßig zunimmt und daß das Staatsbudget durch sie stark belastet wird, nachdem die Vererbung der Geisteskrankheiten in allen demographischen Statistiken nachgewiesen ist..."

Kanton Bern; Amtliche Mitteilung der Direktion des Armenwesens; 5. Februar 1931:

„Es kommt in der letzten Zeit ziemlich häufig vor, daß Gemeinde- und Armenbehörden dem kantonalen Frauenspital in Bern oder auch den Bezirksspitälern Frauenpersonen zur Aufnahme anmelden oder auch gleich zuführen, mit dem Verlangen, daß diese Frauenpersonen durch Vornahme einer entsprechenden Operation sterilisiert, d.h. unfruchtbar gemacht werden sollen ... Laut fachmännischem Urteil gehört die Vornahme der Sterilisation zu den Operationen, die nicht ungefährlich sind. Sie ist ein chirurgischer

Eingriff, bei dem Komplikationen, die bleibende Schädigung und auch Todesfall zur Folge haben können, gar nicht ausgeschlossen sind. Instanzen, welche jemanden zu einer solchen Operation zwingen oder auch nur drängen, übernehmen also auch in dieser Beziehung eine große Verantwortung, die wir unsererseits (als Armenbehörde; Anm. d. Verf.) nicht mittragen wollen . . . Bei den Fällen eugenetischer Natur handelt es sich zumeist um Operationen, die den Zweck haben, minderwertige Menschen von der Erzeugung von Nachkommen auszuschalten. Diese Minderwertigkeit kann auf körperlichem oder geistigem Gebiet liegen. Die Kinder solcher Eltern sind häufig auch wieder mit Defekten behaftet, sind dann zu einem unglücklichen Dasein verurteilt und fallen oft auch wieder der Öffentlichkeit zur Last . . . Bei der Diskussion über die Vornahme der Operation darf keinerlei Zwang oder Druck offener oder versteckter Art angewendet werden, sondern die Operation darf nur im absolut freien Einverständnis mit der zu Operierenden vorgenommen werden. Bei verheirateten Frauen ist auch die absolut freie Zustimmung des Ehemannes notwendig. Bei verheirateten Frauen darf die Sterilisation nur vorgenommen werden: a) Aus Gründen medizinischer Indikation in Rücksicht auf den Gesundheitszustand der Frau, z.B. bei Tuberkulose oder schwerem Herzfehler etc. b) Aus Gründen sozialer Indikation bei solchen Frauen, welche schon eine größere Anzahl Kinder geboren haben und deren allgemeiner Gesundheitszustand so geschwächt ist, daß bei einer fernen Schwangerschaft und Niederkunft mit aller Voraussicht, wenn nicht der Tod der Frau, so doch eine weitere Schwächung und Reduzierung ihrer Kräfte in einem Maße zu befürchten ist, daß sie nachher nicht mehr fähig ist, ihren Pflichten als Hausfrau und Mutter nachzukommen. c) Aus Gründen eugenetischer Indikation, wenn beim einen oder beiden Elternteilen durch die Folgen unheilbarer alkoholischer Vergiftung oder anderer Infektionen oder schwerer Krankheit der körperliche oder geistige Organismus in einer Weise geschädigt ist, daß befürchtet werden muß, daß auch die eventuell noch entstehenden Kinder dieser Eheleute unter den Defekten ihrer Eltern leiden müssen. Liegen die Gründe beim Ehemann, so ist die Frage zu prüfen, ob nicht an Stelle der Sterilisation der Frau diejenige des Mannes vorzunehmen sei . . . Bei unverheirateten Frauenpersonen darf die Sterilisation nur vorgenommen werden, wenn sie deutliche Zeichen körperlicher oder geistiger Minderwertigkeit aufweisen . . . Die Regierungsstatthalterämter und die Bezirksarmeninspektoren werden angewiesen, im Sinn von Art. 62 und 72 des Armenpolizeigesetzes auf eine richtige und gewissenhafte Handhabung des Gesetzes gemäß den Ausführungen dieses Kreisschreibens zu dringen und namentlich darauf zu achten, daß die Gemeinden nicht aus falsch angebrachter Sparsamkeit das Gesetz nicht anwenden."

Aus den Literaturberichten ist zu entnehmen, daß trotz der großen Popularität des rassenhygienischen Gedankens in der Schweiz nicht in nennenswertem Umfang sterilisiert wurde.

Die Ausführungen sollten zeigen, daß die berüchtigten national-sozialistischen Sterilisationsgesetze keine Neuschöpfung waren; neu jedoch war die bedingungslose

Konsequenz ihrer Exekution im Dritten Reich.

Anmerkungen

1 E. Vogel, Sind Rassenmischungen biologisch schädlich? In: Rassen und Minderheiten: H. Seidler/A. Soritsch (Hg.), Schriftenreihe für Sozialanthropologie, Bd. 1, 1983.
2 E. Kant, zit. n. H. Blome, Der Rassengedanke in der deutschen Romantik und seine Grundlagen im 18. Jahrhundert, 1943.
3 Ch. Meiners, zit. n.: Blome (wie Anm. 2).
4 G. Straaß, Sozialanthropologie. Prämissen − Fakten − Probleme, Fena 1976.
5 Rousseau, zit. n.: Blome (wie Anm. 2). Siehe auch L. Schemann, Die Rasse in den Geisteswissenschaften, Bd. 1, Lehmann 1928.
6 Zit. n.: Straaß (wie Anm. 4).
7 Zit. n.: H. Seidler, A. Rett, Das Reichssippenamt entscheidet − Rassenbiologie im Nationalsozialismus, Wien 1982.
8 Ebenda.
9 Ebenda.
10 A. Kirchhoff, Darwinismus angewandt auf Völker und Staaten, Halle a. S., 1910.
11 Ebenda.
12 F. Lenz, Menschliche Erblichkeitslehre und Rassenhygiene, 2. Aufl., München 1923.
13 J. A. Mjoen, H. Bryn, zit. n.: H. Geißel, Rassenmischung und ihre Folgen, Dresden, 1940.
14 Th. Mollison, Rassenkunde und Rassenhygiene. In: Erblehre und Rassenhygiene im völkischen Staat. E. Rüdin (Hg.), München 1934.
15 R. Knussmann, Vergleichende Biologie des Menschen. Lehrbuch der Anthropologie und Humangenetik, 1980.
16 E. v. Eickstedt, Die rassischen Grundlagen des deutschen Volkes, Köln 1934.
17 Ebenda.
18 F. Vogel, Lehrbuch der Allgemeinen Humangenetik, Berlin−Heidelberg 1961.
19 F. Vogel, P. Propping, Ist unser Schicksal mitgeboren. Berlin 1981.
20 F. Galton, zit. n.: Vogel (wie Anm. 18).
21 A. Schopenhauer, zit. n.: Straaß (wie Anm. 4).
22 F. Galton, zit. n.: Straaß (wie Anm. 4).
23 Zit. n.: Vogel/Propping (wie Anm. 19).
24 Geza von Hoffmann, Die Rassenhygiene in den Vereinigten Staaten von Nordamerika, München 1913.
25 Notiz aus: Archiv für Rassen- und Gesellschaftsbiologie. Bd. 33, 5, 1940.
26 Gütt, Rüdin, Ruttke, Gesetz zur Verhütung erbkranken Nachwuchses, 2. Aufl., München, 1936.

BIRGIT BOLOGNESE-LEUCHTENMÜLLER

WISSENSCHAFT UND VORURTEIL
AM BEISPIEL DER BEVÖLKERUNGSSTATISTIK UND
BEVÖLKERUNGSWISSENSCHAFT VON DER ZWEITEN
HÄLFTE DES 19. JAHRHUNDERTS BIS ZUM NATIO-
NALSOZIALISMUS

Im Jahre 1974 führte H. Schubnell[1] das Problem einer jahrzehntelangen Vernachlässigung der Bevölkerungswissenschaft in der Bundesrepublik nach dem Zweiten Weltkrieg vor allem auf einen Umstand zurück: die Nationalsozialisten hätten die Demographie für ihre einseitigen bevölkerungspolitischen Zielsetzungen mißbraucht, diese Tatsache habe in weiten — auch wissenschaftlichen — Kreisen dazu geführt, die Beschäftigung mit Bevölkerungsfragen mit aktiver Bevölkerungspolitik nationalistischer Prägung gleichzusetzen. Die derart diskriminierten Demographen konnten daher an den Universitäten auch nicht jenes Verständnis finden, das zur weiteren interdisziplinären Entwicklung ihres Wissenschaftszweiges notwendig gewesen wäre, ganz abgesehen davon, daß die nach Schubnells Auffassung „künstliche" Trennung in Naturwissenschaften und Geisteswissenschaften für die auf Interdisziplinarität angewiesene Bevölkerungswissenschaft an sich schon ein schweres Hindernis darstelle.

Daß der Nationalsozialismus tatsächlich rücksichtslos wie kein anderes Herrschaftssystem zuvor seine bevölkerungspolitischen Intentionen zu realisieren versuchte, ist ein Faktum, das hier wohl nicht weiter diskutiert werden muß. Gerade an die Äußerungen Schubnells anschließend sind dagegen zwei Fragen von besonderem Interesse: zunächst die, ob der Umstand des erwiesenen Mißbrauchs der Bevölkerungswissenschaft in der NS-Ära für sich allein wirklich eine ausreichende Erklärung für die Stagnation dieser Disziplin nach Kriegsende darstellt, oder ob nicht viel eher die Scheu vor einer kritischen Selbstreflexion der historischen Verantwortung der Bevölkerungswissenschaft für die von ihr gelieferten Theorien für diese Durststrecke ausschlaggebend war. Eine Auseinandersetzung mit dieser Frage hat in der neueren Entwicklung der Demographie keinen Platz gefunden, das mag aus Gründen der personellen Kontinuität bei den namhafteren Fachvertretern vor und nach dem Kriege sogar teilweise begreiflich erscheinen. Gemessen jedoch an der weit kritischeren Behandlung, die anderen Disziplinen wie etwa der Geschichte, der Biologie oder der Medizin und deren Vertretern diesbezüglich zuteil wurde, ist diese Tendenz zur Ausblendung von für die Bevölkerungswissenschaft unangenehmen Fragen nach ihrem eigenen Anteil an der Entwicklung der Bevölkerungspolitik der NS-Zeit jedoch unverständlich. Die Bevölkerungswissenschaft übergeht diesen Abschnitt ihrer Entwicklung so konsequent, als bestünde überhaupt keine fachinterne Kontinuität, sie hilft sich auch dadurch, daß sie die Geburtsstunde der „modernen" Bevölkerungsforschung eben erst in der Zeit nach dem Zweiten Weltkrieg datiert und mit diesem fiktiven Bruch in der Fachtradition auch ihre Nichtzuständigkeit für die frühere Entwicklung signalisiert.

Die zweite Frage in diesem Zusammenhang betrifft das Problem, inwieweit die nationalsozialistische Bevölkerungspolitik überhaupt neue eigene Theorien und Überlegungen entwickeln mußte oder ob sie nicht lediglich längst vorhandene Konzepte und wissenschaftliche Überzeugungen aufzugreifen brauchte. Betrachtet man die Entwicklung der Bevölkerungswissenschaft vom späten 19. Jahrhundert bis namentlich in die Zwanzigerjahre unter dem Gesichtspunkt, daß wir in dieser Phase bereits praktisch alle späteren Überlegungen der Nationalsozialisten zur Geburtenpolitik, zum qualitativen Bevölkerungswachstum, zu Selektion, Rassenhygiene und Rassenpolitik antizipiert finden, so wird klar, daß die verheerende Konsequenz in der Durchsetzung dieser Politik ohne die bereits vorher gegebene ideologische Basis und die zumindest in Wissenschaftskreisen schon vorher existente Grundeinstellung in diesen Fragen nicht denkbar ist.

Die Verdrängung des Ideologieproblems

Die schon erwähnte Tendenz zur Verdrängung aller, das heutige Fachverständnis belastender Fragen nach den historischen Irrwegen ihrer Disziplin wurde den Bevölkerungswissenschaftlern auch dadurch erleichtert, daß namentlich mit dem Aufschwung der quantifizierenden Methoden sich das allgemeine Interesse naturgemäß in erster Linie der Rekonstruktion und Aufarbeitung des historischen Datenmaterials zuwandte. Die bereits zeitgenössisch erfolgte Analyse und Interpretation sowie die Meinungsbildung zu den Ergebnissen der amtlichen Statistik konnte dabei weitgehend unbeachtet bleiben. Wenn wissenschaftliche Untersuchungen namentlich auf dem Gebiet der historischen Bevölkerungsforschung dagegen auf sie zurückgreifen müssen, dann geschieht dies vorwiegend in einer Form, die lediglich die Richtigkeit bestimmter Beobachtungen beurteilt, viel weniger jedoch im Sinne ideologiekritischer Auseinandersetzung.

Die offensichtlichen Schwierigkeiten moderner Bevölkerungsforscher im Umgang mit demographischen Aussagen aus der Zeit vor dem Zweiten Weltkrieg lassen sich am Beispiel der Auseinandersetzung H. Lindes[2] mit einer Äußerung G. Ipsen's zu Problemen der Übervölkerung agrarischer Gebiete zur Zeit der Industrialisierung recht gut nachvollziehen. Ipsen äußerte sich zu den generativen Auswirkungen bauernbefreiender Reformen, die eine Erleichterung der Familiengründung für bis dahin davon ausgeschlossene Bevölkerungsgruppen brachten, in einer Form, die deutlich die Voreingenommenheit der Bevölkerungswissenschaftler gegenüber der größeren Reproduktivität der unteren Sozialschichten dokumentiert. Eine Voreingenommenheit, die übrigens auch in der modernen Entwicklung der Demographie durchaus weiterbesteht, heute aber weit mehr in der Beurteilung des Bevölkerungswachstums in der Dritten Welt zum Ausdruck kommt:

„Diese Entfesselung wirkte sich umso unangenehmer aus, je weniger die betreffenden sozialen Schichten bisher aus eignem Zuchtwahl und Geburtenregelung übten und je weniger Erb- und Standesinteressen einer schrankenlosen Vermehrung entgegenstanden: am stärksten also bei den untersten Schichten der ländlichen Bevölkerung – das Elend reproduzierte sich selbst, sobald das Triebleben freigesetzt war."[3]

H. Linde weist nun zunächst darauf hin, daß Ipsen selbst 1954 eine Korrektur dieses Vorurteils vorgenommen habe und meint dann zum Inhalt der Aussage, daß es sich hierbei ganz offenkundig um noch keineswegs nachgeprüfte Rückprojektionen von Befunden handle, die in der europäischen Geburtenrückgangsdiskussion der Zwischenkriegszeit aktuell gewesen seien. Die Erklärung trifft zweifellos zu, doch waren die angesprochenen Befunde der Zwischenkriegszeit nachweislich von der der Ideologie beherrscht, es vermehrten sich nur die gewissermaßen ,,falschen" Bevölkerungsgruppen annähernd ausreichend. Der Begriff ,,Befunde" ist in diesem Zusammenhang überhaupt insofern einigermaßen irreführend, als er den Eindruck vermitteln könnte, es hätte zumindest für die Zwischenkriegszeit objektive Anhaltspunkte dafür gegeben, von einem (neuen) überproportionalen oder gar unkontrolliertem Zuwachs der Unterschichten zu sprechen. Tatsächlich war eher das Gegenteil der Fall: in Verbindung mit der allgemein und alle Bevölkerungsgruppen – nur mit unterschiedlicher Intensität – betreffenden rückläufigen Geburtenzahl entwickelte sich lediglich die Zwangsvorstellung, daß die ,,Qualität" der Bevölkerung durch den vergleichsweise stärkeren Geburtenrückgang vor allem in der Mittelschicht abnehmen müßte (ungeachtet dessen richteten sich jedoch die Appelle zu größerer Kinderzahl pro Familie durchaus auch an die unteren Sozialschichten, deren abnehmende ,,Bedürfnislosigkeit" mit ebenso großer Sorge registriert wurde wie die Anzeichen für einen eventuellen ,,Gebärstreik" der Arbeiterschaft). Schon allein die Tatsache, daß hier – Linde folgend – offensichtlich Interpretationsmuster aus einer Zeit allgemein sinkender Geburtenziffer auf eine völlig andere Bevölkerungssituation übertragen wurden, läßt den Schluß zu, daß dafür weniger die realen Daten der Zwischenkriegszeit ausschlaggebend gewesen sein dürften. Wenn es sich also bei der zitierten Aussage Ipsen's um Rückprojektion handelt, dann vor allem um die eines Vorurteils, nämlich der Annahme von der Minderwertigkeit der Motive, die die Reproduktion der Unterschichten angeblich bestimmte („Triebauslebung" im Gegensatz zu den offensichtlich höher einzuschätzenden Motiven der übrigen Bevölkerungsgruppen).

Das Problem, das damit angesprochen sein soll, liegt vor allem darin, daß gerade im Bemühen um größtmögliche Versachlichung bevölkerungsgeschichtlicher Fragen die ideologischen Wurzeln der zeitgenössischen Theoriebildung ausgeblendet werden. Linde selbst meint ja zu den Befunden der Zwischenkriegszeit

„die Verführung, diese Differenzen der ehelichen Geburtenzahl . . ., den betreffenden Populationen quasi als Eigenschaften zuzuschreiben und in bestimmten Strukturzügen ihrer materiellen Existenz verankert zu finden, lag damals zweifellos näher, als die rigorose Hypothese eines identischen Prozeßes der Geburtenbeschränkung aus erhöhter Aufwuchserwartung mit schichtenspezifisch unterschiedlicher Beschleunigung des Phasendurchlaufs"[4]

„Naheliegend" könnte diese Versuchung jedoch aus höchst unterschiedlichen Gründen gewesen sein, etwa aus der unmittalbaren zeitlichen Nähe zu den Ereignissen, die eine Interpretation nach längerfristigen Zusammenhängen erschwerte oder aufgrund eines Theoriedefizits hinsichtlich der Ursachen für den schichtspezifisch verzögerten Verlauf der Geburtenkurve. Tatsächlich war sie jedoch ausschließlich deshalb naheliegend, weil der Kern der Aussage genau auf jener ideologischen Linie liegt, die die Bevölkerungswissenschaft – und zwar nicht erst ab der Zwischenkriegszeit – kennzeichnete, nämlich die strikte Differenzierung der sozialen Schichten nach den ihnen jeweils zugeschriebenen sozialethischen und persönlich-moralischen Standards und dem unterschiedlich angesetzten gesellschaftlichen Wert ihrer generativen Reproduktion.

Die Einführung vorurteilsbeladener „sittlicher" Kategorien in die Geburtenfrage stellt natürlich nur eine von zahlreichen Facetten der in diesem Entwicklungsabschnitt der Bevölkerungswissenschaft üblichen Ideologisierung demographischer Probleme dar. Gerade aus einem heute zunehmend kritischer werdenden Wissenschaftsverständnis her fällt es aber ganz offensichtlich besonders schwer, unbestreitbare wissenschaftliche Leistungen, wie sie z.B. auf dem Gebiete der Bevölkerungsforschung in der Zwischenkriegszeit erbracht wurden, entsprechend zu würdigen und dabei gleichzeitig die Tatsache zu akzeptieren, daß viele interpretierende Aussagen und Wertungen der Bevölkerungswissenschaftler massiv von den herrschenden politisch-ideologischen Einflüssen und Wertungen dieser Zeit bestimmt waren, und ihrerseits wieder auf das geistige Klima in dieser Periode zurückwirkten.

Bevölkerungswissenschaft und Biologie

Da jede deographische Arbeit zunächst die Kenntnis von Größe, Zusammensetzung und Bewegung einer Population in ihrer wechselseitigen Bedingtheit voraussetzt, muß den biologischen und physiologischen Faktoren demographischer Prozesse (Alter, Sexualproportion, Fruchtbarkeit, Sterblichkeit, Lebenserwartung, Generationsdauer) naturgemäß ein entsprechend hoher Stellenwert in der bevölkerungswissenschaftlichen Betrachtung zukommen. Die sog. Vitalitätsverhältnisse sind darüber hinaus von weiteren Variablen — konstitutionellen und gesundheitlichen Gegebenheiten — abhängig, die ihrer unmittelbaren generativen Wirkung (nicht natürlich ihren Ursachen) nach ebenfalls biologische Deutungen erlauben.

So selbstverständlich die Bevölkerungswissenschaft aber biologische Grundgegebenheiten erfaßt und (auch oder ausschließlich) biologisch bedingte demographische Phänomene bearbeitet, so wenig ist es nachträglich sinnvoll, bzw. überhaupt möglich, biologische Faktoren von ihrer sozialkulturellen Prägung abstrahiert sehen zu wollen. Schon die Bevölkerungsstatistik erfaßt ja Struktur und Zusammensetzung einer Population nicht streng nach biologischen (Alter, Geschlecht) und sozial-wirtschaftlichen (Familienstand, Beschäftigung, Erwerbsfähigkeit, Wohnplatzgröße etc.) Faktoren, sie setzt diese statistischen Merkmale unterschiedlichster Art bereits in ihren ersten Arbeitsgängen in Beziehung zueinander.

Während jedoch die moderne Bevölkerungswissenschaft aufgrund ihrer übergreifenden Theorien kaum Schwierigkeiten bei der Gewichtung der maßgeblichen Faktoren der Bevölkerungsentwicklung hat, gab es in früheren wissenschaftsgeschichtlichen Abschnitten einen Richtungsstreit zwischen den streng naturwissenschaftlich und später zunehmend stärker sozialwissenschaftlich orientierten Bevölkerungstheorien. Die biologischen Theorien des Bevölkerungswechsels versuchten die generative Entwicklung auf der Basis angenommener Naturgesetzlichkeiten im menschlichen Fortpflanzungsverhalten zu erklären, wobei die Aussagen über die Form dieser angenommenen Gesetzmäßigkeiten aber durchaus widersprüchlich ausfielen. So ging etwa die Malthus'sche Theorie, derzufolge sich die Bevölkerung tendentiell immer in geometrischer Progression vermehre, wenn nicht Korrekturfaktoren in Form demographischer Katastrophen (Veränderungen der Absterbeordnung durch Seuchen, Hungersnöte, Verelendung) wirksam werden, von der Annahme eines stets gleichbleibenden Vermehrungstriebes des Menschen aus. Während Malthus einen Trend zur Geburtenbeschränkung von äußeren Anstössen — eben durch Erreichung der Grenzen des Nahrungsspielraums — abhängig sieht, entwickelte etwa fünfzig Jahre später P. F. Verhulst die sog. ,,logistische Kurve" der Bevölkerungsentwicklung, die eine ,,automatisch" eintretende Verminderung der Fortpflanzungsintensität ab einer bestimmten realisierten Wachstumsgröße (also noch vor Eintritt einer demographischen Katastrophe) annimmt. Diese Theorie lebte in den Zwanzigerjahren in den Forschungen R. Pearl's und L. J. Reed's wieder auf, die zu beweisen suchten, daß Fruchtbarkeit und Bevölkerungsdichte negativ miteinander korrelierten. Auch die Theorie von der Existenz sog. Bevölkerungszyklen (C. Gini) zielt in etwa die Richtung, daß sich eine ,,natürliche" Hemmung der Bevölkerungsvermehrung einstelle, sobald eine bestimmte Höhe der Wachstumsprogression erreicht sei.[5] Die Theorien der ,,Biologisten" bauen also überwiegend auf der Annahme eines biologischen Selbstregulierungsmechanismus auf, man kann sie auch als Theorien der ,,abnehmenden physiologischen Fruchtbarkeit" ab einer bestimmten Größenentwicklung der Bevölkerung bezeichnen.

Angesichts der Tatsache, daß gerade die eigentlichen biologischen Theorien auch bereits bei den Bevölkerungswissenschaftlern des 19. Jahrhunderts sehr geteilte Aufnahme fanden, die naturalistische Richtung jedenfalls in Österreich relativ wenige Anhänger hatte und Elemente der sog. „Armuts-, Wohlstands- und Gesinnungstheorien"[6] viel häufiger die Grundlagen der Interpretation demographischer Prozesse bildeten, entwickelten sich jedoch davon unabhängig erstaunlich zählebige, spezifische Formen biologistischer Denkweise, die durchaus auch innerhalb soziologischer Interpretationsmuster ihren Platz fanden. Der Begriff „biologistisch" meint in diesem Falle aber natürlich nicht ein theoretisches Konzept (wie es bei den als „Biologisten" bezeichneten Vertretern einer naturalistischen Sicht der Bevölkerungsentwicklung der Fall ist), sondern die häufig übliche, unüberprüfte Zurückführung demographischer Erscheinungen auf angenommene „natürliche" (=biologische) Anlagen des Geschlechts, der sozialen Schicht, der Nation oder der Rasse. Derartige Vorstellungen, bzw. Vorurteile übten auf die Entwicklung der Bevölkerungswissenschaft jedoch einen ungleich nachhaltigeren Einfluß aus, als ihn die eigentlichen biologischen Theorien hatten.

Man wirft der Bevölkerungswissenschaft nicht ganz zu Unrecht ihren Anteil an der Entstehung einer stark biologisch-funktionalen Sicht des Menschen vor. Daran haben aber jedenfalls weit weniger ihre tatsächlichen Inhalte Schuld, als das – zum Großteil traditionelle – Vokabular, dessen sie sich bedient. Auch in der modernen Literatur finden Begriffe wie „generative Leistung", „Gebärfähigkeit", „durchschnittlicher Geburtenertrag" oder „generative Ausfallserscheinungen" noch immer Verwendung. Es ist aber nun fraglos schwierig, Bezeichnungen für Inhalte *auch* biologischen Charakters so zu wählen, daß sie nicht unmittelbar zu Synonymen für biologische „Funktionstüchtigkeit" werden. Die Tücken des Vokabulars sind gerade in der Demographie nicht zu übersehen. Da kann es dann selbst einem so renommierten Bevölkerungswissenschaftler wie K. Mayer in einer Besprechung von Gesellschaften mit unausgewogener Sexualproportion passieren, daß er die Konsequenzen eines größeren Frauenüberschusses in einer dann einsetzenden „Männerjagd", bzw. im Problem der „alten Jungfern" sieht.[7]

Der Biologismus in der Bevölkerungswissenschaft vor dem Ersten Weltkrieg

Die Ursachen — Entwicklung eines theoretischen Überbaues der Bevölkerungsstatistik

Ab etwa um die Mitte der Siebzigerjahre des 19. Jahrhunderts trat die österreichische wissenschaftliche Statistik in eine Periode ihrer Entwicklung ein, in der es in erster Linie darum ging, das damals geringe Ansehen der Disziplin in der Öffentlichkeit und die Unsicherheit bezüglich ihres Selbstverständnisses und künftigen Aufgabenkreises zu überwinden. Die Krise, in der sich die Statistik als Wissenschaft damals befand, resultierte zu allererst aus den politischen Veränderungen durch die Revolution des Jahres 1848 und den mit ihnen einhergehenden Niedergang der ursprünglichen Verwaltungsstatistik, die im Dienste des absoluten Staates von diesem ihre Aufgabenstellung und Legitimation bezogen hatte, gleichzeitig aber auch ihr Ansehen und ihre Wertschätzung. Zwar konnte sich die alte „Staatenkunde" noch eine Zeitlang behaupten, mit der abnehmenden Betonung des Staatsgedankens und in dem Maß, als die „soziale Frage" in den politischen Vordergrund trat, büßte der ehemals wichtige Arbeitsbereich jedoch seine Bedeutung für die wissenschaftliche Entwicklung der Disziplin ein.

Der Versuch, Bevölkerungsphänomene auf der Basis naturwissenschaftlich faßbarer Gesetzmäßigkeiten zu erklären, wurde seinen Ergebnissen nach als unzureichend empfunden. Die Statistik befand sich damit in einem Übergangsstadium, das praktisch bis zum Ersten Weltkrieg andauern sollte: sie hatte aufgehört, eine rein politische (d.h. ausschließlich im Dienste der staatlichen Verwaltung stehende) Wissenschaft zu sein, sie war aber auch noch keine reine Erfahrungswissenschaft geworden. [8] Sie war demnach gezwungen, neue Aufgabengebiete für sich zu erschließen, ihre Themenbereiche auszuweiten und ihre Methoden zu verbessern, um ihre Existenzberechtigung als eigenständiger Wissenschaftszweig unter Beweis zu stellen. Nur aus dieser Ausgangssituation ist die Einbeziehung von Fragestellungen aus anderen Wissenschaftsbereichen, namentlich der Geschichte, der Biologie, der Soziologie, Ethnographie und Anthropologie in die Bevölkerungsstatistik zu verstehen, aber auch die Tendenz, ihr Datenmaterial zunehmend auf die Erkenntnisinteressen dieser Wissenschaften hin zu erweitern und schließlich auch nach deren Kriterien zu analysieren und zu interpretieren. Damit war aber auch der Übergangsprozeß von einer reinen Bevölkerungsstatistik zur Bevölkerungswissenschaft hin eingeleitet.

Den publizistischen Ort für die wissenschaftliche Verwertung der Ergebnisse der amtlichen Statistik, die wissenschaftstheoretische Auseinandersetzung mit den Problemen der Statistik selbst wie anderer Wissenschaftsdisziplinen und die Anfänge einer vergleichenden Demographie bildete die seit dem Jahre 1875 regelmäßig erscheinende „Statistische Monatsschrift". Ihre Monopolstellung erklärt sich vor allem daraus, daß in dieser Periode praktisch alle Lehrer für Statistik an den Universitäten sich aus dem Kreise der Beamtenschaft der Statistischen Zentralkommission rekrutierten,[9] die amtliche und die Universitätsstatistik waren somit ident, die Konzentration der Fachbeiträge auf eine Publikationsreihe der Zentralkommission damit ebenfalls naheliegend.

Diese Tatsache hat aus heutiger Sicht den Vorteil, daß sich schon allein aus der chronologischen Abfolge der Beiträge die Entwicklung der thematischen Schwerpunktsetzung wie die des Übergangs von einer anfangs überwiegend analytischen zu einer zunehmend interpretativen Darstellung der Bevölkerungsverhältnisse nachvollziehen läßt. Sie spiegelt aber auch die fachinternen Schwierigkeiten bei der Abgrenzung gegenüber anderen Wissenschaftsbereichen und in einer sinnvollen Selbstbeschränkung auf tatsächlich bewältigbare Aufgabenstellungen. Der Ansatz zu einer Erforschung des Bevölkerungsprozess und den daraus resultierenden Bevölkerungsstrukturen in ihrer biologischen, gesellschaftlichen, wirtschaftlichen und sozialen Verknüpfung (Nach H. Schubnell die Definition der Bevölkerungswissenschaft)[10] ist in der Zeit vor dem Ersten Weltkrieg bereits eindeutig vorhanden, Probleme und Widersprüche ergaben sich aber in vielfacher Hinsicht:

so kam es etwa zu keiner klar definierten Aufgabenteilung zwischen Bevölkerungsstatistik und Bevölkerungswissenschaft, die Übergänge sind fließend, da den wissenschaftssystematischen Problemen in dieser Periode wenig Aufmerksamkeit geschenkt wurde. Vor allem ergab sich aber aus der willkürlichen und teilweise auch naiven Übernahme von Fragestellungen und Theorien, etwa aus dem Gebiet der Biologie und Anthropologie, die Tendenz zu verallgemeinernden und simplifizierenden Deutungen, indem eben z.B. generative Verhaltensmuster bestimmten sozialen oder ethnischen Gruppen als ihrer Natur oder ihrem Charakter entsprechend zugeschrieben wurden. Namentlich ab etwa den Neunzigerjahren fließen in die Interpretation statistischer Ergebnisse auch zunehmend subjektive Wertungen der Bevölkerungsstatistiker, bzw. herrschende gesellschaftliche Vorurteile ein.

Biologistische Argumentationsformeln werden umso häufiger, je stärker die Diskussion um den Geburtenrückgang und damit um die „natürlichen" Aufgaben der Frau einsetzt, die generative Entwicklung vor allem auf ihre schichtspezifischen Unterschiede hin untersucht wird und je mehr das Kriterium der nationalen (oder „rassischen") Zugehörigkeit in der Analyse der Bevölkerungsentwicklung in den Vordergrund tritt.

Interpretationsmuster

Namentlich auf dem Gebiete der Ursachenanalyse für die Geburtenentwicklung läßt sich sehr deutlich der Übergang von einer vorerst bemüht wertneutralen Darstellung aller in Frage kommenden Faktoren zur ideologisch überfrachteten Interpretation feststellen. So wurde die Geburtenhäufigkeit zunächst vor allem ihrer geographischen Verteilung nach untersucht, bzw. in Relation zur Zahl der im reproduktionsfähigen Alter stehenden Frauen, der Anzahl der aufrechten Ehen oder unter dem Aspekt ihrer Legitimität bzw. Illegitimität analysiert. Unter den angeführten Gründen für die in den einzelnen Gebieten der Monarchie unterschiedliche Geburtenhäufigkeit überwiegen in der Frühphase wirtschaftliche (Ernteergebnisse, Lohn- und Preisniveau) und soziale (unterschiedliche Erbregelung, Beschäftigungsmöglichkeiten) Faktoren. Ethnosozialen Zusammenhängen wird zwar generell große Bedeutung zugeschrieben, sie werden aber meistens durchaus sachlich und sehr differenziert dargestellt. So wird beispielsweise betont, daß der Grad der Industrialisierung für das generative Verhalten von größerem Einfluß ist als die Zugehörigkeit zu einer bestimmten Nationalität.[11]

Von dieser Übung, bestehende Unterschiede in der Geburtenfrequenz oder in der Höhe der Illegitimitätsziffer zwar unter dem Aspekt der Zugehörigkeit zu einer bestimmten sozialen oder ethnischen Gruppe zu sehen, sich jedoch wertender Aussagen weitestgehend zu enthalten, wurde in den späteren Darstellungen aber sehr schnell abgegangen. Je nach persönlicher Einstellung des betreffenden Bevölkerungsstatistikers zeigt die Beurteilung einer bestimmten Situation in der Geburtenentwicklung dann noch mehr oder weniger Bemühen um objektive Begründungen. Das Maß an Toleranz, das z.B. in der Frage der Illegititmität jeweils aufgebracht wird, hängt aber jedenfalls schon in dieser ersten Phase deutlich von der Sympathie des analysierenden Statistikers für die betreffende soziale oder ethnische Gruppe ab. So konstatierte z.B. G.A. Schimmer (dem ansonsten zumindest vergleichsweise Bemühen um Sachlichkeit zuzubilligen ist) zur Frage der Illegitimität bei der deutschen, bzw. galizischjüdischen Bevölkerungsgruppe bereits im Jahre 1876 folgende Unterschiede:

„Im Bereich des deutschen Volksstammes werden allgemein die höchsten Quoten unehelicher Kinder vorgefunden . . . Solchen Zahlen gegenüber muß jeder Zweifel an der Einwirkung des nationalen Elementes auf die unehelichen Geburten verstummen, wenn auch dieses allein nicht an und für sich zur Ursache der Intensität wird, sondern noch andere . . . Momente mitwirken, so daß man sagen muß: die Deutschen jener Bezirke haben eine hohe Zahl unehelicher Kinder, weil sie durch Bodenbeschaffenheit und soziale Ursachen zu besonderen Wirtschaftsverhältnissen gezwungen werden, – nicht aber: in jenen Bezirken kommen viele unehelich Geborene vor, weil dort Deutsche wohnen. Vielfach wirken allerdings rein nationale Sitten und Anschauungen mit."

Diese Feststellung wird allerdings nur in Verbindung mit seiner Begründung für den relativ hohen Anteil an unehelichen Geburten bei der jüdischen Bevölkerung Galiziens bemerkenswert:

„Hierbei tritt nun ein ganz besonders interessanter Factor auf, nämlich der Einfluss der israelitischen Bevölkerung, welcher jedenfalls als Wirkung der Race, nicht der Confession aufzufassen ist und umso mehr Beachtung verdient, da er der allgemein geltenden und begründeten Anschauung strengen keuschen Familienlebens der Israeliten geradezu entgegensteht. Je höher in den Bezirken Galiziens die relative Zahl der Israeliten steigt, desto stärker tritt auch die Quote der unehelichen Kinder auf . . . Unter den galizischen Israeliten herrscht ein Grad der Armut mit allen ihren Folgen, von welchem Augenzeugen Schaudervolles erzählen. Tathsächlich noch immer in Ghettos zusammengedrängt, mehrere Familien in einer und derselben Stube, muß bei derartiger Noth und factischer Gedrücktheit ebenso das Gefühl der Sitte verkommen, wie sich die biotischen Erscheinungen der Israeliten dort im Allgemeinen höchst ungünstig darstellen."[12]

Was also im Falle der deutschen Volksgruppe lediglich wirtschaftlichen und sozialen Umständen zuzuschreiben ist, stellt im Falle der jüdischen Bewohner Galiziens „Wirkung der Rasse", bzw. armutsbedingten „Sittenverfalls" dar. Die Verbreitung der Illegitimität den verschiedenen „Volkscharakteren zuzuschreiben, wird späterhin die Regel.

„Die unehelichen Geburten haben als soziale Erscheinung betrachtet, ihre Bedingungen nicht nur in bestimmten Eigenschaften des Aufbaues der Bevölkerung . . . , vielmehr hat die Erscheinung der Unehelichkeit in Sitte und Volkscharakter noch selbständige Bedingungen von ausschlaggebender Wichtigkeit."[13]

Aber auch schichtspezifische Vorurteile beherrschen die Auseinandersetzung um das Illegitimitätsproblem. S. Rosenfeld untersuchte 1896 die Verteilung der unehelichen Geburten auf die Wiener Bezirke und schloß aus der Tatsache, daß ihre Zahl im mehr ländlichen 13. Bezirk rund ein Viertel niedriger lag als im industriereichen 12. Bezirk:

„Es bestätigt dies die oft gemachte Erfahrung, dass sich Fabriksarbeiterinnen leichter dem Geschlechtsgenusse hingeben und dessen Folgen zu tragen haben."

Die Tatsache, daß die Illegitimitätsquote bei den Dienstmädchen etwas niedriger lag als bei den Fabriksarbeiterinnen, begründete er mit dem notwendigen Ausscheiden aus dem Dienstverhältnis bei Eintritt einer Schwangerschaft.

„Nicht Sittlichkeit, sondern die Furcht den Lebensunterhalt für immer zu verlieren, bestimmt bei Ledigen die Geburtenfrequenz, die sich daher auch nach dem Beruf der Mutter ändert."[14]

Die Tendenz, die moralische oder „sittliche" Verfassung einer bestimmten Bevölkerungsgruppe jeweils dem angenommenen Geschlechts-, Sozial- oder Volkscharakter zuzuschreiben, entwickelte sich überhaupt zu einem bestimmenden Zug demographischer Interpretation.

Am deutlichsten spiegelt sich die Ideologisierung der Bevölkerungsfragen, bzw. ihre biologistische Auslegung in den Abhandlungen zu den Ergebnissen der österreichischen Selbstmordstatistik. So zitiert etwa F. X. Neumann-Spallart die Auffassungen E. Morselli's (Il suicidio, 1879) wonach der Selbstmord eine „notwendige und natürliche Folge des Kampfes um's Dasein und der menschlichen Zuchtwahl" darstelle, derer er sich „mit mehr Vorliebe" anschließen könne, als den Theorien der Personalethiker, die er wörtlich als „krankhaftes Flagellantentum" bezeichnete.[15] Die unterschiedliche Selbstmordhäufigkeit bei Frauen und Männern führt er auf „biologische Einflüsse" zurück,

„die sexuellen Anlagen, Charakter-Verschiedenheiten und die Motivation, welche mit der Berufs- und Lebensstellung des Mannes zum Unterschied von denen der Frau verbunden sind, erklären vollkommen diesen durchschlagenden Einfluß."[16]

Noch stärker betont H. Kuttelwascher die Rolle weiblicher und männlicher „Anlagen" für die unterschiedliche Selbstmordneigung. Die Ironie der Ausführungen liegt hier aber vor allem darin, daß er zunächst die strikt „biologische" Begründung eines Gerichtsmediziners zitiert, die er dann mit einer geradezu klassisch biologistischen Replik beantwortet. Zunächst die These des Gerichtsmediziners:

„Die Ursache dieser Erscheinung liegt vorzugsweise in der größeren körperlichen und geistigen Schwäche des Weibes, in der geringeren Energie derselben sowie in der größeren Sanftmut und Duldsamkeit, in der größeren Scheu vor Schmerz und Begehung gewaltsamer Handlungen, aber auch in der meist sekundären Rolle, die das Weib im Kampf um's Dasein spielt und die bewirkt, daß im Ganzen jene Momente weniger intensiv auf dasselbe einwirken, deren Anstürmen so häufig das männliche Individuum bewegt, seinem Dasein ein Ende zu machen."

Die Kritik Kuttelwascher's bezieht sich nun vor allem auf die Feststellung, die Angst vor Schmerzen könnte bei Frauen ein entscheidender Hemmungsfaktor bei eventuellen Selbstmordabsichten darstellen:

„So muß bezüglich der größeren Scheu vor Schmerz darauf verwiesen werden, daß die Frau infolge ihrer natürlichen Bestimmung — nämlich Mutter zu werden — zur Erduldung von Schmerzen geboren ist und daß oft die Existenzbedingungen von verwitweten oder unglücklich verheirateten Frauen, deren Männer z.B. dem Alkoholgenuß ergeben sind, zu den schärfsten Erscheinungen des Daseinskampfes gehören. Eine Eigenschaft der Frau darf hier nicht übersehen werden. Die Frauen können sich viel leichter den verschiedensten Lebenslagen anpassen und diese Eigenschaft der Frau trägt ganz gewiß sehr viel dazu bei, daß die Selbstmordhäufigkeit unter den Frauen gegenüber den Männern so gering ist."[17]

Dem Einfluß der ethnischen Zugehörigkeit wird aber natürlich auch in dieser Frage große Bedeutung zugemessen. So registriert J. Platter,

„ . . . daß die Selbstmordfrequenz in Europa am größten bei den germanischen Völkern evangelischen Glaubens ist, also bei den tüchtigsten, fleissigsten, reinlichsten, aufgeklärtesten, bestregierten, während die Katholiken und Romanen, die Griechen und Slaven eine weit geringere Frequenz zeigen."[18]

Bereits ab etwa den Achtzigerjahren haben die Abhandlungen zunehmend die Entwicklung der einzelnen Volksgruppen selbst zum Thema. So erschien 1881 ein Beitrag über die „Juden in Österreich",[19] der sich jedoch vor allem mit dem Anwachsen des jüdischen Bevölkerungsanteils in Wien beschäftigt. Als dessen Ursachen werden in erster Linie die spezifischen Erwerbsmöglichkeiten der Reichshauptstadt genannt, die große Anziehungskraft „besonders auf die semitische Rasse" ausübten. Im Jahre 1889 bildete dann der durchschnittlich höhere Knabenüberschuß bei den neugeborenen Kindern von Jüdinnen Gegenstand einer Untersuchung.[20] Interessant ist in diesem Fall vor allem die widersprüchliche Argumentation zu Schimmer's Bemerkungen zur Situation der jüdischen Bevölkerung in Galizien. Für die gegenüber anderen Bevölkerungsgruppen abweichende Quote der Sexualproportion Neugeborener wird hier als wesentlichster Faktor

„die größere Schonung und Pflege, welcher sich die einer Entbindung entgegensehende Jüdin gemäss der auch noch in den untersten Schichten vorfindlichen Wohlhabenheit zu gönnen und Schädlichkeiten, welche die Leibesfrucht in ihrer Entwicklung bedrohen könnten, abzuwehren in der Lage ist, als dies bei der armen Classe der Christinnen der Fall ist."[21]

genannt. Der Autor vergißt jedoch auch nicht, auf die Konsequenzen der erwiesenermaßen niedrigeren Fehlgeburtenhäufigkeit jüdischer Frauen hinzuweisen, und führt

"die bekanntlich ziemlich hohe Frequenz der Taubstummen, Idioten, mit Klumpfuß behafteten Kinder jüdischer Provenienz"[22]

auf die kontraselektorische Wirkung der erhöhten Chancen jüdischer Kinder trotz intrauteriner Schädigung lebensfähig geboren zu werden zurück. Sehr häufig wird von Bevölkerungswissenschaftlern auch die Theorie vertreten, wonach die Neigung zu kriminellen Handlungen nach nationalen „Anlagen" variiere. Ein besonderes Beispiel für die Vermischung ethnographischer Darstellung und Konstruktion eines speziellen „Volkscharakters" bietet eine Abhandlung über die Zigeuner in der Bukowina.[23] Neben allgemeinen Bemerkungen wie

"Trunksucht und häufige Geburten wirken zusammen, den Zigeunerinnen schon vor dem zurückgelegten 40. Lebensjahr ein greisenhaftes Aussehen zu verleihen."

finden sich unmittelbar auf die kriminelle „Anfälligkeit" der Zigeuner bezogene Aussagen:

"In früheren Zeiten mehr, als jetzt, redeten sie untereinander auch eine Art Gaunersprache, wie solche fast aus allen europäischen Idiomen zur Verständigung von Verbrechern unter einander gebildet wird ... Obwohl der nationale Hang zum Diebstahl mit der Sesshaftigkeit der Zigeuner zu schwinden scheint, kommen doch auch bei den sesshaften Zigeunern in der Bukowina zahlreiche Abstrafungen wegen dieser Übertretung vor ... Noch häufiger sieht das Mißtrauen der übrigen Ortsgenossen in einer sesshaften Zigeunerfamilie sofort eine Diebsfamilie, auch wenn kein speziell nachweisbarer Grund der Anschuldigung vorliegt."[24]

G. A. Schimmer[25] unterscheidet dagegen zwischen Verbrechen aus „Gewinnsucht" und solchen aus „Gewalttätigkeit", im Falle der ersteren lassen sich für ihn keine national begründeten Häufigkeitsunterschiede feststellen, ganz anders hingegen bei den Gewaltverbrechen aus „Leidenschaft":

"Entschiedener, ja gar nicht zu verkennen, tritt dagegen der Einfluss der Nationalität bei der zweiten Gruppe, den Verbrechen aus Neigung zu gewaltthätiger Handlungsweise, aus Rachsucht oder sonst heftiger Leidenschaft, hervor. Denn wenn diese Verbrechen in den südlichen Provinzen des Reiches, dann in dem von Magyaren bewohnten Landestheile Ungarns häufiger vorkommen, so mag wohl das Klima und die als Folge des Klimas gewohnte Lebensweise hierzu beitragen, doch kann auch der Einfluss gewisser nationaler Eigenthümlichkeiten der Wälschen, Südslaven und besonders der heissblütigen Magyaren nicht verkannt werden, welch letzteren es in erregtem Zustand bekanntlich auf einen Todtschlag nicht ankommt."[26]

In den Kreis dieser Darstellungen fügt sich auch eine Untersuchung über die „Grundlagen der nationalen Bevölkerungsentwicklung Steiermarks"[27] ein, in der etwa das durchschnittlich niedrigere Heiratsalter der slowenischen Bevölkerungsgruppe in den Agrargebieten mit ihrer grösseren Bedürfnislosigkeit" und „niedrigeren Kulturstufe" erklärt wird, oder eine Erhebung über die „Augen- und Haarfarben steirischer Schulkinder" mit einem Anhang über „die Rothaarigen", in der es offensichtlich in erster Linie um die Frage ging, inwieweit diese auf Vererbung zurückzuführen seien.

Den Höhepunkt dieser Entwicklung stellt schließlich eine Auseinandersetzung über die Beziehung der Statistik zur Rassenbiologie, bzw. Rassenhygiene[28] aus dem Jahre 1911 dar, in der die Probleme der Bevölkerungsstatistiker bei der Übernahme von Fragestellungen und Theorien anderer Wissenschaftsdisziplinen deutlicher als irgendwo sonst zum Ausdruck kommen. Der Autor kann zunächst gar nicht umhin, zuzugeben daß die Bevölkerungsstatistik jedenfalls zumindest zum damaligen Zeitpunkt gar nicht in der Lage war, substantielles, bzw. unmittelbar verwertbares Datenmaterial für die Rassenbiologie anzubieten, dies hindert ihn jedoch keinesfalls daran, künftig mögliche Arbeitsbereiche für die Bevölkerungsstatistik zu reklamieren. Die zum Teil recht ambivalente Einstellung des Autors gegenüber konkreten Annahmen der Rassenbiologie, insbesonders gegenüber der Behauptung bestimmter Korrelationen (etwa zwischen intellektuellem und moralischem, physischem und psychischem Habitus) weist auf das eigentliche Problem der Bevölkerungswissenschaft hin: auch im Falle größter Unsicherheit bezüglich der Lehrinhalte sollte auf keinen Fall eine Chance versäumt werden, sich innerhalb neu aufkommender Disziplinen bestimmte Formen der Grundlagenforschung zu sichern. Um die Unentbehrlichkeit der Bevölkerungsstatistik zu dokumentieren, geht der Autor daher auch Punkt für Punkt auf die Kernfragen der Rassenbiologie – Variabilität, Vererbung, Auslese, geschlechtliche Zuchtwahl, Entartung – ein, jeweils unter dem Hinweis auf noch ausständige – und künftig natürlich von der Bevölkerungsstatistik zu erarbeitende – empirische Unterlagen. In Anbetracht dieser Intention war eine Distanzierung naturgemäß nur partiell denkbar, die prinzipielle Bedeutung der rassenbiologischen Theorien wird demzufolge auch stark herausgestrichen. Die kritiklose Akzeptanz wissenschaftlicher und ideologischer Grundannahmen der anderen Forschungsdisziplinen stellt vielleicht das signifikanteste Merkmal in dieser Periode der Fachausweitung dar.

Der politische Anspruch der Bevölkerungswissenschaft — die „Österreichische Gesellschaft für Bevölkerungspolitik"

Unter der Devise daß „außerordentliche Ereignisse besondere Maßregeln auf dem Gebiete der Bevölkerungspolitik"[29] erforderten, riefen im Jahre 1917 der damalige Präsident und der Regierungsrat der Statistischen Zentralkommission, Viktor Mataja und Wilhelm Hecke, gemeinsam mit Julius Tandler zur Gründung einer dem deutschen Beispiel folgenden österreichischen Gesellschaft für Bevölkerungspolitik auf. Diese Initiative zeitigte einen nicht vorhersehbaren Erfolg: als sich die Gesellschaft tatsächlich konstituierte, fand sich in ihrer Mitgliederliste alles, was damals auf dem Gebiete der Wissenschaft und der Gesundheits- bzw. Sozialpolitik Rang und Namen hatte. (Alois Epstein, Klemens v. Pirquet, Viktor Hammerschlag, Marianne Hainisch, Michael Hainisch, Ignaz Kaup, Rosa Mayreder, Ludwig v. Mises, Karl Pribram, Josef Redlich, Ignaz Seipel, Maximilian Sternberg usw.). Die Bevölkerungswissenschaft war praktisch vom Zeitpunkt der Gründung an überproportional vertreten, neben Mataja und Hecke, die als Präsident und Schriftführer fungierten, gehörten Heinrich Rauchberg, Walter Schiff, Othmar Spann, Henryk Großmann und Wilhelm Winkler zu den prominentesten Aktivisten der Gesellschaft. Die Vorstellungen über ihre künftigen Aufgabenbereiche konzentrierten sich einerseits auf die für besonders dringlich angesehene Aufklärungsarbeit, die durch publizistische Kampagnen betrieben werden sollte, zum anderen aber vor allem auf entsprechende Eingaben an gesetzgebende Körperschaften und Verwaltungsbehörden, durch die die Gesellschaft unmittelbar politisch aktiv zu werden beabsichtigte. Die größte Breitenwirkung und öffentliche Aufmerksamkeit erzielte die Gesellschaft jedoch mit ihren seit dem Jahre 1919 regelmäßig veranstalteten und unter der geistigen Patronanz Julius Tandlers stehenden Fürsorgetagungen.

Vom heutigen Wissenschaftsverständnis her erscheint die Selbstverständlichkeit, mit der die unmittelbare praktisch-politische Umsetzung der wissenschaftlichen Analyse und Theorie der Bevölkerungsentwicklung von den Wissenschaftlern selbst übernommen wurde, sicher zumindest problematisch. Tatsächlich entspricht aber der Schritt zur Gründung einer eigenen bevölkerungspolitischen Gesellschaft durchaus einer entwicklungsimmanenten Logik, vor allem dann, wenn man die zunehmend wertende Darstellung bevölkerungsstatistischer Ergebnisse bereits lange vor dem Ersten Weltkrieg in Betracht zieht. Es bedurfte aber sicher eines äußeren Anstoßes, um eine ausreichende Legitimation für den doch ungewöhnlichen Schritt zu unmittelbarer politischer Aktivität gegeben erscheinen zu lassen. Berücksichtigt man zudem z.B. die aktuellen Äußerungen H. Schubnell's zum Thema Bevölkerungspolitik, so könnten in Anbetracht der damaligen demographischen Situation die Ambitionen der Bevölkerungswissenschaftler sogar naheliegend genannt werden:

„Jeder Staat wird, früher oder später, bevölkerungspolitische Leitlinien entwickeln müssen, wie sollte er sonst planen können. Ein laisser-faire-Standpunkt genügt nicht, denn keine Bevölkerungspolitik zu haben ist auch Politik. Die Bevölkerungswissenschaft kann und muß dabei – vielleicht durch alternative Vorschläge – Entscheidungshilfen geben. Die Entscheidung selbst ist eine politische, keine wissenschaftliche."[30]

Schubnell leitet gerade aus dieser Rollenzuteilung die Forderung ab, die wissenschaftliche Analyse müsse umso mehr die richtige Erkenntnis der Probleme und „die menschlichen Grundwerte" im Auge behalten, aber auch die Grenzen des Machbaren aufzeigen. Interpretiert man nun diese Auffassung Schubnell's von den Aufgaben der Bevölkerungswissenschaft sehr großzügig, so hätten im Grunde genommen die Bevölkerungswissenschaftler der Zwischenkriegszeit nicht einmal unbedingt ihre Kompetenzen überschritten, denn ihre Problemsicht ist wissenschaftlich kaum anfechtbar und zweifellos orientierten sie sich auch an – wenn auch aus heutiger Sicht problematischen – Grundwerten. Man kann ihnen auch keinesfalls den Vorwurf machen, sie hätten keine „alternativen" Einfälle zur „Lösung" der Bevölkerungsprobleme gehabt. Andrerseits ist aber wohl kaum zu leugnen, daß ihre weit über die Erkenntnis- und Aussagemöglichkeiten des Faches hinausgehenden politischen Zuschreibungen, Interpretationen und Forderungen ganz wesentlich zur extremen Ideologisierung der Bevölkerungsfrage vor allem in den Zwanzigerjahren beitrugen, diese Haltung war ihnen aber durchaus mit den Vertretern aller übrigen Wissenschaften gemeinsam. So muß man heute rückblickend konstatieren, daß gerade die besondere Personenkonstellation innerhalb der Gesellschaft für Bevölkerungspolitik es ermöglichte, daß Experten mit derselben wissenschaftlichen Autorität und fachlichen Kompetenz, die sie auf medizinischem, sozialpolitischem oder bevölkerungswissenschaftlichem Gebiet beanspruchen konnten, neben ihren Fachinformationen auch ihre ideologischen und weltanschaulichen Positionen vermitteln konnten.

Zu Themenschwerpunkten der von der Gesellschaft veranstalteten Tagungen entwickelten sich die Analyse der aktuellen Bevölkerungsentwicklung und die Einschätzung ihrer gesellschaftlichen Konsequenzen, die sozialpolitische Bedeutung der Familie und die Rolle der Frau für ein „qualitatives" Bevölkerungswachstum, Fragen der Säuglings- und Kinderfürsorge sowie schließlich die Erarbeitung bevölkerungspolitischer Leitlinien für alle Bereiche des politischen Lebens. Aber selbst die Referate zur Bevölkerungsentwicklung beschränkten sich keineswegs auf eine bloße Darstellung der demographischen Verhältnisse, sondern waren unmittelbar mit gesellschaftspolitischen Forderungen gekoppelt. So beendete W. Hecke einen Vortrag über „Die Bevölkerungsstatistik Österreichs in ihrer Beziehung zur Bevölkerungspolitik"[31] mit den Worten:

„Wenn wir nicht im Wettbewerbe mit anderen Staaten und Völkern zurückstehen sollen, muß die Scheu vor dem Kinde beseitigt werden durch einen Umschwung im Denken des Volkes, durch Bremsen der bisher unaufhaltsam gestiegenen Lebenshaltung und der Ansprüche, durch höhere Wertung des Familienlebens und der Frauentätigkeit als Mutter und Hausfrau. Das wird sich auch darin zeigen, daß von der Einzelstatistik zur Familienstatistik übergegangen wird."

In anderem Zusammenhang prognostizierte er, ausgehend von der Feststellung, daß „wenigstens in den Städten das Kind Seltenheitswert" erlangt habe, für ab etwa 1960 ein immer ungünstigeres Verhältnis zwischen erwerbsfähiger bzw. -unfähiger Bevölkerung aufgrund der von ihm bis dahin erwarteten Überalterung, „die arbeitende Bevölkerung könnte dann einmal unter der Last der Greisenerhaltung zusammenbrechen."[32] Demzufolge lautet seine bevölkerungspolitische Schlußfolgerung auch:

„Anerkannterweise ist es notwendig, daß die Menschen in unserem Staate geistig und köperlich tüchtig heranwachsen, damit sie später nicht zur Last fallen, sondern etwas leisten, Werte hervorbringen und so die Aufzucht bezahlt machen. Ein Weg dazu, die öffentliche Fürsorge, bleibt doch immer nur ein Notbehelf, nur ein Ersatz für Familienerziehung."[33]

Noch deutlicher äußerte sich W. Winkler zu den qualitativen Aspekten der Bevölkerungsentwicklung:

„Da müssen wir feststellen, daß bei der ungehemmten reichlichen Volksvermehrung ohne Zweifel auch tüchtige Kinder der hohen Säuglingssterblichkeit zum Opfer fallen, bei der sparsamen Volksvermehrung minder lebenstüchtige Kinder unter Aufbietung aller ärztlicher Kunst noch aufgezogen werden. Dort also ein Hinausgreifen über die Wirkungen der natürlichen Auslese, hier eine künstliche Hemmung ihrer. Beide haben somit schon rein gesundheitlich und biologisch betrachtet, Nachteile und Vorteile nebeneinander und es ist die richtige Lösung wohl mehr in der Mitte zwischen den beiden zu suchen."[34]

Neben der weitverbreiteten These von der kontraselektorischen Wirkung einer verminderten Säuglingssterblichkeit schreibt er den Geburtenrückgang vor allem der „schrankenlosen Genußsucht" zu, diese sei aber bekanntlich immer „ein Zeichen des Niederganges gewesen, auf den der Zusammenbruch erfolgt ist":

„Es ist nun die Frage, welche Abwehrmaßnahmen ergriffen werden sollen, damit wir nicht das Schicksal Griechenlands, Roms oder Frankreichs teilen und zugleich mit dem entarteten Westen ein Opfer des kinderreichen näheren oder ferneren Ostens werden?"

Den bevölkerungspolitischen Weg sieht er vor allem in einer Beseitigung der „seelischen Hemmnisse", die einer größeren Kinderzahl entgegenstehen, denn

„Familiengründung und Kinderaufzucht haben zu allen Zeiten einem natürlichen Instinkt gesunder Menschen entsprochen . . . Familiengründung und Kinderaufzucht ist . . . eine Bürgerpflicht, nicht geringer als die Steuerpflicht, die Wehrpflicht . . ."[35]

Man täte den Repräsentanten der Bevölkerungswissenschaft aber sicher Unrecht, würde man ihre Äußerungen für sich allein stehend sehen wollen, sie werden erst in Verbindung mit dem geistigen Klima in dieser Periode und im Kontext mit der ebenso ideologischen Betrachtungsweise der Vertreter der Ärzteschaft und der Fürsorge wirklich einschätzbar. Bevölkerungspolitische Zwangsvorstellungen – Furcht vor Degeneration, vor dem „Überranntwerden", zunehmender „Entartung" und biologischer, bzw. physiologischer „Minderwertigkeit" – sind nahezu allen Ausführungen gemeinsam. Zweifellos sind die Bevölkerungswissenschaftler auch nicht für die von Vertretern anderer Fachrichtungen aufgestellten Behauptungen verantwortlich zu machen, es ist aber jedenfalls unbestritten, daß sie in wesentlichem Maß zur gesellschaftspolitischen Ausrichtung und zur inhaltlichen Akzentsetzung der Gesellschaft beitrugen. Man muß auch davon ausgehen, daß in den wesentlichen Erklärungs- und Deutungsmustern der Bevölkerungsentwicklung zwischen den verschiedenen Fachvertretern ein hohes Maß an Übereinstimmung bestand, sodaß die ideologischen Positionen, die die Gesellschaft zum Thema Familie, Mutterschaft, Illegitimität, Fürsorgeberechtigung etc. einnahm, einem Konsens in gesellschaftspolitischen Grundsatzfragen entsprach. Man kann also tatsächlich kaum umhin, auch auf die Aussagen der Mediziner und der Vertreter vor allem der Kinder- und Jugendwohlfahrt einzugehen, um die Wirkung und den Einfluß der Gesellschaft auf die öffentliche Meinungsbildung wie auf die realen Tendenzen im Fürsorgewesen einigermaßen einschätzen zu können.

In Zusammenhang mit der Diskussion über Anstalts- und Familienerziehung wurde z.B. die Auffassung vertreten, es gäbe eine „stammesgeschichtliche" Entwicklung der Familie über die „Auslese familienstrebiger Menschen".[36] Bezüglich der Kleinkinderbewahranstalten und den darin tätigen Erzieherinnen wurde behauptet, daß den Kindern dort die „echte Mütterlichkeit" abginge, denn „diese Mutterliebe" bringen so außerordentlich wenige Frauen für fremde Kinder auf, daß man in den Anstalten nicht das Auslangen mit dieser geringen Zahl finden könne.[37] Die Erläuterung für diesen angeblichen

Tatbestand suchte man in „biologischen" Ursachen:

> „Die Entwicklung der ‚richtigen' Mutterliebe scheint körperlich (innersekretorisch) erst durch die Geburt nach vorangegangener Schwangerschaft möglich zu sein. Erst dadurch entwickelt sich der physiologische Zustand, den man von den Säugetieren als die zitternde Sorge und nervöse Kampfbereitschaft der Mutter für ihre Jungen kennt . . . Wird durch die Geburt die Mutterliebe ausgelöst, so wird sie, wie es scheint, rein körperlich in der Stillzeit (Laktationsperiode) erhalten und dann . . . durch die Macht der Gewohnheit fürs ganze Leben fixiert . . . Die Mutterliebe ist also, seit uralten Zeiten dem Volk und den Führern des Volkes in ihrer großen Bedeutung bekannt, auch naturwissenschaftlich erklärbar und in ihrer großen Bedeutung auch objektiv anzuerkennen."[38]

An anderer Stelle heißt es lakonisch, die mütterliche Erziehung sei unentbehrlich, „weil sie biologisch ist."[39] Zur Frage der Unterbringung von Kindern in Pflegefamilien wird allgemein die Auffassung vertreten, daß diese Lösung keinesfalls dem Aufwachsen in der leiblichen Familie gleichzusetzen sei.

> „Das instinktive Verbundensein mit den leiblichen Eltern, die Sprache des Blutes ist auch unter den günstigsten Bedingungen in der Pflegefamilie nicht vorhanden."[40]

Die sich aus diesen Feststellungen ableitbare Forderung nach Einschränkung der Frauenerwerbstätigkeit wurde daher erwartungsgemäß ebenso erhoben, wie die nach größtmöglichem Schutz der Ehe. So wurde zwar die rechtliche Gleichstellung der unehelichen mit den ehelichen Kindern unter anderem auch aus bevölkerungspolitischen Überlegungen begrüßt, daneben aber festgestellt, daß es ebenso bevölkerungspolitisch motivierte Bedenken gegen eine allzu „liberale" Sicht des Illegitimitätsproblems gäbe,

> „da die eheliche und uneheliche Mutterschaft dadurch auf die gleiche Stufe gestellt, und damit das geheiligte Ethos der Ehe untergraben wird . . . Die Ächtung und Verfemung der unehelichen Mutter hat heute aufgehört. Doch eine alles beschönigende Nachsicht ist nicht am Platz, sie hat, sagen wir wenigstens, gegen die Gesellschaft gefehlt, sie soll dafür büßen durch heldenmütige Fürsorge für ihr Kind."[41]

Einen wesentlichen Diskussionspunkt bildete die Frage der „produktiven" und „unproduktiven" Fürsorgemaßnahmen. Man unterschied hier „schicksalsbedingte Fürsorgebedürftigkeit (geistige, körperliche und seelische Anlagen, Fehlen oder Unvollständigkeit der Familie) von „schuldbarer' Bedürftigkeit („moralischer Minderwertigkeit", Erziehungsunfähigkeit, Herkunft aus zerstörten Familien, ,,Verbrecherfamilien", etc.).[42] Nun bestand zwar darüber Einigkeit, daß alle fürsorgebedürftigen Kinder auch ein Recht auf Betreuung hätten, doch spielte die Kostenfrage namentlich in Verbindung mit den voraussehbaren Erfolgsaussichten eine zentrale Rolle in den Überlegungen.

,,Vou bevölkerungsökonomischen Standpunkt aus ist jede Fürsorgemaßnahme ungerechtfertigt, wenn es sich um ein Kind handelt, dessen körperlicher Zustand die Beendigung der Lernjahre und die Absolvierung einer Mindestzahl von Jahren voller Arbeitsfähigkeit ausschließt oder in hohem Grad unwahrscheinlich macht ... Natürlich bedarf ein solches Kind charitativer Hilfe. Aber wir müssen uns darüber klar sein, daß alle diesbezüglichen Aufwendungen unproduktive Belastungen darstellen, die glatt auf Verlustkonto zu buchen sind und daß ihnen weder jetzt noch für später eine Aktivpost gegenübergestellt werden kann."[43]

Wie sehr tatsächlich alle Lebensbereiche unter bevölkerungspolitischen Gesichtspunkten gesehen wurden, spiegeln auch die Ausführungen R. Kobatsch's zu damals aktuellen Problemen der Staats- und Volkswirtschaft.[44] Er begründet zunächst die Notwendigkeit spezieller Maßnahmen auf dem Gebiet der Finanzen und der Wirtschaft mit den Kriegsverlusten, der ,,Gefahr der Rassenverschlechterung", die besonders für die ,,deutsche" Bevölkerung Österreichs eine Bedrohung darstelle und somit nationalpolitische Konsequenzen erfordere. In ihrem Zusammenhang stellt sich für ihn die Auswanderung als ,,Blutverlust des Staatskörpers" dar, der möglichst bekämpft werden sollte:

,,Denn der gänzliche Verlust ... in die Millionen gehender Staatsbürger, die dann in Amerika, wie es jetzt im Kriege der Fall ist, für unsere Feinde die Granaten drehen müssen, ist ... eine für den Staat und die Volkswirtschaft sehr schädliche Erscheinung."[45]

Ebensowenig wie die meisten anderen Wissenschaftler dieser Zeit entgeht auch er der Versuchung, seine Meinung zu Fragen zu äußern, die weit über den eigenen Fachbereich hinausgehen. So konstatiert er schlußendlich, daß weder

,,der Ethiker, noch der Naturwissenschaftler, noch der Volkswirt etwas Wesentliches erreichen, wenn ihnen die schönen Künste und die Literatur immer in den Arm fallen."[46]

Die Zensur als Mittel, der ,,Anpreisung des außerehelichen Verkehrs" und der ,,Verhöhnung der Ehe" entgegenzutreten, erschien ihm wenig zielführend, dagegen glaubte er an die Notwendigkeit einer literarischen Gegenpropaganda.

„Werke, wie das herrliche Drama von Schönherr „Frau Suitner", ein Werk, welches die Tragik der kinderlosen Frau genannt werden kann, sind Gegenstücke zu den früher erwähnten, bevölkerungspolitisch nicht genügend zu verdammenden Erzeugnissen der sog. „dramatischen Muse"."[47]

Eine eingehende Auseinandersetzung mit den Positionen J. Tandler's (der Vizepräsident der Gesellschaft für Bevölkerungspolitik war), würde sicher den Rahmen dieses Beitrags sprengen, nicht zu übergehen sind jedoch die Äußerungen, die er expressis verbis von der Warte des Bevölkerungspolitikers her abgab. Sie zeigen übrigens jenes Nebeneinander von modernster sozialreformerischer Ambition und gleichzeitig erschreckender Abqualifizierung der sog. unproduktiven Sozialausgaben, das im Endergebnis recht unverhüllt Tandlers Zweifel an der Berechtigung von Fürsorgebemühungen gegenüber bestimmten Bevölkerungsgruppen ausdrückt. Er selbst ging in seinen sozialpolitischen Konzepten vom Begriff der „qualitativen Bevölkerungspolitik" aus, einer Sprachregelung, die sich allgemein durchsetzte, sobald für alle bevölkerungspolitisch Interessierten feststand, daß es sich bei dem beobachteten Geburtenrückgang insbesonders nach dem Ersten Weltkrieg nicht um eine lediglich temporäre Erscheinung handeln würde − temporär meint in diesem Zusammenhang ein kurz- bis mittelfristig wirksames demographisches Phänomen. In Hinblick auf ein mögliches quantitatives Wachstum war allgemein Resignation eingetreten.

Der Grundgedanke der qualitativen Bevölkerungspolitik bestand in der angestrebten „Qualitätsverbesserung" des Menschen. Aufschlußreich sind schon Tandlers Grundüberlegungen zu den Leitlinien bevölkerungspolitischen Handelns:

„Die Gesamtheit dieser Elementarorganismen, das ist die Gesamtheit der Familien in einem Staate, repräsentiert das organische Kapital desselben und bildet so das Objekt der Bevölkerungspolitik. Ihr Fundament ist und bleibt die Wertung des Menschenlebens, aber nicht vom individualistischen Standpunkt, nicht vom Standpunkt des Gesetzes und des Rechtes, auch nicht vom Standpunkt des Gefühls und der Moral, sondern von jenem der Bevölkerungspolitik."[48]

Tandler warf vor allem den „Milieutheoretikern" eine Vernachlässigung der „Körperverfassung" vor, er entwickelte demgegenüber seine — übrigen auch bei den Zeitgenossen keinesfalls unbestrittene — Theorie von den beiden Grundkomponenten, die seiner Auffassung nach die physische Qualität des Menschen bestimmen; nämlich die Konstitution[49] (die er auch als „Fatum" des Individuums bezeichnet) — sie ist vom ersten Augenblick des Lebens an festgelegt und von da an unwandelbar, außer man beeinflußt die Erbmöglichkeiten, bzw. die „Erbqualität" — und die Kondition, das wären demnach die von Milieueinflüssen abhängigen, wandelbaren Eigenschaften des Menschen. Die Begabung ist somit nach Tandler eine Manifestation der Konstitution, die Leistung eine Addition aus Konstitution und Kondition.[50] Während sich die Kondition aber relativ leicht durch sozialpolitische Maßnahmen positiv beeinflußen ließe, ergeben sich für ihn hinsichtlich einer Veränderung der Erbqualität erhebliche Probleme und Zweifel. So ist er zwar davon überzeugt, daß die wirksamste Maßnahme in einer „vernünftigen Zuchtwahl" bestehen würde, meint aber im selben Augenblick, daß es zum damaligen Zeitpunkt keine wirklich ausreichenden Informationen über die Vererbung der einzelnen Qualitäten gäbe, es fehle also im Falle der menschlichen Fortpflanzung „das Zuchtziel, die Erkenntnis des Zuchtweges und das Zuchtobjekt",[51] überdies lägen Antriebe zur menschlichen Fortpflanzung nicht in „züchterischen Prinzipien".

Er wandte sich auch entschieden gegen den der Arbeiterschaft häufig gemachten Vorwurf, sie versuche politische Pressionen mit einem Gebärstreik zu beantworten, für ihn bestand die Grundvoraussetzung für die Hemmung eines weiteren Geburtenrückgangs in der „Verringerung der Aufzuchtsspesen" namentlich für die Unterschichten, die „Aufzuchtsfrage" sei in erster Linie ein Wirtschaftsproblem.[52] So sehr Tandler aber etwa in der Abtreibungsfrage, in seinen Aussagen zum Prostitutionsproblem (in dem andere Bevölkerungspolitiker einen extrem gegen die betroffenen Frauen gerichteten Standpunkt einnahmen) oder auch in der Frage der Bewertung unterschiedlicher Konstitutionen — „niemals aber kann die Individualkonstitution oder die Rassenkonstitution Gegenstand eines allgemeinem Werturteils sein"[53] — vom Gedanken sozialer und menschlicher Gerechtigkeit geleitet ist, so befremdlich sind seine Äußerungen über die „Fürsorgewürdigkeit" bestimmter Personengruppen:

„Welchen Aufwand übrigens die Staaten für vollkommen lebensunwertes Leben leisten müssen, ist zum Beispiel daraus zu ersehen, daß die 30.000 Vollidioten Deutschlands diesen Staat 2 Milliarden Friedensmark kosten. Bei der Kenntnis solcher Zahlen gewinnt das Problem der Vernichtung lebensunwerten Lebens im Interesse der Erhaltung lebenswerten Lebens an Aktualität und Bedeutung. Gewiß, es sind ethische, es sind humanitäre oder fälschlich humanitäre Gründe, welche dagegen sprechen, aber schließlich und endlich wird auch die Idee, daß man lebensunwertes Leben opfern müsse, um lebenswertes zu erhalten, immer mehr und mehr ins Volksbewußtsein dringen. Denn heute vernichten wir vielfach lebenswertes Leben um lebensunwertes zu erhalten.

Tradition und überkommene Humanität bindet die Gesellschaft derart, daß sie sich nicht berechtigt fühlt, lebensunwertes Leben zu vernichten. Dieselbe Gesellschaft, welche in ihrer Verständnislosigkeit, in ihrer leichtsinnigen Gleichgültigkeit hunderte von Kindern, darunter vielleicht Talente und Genies, glatt zugrunde gehen läßt, füttert in sorgsamer Ängstlichkeit Idioten auf und rechnet es sich als eine Leistung an, wenn es ihr gelingt, denselben ein behagliches Greisenalter zu sichern."[53]

Die Radikalität solcher Äußerungen darf allerdings nicht dazu verleiten, die ambivalente Einstellung Tandler's in Bevölkerungsfragen zu übersehen, er selbst erklärte die meisten seiner diesbezüglichen Forderungen postwendend für undurchführbar. So wie er etwa Ehe- und Zeugungsverbote als präventive Mittel der Bevölkerungspolitik ventilierte, sie aber gleichzeitig wegen ihrer mangelnden Realisierungsaussichten gleich wieder verwarf, setzte er auch eher auf pädagogische Maßnahmen, auf die Aufklärung der Bevölkerung etwa in den von ihm propagierten Eheberatungsstellen, die eine Erziehung vom „Aufzuchtsinstinkt zur generativen Ethik" einleiten sollten.[54]

Wissenschaftstheoretische und politische Konsequenzen

Die Darstellung demographischer Interpretationsmuster und die gesellschaftspolitischen Aussagen der Österreichischen Gesellschaft für Bevölkerungspolitik erfolgte deshalb so ausführlich und zumeist unter Verwendung von Originalzitaten, weil so am ehesten die Entwicklungstendenzen der Bevölkerungswissenschaft wie der Bevölkerungspolitik in authentischer Weise nachvollziehbar scheinen. Gerade wenn wir die Sprache, deren sich der Nationalsozialismus propagandistisch bediente, heute als eine seine politischen Absichten extrem demaskierende empfinden, kann man kaum umhin, auf die ebenso ideologisch geprägten Sprachmuster der Zwischenkriegszeit und auch schon des 19. Jahrhunderts hinzuweisen, um zumindest in Hinblick auf die bevölkerungspolitischen Aussagen der NS-Zeit erklärbar zu machen, daß die Art ihrer Formulierung, bzw. die verbale Ausdrucksform allein für die Zeitgenossen jedenfalls keinen alarmierenden Hinweis auf eine neue Qualität der Inhalte darstellen konnte. Es findet sich kaum etwa im bevölkerungspolitischen Vokabular der NS-Zeit, das über nicht schon vorher eingeführte Begriffe hinausgegangen wäre (Geschlechtliche Zuchtwahl, Rassenreinheit, Entartung, Degeneration der Volkskraft, Ausmerzung, biologisch unwertes Leben, Erbqualität etc.), derartige Wortschöpfungen sind schon in der ersten Phase der Entwicklung der Bevölkerungswissenschaft nachweisbar.

Es gibt allerdings nicht allein diese terminologische Kontinuität, auch die späteren konkreten bevölkerungspolitischen Inhalte der NS-Ära wurden zumindest ansatzweise längst vorher — allerdings immer nur als theoretische Möglichkeit — diskutiert, wobei allerdings die Bevölkerungspolitiker der Zwischenkriegszeit letztlich schon vor der Vorstellung ihrer tatsächlichen Realisierung zurückschreckten, sie vergaßen auch kaum jemals auf die humanitären Implikationen radikaler bevölkerungspolitischer Maßnahmen hinzuweisen. Worauf der Nationalsozialismus aber direkt zurückgreifen konnte, war die breite Palette an Vorurteilen, die sich über die Analyse statistischer Fakten entwickelte und den gemeinsamen ideologischen Rahmen für viele Wissenschaften abgab. Die repressiven Gesellschaftstheorien, die sich aus der Zuschreibung „natürlicher" Anlagen und damit verbundener „natürlicher" Funktionen und Aufgaben an die einzelnen Individuen wie an ethnische und soziale Gruppen ableiten, führten spätestens in den Zwanzigerjahren bereits zu jenen rollenspezifischen und familienideologischen Festlegungen wie auch zur Behauptung eines bestimmten Sozialcharakters der einzelnen Bevölkerungsgruppen, auf die die nationalsozialistische Propaganda vor allem in Anbetracht des damit vorgegebenen gesellschaftlichen Klimas und der allgemeinen Erwartungshaltung nur noch aufzubauen brauchte. Die tatsächliche Realisierung schon weit früher erwogener bevölkerungspolitischer Möglichkeiten blieb in ihrer ganzen Brutalität freilich ausschließlich dem NS-Regime vorbehalten.

Von der Entwicklung der Demographie als Wissenschaftsdisziplin her gesehen, lassen sich rückblickend zwei historische Trends konstatieren. Der eine bestand in der Expansion ihres Forschungsgebietes durch ein Hinausgreifen auf Fragestellungen anderer Wissenschaften, im weiteren dann auch in der direkten Koppelung der Bevölkerungswissenschaft mit konkreten bevölkerungspolitischen Ableitungen, Konzepten und Aktivitäten. Ein mögliches Motiv, das mit dieser Entwicklung in ursächlichem Zusammenhang stehen dürfte, läßt sich vielleicht am besten mit der Äußerung eines Vertreters der medizinischen Wissenschaft beschreiben:

„Der Heilarzt hat es freilich einfach. Er heilt seine Patienten – oder nicht; wir Fürsorgeärzte müssen eine Weltanschauung haben".[55]

Es dürfte nun tatsächlich auch im Falle der Bevölkerungswissenschaft so gewesen sein, daß die beteiligten Demographen allmählich die Überzeugung gewannen, mit dem bloßen Aufzeigen von Entwicklungen und der Analyse von Tatbeständen könne es auf die Dauer nicht abgetan sein. Wir kennen zwar letztlich nicht alle Überlegungen, die schließlich zur Gründung der Gesellschaft für Bevölkerungspolitik führten, doch dürfte es auch als eine Reaktion auf die psychologischen Erfahrungen des Weltkrieges zu werten sein, daß der Wunsch nach aktiver Beteiligung an politischen Prozessen für die Bevölkerungswissenschaftler eine Überschreitung der ihnen zukommenden theoretischen Aufgabenstellungen notwendig erscheinen ließ.

So wie die Bevölkerungswissenschaftler aber durch sukzessive Ausdehnung ihres Fachbereiches und aktive bevölkerungspolitische Tätigkeit ihre theoretischen und praktischen Kompetenzen auszuweiten versuchten, mußten sie aber auch — vor allem ab den späten Zwanzigerjahren — hinnehmen, daß Bevölkerungsfragen von nahezu allen anderen Wissenschaften ebenfalls als Thema aufgegriffen wurden. Die Bevölkerungswissenschaft verlor ihre Monopolstellung in der Darstellung, Analyse und Interpretation demographischer Prozesse. Der geradezu überwiegende Teil bevölkerungsgeschichtlicher, bzw. bevölkerungswissenschaftlicher Darstellungen wurde in dieser Zeit von Vertretern anderer Wissenschaftsdisziplinen geschrieben.[56] Am deutlichsten wird diese Entwicklung in einem Band ,,Sozialbiologie,[57] der den Forschungsbereich der Bevölkerungswissenschaft gemeinsam mit der Gesellschaftshygiene unter den Oberbegriff der Sozialbiologie zusammenfaßt.

Aber auch von konfessioneller Seite und den verschiedensten politischen Gruppierungen wurden Bevölkerungsfragen als vorrangiges Thema aufgegriffen. So etwa erschien bereits im Jahre 1917 eine Publikation ,,Des deutschen Volkes Wille zum Leben",[58] das den katholisch-kirchlichen Standpunkt zur Bevölkerungsfrage darlegte. Die Autorenschaft weist einen relativ hohen Anteil an Jesuitenpatres auf, im Anhang findet sich der Hirtenbrief der deutschen Bischöfe aus dem Jahre 1913, in dem die bevölkerungspolitischen Vorstellungen der katholischen Kirche in Deutschland formuliert sind. Neben zahlreichen wissenschaftlichen Abhandlungen zu statistischen und biologischen Gesichtspunkten der Bevölkerungsentwicklung bilden vor allem familiengeschichtliche und familienpolitische Beiträge einen besonderen Schwerpunkt dieses Sammelbandes, ausgehend von einer sehr optimistischen Einschätzung der Einflußmöglichkeiten der katholischen Kirche in der Bekämpfung des Geburtenrückganges über die von ihr vertretenen Lehren in Fragen Ehe und Familie.

Ebenfalls schon im Jahre 1917 widmete der ,,Bund deutscher Frauenvereine" sein Jahrbuch dem Thema ,,Frauenberufsfrage und Bevölkerungspolitik".[59] Es ist dies zweifellos als ein Versuch anzusehen, eine Entscheidung über künftige bevölkerungspolitische Maßnahmen über die Köpfe der davon besonders betroffenen Frauen hinweg zu verhindern, bzw. der sich abzeichnenden Gefahr von Zwangsmaßnahmen hinsichtlich der Frauenerwerbstätigkeit vorzubeugen. Im übrigen bewegt es sich aber ganz auf der Linie bürgerlich-konservativer Familienauffassung. Marianne Weber sprach in diesem Zusammenhang sogar von den „Gattungsaufgaben" der Frau gegenüber dem Staat, bzw. dem Volk, die erst dann erfüllt seien, wenn sie mindestens vier Kinder habe.[60]

Die Tatsache, daß die Bevölkerungsfrage von den unterschiedlichsten wissenschaftlichen Fachrichtungen wie auch Interessensgruppen sowohl als Thema wie auch in bezug auf jeweils behaupteten Problemlösungskompetenz vereinnahmt werden konnte, wäre natürlich ohne die allgemeine Politisierung der Bevölkerungsfragen nicht denkbar gewesen. Genau dieser Umstand stellte letztendlich die Bevölkerungswissenschaft nach dem 2. Weltkrieg vor die Notwendigkeit eines Neubeginns. Sie weiterhin in ihrer bisherigen Tradition stehend zu sehen, hätte unweigerlich die Belastung einer langen ideologiekritischen Auseinandersetzung bedeutet, die sich zudem schon deshalb leicht vermeiden ließ, als neue Methoden und aktuelle Problemstellungen ein praktisch völlig neues Wissenschaftskonzept ermöglichten. So sehr sich dieser Weg in der Praxis aber in Hinblick auf die Wiederbelebung der demographischen Forschung bewährt hat, so notwendig bleibt dessen ungeachtet die Auseinandersetzung mit den noch unaufgearbeiteten Traditionen und Entwicklungslinien dieser Wissenschaft für ihr Selbstverständnis; sie müßte schon mit dem zunehmenden zeitlichen Abstand auch leichter möglich sein.

Anmerkungen

1 Hermann Schubnell, Warum ist Bevölkerungswissenschaft notwendig und ihre Institutionalisierung nützlich? In: Demographische Forschung in Österreich, Wien-New York 1974, S. 14.
2 Hans Linde, Familie und Haushalt als Gegenstand bevölkerungsgeschichtlicher Forschung. In: Werner Conze (Hg.), Sozialgeschichte der Familie in der Neuzeit Europas, Stuttgart 1976, S. 39 ff.
3 Ebenda, S. 39.
4 Ebenda, S. 40.

5 Dazu: Andreas Miller, Kultur und menschliche Fruchtbarkeit. Versuch einer soziologischen Theorie der Bevölkerung, Stuttgart 1962, S. 5 – 13. Gustav Feichtinger, Bevölkerung. In: Handwörterbuch der Wirtschaftswissenschaften (zugleich Neuauflage des Handwörterbuchs der Sozialwissenschaften), Bd. 1, S. 610 – 630. Kurt Mayer, Bevölkerungslehre und Demographie. In: Handwörterbuch der empirischen Sozialforschung, hg. v. R. König, Bd. 1, S. 453 – 479. Karl Martin Bolte und Dieter Kappe, Struktur und Entwicklung der Bevölkerung (= Struktur und Wandel der Gesellschaft 2, Reihe B der Beiträge zur Sozialkunde), Opladen 1964, S. 19 f.
6 Gerhard Mackenroth, Bevölkerungslehre, Berlin-Göttingen-Heidelberg, 1953, S. 317 f.
7 Kurt Mayer, Einführung in die Bevölkerungswissenschaft, Stuttgart 1972, S. 19 ff.
8 Karl Pribram, Die Statistik als Wissenschaft in Österreich im 19. Jahrhundert. In: Statistische Monatsschrift 39 (=NF. 18), 1913, S. 728.
9 So übernahm Karl Th. v. Inama-Sternegg 1881 die Leitung der Statistischen Zentralkommission praktisch gleichzeitig mit der Lehrkanzel für Statistik an der Wiener Universität.
10 Schubnell (wie Anm. 1), S. 7.
11 Vgl. z.B. Gustav A. Schimmer, Die Geburtenhäufigkeit in Österreich nach ihrer geographischen Verteilung. In: Statistische Monatsschrift 4, 1878, S. 265 ff. Victor Kitz, Die Geburten in Österreich während der letzten fünf Jahre und das Verhältnis zur gebärfähigen weiblichen Bevölkerung. In: Statistische Monatsschrift 10, 1889, S. 189 ff. Gustav A. Schimmer, Die heiratsfähige Bevölkerung und die geschlossenen Ehen in den Jahren 1878 – 1883. In: Statistische Monatsschrift 11, 1885, S. 27 ff.
12 Gustav A. Schimmer, Die unehelich Geborenen in Österreich. In: Statistische Monatsschrift 2, 1876, S. 161 – 163.
13 Othmar Spann, Die Unehelichkeit in Österreich nach Volksstämmen und ihre Entwicklung im letzten Jahrzehnt. In: Statistische Monatsschrift 35 (= NF. 14), 1909, S. 120.
14 Siegfried Rosenfeld, Die Beziehungen des Altersaufbaues der weiblichen Bevölkerung zur Geburtenhäufigkeit. In: Statistische Monatsschrift 23 (= NF. 1), 1896, S. 673 f.
15 F. X. von Neumann-Spallart, Über den Selbstmord. Eine kritische Besprechung. In: Statistische Monatsschrift 7, 1881, S. 310.
16 Ebenda, S. 319.
17 Hans Kuttelwascher, Ein Beitrag zur österreichischen Selbstmordstatistik. In: Statistische Monatsschrift 37 (= NF. 16), 1911, S. 81.
18 J. Platter, Über den Selbstmord in Österreich in den Jahren 1819 – 1872. In: Statistische Monatsschrift 2, 1876, S. 106.
19 Gustav A. Schimmer, Die Juden in Österreich. In: Statistische Monatsschrift 7, 1881, S. 493.
20 E. Nagel, Der hohe Knabenüberschuß der Neugeborenen der Jüdinnen. In: Statistische Monatsschrift 10, 1889, S. 184 f.
21 Ebenda, S. 184.
22 Ebenda, S. 185.

23 Adolf Ficker, Die Zigeuner in der Bukowina. In: Statistische Monatsschrift 5, 1879, S. 257 f.
24 Ebenda, S. 258.
25 Gustav A. Schimmer, Die Statistik und ihre Beziehungen zur Anthropologie und Ethnographie. In: Statistische Monatsschrift 10, 1889, S. 252 ff.
26 Ebenda, S. 261.
27 Richard Pfaundler, Die Grundlagen der nationalen Bevölkerungsentwicklung Steiermarks. In: Statistische Monatsschrift 33 (= NF. 12), 1907, S. 574.
28 Franz Zizek, Statistik und Rassenbiologie einschließlich Rassenhygiene. In: Statistische Monatsschrift 38 (= NF. 17), 1912, S. 431.
29 Statistische Monatsschrift 43 (= NF. 22), 1917, Miszellen, S. 149 f.
30 Schubnell (wie Anm. 1), S. 11.
31 Mitteilungen der Österreichischen Gesellschaft für Bevölkerungspolitik 1, 1918, S. 20 f.
32 Bericht über die 8. Fürsorgetagung. In: Mitt. d. Öst. Ges. f. Bevölkerungspolitik 5, 1927, S. 7.
33 Ebenda, S. 8.
34 Bericht über die 9. Fürsorgetagung. In: Mitt. d. Öst. Ges. f. Bevölkerungspolitik 6, 1928, S. 3.
35 Ebenda, S. 14 f.
36 Bericht über die 10. Fürsorgetagung. In: Mitt. d. Öst. Ges. f. Bevölkerungspolitik 7, 1929, S. 19.
37 Ebenda, S. 21.
38 Ebenda, S. 21, 22.
39 Ebenda, S. 41.
40 Ebenda, S. 30.
41 Wie Anm. 34, S. 26.
42 Ebenda, S. 23.
43 Ebenda, S. 36.
44 Wie Anm. 31, S. 28 ff.
45 Ebenda, S. 36.
46 Ebenda, S. 37.
47 Ebenda, S. 37.
48 Julius Tandler, Ehe und Bevölkerungspolitik, Wien-Leipzig 1924, S. 7.
49 Wie Anm. 32, S. 2 f.
50 Tandler (wie Anm. 48), S. 19.
51 Ebenda, S. 18.
52 Wie Anm. 31, S. 17.
53 Tandler (wie Anm. 48), S. 17.
54 Ebenda, S. 4.
55 Wie Anm. 32, S. 9.
56 Vgl. z.B Werner Noack, Erwerbstätigenangebot und Aufsagefähigkeit der deutschen Wirtschaft 1925/32, Berlin 1934. Bevölkerungsbewegung, Kapitalbildung und periodische Wirtschaftskrisen. Erweiterte Ausgabe eines auf dem 13. Evangelisch-sozialen Konreß in Dortmund gehaltenen Vortrages, Göttingen 1902. Otto Jungels, Deutsche Bevölkerungspolitik seit dem Zeitalter des Merkantilismus, Schriften der Gesellschaft für Sozialwissenschaft, Frankfurt a. M., 1939. R. Fetscher, Über die Inven-

tarisierung der Bevölkerung. In: Zwischen Naturwissenschaft und Geschichte (= Mitteilungen der Zentralstelle für deutsche Personen- und Familiengeschichte 36), Leipzig 1928, S. 18 – 23. Elisabeth Pfeil, Bevölkerung und Raum (= Schriften zur Geopolitik 14), Heidelberg-Berlin-Magdeburg 1939, etc.

57 Alexander Elster, Sozialbiologie (Bevölkerungswissenschaft und Gesellschaftshygiene), = Handbuch der Wirtschafts- und Sozialwissenschaft 8, Berlin und Leipzig 1923.

58 Des deutschen Volkes Wille zum Leben. Bevölkerungspolitische und volkspädagogische Abhandlungen über Erhaltung und Förderung deutscher Volkskraft, hg. v. Martin Faßbender. Besprechung in der Statistischen Monatsschrift 43 (= NF. 22), 1917, S. 674 ff.

59 Frauenberufsfrage und Bevölkerungspolitik. Jahrbuch des Bundes Deutscher Frauenvereine 1917, hg. v. Elisabeth Altmann-Gottheimer, Berlin und Leipzig 1917.

60 Ebenda, S. 113.

GERO FISCHER

SPRACHE UND BIOLOGISMUS. VOM UMGANG MIT BIOLOGISTISCHEN METAPHERN UND MODELLEN

Vorbemerkung

Bei dieser Fragestellung sind verschiedene Problemebenen unterscheidbar: Einerseits geht es um vergleichsweise harmlose sprachliche Analogien für gesellschaftliche Erscheinungsformen, die nach dem naiven, unreflektierten naturgeschichtlichen Alltagserfahrungsbereich modelliert sind (wie z.B.: „Lebensbaum", „Hochblüte einer Kultur, eines Staates, . . . ", „Geburt einer Idee, eines Staates", . . .). Andererseits werden mit biologistischer Sprache bewußte Strategien der Diffamierung, Diskriminierung bzw. der ideologischen Rechtfertigung verfolgt. Wissenschaftsgeschichtlich gesehen hat der biologistische Sprachgebrauch in den Gesellschaftswissenschaften wie auch im Journalismus vor allem im 19. Jahrhundert durch einen dramatischen Aufschwung der Naturwissenschaften besondere Impulse erfahren. Im folgenden werden einige Aspekte biologistischer Redeweise und Modellbildung in der Sprachwissenschaft untersucht.

Biologistische Sprache

Biologistische Redeweisen, insbesondere sprachliche Bilder, die aus der Biologie zur Bezeichnung gesellschaftlicher Vorgänge bzw. Verhältnisse entlehnt werden, sind nicht nur in der Alltagssprache geläufig. Besonders die journalistische und die politische Sprache sind reich an biologistischen Metaphern, vor allem wenn es um die Ausgrenzung und Diffamierung von Randgruppen, Minderheiten etc. geht. Sehr ergiebig ist in dieser Hinsicht die Analyse rassistischer Hetzschriften der NS-Zeit, aber auch in neonazistischen Druckwerken, wo Juden, Zigeuner als

„Ungeziefer", „Parasiten", „Fäulnisbazillen" etc. bezeichnet werden, die „zu vertilgen sind". Die politische und psychologische Wirksamkeit dieses Sprachgebrauchs war und ist sehr groß. Bedeutenden Anteil hatten und haben daran die Medien, deren Produktivität und Kreativität auf diesem Gebiet in einer ungebrochenen Kontinuität stehen, wie z.B. die neue Wortschöpfung „Friedensbazillus" zeigt.

Hier soll es aber nicht um diese in ihrer Intention so eindeutig bestimmten Metaphern gehen, sondern um Formen, die gewissermaßen den Anschein haben, neutrale Widerspiegelungen der Realität zu sein. Darunter sind etwa Metaphern der folgenden Art zu verstehen: „Volkskörper", „Wachstum (des Staates, der Wirtschaft)", „die Saat (einer Idee, einer revolutionären Bewegung etc.) ging auf", „Muttersprache", „Sprachtod" . . . Es geht hier um die kritische Infragestellung der sprachlich manifesten Analogien zwischen biologischen und gesellschaftlichen Gegebenheiten.

Die Attraktivität des biologistischen Sprachgebrauches liegt ganz offensichtlich in der Anschaulichkeit, in der direkten, scheinbar plausiblen Ableitbarkeit aus der eigenen Beobachtungswelt. Er suggeriert die Natur als oberste und letzte Instanz für authentische Beobachtungen und als „Urmodell" für gesellschaftliche Erkenntnisprozesse. Seit dem 19. Jahrhundert waren ja tatsächlich der Biologie nachmodellierte Erklärungsansätze in der Geschichts- und Sprachwissenschaft stark verbreitet. Dort erhielt dieser Sprachgebauch gewissermaßen die „höheren Weihen" und damit akademische Legitimation. Dies soll an einem kurzen sprachwissenschaftsgeschichtlichen Exkurs über die Grundlegung biologistischen Sprachverständnisses und dessen Auswirkungen gezeigt werden.

Historische Grundlegung biologistischen Sprachverständnisses

Die theoretische Begründung der Sprachwissenschaft als Naturwissenschaft findet sich — aufbauend auf Vorläufer (wie Franz Bopp, aber auch Humboldt u.a.) — bei

August Schleicher, der vor etwa 120 Jahren bemüht war, die Theorien Darwins auf die Sprachwissenschaft zu übertragen. Schleicher schrieb damals in einem Brief an den Naturforscher Ernst Haeckel:

> Die Sprachen sind Naturorganismen, die, ohne vom Willen des Menschen bestimmbar zu sein, entstunden, nach bestimmten Gesetzen wuchsen und sich entwickelten und wiederum altern und absterben."[1]

Schleichers Wirkung auf die zeitgenössischen Linguisten wie auch auf die nachfolgenden Generationen war sehr groß. Obwohl seine Theorien z.T. vehement kritisiert wurden, setzten sich einige seiner Ansichten und vor allem ein gewisses Problembewußtsein in der Sprachwissenschaft fest, was erst nach und nach revidiert werden konnte. Dazu gehört unter anderem seine „Stammbaumtheorie". Darin stellt Schleicher die „indogermanische Sprachfamilie" modellhaft als Stammbaum dar, dessen Stamm die zu rekonstruierende indogermanische Ursprache bildet, und dessen Äste die indogermanischen Einzelsprachen darstellen; die feineren Zweige sollen demnach den modernen Einzelsprachen und Dialekten entsprechen.

Dieses Modell ist zwar sehr anschaulich analog den Modellen der Artentwicklung in der Biologie konstruiert, enthält aber gewichtige Mängel, die auch damals schon von Zeitgenossen Schleichers kritisiert wurden: so z.B. die Tatsache, daß dieses Modell die in der Realität sehr häufig vorkommende Beeinflussung einer (oder mehrerer) Sprache(n) durch (eine) andere ausschließt bzw. nicht berücksichtigt, oder die, daß Dialekte nur in der Moderne angenommen werden.

Für die Anhänger der Darwinschen Theorie in der Sprachwissenschaft war die Sprache nichts anderes als ein Organismus, der sich nach den Gesetzen der Biologie entwickle und auch entsprechend den naturwissenschaftlichen Methoden zu beschreiben sei. So wie die Sprache unterlägen auch Geschichte, der Nations- und Volksbegriff analogen Gesetzmäßigkeiten wie die Naturgeschichte und Biologie. Es galt also für die biologistische Richtung in der Sprachwissenschaft, diese Gesetze zu entdecken. Dieses Sprachverständnis war jedoch sehr beschränkt, es war nur an der sprachlichen Form (im wesentlichen an

Erscheinungen der Phonologie und Morphologie) festgemacht, gesellschaftliche, politische und kulturelle Aspekte fanden in diesem Modell keinen Platz — wie etwa die wichtige Frage des Zusammenhanges von Sprache und Gesellschaft, die Frage der gesellschaftlichen Bedingungen für die Entwicklung der Sprachen, der Herausbildung der Schriftsprachen, des Unterganges von Sprachen. Ja es wurde sogar die Frage des Verhältnisses von Sprache und ihren Sprechern zusehends verdrängt. Die gesellschaftlichen Verhältnisse spielten in dieser sprachwissenschaftlichen Konzeption die Rolle von naturgegebenen Rahmenbedingungen, war doch auch das historisch-gesellschaftliche Verständnis weitgehend biologistisch-naturwissenschaftlich geprägt. Die naturwissenschaftliche Orientierung der sprachwissenschaftlichen Forschung hatte zur Folge, daß sich das Erkenntnisinteresse immer stärker auf die sprachliche Form konzentrierte, Sprachgeschichte geriet so zur Geschichte der Entwicklung sprachlicher (lautlicher bzw. grammatischer) Formen, deren Veränderung und Wandel man in Analogie zum naturwissenschaftlichen Gesetzesbegriff durch ,,Sprachgesetze'' adäquat zu beschreiben versuchte. Die aufgefundenen zahlreichen ,,Sprachgesetze'' (z.B. ,,Lautgesetze'', wie Lautverschiebung, Entwicklung des Akzentes etc.) widerspiegeln aber nur einen sehr begrenzten Ausschnitt der sprachlichen Wirklichkeit.

Die intensive Beschäftigung mit dem formalen Aufbau der Sprachen führte bald zur Herausbildung einer Sprachtypologie, nach der die Sprachen entsprechend ihrer grammatischen Struktur charakterisiert wurden (z.B. ,,flektierender Typ'': charakteristischstes Merkmal: ,,Flexion'': Sanskrit, Griechisch, Latein etc.; ,,agglutinierender Typ'': ,,Agglutination'' wie im Ungarischen, Türkischen u.a.; ,,isolierender Typ'': ,,Isolation'' wie im Chinesischen, Vietnamesischen u.a.). Diese Sprachtypologie wurde als Pyramide interpretiert, deren Spitze die (indoeuropäischen) ,,flektierenden'' Sprachen einnahmen, die man als die ältesten und ,,höchstorganisierten'' einschätzte, dann folgten die ,,agglutinierenden'' Sprachen usw. Je weiter in der Pyramide ,,nach unten'', desto geringerer ,,Wert'' wurde den Sprachen auch zugeschrieben. Es galten auch die ältesten Sprachen als die „wertvollsten", ein weitverbreiteter, bis heute noch nicht gänzlich ausgerotteter Irrglaube. Unmißverständlich formulierte diese Ansicht u.a. Schopenhauer: „Bekanntlich sind die Sprachen, namentlich in grammatischer Hinsicht desto vollkommener, je älter sie sind, und werden stufenweise immer schlechter."[2] Die These von der sukzessiven Degeneration der Sprachen — die wissenschaftlich unhaltbar ist — barg bereits im 19. Jahrhundert die Keime für die Entwicklung einer rassistischen Sprachwissenschaft, die dann in der NS-Zeit zur herrschenden Lehre wurde.[3] Die Theorie vom verschiedenen Wert der Sprachen fand ihren Widerpart in einer analogen Rassentheorie und verband sich zu einem wirksamen ideologischen Legitimationsinstrument im Zeitalter des Kolonialismus und Imperialismus. So formulierte etwa Schmidt-Rohr (1933): Verschiedene Kraft und verschiedenen Wert haben die Sprachen auch darin, daß sie dem biologischen Plan ihrer Gruppe verschieden gut genügen, daß sie ein verschieden tragfähiges Verpflichtungsbewußtsein in ihren Sprechern schaffen...."

Die Verknüpfung von biologistischer Sprachwissenschaft und Rassenideologie kann auch am Begriff des „Arischen" verdeutlicht werden, ein Begriff, der ursprünglich indoiranische Sprachen mit bestimmten indoeuropäischen Eigenschaften umfaßte. Nach Vorarbeiten von H. S. Chamberlain konnte K. Weinländer (1933) formulieren: „Die befähigste und kulturvollste ist die arischgermanische, ... Intuition, Hell- und Natursichtigkeit, Entdecker- und Erfindergeist ist fast ausschließlich bei ihr zu finden. Sie war und ist die einzige kulturschöpferische Rasse."[4] War bereits die Verbindung von Sprachwissenschaft und Rassismus im 19. Jahrhundert weitgehend vorbereitet und teilweise vollzogen, so machte sich der Orientalist P. de Lagarde (alias Paul Böttcher) um die Beheimatung eines Antisemitismus schlimmster Prägung in der Sprachwissenschaft „verdient", indem er folgendes schreibt: „Die Juden sind als Juden in jedem europäischen Staate Fremde, und als Fremde nichts anderes als Träger der Verwesung." ... „mit Trichinen und Bazillen wird nicht verhandelt, Trichinen und Bazillen werden auch nicht

‚erzogen', sie werden so rasch und gründlich wie möglich unschädlich gemacht."[5] Die biologistische Redeweise der „arteigenen" Sprachwissenschaften der NS-Ära ist hier schon vorweggenommen.

Das biologistische Verständnis von Sprache traf sich im 19. Jahrhundert auf der politischen Ebene mit dem expansionistischen Nationalitätsgedanken, dessen Kapitalinteressen es verschleiern half: „Marktansprüche waren dabei nicht in politischen Kategorien, sondern in biologischen ausgedrückt – dem ‚Lebensraum' eines Volkes, das als biologische Einheit (aufgewiesen durch den einheitlichen Ursprung seiner Sprache bzw. Dialekte im Sinne einer sprachwissenschaftlichen Rekonstruktion) auch Anspruch auf einen einheitlichen Staatskörper hatte." [6] Damit waren die wesentlichen Grundlagen für die später politisch wirksam werdende Blut- und Boden-Ideologie gelegt.

Hatte die biologistische Sprachwissenschaft in der „arteigenen" Sprachwissenschaft der NS-Ära ihren Gipfel erreicht, so konnten sich doch einige ihrer Versatzstücke (wie etwa die Sprachinnerlichkeitslehre der Weisgerberschule u.a.) in die Nachkriegszeit „herüberretten" und somit eine zweifelhafte Kontinuität sicherstellen.

Naturwissenschaftliche biologistische Modelle haben heute zwar zugunsten formalwissenschaftlicher Modelle in der Sprachwissenschaft an Attraktivität verloren, eine wissenschaftstheoretische und kritische Auseinandersetzung mit dem Biologismus in der Sprachwissenschaft steht jedoch im wesentlichen noch aus. Daher ist es auch verständlich, daß häufig auf biologistische Modell- und Begriffsbildung – und sei es nur in Detailfragen – zurückgegriffen wird (wie etwa im Fall des „Sprachtodes", siehe weiter unten).

Abschließend sei folgendes festgehalten: Grundsätzlich können wir also hinter einer biologistischen Redeweise biologistisches Weltverständnis argwöhnen, oder anders ausgedrückt, wir müssen überprüfen, inwieweit die verwendeten sprachlichen Metaphern nicht bereits gewisse methodologische Vorentscheidungen oder sogar erkenntnistheoretische Positionen darstellen. Wir müssen also ausdrücklich die Frage nach dem Erkenntniswert dieser „Modelle nach der Natur", dieser Projektionen biologischer Erklärungsmuster auf die Gesellschaft sowie die Frage nach den methodologischen Defiziten stellen. Wir können davon ausgehen, daß diese Modelle in der Regel eine naive Vorstufe der wissenschaftlichen Erkenntnis darstellen, da nur oberflächliche Analogien erfaßt werden. Diesen thesenhaften Kritikansatz möchte ich im folgenden an der alltagssprachlichen Metapher „Muttersprache" und am in der Sprachwissenschaft beheimateten Begriff „Sprachtod" konkret ausführen.

Die biologistische Metapher „Muttersprache"

Der Begriff „Muttersprache" suggeriert die Vererbbarkeit der Sprache (aber auch der Kultur) von einer Generation auf die andere. Die Sprache wird im Prozeß der Sozialisation der Kinder wie ein Stück Erbmasse betrachtet, auf derselben Ebene wie die Farbe der Augen, der Haare usw. Während der NS-Zeit wurde die Vererbung der Sprache auch explizit formuliert, wenn etwa von der „echten Mundart als kostbarem rassischen Erb- und Heimatgut"[7] die Rede ist.

Die Vorstellung von der Vererbung der Sprache schwingt aber auch heute in der Argumentation mit, insbesondere bei der Beurteilung von Sprachenkonfliktsituationen. Hier wird die Sprache der Primärsozialisation (die „Muttersprache") gegen die Umgangssprache (oder auch gegen die besser beherrschte Sprache) gestellt und meist diskriminierenden Wertungen unterworfen. Die solcherart stigmatisierte „Muttersprache" spielt dann ihre Rolle als „objektives" Unterscheidungsmerkmal im Sprachen- und Kulturkampf – ähnlich „objektiv" wie die Hautfarbe im Rassenkampf.

Auf jeden Fall werden durch die ideologische Vereinnahmung des Begriffes „Muttersprache" Identitätsfindungen zu politischen Entscheidungen. „Muttersprache", d.h. die Sprache der Primärsozialisation, ist kein unveränderliches Erbmerkmal, sondern Ergebnis eines historischen Prozesses, der Geschichte individueller

Sozialisation. Die endgültige Festigung der Sprache der Primärsozialisation kann spätestens mit dem Beginn der Pubertät angenommen werden, ab dann werden weitere Sprachen als Fremdsprache beziehungsweise als Zweitsprache erworben; ab diesem Zeitpunkt geschieht der Spracherwerbsprozeß sozusagen nach einer anderen Didaktik. Prinzipiell kann jede Sprache „Muttersprache" sein, unabhängig von ihrer Struktur. Es gibt hier keine Einschränkungen. Es kann also das Kind vietnamesischer Eltern auf deutsch, englisch, ungarisch etc. „primärsozialisiert" werden. Was wäre aber dann in einem solchen Fall – nehmen wir an, es handelt sich um ein Waisenkind, das im Kleinkindalter zu europäischen Adoptiveltern kommt – die „Muttersprache"? Wie ist diese Frage bei Mischehen zu beantworten – muß da dann nicht einer „Muttersprache" eine „Vatersprache" gegenübergestellt werden? Wie ist die Frage im Falle einer (primärsozialisierten) Zweisprachigkeit zu stellen?

Fragen, die sich hier akademisch stellen, sind in Südtirol politische Realität. Dort muß jeder – für 10 Jahre bindend – die Zugehörigkeit zu einer der drei (möglichen, d.h. offiziell anerkannten, „zugelassenen") Sprachgruppen behördlich angeben, da das dort herrschende Sprachproporzsystem über die Zuteilung von öffentlichen Stellen, Sozialwohnungen etc. entscheidet. Grotesken der Art, daß in Südtirol wohnhafte Araber, Tschechen usw. mit italienischer Staatsbürgerschaft sich ebenfalls für eine der drei Gruppen – für die italienische, deutsche oder ladinische „Muttersprache"! – entscheiden müssen. Zweisprachige Kategorien sind hier nicht vorgesehen. Zweisprachige müssen einen Teil ihrer Identität – die zweite „Muttersprache" (?) – behördlich verleugnen. Dazu ist prinzipiell zu sagen, daß es äußerst problematisch ist, in Konfliktsituationen (in Regionen mit akuten sprach- und kulturpolitischen Auseinandersetzungen, wo sich die Identitätsbildungen noch nicht konsolidiert haben) die Gewährung von Rechten von der Muttersprache, das heißt von der Zahl der Sprecher abhängig zu machen, die in periodischen Sprachenerhebungen ermittelt wird. Ein permanenter Sprachen- und Kulturkampf ist meist unausbleiblich.

Äußerst gefährlich wird die Muttersprachenideologie dann, wenn den Sprachen selbst gewisse mentale, psychische Fähigkeiten zugesprochen werden. Dann wird nämlich der Schritt vom philologischen Sprachenvergleich zum offenen und konkreten Rassismus schnell getan. Wenn es etwa heißt, daß „das Psychogramm einer Sprache und das der diese Sprache verwendenden und ausbildenden Volksmentalität nicht voneinander zu trennen" sind, wie der Sprachphilosoph Friedrich Kainz (1969)[8] behauptet.

Man hat nicht nur während der NS-Zeit, sondern auch noch lange in die restaurative Phase hinein versucht, die psychische Struktur eines bestimmten Menschentyps mit bestimmten Merkmalen seiner Sprache zu verbinden, wobei in der Argumentation soziale Bedingungsfaktoren ausgeklammert werden. Daß dies wissenschaftlich nicht haltbar ist, hat der Popularität dieser Theorien keinen Abbruch getan. Vielmehr haben diese ihre besondere Rolle als Rechtfertigungsideologien gespielt – und tun dies noch. In diesem Zusammenhang ist das folgende Zitat von Schmidt-Rohr, einem führenden Vertreter dieser Art von „Wissenschaft", aufschlußreich:

„Verschiedene Kraft und verschiedenen Wert haben die Sprachen auch darin, daß sie dem biologischen Plan ihrer Gruppe verschieden gut genügen, daß sie ein verschieden tragfähiges Verpflichtungsbewußtsein in ihren Sprechern schaffen."[9]

Damit ist die theoretische Grundlage zu jeder Art von linguistischem Rassismus gelegt. Im Lesebuch „Ewiges Volk. Ein Lesebuch für höhere Schulen" ist eine Textstelle des rassistischen Denkers Houston S. Chamberlain (1855 – 1927), Schwiegersohn von Richard Wagner, abgedruckt, die sich wie eine Offenbarung liest:

„Die Menschen müssen einsehen lernen, daß, wer nicht Deutsch kann, ein Paria ist. Die fremden Völker werden Deutsch lernen aus Neid, aus Interesse, aus Pflicht, aus Ehrgeiz, ... mit der deutschen Sprache schenken wir jedem ein so unermeßliches Gut, daß wir uns kein Gewissen über die Veranlassung zu machen brauchen."[10]

Anhand weiterer Zitate möchte ich nun den Beitrag der Sprachwissenschaft zu faschistischen und rassistischen Rechtfertigungstheorien des NS-Staates zeigen, in denen der Begriff der „Muttersprache" mit der Blut- und Boden-Ideologie zur Deckung gebracht wurde.

„Der Kampf um Bestand und Reinheit unserer Muttersprache ist daher — wie der Kampf um die Reinheit unserer Rasse — ein Ringen um den Bestand, die Einheit und den Geist unseres Volkes in der Zukunft. Deutsche Sprache wird so deutsches Schicksal."[11]

„Im Kampf um das Recht auf die Muttersprache, im leidenschaftlichen Willen, allen Gliedern der Sprachgemeinschaft Selbstbestimmung und Freiheit zu sichern, steigern sich die volkhaften Kräfte der Sprachgemeinschaft bis zur letzten Entschlossenheit."[12]

„Muttererde, Mutterboden, Mutterland, ... In diese Reihe hat germanisches Fühlen auch die Muttersprache eingeordnet, die Sprache, die wie eine Mutter uns alle umfaßt, wie eine Mutter im Volksganzen Kraft spendet, ein Volk seine Schicksale hindurch begleitet und mit ihren Wirkungen von den Alltäglichkeiten des Lebens bis in die größten Schöpfungen mit erfaßt."[13]

Dieses chauvinistische Pathos ist nicht erst nach 1933 entstanden. Es hat seine Wurzeln im 19. Jahrhundert — in dem, was H. Glaser[14] „Spießer-Ideologie" nennt — und fand mit einigen sprachstilistischen Retuschen nach dem Kriege in der „inhaltsbezogenen Grammatik" der Weisgerber-Schule seine unrühmliche Fortsetzung.

Wenn ich hier etwas weiter ausgeholt habe, wollte ich damit zeigen, zu welchen Perversionen ein biologistischer Sprachbegriff führen kann, wie leicht eine Verbindung von Rassenideologie und Sprachwissenschaft möglich war und wie leicht es ist, rassistische Politik „wissenschaftlich" zu legitimieren und abzusichern.

Zusammenfassend kann man sagen, daß der unreflektierte Gebrauch des Begriffes „Muttersprache" verschiedene Mystifikationen und falsche Schlußfolgerungen bewirken kann, die eine Erkenntnis der Realität verhindern oder behindern. Kultur- wie sprachpolitisch sind derartige Mystifikationen sehr leicht zu aktualisieren, wird ja die Emotionalität stark angesprochen und häufig an psychosozialen, kulturspezifischen und religiösen Gegebenheiten angeknüpft (vgl. insbesondere Mutterkult, Mutterverehrung u.dgl.).

Die biologistische Metapher „Sprachtod"

Ich möchte nun anhand der Metapher „Sprachtod" Kritik am Sprachgebrauch ebenso wie an der linguistischen Modell- und Konzeptbildung demonstrieren. Der Begriff

„Sprachtod" ist ein klassisches Beispiel für ein anthropozentrisches Herangehen an die Sprache.[15] Allgemein wird darunter das Phänomen des Verschwindens einer Sprache (aus dem täglichen Gebrauch) bezeichnet. Die Linguistik beschreibt das „Sterben" einer Sprache (ebenfalls eine biologistische Metapher) insbesondere auf der Ebene der Sprachstruktur, der Grammatik, des Lexikons, etc.

Veränderungen in der Phonologie, der Morphologie, der Syntax werden im Zusammenhang mit dem Funktionsverlust der betroffenen Sprache (z.B. von der allgemeinen Verkehrssprache zur Haussprache, zur Sprache der älteren Generation) festgestellt. Es wird versucht, aus den Beobachtungen verschiedener „sterbender" Sprachen allgemeingültige, gewissermaßen universalistische Gesetzmäßigkeiten abzuleiten. „Sprachtod" meint in dieser Interpretation „Verfall", „Verlust ursprünglicher Qualität" und ähnliches. Aber in der Metapher „tote Sprache" ist dieser Aspekt des Niederganges nicht enthalten, wenn wir z.B. an das Lateinische, Griechische, Sanskrit denken. Darin liegt eine gewisse Inkonsequenz des biologistischen Sprachgebrauchs. Das liegt auch daran, daß insbesondere bezüglich der „klassischen toten" Sprachen der Prozeß ihres „Sterbens" kaum im allgemeinen Bewußtsein vorhanden und auch im Sprachunterricht kaum Gegenstand der Reflexion ist. Die Frage, wie das Lateinische, Griechische „vom Leben zu Tode kam", wird auch nicht in der Weise gestellt wie die nach dem „Sterben" des Mandschu (einer alten Kultursprache in China) oder zahlreicher Indianersprachen. Dieser unterschiedliche Zugang zur Frage des „Sprachtodes" bei den klassischen antiken Sprachen und bei den außereuropäischen Sprachen liegt sicherlich in der kulturgeschichtlichen Einschätzung und — im Weltmaßstab — Überschätzung der Römer, Griechen und Inder begründet.

Entscheidend ist nun, daß bei der Behandlung der Frage des Verschwindens von Sprachen gesellschaftsgeschichtliche Gesichtspunkte zu kurz kommen. Der Prozeß des „Sprachtodes" wird in der Tat quasi als naturgesetzliches Ereignis beschrieben, das an den sprachstrukturellen Symptomen (z.B. Veränderungen in der Flexion, in der Wortbildung, Wortstellung und im Wortschatz) festgemacht wird. Diesem naturgesetzlichen Zugang entgeht die wesentliche Frage, was mit den Menschen einer Sozietät, einer Kultur los ist, die eine Sprache sprechen, die den „Sprachtod" erleidet. Es ist klar, daß diese Frage nicht Gegenstand einer sprachstrukturellen Analyse sein kann, weil hier nach den gesellschaftlichen Bedingungen für das „Leben" und „Sterben" einer Sprache, einer Sprachgemeinschaft gefragt wird. Dazu müssen andere Modelle herangezogen werden, die die Sprache in ihrer gesellschaftlichen Bedingtheit beschreiben, also gesellschaftswissenschaftlich orientierte Sprachmodelle.

„Sprachtod" bedeutet nicht nur das Verschwinden einer Sprachpraxis, sondern den Untergang einer sozialen Struktur, einer Kultur. Jedem „Sprachtod" geht ein Kulturkampf, ein Sprachenkampf, ein politischer Kampf voraus. Das Griechische siegte nicht auf Grund seiner „überlegenen Grammatik" über benachbarte Sprachen und Völker, sondern auf Grund ökonomischer, militärischer, politischer Macht. Umgekehrt verloren das Lateinische, das Sanskrit und andere Sprachen nicht aufgrund der komplizierten Grammatik ihre soziale Basis, sondern aufgrund der gesellschaftlichen und politischen Entwicklungen. Es müssen also sprachstrukturelle Entwicklungen, Prozesse und Gesetzmäßigkeiten von historischen, gesellschaftlichen unterschieden werden, beziehungsweise in ihrem Zusammenhang gesehen werden; die Phänomene und die Beschreibungsebenen dürfen nicht vermischt werden.

Schlußbemerkungen

Resümierend können wir zum Gebrauch biologistischer Metaphern sagen, daß – wenn wir die biologistischen Analogien kritisch hinterfragen und die zugrundeliegenden gesellschaftlichen Phänomene reflektieren – dieser Sprachgebrauch den Charakter modelltheoretischer Vorentscheidungen verliert, dadurch andere Inhalte annimmt und da auch für die wissenschaftliche Begriffsbildung brauchbar werden kann.

Problematisch bleibt allerdings der unreflektierte biologistische Sprachgebrauch in den Medien und in der Politik, da er allzuleicht falsches Bewußtsein im Hinblick auf die Diskriminierung fördern und entwickeln kann und für Manipulationen die ideologischen Muster bietet. Hier ist auch der Ort, wo kritische Spracherziehung, im Mutter- wie im Fremdsprachenunterricht, ansetzen sollte.

Anmerkungen

1. In: H. H. Christmann, Sprachwissenschaft des 19. Jahrhunderts, Darmstadt 1977, S. 85 f.
2. A. Schopenhauer, Über Sprache und Worte, Parerga II. Sämtliche Werke Bd. 5, 1946, § 307.
3. Vgl. G. Fischer, Sprachwissenschaft und Rassismus - rassistische Sprachwissenschaft. In: Aufrisse 3/1983. Wertender Sprachvergleich. Studie zur Demaskierung linguistischer Fehl- und Vorurteile. In: Sprache & Herrschaft 2/1978. L. J. Calvet, Die Sprachenfresser. Ein Versuch über Linguistik und Kolonialismus, Berlin 1978.
4. K. Weinländer, Rassenkunde, Rassenpädagogik und Rassenpolitik. Der naturgesetzliche Weg zu Deutschlands Aufstieg, 1933.
5. P. de Lagarde, Juden und Indogermanen. 1888, S. 339. Vgl. auch: Deutsche Schriften 1886.
6. U. Maas, Grundkurs Sprachwissenschaft I. Die herrschende Lehre, München 1973, S. 59 – 60.
7. In: Erziehung und Unterricht in der höheren Schule, Berlin 1938, S. 47.
8. F. Kainz, Psychologie der Sprache, 5 Bde, 1941 – 1969.
9. G. Schmidt-Rohr, Muttersprache. Vom Amt der Sprache bei der Volkwerdung, Jena 1933, S. 157.
10. E. Sablotny, A. Schmudde, Ewiges Volk. Ein Lesebuch für höhere Schulen 8, Leipzig 1941^2, S. 280.
11. W. Gading in Jahrbuch der deutschen Sprache Bd. 1/1941, S. 50.
12. L. Weisgerber, Wesen und Kräfte der Sprachgemeinschaft. In: Muttersprache 1933, S. 231. Vgl. auch ders., Die volkhaften Kräfte der Muttersprache, 1939. Von den Kräften der deutschen Sprache, 4 Bde., 1949 – 1957. Die Sprachgemeinschaft als Gegenstand sprachwissenschaftlicher Forschung, 1967.
13. Ders., Die deutsche Sprache im Aufbau des deutschen Volkslebens. In: Von deutscher Art in Sprache und Dichtung, Bd. 1/1941, S. 27.
14. H. Glaser, Spiesser-Ideologie. Von der Zerstörung des deutschen Geistes im 19. und 20. Jahrhundert und dem Aufstieg des Nationalsozialismus, Frankfurt 1979.
15. Siehe G. Fischer, Bemerkungen zum Sprachtod. In: Sprache & Herrschaft 1/1978.

GÉZA HAJÓS

HEIMATSCHUTZ UND UMWELTSCHUTZ – KRITIK AN EINER BIOLOGISTISCHEN ÄSTHETIK[1]

In den verschiedenen „grünen" Programmen und Abhandlungen stehen ökologische Aspekte im Vordergrund.[2] Die wichtige Kritik der „Grünen", die sich vorrangig auf die Auswirkungen einer expandierenden Industrie und Technik (Luft-, Wasser- und Umweltverschmutzung und deren Folgen) konzentriert,[3] läßt eine zweite Sinn- und Argumentationsebene, die das Emotionale und das Ästhetische betrifft, nur selten zum Vorschein kommen.[4] Der axiomenhafte Begriff „Umwelt", der in der Argumentation der Grünen eine zentrale Rolle spielt, wird von diesen häufig völlig unhistorisch gebraucht; die sozialen Zusammenhänge, in denen die Lebensräume der Menschen zu allen Zeiten standen und stehen, werden dadurch oft verdeckt.

Der historische Vergleich der Begriffe „Heimat" und „Umwelt" verweist auf eine Problematik, die in der öffentlichen Diskussion fast immer ausgeblendet wird. Die emotional und ästhetisch begriffene „Heimat" und die ökologisch definierte „Umwelt" stehen in einem untrennbaren sozialgeschichtlichen Zusammenhang. Die Geschichte, in der diese Begriffe und ihr Gebrauch stehen, ist noch weitgehend ungeklärt, was nicht selten gefährliche Mißverständnisse verursacht. Biologisches wird insbesondere wieder in letzter Zeit als Erklärungsmodell für Gesellschaftliches herangezogen; Naturwissenschafter treffen – mit großem Medienecho – „eindeutige" Aussagen in den Bereichen der Geschichte und der historischen Ästhetik.[5] Einen exemplarischen Einstieg in die skizzierte Problematik möchte ich über das sogenannte „Grazer Manifest" über das „Regionale Bauen" aus dem Jahr 1979 versuchen.[6] Sein Verfasser, Bernd Lötsch, ein in der Wissenschaft ebenso wie in der Öffentlichkeit anerkannter Ökologe, entwickelte in dieser pamphletartigen Schrift eine kleine Philosophie der „grünen Ästhetik", die für die Probleme, um die es hier geht, symptomatisch ist. Es geht hier nicht um eine Polemik gegen eine in wesentlichen Aspekten eminent wichtige Bewegung; es ist vielmehr mein Anliegen, in eine Problematik einzuführen, die Historiker, Kunsthistoriker und Sozialwissenschafter in Forschung und Vermittlung unbedingt zu einer auch öffentlichen Stellungnahme zwingt.

Es geht um einen Dialog zwischen Natur- und Sozialforschern, der im Konfliktfeld eines neuen Naturverständnisses und brisanter Probleme neu geführt werden soll und muß. Die sentimentale Emotionalisierung von Naturtatsachen hat im Verlauf der Geschichte häufig Gefahren heraufbeschworen. Nur ein fachübergreifender Diskurs kann hier aufklärend wirken.

Die Thesen des Grazer Manifestes für das regionale Bauen

Gegen folgende Phänomene richtet sich das Manifest:

o gegen die Neue Sachlichkeit als „Neue Dürftigkeit",
o gegen den „gewalttätig gewordenen Fortschritt",
o gegen die Zivilisation, die als „materialistisch, utilitaristisch, käuflich und international" bezeichnet wird,
o gegen den „technoiden Internationalismus", der als „formale Inzucht" betrachtet wird,
o gegen Architekten wie Le Corbusier und Mies van der Rohe, die als „künstlerische Fratze der Technokratie" benannt sind,
o gegen die Formenarmut des industriellen Bauens, und schließlich gegen das „Stilvakuum Ostösterreichs".

Für folgende Phänomene setzt sich das Manifest ein:

o für „regionale Baustile",
o für einen „Rückgriff auf zeitlose Werte",
o für die „Naturerinnerung in der Stadt",
o für die „örtlich gewachsenen Hausformen",
o für eine Heimatpflege, die „nicht die Asche zu bewahren, sondern die Flamme zu erhalten" bedeuten sollte,
o für das Material Holz, weil es „demokratisch, ohne mächtige Grundstoffindustrien und Multikonzerne verfügbar, dezentral" ist,
o für die Tradition als „Erbinformation der Kultur",
o für das „Heimatgefühl",
o für die „immer lebendige Baukultur des Alpenraumes",

o   für das „anonyme, handwerklich bestimmte Bauen des vorindustriellen Zeitalters"
o   und schließlich auch für die vorindustriellen Herrschaftsarchitekturen – Klöster, Schlösser und Kirchen – als formale Vorbilder für landschaftsverbundene Großbauten".

Diese nicht systematisch aufgezählten „für" und „wider" sollen die allgemeine Grundhaltung dieses Manifestes vorerst skizzenhaft vergegenwärtigen. Hinter diesen plakativ vorgetragenen Forderungen versteckt sich eine „Kulturtheorie", die in einem Sonderkapitel besonders deutlich formuliert wurde. Unter dem Titel „Kulturhistorisch-evolutionistische Begründung der Regionalisierung" stellt Lötsch mit Nachdruck fest, daß Kultur an sich regional ist, weil sie das Geistesleben einer Region charakterisiert, während die Zivilisation es verwischt. „Stil" kann überhaupt nur regional entstehen und nicht durch die „technomorphe, urbane Globalzivilisation". Eine vorläufige Schlußfolgerung des Autoren lautet: „Das wesentliche Erfolgsprinzip der biologischen Evolution ist Traditionstreue (Konservativismus)"; in der Natur finden Neuerungen nur in winzigen Teilbereichen statt: „Die meisten Mutationen werden durch natürliche Auslese wieder beseitigt – denn die Chance, eine Organismenart durch eine Mutation zu verbessern ist ähnlich gering wie die Hoffnung, ein wohlgefügtes Gedicht durch einen Druckfehler zu vervollkommnen".

Die Grundformel für die Definition der Kultur lautet nach Lötsch nach biologischem Muster: „Biologische Evolution d.i. Entstehung von Arten, kulturelle Evolution d.i. Entstehung von Eigenarten". Neue Arten entstehen regional wie neue Stile und „die Entstehung neuer Arten erfordert meist Isolation (geographische oder genetische)". Durch Isolation entstehen neue Lösungen, Isolation bedeutet Kreativität.[7]

Im Grazer Manifest für das regionale Bauen spielen also zwei Begriffe eine wesentliche Rolle: *Konservativismus* und *Isolation* als Hauptbedingungen einer ästhetisch-schöpferischen Erneuerung der Welt.

Die zahlreichen richtigen ökologischen Beobachtungen von Lötsch bezüglich der Erneuerungsbedürftigkeit der modernen Architektur fußen jedoch in ideologischen

Vorstellungen, die erstens nicht neu und zweitens sehr gefährlich sind. Ästhetik ist für Lötsch ein Naturphänomen,[8] das zwar gewaltige soziale Auswirkungen hat, in seinem Wesen jedoch nur biologisch erklärbar ist. Alle von ihm angedeuteten Grundphänomene der formalen Physiognomie der Welt — speziell im Bereich der Architektur — haben nach seiner Meinung naturhafte Modelle zum Vorbild.[9]

Von den zahlreichen unhistorischen Feststellungen seien nur einige genannt; jeder Kunsthistoriker weiß, daß die meisten großen Stile der europäischen Kunst nicht durch einen isolierten Regionalismus und auch nicht durch Konservativismus entstanden sind.[10] Man denke z.B. an die geschichtlichen Zusammenhänge zwischen Humanismus und Renaissance oder zwischen Gegenreformation und Barock, wo überregionale Strukturen und Ideen und internationale Konfliktsituationen das künstlerische Spannungsfeld zwischen Tradition und Erneuerung bestimmten. Genausowenig kann man z.B. das „Tirolerhaus" des Schönbrunner Gartens mit echten Tiroler Bauernhäusern rein formal vergleichen ohne dabei darauf hinzuweisen, daß das erste in einer völlig anderen historischen Situation mit einer völlig anderen Funktion entstanden ist als die Bauernhäuser der vorindustriellen Zeit. Die Ähnlichkeiten sind vordergründig. Jeder Historiker weiß außerdem, daß die zahlreichen Schweizer- und Tirolerhäuschen des 19. Jahrhunderts gerade aus einer überregionalen Romantik und nicht aus den spezifischen Bedürfnissen einer konkreten Region entstanden sind.[11]

Ähnlich naiv und ahistorisch ist die Vorstellung, daß die „vorindustrielle" Gesellschaft und Architektur harmonischer und konfliktfreier gewesen ist als die industrielle. So ist der Vorschlag von Lötsch fast absurd, wenn er Klöster und Schlösser der vorindustriellen Zeit als formale Inspiration für moderne Großbauten in der Landschaft empfiehlt, weil jene ursprünglich schon „landschaftsverbunden" konzipiert waren. Außerdem zeigen gerade die Schlösser und Klöster oft eine Stilinternationalität, die eindeutig auf eine überregionale Denkweise (vgl. etwa die Zisterzienserbaukunst) zurückzuführen ist. So könnte man eine Reihe weiterer Beispiele für eine historisch völlig undifferenzierte Betrachtungsweise bringen. Dies soll jedoch nicht das Ziel dieses kleinen Aufsatzes sein. Die etwas weiter gesteckte Frage lautet: In welchem Gedankengut fußt historisch gesehen der „Biologismus" dieser kleinen Schrift; woher sind die vorher kurz skizzierten Thesen von Lötsch abzuleiten.

Die Heimatschutzbewegung

Argumente und Zielsetzung, sowie auch der „Stil" des Grazer Manifestes haben erstaunliche, fast wortwörtliche Parallele in der reichhaltigen Heimatschutzliteratur aus der Zeit zwischen etwa 1900 und 1945. Die Heimatschutzbewegung wurde in Deutschland 1904 begründet [12] und geht auf die Ideen von Wilhelm Heinrich Riehl („Land und Leute" 1861)[13] sowie von Ernst Rudorff (Begriffsprägung von „Heimatschutz" 1897)[14] zurück. Im Jahr 1908 wurde der Verein für Heimatschutz in Tirol ins Leben gerufen,[15] womit auch in Österreich eine neue Ideenwelt Eingang gefunden hat. Die industriellen Zerstörungen der Gründerzeit, die gewaltigen sozialen Wandlungen, die in Deutschland und Österreich in ihrer Tragweite erst im späten 19. Jahrhundert in vollem Umfang erkannt wurden, führten zur verstärkten Betonung des Phänomens „Heimat", obwohl dieser Begriff eine ältere Schöpfung der Romantik (Gebrüder Grimm) gewesen ist.

Die Phase der Proteste und Prophezeihungen

Die Heimatschutzbewegung ist ursprünglich als eine Erweiterung der Denkmalpflege und des Naturschutzes gedacht gewesen. Der „heimatliche" Zusammenhang von künstlerischen und natürlichen Komponenten der Umwelt wurde in dieser sozialen Bewegung in den Vordergrund gestellt. Die Heimat als wertvolles Gut des Menschen wurde nicht mehr wie früher allein auf individuelle Werte oder herrschaftliche Zeichen hin orientiert verstanden und auch nicht nur historisch gedacht, sondern in erster Linie allgemein ästhetisch definiert. Eine ästhetische Bewußtseinsbildung sollte zu einer sozialen Bewegung führen. Nicht nur romantische Betrachtung und Pflege von einzelnen National-Denkmalen war das Ziel, sondern auch die Schätzung von kleinen Dingen, die Pflege der engeren Umgebung und vor allem Protest gegen die industriellen Zerstörungen. Drängten soziale Bewegungen im Laufe des 19. Jahrhunderts auf Veränderung und Verbesserung der Welt, so stellte die Heimatschutzbewegung die Erhaltung und Rettung der vorindustriellen Umwelt in den Vordergrund. Ähnlich wie in den Gartenstadtbewegungen der Jahrhundertwende (P. Howard in England und Th. Fritsch in Deutschland)[16] waren in der Heimatschutzbewegung fortschrittliche und reaktionäre Elemente in eigenartiger Weise vermischt. Soziales Unbehagen und naive Kritik äußerten sich vor allem in vordergründigen Analysen, die sich in erster Linie auf die formalen Außenerscheinungen, nicht aber auf deren soziale Wurzeln richteten.[17] So sind die prophetischen Worte von Paul Schultze-Naumburg zu verstehen:

„Wir stehen vor dem Schicksal, das Deutschland sein Gepräge als unser trautes Heimatland verlieren und zu einer Stätte der ödesten Nüchternheit werden wird. Geht es so weiter, so werden in kurzer Zeit Städte und Dörfer in Proletarierwohnstätten verwandelt sein, deren einförmige Bauten ihren Stil vom Zuchthaus entlehnt haben. . . . Und ebenso wird von der ursprünglichen Schönheit und Eigenart der Natur nichts mehr übrig bleiben. Anstelle unserer Buchen- und Eichenwälder werden nur noch dürre Nutzholz-Kiefernpflanzungen in geraden Reihen dastehen. Kanalisierte Wasserläufe, schnurgerade Wege werden das Land durchziehen. Die Äcker geometrisch abgezirkelt, nirgends durch Hecken und Bäume unterbrochen. Die schönsten Felsen durch Steinbrüche verwüstet. Nirgens mehr ein urwüchsiges Fleckchen, keine Heide, kein Sumpf, kein Röhricht. Alles nutzbar gemacht. . Die einstige Schönheit unseres Landes wird für immer zerstört sein."[18]

Auf eine formal-ästhetische Kritik folgte auch eine naive soziale Kritik: als Hauptfeind der Heimatidee betrachtete man den *Materialismus* und den *Intellektualismus*; und auf die Öffentlichkeit wollte man in erster Linie auf sittlicher Ebene einwirken. Verschiedene Familienideologien — etwa der Verehrungskult der Ahnen und ihr Erbe — spielten eine große Rolle in den verschiedenen Argumentationen.[19] Auch von der christlich-sozialen Ideologie blieb die Heimatschutzbewegung nicht unberührt. Man führte ständig einen Kampf gegen die Weltanschauung „des Verstandes und des Geldes",[20] die für die Heimatzerstörung verantwortlich gemacht wurde.

Die Phase des Biologismus und Rassismus

Erhalten wollte die Heimatschutzbewegung unter dem Oberbegriff „Heimat" die „gewachsenen Ortsbilder", die „unberührten Naturräume" und das „lebendige Volkstum". Eindeutig stadtfeindlich und antizivilisatorisch waren die Leitvorstellungen, die ab etwa 1930 auf immer größeres Interesse stießen. Die Heimatschutzbewegung trat aus der Phase der Proteste in eine Phase der Theorien, die immer populärer wurden und der länger vorhandene Rassismus fand eine Bestätigung in der Heimatschutzideologie und umgekehrt. „Reinhaltung" der Heimat bedeutete „Reinhaltung" des Volkstums. Sozialhistorische Phänomene wie Haus, Stadt, Architektur wurden immer mehr nach biologischem Muster beurteilt, um diese mit Natur (und Landschaft) in eine ästhetische „Einheit" zu bringen. Die extremen Formulierungen der „Blut- und Bodenideologie" der Nationalsozialisten waren seit der Jahrhundertwende in geistesgeschichtlicher Hinsicht kontinuierlich vorbereitet worden.

Besonders viele biologistische Anregungen kamen aus der Volkskunde in die Heimatschutzbewegung:

„Sehen wir in der angewandten Volkskunde den rechten Weg, wenn wir das ländliche Siedlungsbild der Heimat, die bäuerliche Form des Hausbaues, wenn wir Volkstracht und Volkskunst, Volksglauben und Volksbrauch, Volkslied und Volkstanz schützen und hegen, erwecken und beleben, erhalten und gestalten? Sind wir – wenn wir das wirklich tun – Gärtner und Heger des Volks- und Heimat l e b e n s, des W a c h s t u m s, oder nicht vielmehr Konservatoren toter Blüten und Blätter, die ins Herbarium gehören? Mit anderen Worten: Pflegen wir Formen, die nicht mehr lebensfähig und daher absterbend sind, oder aber befreien wir Wachstumskräfte, deren Sprießen nur gehemmt und unterbunden ist, die aber an sich noch durchaus lebensfähig und auch lebenswichtig sind?"[21]

Hier ging es also nicht mehr nur um wissenschaftliche Beurteilung und Sammlung, sondern auch um eine Politik, die auf das „gesunde Volkswachstum" gerichtet war.

Auch die schützenswerten räumlichen Einheiten der menschlichen Umwelt wurden als Naturphänomene definiert, deren biologische Gesetzmäßigkeiten erkannt werden mußten, um sie – wie Pflanzen – pflegen zu können. Schließlich wurde der Kampf gegen die „Artfremdheit" erklärt; es wurde nicht mehr nur ästhetisch sondern auch politisch-ideologisch bestimmt, was landschafts- und heimatverbunden ist, was zu bestimmten Traditionen paßt oder nicht. So konnte im Dritten Reich die Heimatschutzbewegung voll integriert und zum Teil weiter mißbraucht werden. Es kamen bald die absurdesten Formulierungen, wie z.B. „Die Flachdachsiedlungen aus der Systemzeit sind im Grunde genommen bolschewistische Erfindungen." [22]

In den planerischen Vorstellungen des Dritten Reiches sind Städte und Dörfer „Organismen" und „Persönlichkeiten" geworden, deren naturhaft gegebenes „Gesicht" bewahrt werden sollte.

„Alle heimatformenden Pläne dürfen nicht allein danach bewertet und entschieden werden, ob sie der lebenden Generation dienen, sondern danach, ob sie Dauerleistung und Dauerertrag des Bodens sichern. Sie sollen durch ewigen kulturellen Wert die Volksseele und durch sorgfältig abgewogenen Einklang mit den Erfordernissen der Volksgesundheit den Volkskörper gesund erhalten. . . . Eine Weltanschauung, die den vom Liberalismus entfesselten ‚Kampf aller gegen alle' . . . in dem Begriff e i n e r Volksgemeinschaft überwunden hat, in der sich alle Kräfte gegenseitig fördern, mußte die aufsplitternden Gedanken auch bei der Betrachtung der Natur ablehnen, in der es ebenfalls nicht nur Kampf, sondern wachstumsfördernde Lebenszusammenhänge gibt. Von dieser Ganzheitserkenntnis aus führte der Weg von der ‚Monokultur', d.h. von der Zerreißung biologischer Gemeinschaften zugunsten einer von Menschen geförderten Alleinherrschaft einzelner Arten . . ." zu neuen Lebens- und Wirtschaftsformen im Dritten Reich, „die den mechanischen (und damit letztlich ergebnislosen) Zwang gegen die Natur durch die sinnvolle Förderung natürlicher Lebenszusammenhänge ersetzen."[23]

„Natürliche Lebenszusammenhänge" anstatt „Monokultur", Förderung der regionalen Stile anstatt „gesichtsloser" Großstadtarchitektur, biologische Kultur anstatt materialistischer Zivilisation waren also wichtige Zielsetzungen der Heimatschutzbewegung. Ziele, die man auch in den Programmen der „Grünen" finden kann. Die diesbezüglichen Zusammenhänge zu negieren wäre völlig falsch und auch gefährlich. Die zweite Sinnschicht scheint jedoch etwas komplexer zu sein; sie betrifft nämlich die tiefere Motivation von Heimatschutz- und Umweltschutzbewegungen. Heute würde niemand mehr behaupten, daß die Bedürfnisse der „lebenden Generation" eine sekundäre Rolle spielen oder, daß Umweltschutz in erster Linie zur

„Gesundhaltung des Volkskörpers", zur „Reinhaltung der Blutsgemeinschaft" dienen sollte. Die aktuellen Argumentationen der Umweltschutzbewegung erinnern eher an die erste Phase der Heimatschutzbewegung, an die Phase des Protests und der Prophezeihungen. Eine pointierte Ideologie scheint noch zu fehlen und die biologistischen Aussagen scheinen nur „Ansätze" zu sein. Deshalb ist es umso notwendiger, die historischen Ursachen für die Heimatschutzbewegung zu analysieren, um Tendenzen und Argumentationen in der Umweltschutzbewegung kritisch beurteilen zu können.

Raum, Region, Physiognomie und Geschichte

Die starke Betonung von räumlichen Eigenarten hat eine Geschichte, die mit der Krise des Fortschrittsbegriffes zusammenhängt. Im späteren 19. Jahrhundert wurden regionale Gebilde durch die massiv einsetzende Industrialisierung stark verändert, deformiert und auch zerstört. Wenn man an die gründerzeitliche großstädtische Entwicklung denkt, sieht man, wie rapid dörfliche Strukturen überdeckt wurden und verschwanden. Ökonomische und technische Prozesse verliefen rascher als die Veränderung der kulturellen Lebensformen. Der aufklärerisch-optimistische Glaube an die Veränderbarkeit der Welt ist daher im späteren 19. Jahrhundert gewaltig erschüttert worden. Das Prozeßwort *Zeit,* das bis dahin die primäre Bedeutung für das Interesse an Geschichte besaß, wurde in dieser Situation durch das ruhigere, Konstanz und Standhaftigkeit ausstrahlende Wort *Raum* immer mehr verdrängt. Der mechanistische Fortschrittsbegriff der Aufklärung – der von der sentimentalischen Romantik nur unwesentlich in Frage gestellt worden war – hatte wenig „historischen Laderaum" (Ernst Bloch)[24] und bot in einer Zeit rapiden sozialen Wandels für viele neue Bedürfnisse nur wenig Interpretations- und Erklärungspotential.

„Kulturkreislehre" oder „Geographismus" griffen nach der Jahrhundertwende wohl vorhandene Mängel der Aufklärung an, deren historische Weltanschauung eine ganze Reihe von historischen Phänomenen (z.B. außereuropäische Kulturen) nicht richtig erklären konnte. Die übertriebene Hinwendung zum „Räumlichen" hatte, wie wir wissen, verhängnisvolle Folgen, die dann in den faschistischen Ideologien der Zwischenkriegszeit kulminierten. Aus dieser historischen Erfahrung muß man heute den verschiedenen „Regionaltheorien" in Politik und Wissenschaft sehr kritisch begegnen, wenngleich sie auch sehr viel Richtiges beinhalten.

Der „Geographismus" hatte eine isolierende Wirkung und entwickelte einen neuen Geschichtsbegriff anhand der Erklärung der außereuropäischen Kulturen:

„Indem deren Geschichte rein nach der Analogie: Kindheit, Jugend, Mannszeit, Greisentum gefaßt wurde, wurde die Zeit, die immerhin nicht ableugbare, selber nach einem Kreis verwandt; mit einem nunmehr ermöglichten ‚Nebeneinander von vielen Kreisen'. Sie wurde Zyklus, wie auch das Leben der Organismen zyklisch verläuft, und der Fortschritt war unter einen letztthinnigen, sich überall wiederholenden Bogen gebeugt. Weil aber solche Bögen oder Zyklen fast unbegrenzt auf der Erde nebeneinander Platz haben, ohne Vorher und Nachher, selbst noch ohne nötiges Miteinander, so trumpft eben diese geographisch trennende Raumordnung gegen die historisch fortlaufende Zeitordnung statisch auf."[25]

Kulturkreislehre

Ausgehend von den Erkenntnissen der Geographie [26] und der Völkerkunde hat Leo Frobenius in seinem Werk „Paideuma"(1921) eine neue wissenschaftliche Theorie, die sogenannte Kulturmorphologie oder Kulturkreislehre begründet, die im Deutschland der Zwischenkriegszeit große Wirkung erzielte. Die einzelnen „Kulturkreise" wurden von ihm als „Lebewesen" betrachtet, die sich in geographischer Hinsicht of unabhängig voneinander entwickeln und in räumlichen Abfolgen „Wanderungen" durchmachen.

„... der Lebenslauf des Individuums ist durch die gleiche Objektstellung gegenüber der Kultur ausgezeichnet wie eine ganze Kultur, wie eine Kulturperiode, wie die Kultur an sich, deren Ablauf ihrerseits im Sinne der biologischen Phänomene der organischen Umwelt erfolgt."[27]

Schon immer vorhandene geodeterministische und biologistische Vorstellungen haben zur Entstehung dieser Kulturtheorie geführt, in der, wie gesagt, anstatt der Zeit vor allem der Raum als kulturbildender Faktor herausgearbei-

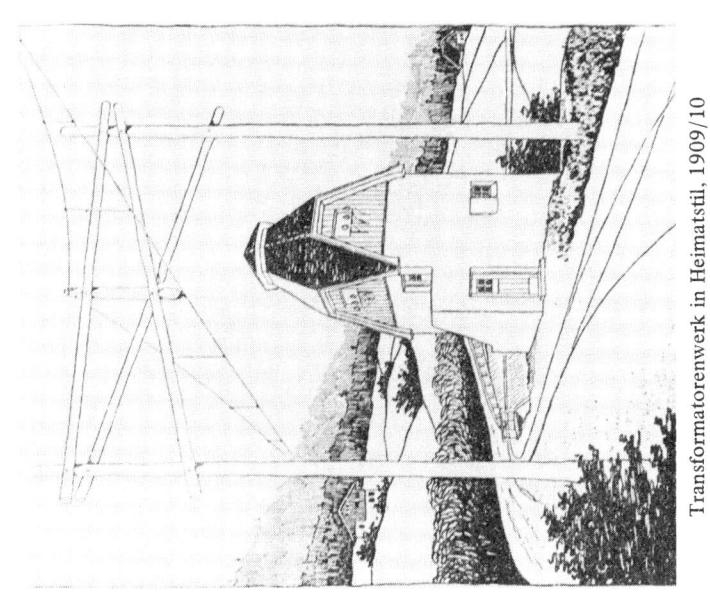

Transformatorenwerk in spätgründerzeitlicher Form, 1909/10

Transformatorenwerk in Heimatstil, 1909/10

Die beiden Bilder zeigen den Wunsch, industrielle Bauten landschaftsgerecht zu idyllisieren.

Eine Sparkasse in Heimatstil, 1940

Ortsbildreinigung, 1940

Neue Sachlichkeit in Heimatstil verwandelt, 1939

Autobahn „ökologisch" verwendet, 1940

Landschaftsästhetische Wehrarchitektur, 1940

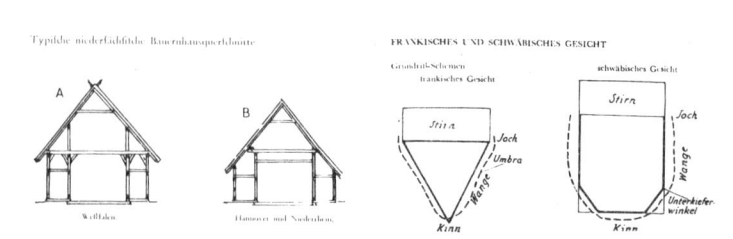

Die „Physiognomie-Forschung" thematisierte Menschen, Häuser und kulturlandschaftliche Ensembles mit den gleichen methodischen Prämissen. Die in diesem Zusammenhang entstandenen Typologien verdecken komplexe soziale Zusammenhänge anstatt sie zu erklären.

tet wurde. Das Interesse galt den Konstanten, dem sich Wiederholenden und dem Unveränderlichen. Geschichte war nicht mehr Veränderung und Veränderbarkeit, sondern Rhythmus und Zyklus, die man durch typologische Elementensammlung (z.B. in der Völkerkunde) quasi „objektiv naturwissenschaftlich" belegen konnte. Aus dem konkreten historischen Zusammenhang herausgerissene Merkmale (wie z.B. Bedeutung der Zahlen 2, 3 und 4, oder die Form der Eheschließung, usw.) wurden kartographisch dargestellt und damit Verbreitungsräume konstruiert, die man philosophisch zu deuten suchte. Wenn Frobenius über „äthiopisches und hamitisches Lebensgefühl" als konstante Kulturstile spricht, dann wird auf mystische, überzeitliche (oder zeitlose) Lebenszusammenhänge hingewiesen, denen die Menschen willenlos untergeordnet sind. Die fieberhafte Suche nach dem „Typischen" war durch einen Formalismus gekennzeichnet, dessen Wurzeln noch tiefer reichen als die der Kulturkreislehre.[28]

Ästhetiszismus und Physiognomieforschung

Die von Bloch aufgezeichte Aporie des Fortschrittsbegriffes war zuerst von F. Nietzsche in breiterem Rahmen erfaßt und dargestellt worden. Auf ihn gegen die verschiedenen Heimatideologien und morphologische Theorien der Zwischenkriegszeit zurück. Die von ihm entwickelte radikale ästhetische Theorie über das Verhältnis von Kunst und Natur bildete die Basis für spätere Entwicklungen bis zum Dritten Reich. Nietzsche spricht in seiner Erstlingsschrift „Die Geburt der Tragödie aus dem Geiste der Musik" über „Kunstzustände" und gar „Kunsttriebe" der Natur, die, soweit sie im dionysischen Trieb hervortritt, nur als gewordene, sublimierte, kurz als künstlerische respektiert wird.[29]

Die Anerkennung einer totalen Ästhetisierung der Welt findet dann im 24. Kapitel der genannten Schrift ihre berühmte Formulierung: „ . . . daß nur als ein ästhetisches Phänomen das Dasein und die Welt gerechtfertigt erscheint". Nietzsche hat durch diese und ähnliche Gedanken dem Historismus des 19. Jahrhunderts den Kampf angesagt und die methodische Erneuerung zahlreicher Geisteswissenschaften vorbereitet. Seit dem späten 19. Jahrhundert wird also in manchen Kreisen ein neues Verhältnis zur Natur und damit auch zur Kunst entwickelt, indem nicht mehr ihre Entwicklung und Veränderung in den Vordergrund der Fragestellungen gestellt werden, sondern ihre „ewigen" Formen, ihre bleibenden „physiognomischen" Gegebenheiten und räumliche Wirkungen.

In diesem Ästhetizismus gewinnt die Untersuchung der *Form* eine bis dahin unvorstellbare Bedeutung und führt nach der Jahrhundertwende zu einer allgemeinen „Physiognomie-Forschung" in zahlreichen Geisteswissenschaften.[30] In Geographie, Volkskunde, Sprach- und Literaturwissenschaft sowie in der Kunstgeschichte wird nach Sprach- und Kunstlandschaften, nach Haus- und Kulturlandschaften gefragt, deren langlebige Eigenart und standhafter Charakter der Lehre von der ständigen historischen Veränderung zu widersprechen scheint.[31] Diese Wissenschaften fragen nach dem „Wesen" von physiognomischen Eigenarten, nach den Kräften, die hinter den scheinbar nicht grundlegend veränderbaren räumlichen Charakterzügen stehen.

So entstand schon im frühen 20. Jahrhundert eine wissenschaftstheoretische Auseinandersetzung zwischen Biologie und Geisteswissenschaften. In der Biologie spielten „historische Veränderungen" schon immer eine wesentlich geringere Rolle als in den mit der menschlicher Gesellschaft sich beschäftigenden Sozialwissenschaften. Die Entfernung vom Darwinismus und frühe ökologische Überlegungen (Jakob von Üexküll)[32] haben die Biologie quasi zu einer „Grundwissenschaft" für die oben erwähnten Geisteswissenschaften gemacht.

Die „Biologisierung" sozialer Phänomene begann seit dem frühen 20. Jahrhundert in verstärktem Maße. Man vermutete in der langlebigen Gleichartigkeit von verschiedenen Haus- oder Sprachlandschaften den immer wiederkehrenden „Stammescharakter" und sprach von „artspezifischen" Eigenschaften, deren Gesetzmäßigkeiten in erster Linie die Biologie und nicht die historischen Wissenschaften definieren konnte. Typologische Formanalysen richteten sich ebenso auf Kunst- wie auf menschliche Gesichtslandschaften.³³ Die Physiognomieforschung ist im Laufe der Zwischenkriegszeit zu einer sogenannten „Wesensforschung" geworden, die ihre eigene Wissenschaftlichkeit immer schwerer bestimmen konnte. Die reinen vergleichenden Formanalysen wurden immer leichter für jeden Mißbrauch zugänglich.

Schlußfolgerungen

Elemente der oben skizzierten Entwicklung gehen relativ unreflektiert und unkritisch in die Theorien der gegenwärtigen Ökologie-Bewegung ein.³⁴ Rein wissenschaftlich gesehen war die methodische Zielsetzung der Kulturmorphologie (oder Physiognomie-Forschung) grundsätzlich falsch: die Überbetonung der räumlichen Zusammenhänge und die Vernachlässigung der Untersuchung von verschiedenen Funktionen im historischen Prozeß, die schematisierenden und daher unrichtigen Typologien, die apodiktischen Grenzziehungen, die verführerischen Biologismen, die grundsätzlich unhistorische Betrachtungsweise, führten im Dritten Reich dazu, daß Wissenschaft für eine bestimmte Ideologie mißbraucht werden konnte.

Andererseits wurde eine ganze Reihe von richtigen Ansätzen und Kritiken, die sowohl in der Heimatschutzbewegung als auch in den erwähnten Wissenschaftstheorien formuliert worden waren, nach dem Zweiten Weltkrieg nicht mehr fortgeführt. Erst jetzt tauchen wieder ästhetische Vorstellungen in den verschiedenen „grünen" Programmen auf, deren kritische Sichtung eine lohnende Aufgabe darstellt. Wie die historische Entwicklung zeigt, bedürfen insbesondere die Argumente für einen neuen Regionalismus einer kritischen Prüfung auf biologistische und mystifizierende Elemente.

Räume, d.h. soziale Umwelteinheiten, sind immer historische Produkte, deren Inhalt sich verändert und deren „Formenschatz" nicht ewig ist. Wenn manche Formgebilde sich sehr lange hielten, zeigt das nur, daß dort gewisse grundlegende (wirtschaftliche und soziale) Funktionen einer langsameren historischen Veränderung unterworfen waren, als andere (z.B. künstlerische), die man früher zur Bemessung der großen Periodisierungen verwendet hat.

Anmerkungen

1 Der Aufsatz erschien erstmals in der Zeitschrift „Beiträge zur historischen Sozialkunde", 3/83, S. 96 – 101. Der Text wird ohne Änderung wiederabgedruckt, jedoch mit einem aktuellen wissenschaftlichen Anmerkungsapparat ergänzt.
2 Vgl. dazu „Die Grünen" – Landesverband Bayern, Wahlplattform '82, München Mai 1982 (Verlag M. Saupe & Co.), bes. S. 10 f, 17 f.
3 Gutes Beispiel dafür die gegenwärtig laufende Hainburg-Debatte über die Errichtung eines Wasserkraftwerkes in den Donau-Auwäldern. Vgl. dazu: O. Raschauer/F. Höllinger, Naturmythen und Hainburg. In: Wiener Tagebuch, Nr. 2/1984, S. 16 – 19; und P. Bossew, Ein Jammer, ebenda, Nr. 5/1984, S. 32.
4 Das Problem des Ästhetischen wird in diesem Zusammenhang seit dem Erscheinen des Buches von Konrad Lorenz, Der Abbau des Menschlichen, München-Zürich 1983, erneut diskutiert. Vgl. dazu: K. Liessmann, Der Geist als Widersacher der Seele. In: profil, 45/1983, S. 62 f. Die Leserbriefe zu diesem Thema ebenda, 46, 47, 48, 49, 50/1983. Außerdem G. Hajós, Das Schöne und die Natur. In: Falter, 5/1984, S. 8.
5 Vgl. R. J. Riedl und F. Kreuzer (Hg.), Evolution und Menschenbild, Hamburg 1983. Dazu die Themennummer der Beiträge zur historischen Sozialkunde „Biologismus", zit. Anm. 1 mit Beiträgen von H. Ch. Ehalt, Konrad Liessmann, Michael Mitterauer, Horst Seidler, Géza Hajós, Gero Fischer.
6 Diese Publikation ist zwar vor fünf Jahren erschienen, sie ist jedoch bis heute noch aktuell als Dokument einer weltanschaulichen Richtung, die breite öffentliche Wirkung hat: Bernd Lötsch, Regionales Bauen aus internationaler Sicht. In: Beilage zum Steirischen Naturschutzbrief, Heft 103, September 1979, S. 1 – 26. Wesentlich ausführlicher ein Manuskript des 27. Österr. Naturschutztages, Graz 1979 mit dem Titel: „Landschaftsgebundenes Bauen – Tradition als Hoffnung (Regionalkultur oder technoider Internationalismus?)". Hier im Anhang auch zahlreiche Quellenzitate. Zu Lötsch siehe außerdem J. Votzi, Grüner Trieb. In: „profil", 20/1984, S. 22 f.
7 Die in die Kulturtheorie aufgenommene biologische Lehre über die Bedeutung der Isolation hat eine Geschichte, die in die Zwischenkriegszeit zurückführt. Vgl. dazu Willy Helpach, Deutsche Physiognomik (Grundlegung einer Naturgeschichte der Nationalgesichter), Berlin 1942. Hier liest man folgendes: „Dieser schöpferische Naturprozeß (nämlich die Stammwerdung) wird gefördert, wo geographische Isolierung das werdende Stammesgebilde von der nachbarlichen Bevölkerung abschließt und damit auch das Konnubium, die „Endogamie", innerhalb seiner verstärkt: Inzucht züchtet ja notwendig eine größere Eigenschaften-

homogenität in dem von ihr beherrschten Kreise" (S. 203). Helpach unterscheidet eine physiologische, geographische und psychologische Isolierung. Diese und ähnliche Thesen heute ohne Kritik aufzunehmen bedeutet, daß auch nationalsozialistisches Gedankengut (wenn auch nicht ausschließlich) in die Ökologiebewegung weitertradiert wird.

8 In die überaus schwierige Problematik des „Naturschönen" kann in diesem Zusammenhang nicht näher eingegangen werden. Kurz sollen jedoch Georg Lukacs und Theodor Adorno zitiert werden. Lukacs schreibt: „Die Basis dieser vielfach divergenten Erlebnisse ist nicht die Natur an sich, sondern die Stoffwechsel der Gesellschaft mit der Natur; es offenbart sich also dabei nicht die Natur an sich, sondern das gesellschaftlich-menschliche Wesen des Menschen. Jedem Erleben einer „Naturschönheit" liegt deshalb eine Etappe der Unterwerfung der Natur unter die Herrschaft des vergesellschafteten Menschen zugrunde, natürlich in ihrer ganzen Kompliziertheit, mit allen ihren Widersprüchlichkeiten. . . . Als Kategorie der Ästhetik dagegen oder gar, was in solchen Fällen unvermeidlich ist, metaphysisch hypostasiert kann die „Naturschönheit" nur gedankliche Verwirrung stiften, und zwar nicht nur in der Ästhetik, sondern auch in der Ethik, in der wahrheitsgemäßen Auffassung des menschlichen Lebens" (aus: Die Eigenart des Ästhetischen, Berlin und Weimar 1981, Bd. II, S. 647). Adorno sagt: „Der Begriff des Naturschönen, einmal gegen Zopf und Taxusgang des Absolutismus gemünzt, hat seine Kraft eingebüßt, weil seit der bürgerlichen Emanzipation im Zeichen der angeblich natürlichen Menschenrechte die Erfahrungswelt weniger nicht sondern mehr verdinglicht war als das dix-huitieme. Die unmittelbare Naturerfahrung, ihrer kritischen Spitze ledig und dem Tauschverhältnis – das Wort Fremdenindustrie steht dafür ein – subsumiert, wurde unverbindlich neutral und apologetisch: Natur zum Naturschutzpark und zum Alibi" (aus: Ästhetische Theorie, suhrkamp taschenbuch wissenschaft 2, 1973, S. 107).

9 Dieser Tendenz entspricht die neuerdings vom Naturhistorischen Museum herausgebrachte Publikation, O. E. Paget, Natur and Architektur (mit einem Vorwort von R. Reinisch), Wien 1983.

10 Man kann in diesem Zusammenhang in die überaus schwierige Problematik der künstlerischen Stilentstehung und -entwicklung nicht näher eingehen. Vgl. dazu Heinrich Lützeler, Kunsterfahrung und Kunstwissenschaft (systematische und entwicklungsgeschichtliche Darstellung und Dokumentation des Umgangs mit der bildenden Kunst), Freiburg/München 1975 (in drei Bänden mit ausführlicher Bibliographie).

11 Zu diesem Poblem vgl. G. Hajós, Die „Verhüttelung" der Landschaft – Beiträge zum Problem Villa und Einfamilienhaus seit dem 18. Jahrhundert. In: Landhaus und Villa in Niederösterreich 1840 – 1914, Wien 1982, S. 9 ff. Außerdem ein gutes Beispiel für eine differenzierte Betrachtung dieser Fragen F. Achleitner, Die Ware Landschaft, Salzburg 1977.

12 K. Giannoni, Rückschau und Ausblick. In: Grundfragen des Heimatschutzes, hg. vom Österreichischen Heimatschutz-Verband, Wien 1933. Hier befindet sich eine kurze Geschichte der Heimatschutzbewegung.

13 Die beste Zusammenfassung der Probleme über Riehl und die Entwick-

lung der Volkskunde bei H. Bausinger, Volkskunde. In: Das Wissen der Gegenwart, Darmstadt o.J. (um 1970), S. 54 ff.
14 Giannoni (wie Anm. 12)
15 Ebenda.
16 D. Schubert, Theodor Fritsch und die völkische Version der Gartenstadt. In: Bauwelt 1982, S. 463 ff.
17 Eine präzise Analyse solcher Ideologien liefert L. Löwenthal, Knut Hamsun – zur Vorgeschichte der autoritären Ideologie. In: Zeitschrift für Sozialforschung 1936 (dtv. reprint), S. 295 ff.
18 P. Schultze-Naumburg, Die Entstellung unseres Landes, München 1908, S. 7.
19 Z.B. Max Dvorak, Katechismus der Denkmalpflege, Wien 1918.
20 G. Schlesinger, Mensch und Natur. In: 2. Heft der Österr. Flugschriftenreihe ,,Dürerbund", Wien 1926, S. 21.
21 V. Geramb, Volkskunde und Heimatpflege. In: Grundfragen des Heimatschutzes, Wien 1933, S. 24.
22 Schwäbisches Heimatbuch, Stuttgart 1939, Heimatschutz und Drittes Reich, S. 6.
23 F. Wächtler (Hg.), Die neue Heimat (vom Werden der nationalsozialistischen Kulturlandschaft), Stuttgart 1940, S. 13.
24 Besonders anregend sind in diesem Zusammenhang die Gedanken von Ernst Bloch, Tübinger Einleitung in die Philosophie, suhrkamp taschenbuch wissenschaft 253, 2. Aufl., 1979.
25 Ebenda, S. 127.
26 A. Bastian, Zur Lehre von den geographischen Provinzen, 1886.
27 Leo Frobenius, Schicksalskunde im Sinne des Kulturwerdens, Leipzig 1932, S. 71.
28 Frobenius' Thesen sind sehr verwandt mit denen von Oswald Spengler, Der Untergang des Abendlandes (Umrisse einer Morphologie der Weltgeschichte), CH. Beck-Verlag, München, Nachdruck 1973, S. 135: ,,Alle Arten, die Welt zu begreifen, dürften letzten Endes als Morphologie bezeichnet werden. Die Morphologie des Mechanischen und Ausgedehnten, eine Wissenschaft, die Naturgesetze und Kausalbeziehungen entdeckt und ordnet, heißt Systematik. Die Morphologie des Organischen der Geschichte und des Lebens, alles dessen, was Richtung und Schicksal in sich trägt, heißt Physiognomik".
29 G. Sautermeister, Zur Grundlage des Ästhetizismus bei Nietzsche; Dialektik, Metaphysik und Politik in der ,,Geburt der Tragödie". In: Naturalismus/Ästhetizismus, hg. v. C. Bürger/P. Bürger/J. Schulte-Sasse, ed. suhrkamp SV 992, Frankfurt 1979, S. 224 – 243.
30 Spengler (wie Anm. 28), S 125 Kap. Physiognomik und Systematik.
31 Vgl. D. Frey, Geschichte und Probleme der Kultur- und Kunstgeographie. In: Arcaeologia Geographica, Bd. 2, Jg. III/IV (1952/55), S. 90 ff. G. Hajós, Kunstgeschichte, Kunstgeographie, Ortsbildanalyse. In: Österreichische Zeitschrift für Kunst und Denkmalpflege, 1983, Heft 3/4, S. 85.
32 J. V. Uexküll, Bausteine zu einer biologischen Weltanschauung, München 1913. Ders., Der Sinn des Lebens (1942), Godesburg 1947.
33 Helpach (wie Anm. 7).
34 Lötsch (wie Anm. 6).

Autoren

Anton Bammer, Dipl.-Ing., Dr. phil., Univ.-Doz. am Österreichischen Archäologischen Institut, Universität Wien

Birgit Bolognese-Leuchtenmüller, Dr. phil., Univ.-Ass. am Institut für Wirtschafts- und Sozialgeschichte, Universität Wien

Doris Byer, Mag. phil., Dissertantin am Institut für Wirtschafts- und Sozialgeschichte, Universität Wien

Johann Dvorak, Dr. phil., wissenschaftlicher Beamter im Bundesministerium für Unterricht, Kunst und Sport, Wien

Hubert Ch. Ehalt, Dr. phil., Leiter des Wissenschaftsreferates im Kulturamt der Stadt Wien, Lehrbeauftragter an den Instituten für Wirtschafts- und Sozialgeschichte, für Soziologie und für Humanbiologie, Universität Wien

Gero Fischer, Dr. phil., Univ.-Doz. für Slawistik und allgemeine Sprachwissenschaft, Universität Wien

Roland Girtler, Dr. phil., Univ.-Doz. am Institut für Soziologie, Universität Wien

Géza Hajós, Dr. phil., wissenschaftlicher Beamter im Bundesdenkmalamt, Wien

Max A. Höfer, Mag. phil., Dissertant am Institut für Geschichte, Universität Wien

Robert Kaspar, Dr. phil., leitender wissenschaftlicher Angestellter der Immuno AG, Wien

Konrad Liessmann, Dr. phil., AHS-Lehrer und Lehrbeauftragter am Institut für Philosophie, Universität Wien

Michael Mitterauer, Dr. phil., o. Univ.-Prof. am Institut für Wirtschafts- und Sozialgeschichte, Universität Wien

Herta Nagl-Docekal, Dr. phil., ao. Univ.-Prof. am Institut für Philosophie, Universität Wien

Horst Seidler, Dr. phil., o. Univ.-Prof. am Institut für Humanbiologie, Universität Wien

Eike-Meinrad Winkler, Dr. phil., Univ.-Doz. am Institut für Humanbiologie, Universität Wien

VERLAG BÖHLAU WIEN • GRAZ • KÖLN

Hubert Ch. Ehalt (Hg.)
GESCHICHTE VON UNTEN

KULTURSTUDIEN BEI BÖHLAU

Geschichte von unten, Alltagsgeschichte und Alltagskultur sind Begriffe, die auf ein neues, weitgestreutes historisches Interesse und auf aktuelle Perspektiven der Geschichtswissenschaft hinweisen. Der vorliegende Band ermöglicht einen Einstieg in die Ergebnisse, Methoden und Probleme der Erforschung der Geschichte des Alltags, wobei österreichische Projekte den Schwerpunkt bilden.
Mit Beiträgen v. Michael Mitterauer, Helmut Konrad, Helmut P. Fielhauer, Hubert Ch. Ehalt u. a.
375 S., 18 SW-Abb., 9 Zeichnungen, 13 Tabellen. Broschiert.
ISBN 3-205-08851-4.

A-1014 Wien, Dr. Karl Lueger-Ring 12, Telefon (0222) 63 87 35-0*

VERLAG BÖHLAU WIEN · KÖLN · GRAZ

KULTURSTUDIEN BEI BÖHLAU

Herausgegeben von Hubert Ch. Ehalt und Helmut Konrad

Band 2:
Reinhard Kannonier:
Zeitwenden und Stilwenden.
Sozial- und geistesgeschichtliche Anmerkungen zur Entwicklung der europäischen Kunstmusik.
1984. 13,5 x 21 cm. 294 Seiten, 30 SW-Abb., Notenbeispiele und Graphiken i. T. Brosch.
ISBN 3-205-08852-2

Band 3:
Marina Tichy: Alltag und Traum
Leben und Lektüre der Wiener Dienstmädchen um die Jahrhundertwende.
1984. 13,5 x 21 cm. 164 Seiten, 13 SW-Abb. i. T.
14 SW-Abb. auf 8 Tafeln. Brosch.
ISBN 3-205-08853-0

Band 5:
Anton Bammer: Architektur und Gesellschaft in der Antike
Zur Deutung baulicher Symbole.
1985. 13,5 x 21 cm. 163 Seiten, 28 SW-Abb. i T.
33 SW-Abb. auf Tafeln. Brosch.
ISBN 3-205-08854-9

A-1014 Wien, Dr. Karl Lueger-Ring 12, Tel. (0222) 63 87 35-0*

Die Probleme in den Gemeinden Österreichs werden immer größer und schwieriger. Ob es sich um Umwelt-, Energie-, Müllfragen, den Schul- und Bäderbau handelt, zur Lösung dieser Aufgaben und zur Möglichkeit der Mitbestimmung braucht man entsprechende Information.
Die Zeitschrift für Kommunalpolitik (KOM) bietet diese Informationen und darüber hinaus eine Fülle praktischer Beispiele und Vorschläge aus den verschiedensten Bereichen der Gemeinden.

Wollen Sie KOM kennenlernen, fordern Sie Probeexemplare an, wir senden sie Ihnen gerne zu:
Zeitschrift für Kommunalpolitik, 1010 Wien, Falkestraße 3.

AK

PROGRAMME FÜR SIE:

BILDUNG
Berufliche Weiterbildung,
Volkshochschulkurse,
Technisch-gewerbliche Abendschule

KULTUR
AK-Begegnungen mit Künstlern,
Ausstellungen, Konzerte,
Volkstheater in den Außenbezirken

FREIZEIT
z. B. Lesen in der Sozialwissenschaftlichen Studienbibliothek

Kammer für Arbeiter und Angestellte
Wien 4, Prinz-Eugen-Str. 20–22   65 37 65

...aber nur für Z-Club-Mitglieder.

Sorry.

Das Z-Club-Konzertprogramm
bringt regelmäßig Top-Stars aus aller Welt nach Österreich. Die Rolling Stones, Queen, Nena, Stevie Wonder, Santana, Supertramp – um nur einige Höhepunkte der letzten Zeit zu nennen. Z-Club-Mitglieder bekommen Eintrittskarten zu stark ermäßigten Preisen – für rund 100 große Konzertveranstaltungen im Jahr.

Stark ermäßigte Preise
gibt es für Mitglieder des Z-Clubs aber auch in Schallplatten- und Sportgeschäften, für Theaterabende und Filmvorführungen, Aerobic-Stunden, Tenniskurse und vieles mehr.

Das aktuelle Programm steht Monat für Monat neu im
Z-Club-„Mailer"
Der „Mailer" ist kostenlos in jeder Z-Zweigstelle erhältlich. Z-Club-Mitglieder bekommen den „Mailer" monatlich frei Haus.

Die Z-Club-Karte
erhält man in jeder Z. Sie kostet nur S 40,– im Jahr. Und diesen Betrag ist sie mehr als wert.

Mit dem Erwerb der Z-Club-Karte eröffnet man automatisch ein
Z-Privatkonto mit Z-Club-Vorteilen.
Dieses Konto ist für jeden Jugendlichen ein großer Schritt zur finanziellen Unabhängigkeit. Wer ein regelmäßiges Gehalt auf sein Konto bekommt, erhält selbstverständlich Schecks und Scheckkarte – „wie ein Erwachsener".

Der Z-Club ist in jeder Z.

ZENTRALSPARKASSE